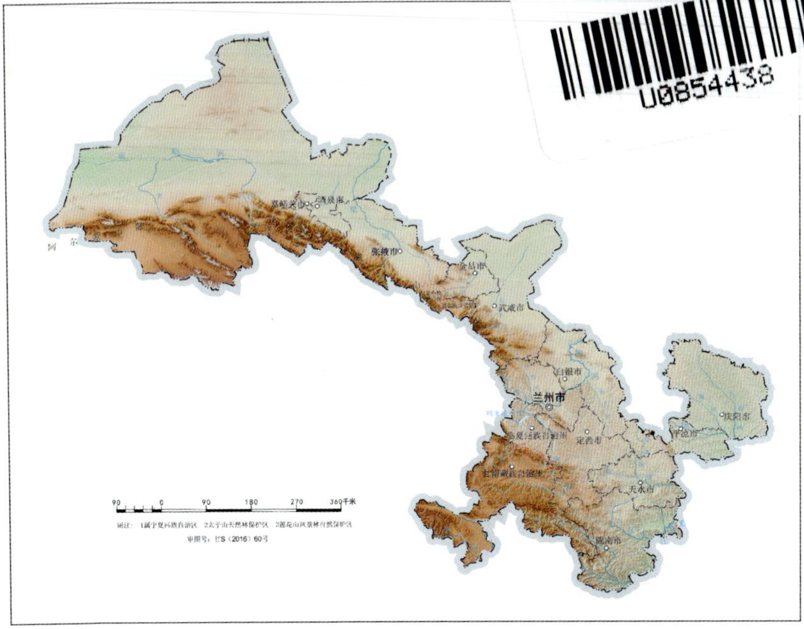

▲ 甘肃省地势图

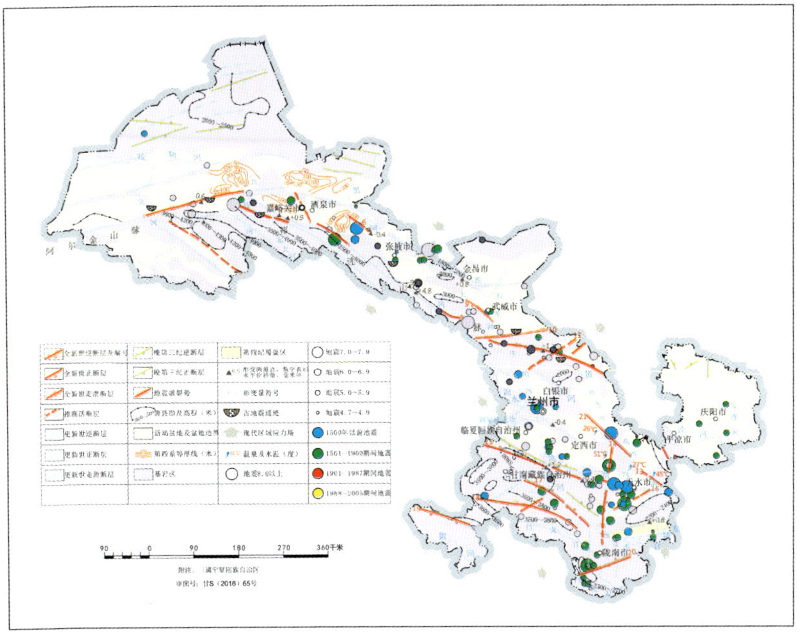

▲ 甘肃省地震图

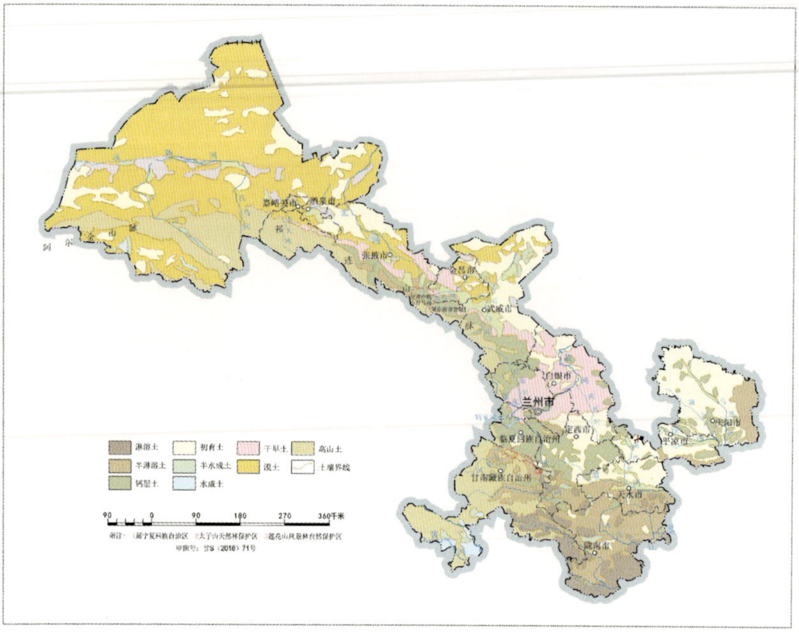

▲ 甘肃省土壤类型分布图

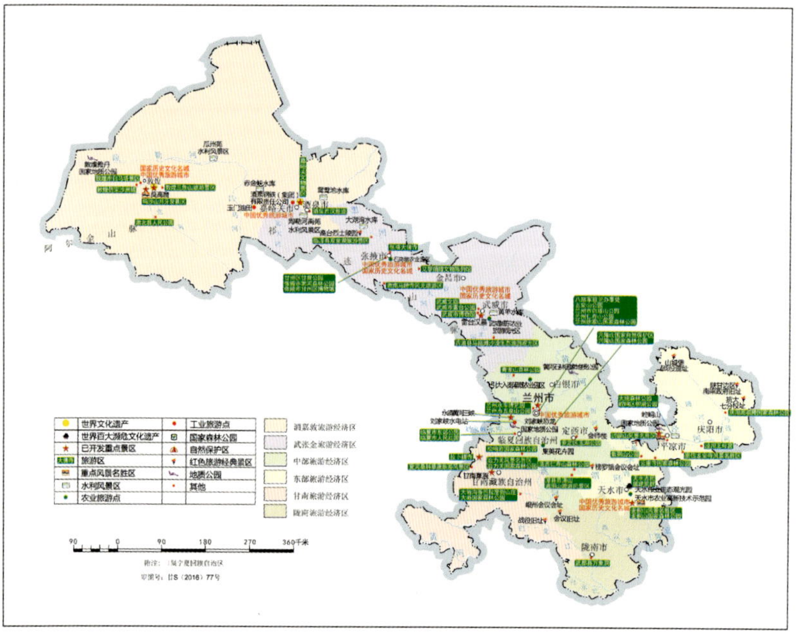

▲ 甘肃省旅游资源分布图

▲ 和政古生物化石博物馆正厅全景图

▲ 祁连山最大的山谷冰川——老虎沟 12 号冰川

▲ 敦煌雅丹地貌

▲ 康县阳坝镇梅园沟茶园

“十二五”国家重点图书出版规划项目

中·国·省·市·区·地·理

丛书主编◎王静爱

甘肃地理

GANSU DILI

主　编◎王乃昂
副主编◎黄银洲
　　　　罗　丹

北京师范大学出版集团
BEIJING NORMAL UNIVERSITY PUBLISHING GROUP
北京师范大学出版社

图书在版编目（CIP）数据

甘肃地理 / 王乃昂主编．—北京：北京师范大学出版社，2020.12
（中国省市区地理丛书 / 王静爱主编）
ISBN 978-7-303-23036-5

Ⅰ．①甘…　Ⅱ．①王…　Ⅲ．①地理—甘肃　Ⅳ．①K924.2

中国版本图书馆 CIP 数据核字（2017）第 296401 号

营销中心电话　010-58805385
北京师范大学出版社
主题出版与重大项目策划部　http://xueda.bnup.com

GANSU DILI
出版发行：北京师范大学出版社 www.bnup.com
北京市西城区新街口外大街 12-3 号
邮政编码：100088
印　　刷：北京京师印务有限公司
经　　销：全国新华书店
开　　本：730 mm×980 mm　1/16
印　　张：23.75
字　　数：413 千字
版　　次：2020 年 12 月第 1 版
印　　次：2020 年 12 月第 1 次印刷
定　　价：98.00 元
审 图 号：甘 S（2016）59-78 号
审 图 号：GS（2016）1022 号（封底图）

策划编辑：胡廷兰　　责任编辑：马力敏　申立莹
美术编辑：王齐云　　装帧设计：王齐云
责任校对：陈　民　　责任印制：陈　涛

中国省区市地理丛书

编辑委员会

总 序

地理的区域性始终是地理学者关注和探讨的重要论题。编纂一套关于中国省市区的地理丛书，对认识中国地理的区域规律和区域发展战略有重要的学术价值，对加深理解中国国情也有着极为重要的现实意义。

中国地域辽阔，南北跨越约 5 500 km，东西跨越约 5 200 km，陆地面积约 960×10^4 km^2，内海和边海水域面积约 470×10^4 km^2。由于中国地域差异大，自然地理呈现出极为丰富的多样性特征；由于中国历史悠久，人文地理也呈现出一派绚丽多姿的景象。自然地理与人文地理在一个行政区内叠加，构成一部丰富多彩的省市区地理，即组成了环境、资源、人口与发展的区域格局。“中国省市区地理丛书”正是从综合集成的角度，系统地梳理了中国 23 个省、4 个直辖市、5 个少数民族自治区、2 个特别行政区的环境、资源、人口与发展特征，并从全国的角度，阐述了其区域时空变化规律。

中国国情特色鲜明，人口众多、地区发展不平衡、环境分布地带性明显、资源保障不平衡等因素较为突出。“中国省市区地理丛书”正是从历史透视的角度，分析了省、直辖市、少数民族自治区、特别行政区地理过程的形成与发展规律，特别是经济与社会的发展格局。在这个意义上说，丛书是对已完成的《中国地理》《中国自然地理》《中国经济地理》等重要著作的补充。

“中国省市区地理丛书”的主要功能：一是中国地理课程和乡土地理课程的教学用书和教学参考书，完善高校师生和中学教师的区域地理教学的教材支撑体系；二是降尺度认识区域地理的科学著作，为区域研究者提供参考；三是从地理视角对中国国情、省情、县情的系统总结，为国民尤其是各级管理人员提供地理信息和国情教育参考。

“中国省市区地理丛书”的编纂，对深化辖区主体功能区的规划，加快缩小区域差异，特别是城乡差异，探求可持续发展的区域模式，加强生态文明建设等有着极为重要的意义。科学发展模式的确立，需要客观把握国情、省情、县情，也需要认识辖区的地理规律。经过改革开放和经济发展，中国各省市区的地理格局也发生了重大变化，对于任何一个省市区来说，今天的发展都离不开与相邻的省市区甚至国家和地区的密切合作。了解邻接省市区的地理格局，对构建相互合作的区域模式和网络有着重要的实践价值。特别是处在同一个大江大河流域，或处在受风沙影响的同一个沙源区，或处在共同受益的一个高速交通线或空港枢纽区的省市区，更需要相互间的了解和理解、合作与协同，以追求共同发展，实现双赢或多赢的目标。

“中国省市区地理丛书”可以使读者更全面地认识中国的地理时空格局，加深对中国国情方方面面的理解；也能在省市区的尺度上，对中国地理进行系统而综合的深化研究；并能帮助决策者从省市区对比的角度，更客观地审视和厘定本辖区的发展模式。

“中国省市区地理丛书”由 35 本组成，包括 1 本《中国地理纲要》和 23 个省、5 个少数民族自治区、4 个直辖市和 2 个特别行政区的 34 本分册。每一本省级辖区地理图书都突出其辖区的地理区位，区域环境、资源、人口与发展的总体特征，区域地理的时空分异规律，区域生态文明建设与可持续发展的对策和建议等。此外，对省级区域地理，在突出辖区整体性特征的同时，更要重视辖区的区域差异，特别是城乡差异；对直辖市的区域地理，在突出其城市化的区域差异的基础上，高度关注城市可持续发展遇到的突出的地理问题；对少数民族自治区的区域地理，在高度关注其自然环境多样性的同时，突出其民族自治区域的特色，特别是语言、文化等文化遗产的区域特征；对特别行政区地理，更加关注其特殊发展历程及国际化进程的地理特色和人口高度密集区域的可持续发展模式等。

大部分分册具有统一的体例和结构框架，包括总论、分论和专论三个部分。

总论，是各分册的地理基础，是丛书各分册之间可比较的部分，主要阐述各省市区的地理区位、地理特征和地理区划。地理区位是区域地理的出发点，强调从自然生态、文化和经济等多个视角，理解地理区位的特点和优势，结合行政区划与历史沿革，凸显各省市区的国内地位与区际联系。地理特征是区域地理的基础和重点内容，也是传统地理描述的精华，强调以自然地理和人文/经济地理要素为基础，以人口、资源、环境与发展(PRED)为综合的地理概括，结合专题地图和成因分析，凸显区域人地关系地域系统特征。地理区划是承上(总论)启下(分论)的重要部分，也是区域地理的理论体现，强调从自然生态、文化与经济的地域差异分析入手，梳理前人对区域划分的认识，凸显自然与人文的综合，最终提出地理分区的方案。

分论，是各分册辨识省市区内地域差异的主体，属乡土地理范畴，具有浓郁的乡土意蕴。依据地理分区方案，各地理区单独成章。每个地理区主要阐述：区域概况、资源与环境特征、产业发展与规划、人地关系与可持续发展、最突出或最重要的地理现象等。

专论，是各分册彰显区域综合分析和深入研究的部分，主要阐述省市区有特色的地理问题。这些特色问题大多是与区域发展联系密切的，在全国范围内具有重要地理意义或地位，有多地理要素相互作用、相互影响产生的区域综合问题，也有自然地理与人文地理相结合的综合命题。这部分内容具有特色性、综合性、研究性，同时展现了具有一定权威性的研究新进展。

组织编纂“中国省市区地理丛书”，需要多方面的合作和投入。北京师范大学区域地理国家级教学团队、全国高校中国地理教学研究会、北京师范大学区域地理研究实验室，承担了这项编撰任务的组织工作。2005 年开始筹备，2006 年由北京师范大学出版社立项资助，后组织包括全国 30 多所师范大学和综合性大学的地理相关专业院系的教师参编本丛书。共分四个组织层次：一是编辑委员会，由王静爱教授担任编委会主任，由各分册主编和北京师范大学区域地理国家级教学团队中的教师共同担任编委会成员；二是审稿专家群，丛书邀请各省市区的区域地理专家，全国高校中国地理教学研究会部分教授，北京师范大学区域地理国家级教学团队中的教授和民俗文化、历史方面的专家担任审稿人，分别审阅丛书部分书稿；三是编务工作组，由苏筠教授担任负责人，由北京师范大学区域地理研究实验室师生组成工作团队；四是出版编辑部，北京师范大学出版社高度重视本丛书，将其列为社内重大选题，先后指派王松浦、胡廷兰、关雪菁、尹卫霞负责协调全套书的编辑出版工作。全套丛书已被评为“‘十二五’国家重点图书出版规划项目”。

“中国省市区地理丛书”在由北京师范大学出版社资助的基础上，得到了北京师范大学区域地理国家级教学团队、教育部“211 工程”和“985 工程”项目经费的支持，还得到了北京师范大学地理科学学部、地表过程与资源生态国家重点实验室、环境演变与自然灾害教育部重点实验室和国家自然科学基金委员会创新研究群体科学基金项目(41321001)在人力和物力方面的支持。当“中国省市区地理丛书”呈现在读者面前时，我要感谢全体编著者的辛勤工作与团结合作；感谢各分册的审稿人，他们是(以汉语拼音为序)：蔡运龙教授、崔海亭教授、董玉祥教授、樊杰教授、方修琦教授、葛岳静教授、江源教授、康慕谊教授、梁进社教授、刘宝元教授、刘连友教授、刘明光教授、刘学敏教授、马礼教授、史培军教授、宋金平教授、孙金铸教授、王恩涌教授、王卫教授、王玉海教授、王岳平教授、吴殿廷教授、武建军教授、伍永秋教授、许学工教授、杨胜天教授、袁书琪教授、曾刚教授、张科利教授、张兰生教授、张文新教授、张小雷教授、赵济教授、周涛教授、邹学勇教授等。他们认真、严谨的审稿工作是丛书科学性和知识性的保障。特别感谢赵济教授和史培军教授在丛书编纂、审稿和诸多区域地理科学认识方面的重要贡献和指导；特别感谢编务工作组的青年教师苏筠教授，她为丛书庞大而复杂的编纂工作得以有序进行付出了巨大的精力；特别感谢董晓萍教授和晁福林教授对丛书区域民俗文化和历史相关部分的审阅和提出的宝贵意见。在此我谨向上述各位专家、学者对“中国省市区地理丛书”的指导与支持表示深深的谢意；在全体编著者和审稿专家工作的基础上，“中国省市区地理丛书”还得到了各分册主编所在单位及其他许多单位和专家的大力支持和帮助，特此一并郑重致谢！

“中国省市区地理丛书”的编纂工作十分庞杂和艰巨，编著者虽然尽了最大的努力，但由于研究内容涉及面广，经济社会发展变化迅速，加上经验与水平有限，会存在诸多不足和遗憾，尚祈广大读者批评指正。

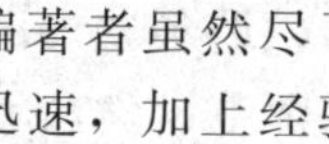

2017 年 5 月

前　言

甘肃区域地理研究虽然起步较晚，但其成长与国内外近现代地理学发展的道路是一脉相承的。经过80多年的发展，不仅甘肃地理研究成果丰硕，而且兰州也已成为全国三大地理学研究和人才培养中心之一。

近代地理学发展至19世纪末20世纪初，由于自然科学的迅速发展及科学分析思潮的冲击，系统地理(Systematic Geography)研究蓬勃发展，区域地理(Regional Geography)却相形见绌。为了摆脱地理学中区域与部门的分化危机，德国地理学家赫特纳(A. Hettner)继承近代地理学奠基者李特尔(K. Ritter)关于统一地理学的思想，开创了区域学派，在混乱中给地理学带来了明确性。他认为地理学的主题是地理区域间的相互差异，将地理学的统一性寓于研究方法之中。因此，他建立了一套概念体系和划分类型、区域的方法，提出了“区域地理样板”的理论，即区域地理描述的传统规范。1919年，美国地理学者费尼曼(N. N. Feneman)在地理学分类体系中，把研究个别地理要素的部门地理学环列于图的边缘位置，其研究领域同相邻的系统科学相交错，而把图的中央归于区域地理学，以研究特定区域各地理要素间的相互关联和相互作用，提出区域地理学是地理学的核心。这一看法，强调地理学是一门边缘或综合的学科，其地位犹如自然科学和社会科学之间的桥梁，很快得到地理学界的认可。20世纪30年代末，哈特向(R. Hartshorne)在其名著《地理学的性质》(*The Nature of Geography*)一书中，从哲学的高度上总结了区域学派的理论和方法，明确提出地理学的对象是研究区域分异：部门地理学是研究的起点，区域地理学则是研究的终端。由于受赫特纳、费尼曼、哈特向等人学术思想的影响，以及动荡不定的世界政治经济形势的客观需要，20世纪20年代至40年代，区域地理学占据了地理学的核心位置，是其历史上的鼎盛时期。

五四运动至抗战期间，我国区域地理研究的发展多依赖于大学和学术团体的推动，并且都注重野外考察工作。因当时我国的开发偏重于东部沿海地区，地理学的考察研究也偏重于东部地区，对西部地区研究较少。1931 年九一八事变后，东北沦陷。日本对中国的侵占步步紧逼，华北和东南沿海受到直接威胁，“开发西北”的呼声日益强烈。1934 年，张维出版的《甘肃沿革地理图表》一书，历史地理资料较全面，具有一定的科学性。同年，慕寿祺发表《甘肃山水调查记》、傅健发表《渭河上游概况》，区域地理研究趋向广泛和深入。1934—1935 年，任美锷在西北(陕西、甘肃、青海、宁夏、内蒙古)考察期间，著有《兰州附近地志研究》一文，发表于《方志月刊》第 8 卷第 4 至 5 期，大致反映了当时中国的小区域研究水平，为运用近代地理学观点和方法研究甘肃地理之滥觞。此次考察成果，日后由张其昀、任美锷合编为《甘肃省人文地理志》，1940 年发表于《资源委员会季刊》第 2 卷第 1 期“西北专号”(一)，与陕西、青海、宁夏、绥远等地的地理志统一《西北人文地理调查报告》(1935 年)形式出版。此书约 10.5 万字，主要内容分为沿革、面积、人口、地形、土壤、气候(附灾荒)、水文、耕地、农产、林产、畜产、矿产、工业、贸易、交通、农村、都市、民族与宗教、名胜古迹、边防与军事、盟旗与部落、省界问题，共 22 个方面的地理情况。该书是我国近代地理学者在 20 世纪 30 年代中期经过初步调查，第一次用当时资料与科学方法编出的甘肃省区域地理，至今仍具有较高的史料价值。

“卢沟桥事变”以后，沦陷区学校纷纷迁往甘、川、滇、黔等省。如北平师范大学迁至陕西城固，再迁兰州；清华大学迁至云南昆明；中央大学迁至重庆；浙江大学迁至贵州遵义。这些大学的地理系师生，实地考察了迁移路线所经过的地区，对迁校所在省区作了详尽的学术性研究调查。1940 年 8 月，中英庚款董事会于重庆北碚创办中国地理研究所。建所初设自然地理、人文地理、大地测量、海洋 4 个学科组，由黄国璋、李承三、林超相继担任所长。黄国璋主持研究所工作后，大力倡导以调查研究为中心工作，组织了嘉陵江与涪江流域、汉中盆地、大巴山区、川东地区、成都平原等综合地理考察。1940 年，在当时交通和经济条件比较落后的情况下，嘉陵江流域地理考察队踏遍四川盆地、大巴山、嘉陵江流域等 17 个县，徒步超过 4 000 km，撰写了《嘉陵江流域地理考察报告》并绘制了 344 幅图件。报告详细记载了该地区的地形、农业、矿产、航运、人口和聚落，被誉为“抗战时期中国地理学的代表作”。《嘉陵江流域地理考察报告》在研究方法、“聚落等级”思想、聚落分类等方面颇有开拓创新。

1941年，中央大学李旭旦、赫景盛与浙江大学任美锷等4人，于7—9月组成西北科学考察团，重点考察了白龙江碧口至两河口段及白龙江支流小岷江。李旭旦著有《白龙江中游人生地理观察》《西北科学考察纪略》等，在深入的野外考察基础上，明确提出了我国南北地理分界的西端应以白龙江中游为界和白龙江应为嘉陵江之主流的科学论断。此外，20世纪40年代关于甘肃区域地理的研究，尚有王仰关于河西水利问题、汪时中对河西地理、尹仁甫关于河西地文与人文、王成敬关于川甘交通枢纽、施之元关于河西农业环境、陈正祥关于甘肃地理环境与农业区域和侯光炯关于甘肃东部黄土的分布利用与管理等。这些专项考察、综合分析、农业区划和环境与农业相互关系的研究，既是近代区域地理在甘肃取得进步的历史见证，也为中华人民共和国成立后甘肃省的资源开发提供了科学依据。

20世纪50年代后，甘肃地理研究突飞猛进。综合和各种专项考察队的组织、研究机构和野外观测台站的建立，使过去个人的零星研究转变为大规模、有组织的系统研究。方法和手段的逐步现代化，使研究成果越来越丰硕。1952—1953年，受兰州市城市建设局委托，王德基调查兰州市土地使用、山洪及地下水状况，勘测水库坝址，为兰州市的建设提供了科学依据。1957—1964年，王德基受中国科学院地理研究所委托，研究甘肃省地貌区域问题，同时参加甘肃省农业区划工作，撰写出《兰州地区地貌类型区划》《甘肃省农业地貌区划》等论文，奠定了甘肃地貌研究的基础。期间，受苏联地理学界自然地理与经济地理分离倾向的影响，区域地理被分解为区域自然地理与区域经济地理。在这种情况下，社会上迫切需要一本能够科学反映甘肃地理环境面貌的《甘肃地理》。1959年，兰州大学冯绳武进行了甘肃自然地理区划研究，在此基础上于1960年在北京商务印书馆出版《甘肃省地理》(发行月余后，因故停止发行)。此书约13.3万字，附图29幅。此书共分地理位置与历史遗迹、自然条件、自然地理区、经济及改造自然的开端五章，反映了1950年代对于甘肃省地理的认识，曾在当时国内地理界得到好评。

成立于1958年2月的中国科学院青甘综合考察队，分综合自然地理、地貌与第四纪、地质、水文气象、水文地质、土壤、森林植物、农业、畜牧、水利、经济11个专题组，明确地以甘肃、青海两省为考察对象。青甘综合考察是中国1956—1967年科学技术发展远景规划中的综合考察任务之一。其目的是综合研究青甘地区的自然条件与自然资源，提出青甘地区综合开发的生产力配置方案，为国民经济10～15年长期发展规划提供科学依据。考察地区包括柴达木盆地、祁连山及河西走廊，总面积共54×10^4 km^2，占甘、青两省总面积的45%。考察研究内容主要涉及甘肃省经济、矿产、土壤与生物资源、河西地区的农业、牧业、土壤及北大河流域的水资源、土地合理利用等。此外，考察队还对引洮工程进行了考察研究。经过1958年年初到1960年的野外实地考察与室内分析研究，考察队完成了《青甘地区生产力发展远景设想》总报告。总报告的主要内容包括：①青甘地区自然经济基本情况和远景生产力发展方向；②工业发展远景方向和工业基地布局；③农业发展远景方向和水资源供需平衡与水利发展远景；④交通运输业远景发展方向、分区综合运输网配置；⑤劳动力问题及其解决途径；⑥青甘地区生产力远景发展中的几个重大问题；⑦对青甘地区今后自然资源与生产力配置调查研究工作的意见等。考察队认为青甘地区的镍、铅、锌、硼、钾、镁、铁矿资源及石油、盐类矿产等，储量大且相对集中，在西北地区乃至全国有重要地位，提出可以建成以石油、化工、冶金为重点的中国西北最重要的资源基地的建议。石油、化工、冶金是远期青甘地区的3个主导工业部门。考察研究提出全区有4倍于现有耕地的宜农荒地，其中不需从外地调水即可开垦的超过73×10^4 hm^2，通过充分合理利用区内水资源、改良盐碱土壤等措施，垦荒和提高农作物产量都有很大潜力，尤其是河西走廊，有条件建成与重点工业建设相适应的农业基地。同时，还提出未来的主要商品畜产基地是祁连、冈察、海晏、天祝、肃南、天峻等。这一系列考察研究成果，起到了为国民经济长远规划进行科学考证、搭架子和提供科学依据的作用，已作为当地制定长远规划的主要参考依据。

1958年，应甘肃省发展河西地区农业、摸清祁连山冰川资源的要求，中国科学院组织了高山冰雪利用研究队，为我国专门冰川考察活动之始。研究队包括地貌、气候、水文和测量4种专业，分6个小分队，连续两年考察了甘肃和青海两省的界山——祁连山。考察队对祁连山东起冷龙岭，西至柴达木北山，包括10个冰川区、2个冰川群、125个冰川组、941条大小冰川，进行了全面考察。不仅描绘了冰川的形态、类型和分布，而且估计了储水量，进行了人工融化冰雪的试验，最后在施雅风主持下写出了新中国第一部较为完整的冰川考察报告——《祁连山现代冰川考察报告》。该报告和大量相关论文的发表使人们对祁连山地的自然条件和冰川分布、储量有了比较全面、深入的了解，祁连山因此被称为“中国现代冰川学的摇篮”。

1959年3月，中国科学院自然资源综合考察委员会治沙考察队成立，并在兰州召开“向沙漠进军”的动员大会。会议结束后分19个小分队考察了包括甘肃西北部在内的我国广大沙漠区，在民勤县设立了我国第一个治沙综合试验站。经过几年的考察，甘肃沙漠的面积(6.8×10^4 km^2)、分布及特征、成因、沙丘移动方向等得到了全面揭示，沙漠治理也被列入日程。冰雪队和治沙队后来改组为中国科学院兰州冰川冻土研究所和兰州沙漠研究所，为日后兰州成为我国三大地学研究中心之一打下了坚实的基础。与此同时，中国科学院地理研究所赵松乔根据1955年及1959—1961年的实地观察和搜集的资料，对河西走廊综合自然区划进行了专题研究，旨在对河西走廊的地区差异性及自然地域的特征作进一步分析，并对各级区划单位提出了土地利用的合理方向。

1965—1966年，为了满足“三线”建设需要，中国科学院自然资源综合考察委员会和甘肃省河西建设规划委员会共同组织河西荒地考察队，对河西走廊黑河流域中游地区的大面积宜农荒地进行了考察，考察队以水土资源为中心，主要调查宜农荒地的数量、质量、分布及其开垦条件，提供了《甘肃河西走廊黑河流域中游地区荒地资源及其开垦条件评价》报告和宜农荒地分布、类型划分、水利条件及利用评价等6种地图，为当地的三线建设规划所利用。同期，由李文彦负责的西北炼焦煤基地考察组，重点考察了甘肃的炭山岭、靖远矿区，论证了酒钢远期炼焦煤基地的选择，并提出了区域配煤意见。1966—1968年，河西荒地考察队在甘肃祁连山地区，又开展了天然草地资源的专题考察，主要对肃南裕固族自治县的天然草地资源与畜牧业发展进行了较深入的研究。考察发现，由于牲畜数量的不断增加和气候干旱化的影响，草地退化十分严重。通过草畜平衡的分析计算，提出了该自治县畜牧业发展意见。1968年3月，根据西北局建设要求，兰州军区、西北局建委和中国科学院自然资源综合考察会共同组队，按军事编组对陇南地区工业发展条件进行了评价，并提出了初步意见。

20世纪80年代的黄土高原地区综合治理开发考察，连同20世纪50年代的黄河中游水土保持考察，都在甘肃中部和东部进行了卓有成效的研究工作。1956年，黄河中游水土保持考察综合考察了对六盘山以西的无水区、华家岭等地约6×10^4 km^2的范围，除阐明了各种自然规律和社会经济特征外，同时开展了水土流失规律和水土保持措施的定位观测研究。1955—1956年，王德基受中国科学院地理研究所委托，率领兰州大学地理系师生在甘肃省漳县(小井沟)、通渭(下洼沟)和静宁(牛站沟)，进行了小流域水土保持的勘测、填图、规划图绘制和说明书撰写。1957—1958年，黄河中游水土保持队联合苏联专家，对甘肃的天水、兰州、平凉、西峰开展了地貌、第四纪地质、水文、植被、土壤、综合自然地理等方面的路线调查。上述考察活动，应用了部门自然地理学、综合自然地理学和经济地理学的基本原理，在若干试点地区进行了水土保持规划和区域规划，将考察和定位半定位试验有机地结合在一起，取得了显著的成效。1983 年，黄河中游水土保持考察队讨论制订了成果整编出版计划，并提出进一步的考察研究项目，至 1984 年年底明确了包括甘肃在内的黄土高原地区综合考察研究的范围和重点地区。1985—1990 年开展的"黄土高原地区综合治理与开发"项目，研究规模巨大，采用遥感制图、信息系统和地面调查相结合的方法，查清了水土流失和资源状况，提出了综合治理的总体方案，出版了《黄土高原地区综合治理开发研究(宁甘青部分)》等一系列专著，发表了一系列报告。其中，作为整个黄土高原重点考察县的甘肃榆中、正宁两县的研究成果，提出了建立以兰州为中心的黄河上游经济带的设想。经过近半个世纪的考察研究，甘肃黄土高原黄土—古土壤系列反映的气候地层、黄土沉积厚度与分布、黄土高原自然地带的划分、黄土侵蚀与水土保持、自然侵蚀和人为加速侵蚀、区域治理开发等研究均取得了引人瞩目的成就，拓展了甘肃地理研究的内容。

1989 年，甘肃教育出版社出版了冯绳武编著的《甘肃地理概论》一书，这是他 40 多年来对甘肃地理调查和专题研究的概括总结，比较全面地反映了 20 世纪 80 年代中期以前对甘肃地理研究的成果。全书包括历史遗存、自然条件、人文反应和区域区划四篇十五章，是一部综合论述甘肃省各地区地理环境以及人地关系规律性的区域地理学专著。第一篇从历史地理角度阐明了甘肃省的地理概况、历史沿革和城镇兴废等内容。第二篇对甘肃省的自然地理、自然条件和自然资源的形成、特点及分布规律作了分析。第三篇着重从人口、民族、农业、工业及交通运输等方面进行论述，基本阐明了甘肃省的人文地理。第四篇是综合地理区划，采用地带性与非地带性相结合的区划原则，将全省分为四个区域(陇中黄土区、陇南山区、甘南高原区、河西荒漠绿洲区)，并且指出了各区的内部差异、存在问题及发展方向。但关于自然环境的地带性分异以及青藏高原对甘肃省地理环境的特殊作用的阐述略有不足。总的看来，在近几十年出版的同类书籍中，该书仍不失为一本内容比较独特、学术价值较高、使用价值较大及资料性较强的区域地理著作，至今在地理学界仍有着一定的影响。1990 年，孙永清、郑宝喜编著的《甘肃省地理》在甘肃教育出版社出版，被列为中国地理丛书之一。

1990 年代，为支持基础性研究工作稳定发展，中国科学院决定将"区域开发前期研究"作为特别支持的领域之一，其任务是研究区域经济、社会的总体发展战略与布局，为区域的可持续发展适时提供宏观决策依据。1990 年 8 月，中国科学院成立“区域开发前期研究”专家委员会，启动了“黄河上游沿岸多民族经济开发区中长期发展战略研究”项目的实地考察。研究范围从内蒙古的克托克到青海的龙羊峡之间共15个州、地、盟、市，82个县、旗、市，包括甘肃省的兰州市、白银市、临夏回族自治州，土地总面积22.8×10^4 km^2。研究报告指出了该区域的优势资源、产业基础及存在的主要问题，认为该地区应发展成为全国性的能源、有色金属、化工三大产业基地，产业带应采取“开放开发、突出优势、综合发展、分段点轴推进”的发展战略。特别提出以兰州为中心的白银市至西宁市区段，重点发展水电、有色金属原材料及其加工业，石化与盐化工原材料及其加工业。1994—1996年，“河西走廊经济发展与环境整治的综合研究”被列入第二期特别支持项目，考察研究范围包括甘肃省的武威、张掖、酒泉、金昌、嘉峪关5市，土地总面积21.5×10^4 km^2。项目组围绕该区域可持续发展中的沿亚欧大陆桥区域发展的软硬环境、产业结构调整与布局、人口迁移与城市体系、区域水资源承载力及其开发利用对环境影响与整治途径等进行考察研究。

兰州大学作为青藏高原综合科学考察研究的重要参加单位，自20世纪80年代以来重点研究了黄河水系的演化问题。兰州位于黄土高原向青藏高原过渡的第二级阶梯，是我国三大自然区的过渡带。兰州至靖远一带是中国黄土的沉积中心，这里拥有世界上最厚的黄土层，如兰州九州台黄土堆积厚达336 m，靖远曹岘厚达505 m。依据黄河上游兰州地区阶地发育的年代，李吉均等推论黄河形成时代为距今170万年前，并指出由于黄河的溯源侵蚀，黄河阶地越向上游越新。特别是利用临夏北塬更为理想的黄土剖面，划分出末次间冰期5个阶段、末次冰期4个阶段、全新世1个阶段，与世界著名的南极东方站16万年来冰芯氧同位素曲线成功进行了对比。由于阶地的形成主要反映河流下切，其年代可推论河谷形成的时代，并不能确定河流形成的时代，相关研究遂将重点扩展到夷平面形成时期的水系是怎么演化为现代水系的问题上，由此取得了一批具有国内领先水平的研究成果。之后，夷平面研究重新引起学术界广泛关注，其形成发育在确定高原隆升过程中的重要性被普遍认知，隆升机制、隆升过程及其环境效应研究成为国际地学界的研究热点。

祁连山位于青藏高原东北缘，由于其特殊地理位置，一直是地理学研究的重点地区。其地貌研究工作自20世纪50年代末期即有相当基础。王德基早在1950年代就多次赴祁连山考察，于1959年完成了《祁连山东段的古剥蚀面》一文。该文是祁连山夷平面问题研究最早的论文，具有开创意义。相对于构造地貌、第四纪冰川与现代冰川、湖泊地貌等，祁连山的区域地貌则缺乏系统研究。1992 年，尹泽生、徐叔鹰在中国 1∶100 万地貌图西宁幅地貌制图研究工作的基础上，从区域地貌角度系统开展了包括河西走廊在内的多次野外地貌调查与地貌研究、室内资料和多种样品分析，并出版《祁连山区域地貌与制图研究》一书，填补了这一研究空白。2007 年，“中国冰川资源及其变化调查”项目启动。该项目以冰川编目为核心内容，以冰川变化监测为主要手段，以典型调查为主要途径进行第二次冰川资源综合调查工作。该项目在查清气候变暖背景下祁连山冰川资源的变化状况及其对河西走廊水资源的影响等方面得出了新的认识。

除上述重点提及的研究成果外，国家及甘肃省气象部门长期积累的观测资料和主持的多项气候研究，揭示了甘肃的气候特征，制定了省域的气候区划。黄河水利委员会、长江流域规划办公室和甘肃省水利部门组织的水文水利调查，甘肃省农业部门主持的全省及各地州县的土壤普查，甘肃省林业部门负责的全省森林和野生动物调查，甘肃省地矿部门进行的地质普查和矿产调查，甘肃省发改委负责的主体功能区规划，甘肃省文物保护部门开展的考古发现等，均获得了极其丰富、学术水平和实用价值都很高的成果。还有许多研究者，把自然地理学与历史地理学相结合，加深了对甘肃地理环境的认识，为解决甘肃省的区域地理学问题提供了重要依据。凡此，都为编撰反映 21 世纪初期研究水平的新《甘肃地理》提供了基础。

现在，借编纂“中国省区市地理丛书”之机，我们按照丛书统一的编纂体例和内容安排，进行了《甘肃地理》的集体编写。本书的特点是融自然地理和人文地理为一体，采用定性分析与定量分析、现状分析与动态分析相结合的研究方法，旨在揭示甘肃省的地理区位、自然特征、资源潜力、生态环境、社会经济及其区域差异。根据综合地理区划的原则，将甘肃省划分为五个地区，分别阐述各区的区域特征、优势资源及开发利用、产业发展与布局、生态治理与可持续发展等。在上述区域分析的基础上，从历史地理、文化地理和城市地理的角度，对甘肃省在全国具有重要意义的特色地理问题上，诸如中华文明起源与人地关系演变、丝绸之路与文化景观、省会兰州的变迁与发展等，进行了专题研究，力求反映最新研究进展。

全书由王乃昂任主编，负责本书的组织编撰、提纲拟定、统稿工作，并承担前言、第一、第二、第四、第七、第九、第十、第十一、第十二章的编写任务。黄银洲副负责第三、第五、第六章的编写和部分图件编制。罗丹负责全书的初稿整理和第八章的编写等工作。本书从资料汇集、初稿编写到付印出版，已逾十五载，期间得到了很多专家的支持。兰州大学伍光和生前对本书的编撰提出了宝贵建议，并给予特别帮助。中国科学院寒区旱区环境与工程研究所秦翔提供了老虎沟冰川图片，兰州大学高翔提供了部分城市人口与城市化资料，特此予以说明。在全书的编写过程中，参阅了许多专家、学者的著作与研究论文，吸收并利用了他们的研究成果和数据资料。囿于区域地理的传统范式和丛书体例的要求，惜未能一一注明出处，在此特向有关专家表示崇高的敬意和衷心的感谢！在本书的出版过程中，甘肃省测绘与地理信息局、兰州大学资源环境学院、北京师范大学地理学与遥感科学学院、北京师范大学出版社等单位，都对本书的出版给予了大力支持。特别需要提出的是，本书的编撰得到了北京师范大学王静爱、苏筠的关心和指导，北京师范大学出版社尹卫霞编辑、李云虎编辑给予了技术支持，统此表示诚挚感谢。

王乃昂

2020 年 5 月 11 日

目 录

第一篇　总　论

第一章　地理区位

章前语

甘肃省位于中国陆域版图的地理中心，地处东部季风区、西北干旱半干旱区和青藏高寒区的过渡带，分属长江、黄河、内陆河三大流域。这种独具一格的地理位置，对甘肃省自然环境的复杂性、生态系统的多样性和自然资源的丰富性均有深刻的影响。在这种意义上，甘肃堪称中国自然地理的一个缩影。作为历史上行政区设置最早和曾经地域最大的省份，甘肃省行政区划的变革在全国都是比较频繁的。在漫长的历史时期，甘肃曾是我国与欧洲、中亚、西亚、南亚各国和各民族进行政治、经济、文化交流的重要通道。甘肃文化(又称河陇文化)，是中华文化的重要组成部分，它与中原文化、长江流域文化等一起构成了中华文明的重要源流，不仅在中国文化史上占有重要地位，而且许多方面在世界上都享有盛誉。从世界发展史来看，甘肃是中华文明与两河流域文明、古印度文明、地中海文明等的汇流之区，河西走廊堪称我国走向世界的第一条通道。甘肃不仅为中华民族和国家的发展铸就过不朽的丰碑，而且直到现在也是新亚欧大陆桥的咽喉，是西北五省交通运输的重要枢纽。随着西部大开发和“丝绸之路经济带”倡议的实施，甘肃作为西部大开发的桥梁和纽带，必将发挥越来越大的作用。

关键词

甘肃；地理区位；经济位置；文化位置；行政区划

第一节　地理概况

甘肃省以甘州(今张掖)、肃州(今酒泉)而得名，简称甘。因本省大部分在历史名山陇山(主峰六盘山，海拔 2 945 m)以西，公元前 280 年的周代(秦昭襄王二十七年)，省内始置最早的郡级政区“陇西郡”。唐代始置当时全国最大的道级政区“陇右道”(古代以西为右)，因此历史上又以“陇右”作为甘肃省特称，简称“陇”。甘肃位于32°11′N～42°57′N，92°13′E～108°46′E，总面积45.44×10^4 km^2，约占全国总面积的4.7%，在目前全国各省区中，面积仅次于新疆、西藏、青海、内蒙古、四川及黑龙江，居第7位。

甘肃省域轮廓恰似如意或似哑铃形，两头较大，中部狭长。整体为北西—南东走向，东西延伸达1 655 km，南北平均宽530 km，并有几个近南北向狭窄的蜂腰地带：一个在陇山东麓的华亭县，南北界于陕西、宁夏，宽不到24 km。另两个均在河西走廊东段，即古浪、天祝两县及山丹、民乐两县，宽度在85～100 km。这种特殊蜂腰地带与省域斜长轮廓的形成，明显是受南部青藏高原与北部蒙新沙漠戈壁的限制。省内的河西走廊绿洲带与泾河、渭河、洮河、湟水、庄浪河等河谷平原，为历史上灌溉农业与交通的发展，提供了优越的地理条件。为了保持东起关中平原，西出河西玉门关之间“丝绸之路”的畅通，必须在政治上有统一的管辖区，这也就是历史上唐代陇右道领属安西都护府与陕、甘、新分省较晚的主要原因。

就自然景观而言，地球上的各个部分都有其特色，不能互相取代。一般来说，土地辽阔的区域会拥有较多独特的自然景观。甘肃拥有超过45×10^4 km^2的土地，远不如新疆、青海等省区，但由于独特的地理位置和漫长的演变过程，就自然景观的多样性、独特性而言，并不比其他省区逊色，堪称中国自然地理的一个缩影。多种地质遗迹类型，组成了千姿百态、气势非凡的地貌景观，它们与各种气候类型、自然生态系统的组合，使甘肃自然景观的形成过程和表现形式具有系统性、完整性和典型性。从柑橘、竹林、茶园等亚热带景观的山水陇南到河西走廊的沙漠、戈壁和绿洲，从泾渭河谷的膏腴之地到祁连山脉的雪峰冰川，自然景观呈现出明显的水平地带性和垂直差异，无不具有重要的科学价值、美学价值和资源利用价值。

复杂的地质地貌和多样化的生态环境，培育了甘肃远比其他省区市纷繁的史前文化类型。早在旧石器时代，就有人类在甘肃广袤的大地上繁衍生息。至新石器时代，省内各民族的文化已相当发达，因而留下了一大批彩陶与细石器共存的文化遗址。甘肃作为中华农耕文明的重要发祥地之一，历经秦汉时期兴屯垦、修水利，到唐开元、天宝年间，甘肃农业达到极盛，成为全国经济富庶的地区之一。唐代以后战乱迭起，兼之自然灾害频繁，生产力受到严重破坏，甘肃农耕经济渐趋衰落。南宋以后，由于政治与经济中心的东移和国际贸易通道从陆地转向海洋，甘肃在交通与贸易中的地位大大降低，经济发展趋于缓慢。近代封闭的经济文化和偏僻的地理位置使它更加落伍。

1949 年中华人民共和国成立后，针对甘肃干旱缺水的实际情况，集中力量开展了以兴水利、修梯田、打水窖、建设商品粮基地等农业工程建设，甘肃农产品短缺状况有了改善，农业得以恢复并不断发展。“一五”时期，国家在甘肃布局的 16 项重大建设项目，初步奠定了甘肃的工业基础，这使甘肃工业几乎在一张白纸的基础上建立起了以能源、电力、冶金、有色、机械、建材、轻纺和国防军工为主体的格局，极大地促进了甘肃经济的发展。近些年来，随着西部大开发和“丝绸之路经济带”倡议的实施，甘肃省又开始了新一轮大发展。

在漫长的历史时期，甘肃曾是我国与欧洲、中亚、西亚、南亚各国和各民族进行政治、经济、文化交流的重要通道，是“丝绸之路”的主要通过区，在保存我国古代传统文化、传播西域文化方面起了很重要的作用。甘肃省现有汉族、回族、藏族、东乡族、土族、裕固族、满族、保安族、蒙古族、撒拉族、哈萨克族、维吾尔族等民族，共同在这块土地上生息。2010 年全省总人口约为 2 557.5 万人，居全国第 21 位，人口的平均密度为每平方米 59 人。人口分布很不平衡，东多西少，80% 的人口居住在黄河以东约占全省 1/3 的土地上。与中国东部地区相比，甘肃省属地广人稀之地。

第二节　地理位置

甘肃省东接陕西，省界部分以近南北走向的子午岭与六盘山南段为界，部分横越秦岭及泾河、渭河、嘉陵江诸河谷；南邻四川，主要以黄河首曲段、岷山主脉及其东南延伸的摩天岭为界；西连青海省、新疆维吾尔自治区，主要以青藏高原东缘、祁连山和星星峡为界；北靠内蒙古自治区、宁夏回族自治区，并与蒙古国接壤，主要以戈壁、沙漠、走廊北山和六盘山为界。座中四联的自然位置、经济位置和文化位置，使甘肃省具有独特的区位优势和复杂多样的地理环境。

一、自然地理位置

(一)中国陆域版图的地理中心

一般地理文献习惯将陕西、甘肃、宁夏、青海和新疆五省区合称西北地区，但我国大陆的地理中心，根据 1∶6 000 000 中华人民共和国地图测算，大概在 103°25′E、35°47′N，恰位于兰州市区。由兰州向国境的东北极东部(黑龙江和乌苏里江汇流处)引 2 800 km 的直线作为半径，则全国大陆及主要岛屿皆在此圆内。除正北方距蒙古国仅 640 km 外，其余任何方向，距国境均为 1 400～2 500 km。在全国范围内，除兰州之外，没有第二个省会城市更居于全国的几何中心了。陕西、宁夏两省区均位于这个中心以东，甘肃省亦有小部分在此中心以东，而大部分位于中心之西北。孙中山先生曾称兰州为"陆都"，对它的交通和经济地位有极高的评价，原因即在此。

(二)通过省境的重要地理界线

甘肃省河西地区可归属亚洲中部，省内黄土高原和陇南山地等则属东亚。亚洲中部指青藏高原以北、大兴安岭—阴山—贺兰山一线以西及西伯利亚以南的广阔地域，其与东亚的分界线是一条重要的自然景观界线。作为内外流域的分水岭，此线以东河流统属太平洋流域，线以西河流则多为内陆水系。甘肃省位于上述界线两侧这一特点，使得它成为东亚与亚洲中部之间的陆上交通通道和丝绸之路必经之地。

地理学上著名的"黑河—腾冲线"，是胡焕庸在 1935 年提出的划分我国人口密度的对比线。它将中国划出两个自然和人文景观迥异的地域，构成强烈的反差，具有重大意义。这条线从黑龙江省黑河市经过甘肃东南部和四川西北部，最后到云南省腾冲市，大致为倾斜 45°的直线。东南半壁占全国面积的 36%，却居住着全国 96%的人口；西北半壁占全国面积的 64%，但人口仅占全国的 4%。"黑河—腾冲线"大致上和我国的 400 mm 等降水量线相重合，不仅是我国人口的地理分界线，也是我国的自然地理分界线。

如果说"黑河—腾冲线"是划分东西部的依据，"秦岭—淮河线"则是划分我国南北方的依据。"秦岭—淮河线"是我国亚热带与暖温带的分界线，其分布与 1 月 0 ℃等温线、≥10 ℃积温 4 500 ℃等值线、800 mm 等降水量线、湿润区与半湿润区的分界线、河流有无结冰期的分界线、温带落叶阔叶林与亚热带常绿阔叶林的分界线、钙质土与酸性土壤的分界线、小麦与水稻分布的分界线、农业旱地与水田的分界线、农作物一年一熟或两年三熟与一年两熟或三熟的分界线等大致一致。这条中国最重要的地理、气候界线之西延，即在甘肃省的白龙江一线。

另一条重要的地理界线，则是长城。自战国时期开始，秦、汉、隋、金、明等多个朝代都曾在甘肃就地取土，夯筑长城。历代长城的走向往往与年平均降水量线的走向非常接近，成为陇原大地上无言的印痕。从西周到秦汉，长城从 400 mm 等降水量线一直向北推进，直到黄河岸边，与200 mm 等降水量线重合在一起。它不仅是农耕文化与草原文化的分界线，局部地段也是西北干旱半干旱区和东部季风区的分界线、内蒙古高原和黄土高原的分界线、暖温带和中温带的分界线、雨养农业与绿洲农业的分界线，还是冬小麦与春小麦分布的分界线。甘肃不仅是长城的主要通过区，而且是秦汉长城、明长城的西端起点。此外，我国三大地势阶梯的一级阶梯和二级阶梯的自然地理分界线，即"昆仑山—祁连山—横断山线"，也通过甘肃省境内。

总之，这些重要分界线，集中通过或出现在甘肃省境内，在国内是独一无二的。它们无疑为我们提供了认识甘肃地理的基本依据。

(三)三大自然区的过渡带

根据地理位置、气候特征和地势轮廓等地域分异因素，我国可划分为三大自然地理区：东部季风区、西北干旱半干旱区和青藏高寒区。在我国一级行政区划中，甘肃省是唯一地跨三大自然区的省份，其所辖的甘南高原和祁连山、阿尔金山在青藏高原东北侧形成了一个弧形条带，属青藏高寒区；陇南、陇中和陇东分属东部季风区的亚热带、暖温带和温带地区；河西走廊、阿拉善高原和甘肃北山山地则属于西北干旱半干旱区，三大自然区的交会点在兰州西北 180 km 的乌鞘岭。除甘肃省外，全国没有任何其他省份具有这一特点。

二、经济地理位置

(一)西部大开发的关键地区

2000 年 10 月，我国把"实施西部大开发，促进地区协调发展"作为一项战略任务。西部大开发的范围包括重庆、四川、贵州、云南、西藏、陕西、甘肃、青海、宁夏、新疆、内蒙古、广西 12 个省(区、市)，面积为 685×10^4 km^2，约占全国陆地总面积的 71.4%。在全国 31 个省(区、市)(不含港澳台地区)中，甘肃经济总体排名相对靠后，2012 年全省 GDP 为 5 650.2 亿元，居第 27 位。与东部省份相比，甘肃经济发展水平仍有较大的差距。但在西部大开发实施的十余年时间里，甘肃经济增长幅度一直位于全国前列。同时，在西部大开发重点工程建设方面，甘肃省基础设施、生态环境和科技教育等方面的建设均有显著提高。以 2012 年为例，国家新开工西部大开发重点工程 22 项，其中涉及甘肃省的重点工程有：敦煌至格尔木铁路、西部支线机场建设、哈密至郑州±800 kV 特高压直流工程、西气东输三线工程、甘肃酒泉千万千瓦级风电基地二期第一批 300×10^4 kW 风电项目等。这些项目的开工建设，不仅为甘肃经济的发展注入了新的活力，促进了甘肃经济的快速增长，而且为实施西部大开发战略提供了重要保障。

2012 年 8 月 28 日，兰州新区正式被国务院批复成为继上海浦东新区、天津滨海新区、重庆两江新区、浙江舟山群岛新区后的第五个国家级新区，是未来西北地区重要的经济增长极、国家重要的产业基地、向西开放的重要战略平台、承接产业转移示范区。兰州新区的设立强化了兰州作为西北地区重要中心城市的辐射带动作用，将有利于深化区域经济合作和扩大向西开放。

(二)“西陇海兰新经济带”和“丝绸之路经济带”的主体

“西陇海兰新经济带”是继“海岸经济带”“江河经济带”之后出现的一种新的陆桥经济形式，其中兰州是其重要的支点之一。该经济带是西部大开发要建设的3个经济带之一，总长2 500多千米，其中在甘肃有1 500多千米，有县级以上区域10多个，集中了甘肃省77.3%的人口、76.5%的耕地、88.5%的地区生产总值。根据甘肃省的总体规划，本省将“西陇海兰新经济带”分为东部经济区、兰白经济区和河西经济区三大经济区，选择大中城市和沿线城市、重点优势产业、新兴产业和特色产业作为发展重点。

“丝绸之路经济带”是在古丝绸之路概念基础上形成的一个新的经济发展区域，2013年由中国国家主席习近平在哈萨克斯坦纳扎尔巴耶夫大学演讲时提出。“丝绸之路经济带”东边联系亚太经济圈，西边系着欧洲经济圈，被认为是“世界上最长、最具有发展潜力的经济大走廊”。“丝绸之路经济带”地域辽阔，有丰富的自然资源、矿产资源、能源资源、土地资源和宝贵的旅游资源，被称为21世纪的战略能源和资源基地。“丝绸之路经济带”倡议，明确突出了甘肃的战略地位。甘肃省可谓迎来了千载难逢的发展契机，被称为“丝绸之路经济带甘肃黄金段”。

(三)连通西北的经济枢纽

甘肃省省会兰州在中华人民共和国成立前是西北重镇，是通往我国西部的重要枢纽，经济上也起着带动其他区域的作用。中华人民共和国成立后，随着大三线建设的实施，许多大型重工业落户甘肃，极大地促进了甘肃省经济的发展，尤其是多条铁路、公路的修建，使其在我国西北经济枢纽的作用更加重要。“一五”计划期间，陇海、包兰、兰新、兰青4条铁路干线在兰州交会，使得兰州成为全国交通枢纽和陆路交通的客货集散中心，承担着西部与东部、西南与西北的物资交流。重点建设项目兰渝铁路(兰州—重庆)、兰新铁路第二双线(兰州—新疆)、宝兰客运专线(宝鸡—兰州)及货运编组站、西客站、铁路集装箱中心站等铁路枢纽项目的修建，缩短了我国中部和东部地区到西部地区的时间，增加了各个区域之间的经济联系。2017年9月29日兰渝铁路全线正式开通运营必将形成一个新的经济带，即兰渝经济带，同时增强我国西南和西北以及北方的经济联系。目前，甘肃省正围绕着“枢纽经济”做文章，以期利用“枢纽工程”的建设带动其他相关产业的发展，同时提升甘肃省的枢纽地位。可以预见，甘肃省今后将在带动我国西部经济发展中发挥更加重要的作用。

三、文化地理位置

甘肃东部与我国古代的政治、经济、文化中心——陕西省相邻，与华北、中原、江南相通；西部与多民族文化汇聚的新疆接壤，从而连通了中亚、西亚、欧洲和非洲；南临青海、四川，可通西藏、云贵和南亚、东南亚；北连内蒙古、宁夏和蒙古国，进而可与欧亚草原和漠北相通。著名文化学者季羡林曾指出，世界上历史悠久、地域广阔、自成体系、影响深远的文化体系只有四个：中国、印度、希腊、伊斯兰，而这四个文化体系汇流的地方只有敦煌和新疆。这一独特的文化地理位置，使甘肃成为东来西往、南去北进的交通要道，成为亚欧旧大陆经济、政治、文化交流的“丝绸之路”主干道，造就了自古以来多民族聚居的格局。

(一)文明发祥之地

甘肃的考古工作开展得早，发现了一大批非常珍贵的遗址、遗迹和文物，使甘肃成为全国著名的文物大省，特别是在史前文化遗址、彩陶、长城、汉代简牍、石窟艺术、敦煌遗书以及国宝级、国家一级文物的数量及特色等方面，在全国占有明显的优势。正如著名历史学家李学勤所说，中国历史文化早期的一系列核心疑问和谜团，恐怕都不得不求解于甘肃。

甘肃是中国旧石器的最早发现地。美国哈佛大学考古学家张光直明确指出，中国化石人类与旧石器时代文化的研究，可以说是自 1920 年法国的桑志华在甘肃庆阳赵家岔黄土底砾层中发现旧石器而肇始的。中华人民共和国成立以来，高等猿类的早期化石材料、晚期智人阶段的古人类化石材料以及 20 多处旧石器时代早、中、晚期遗址，为今后甘肃古人类、旧石器文化研究，解决考古学上旧石器时代向新石器时代过渡这一重大学术问题，展示了广阔前景。2019 年 5 月 2 日，《自然》杂志报道了一件发现于甘南州夏河县白石崖洞的丹尼索瓦人下颌骨化石，距今已有 16 万年，被评为当年世界十大考古发现。

甘肃新石器时代和青铜时代考古的成绩更为显著。据不完全统计，在甘肃西北部发现的新石器时代遗址多达 2 000 余处，最多的要数黄土高原地区，尤其是黄河干流及其重要支流——湟水、大夏河、洮河、渭河、泾河，以及嘉陵江上游的西汉水等，新石器文化遗址遍布河谷各阶地甚至山梁。这些遗址距今年代不太久远，自然因素干扰较少，文化性质清楚。除少数散居外，大多数氏族村落的分布比较密集，村落之间的距离也不太远，有的甚至隔河相望。中国已知最早的新石器时代遗址和青铜器均在甘肃发现，这不仅确立了甘肃史前文化的完整序列，也标志着甘肃是中华文明的发祥地之一。甘肃先民许多杰出的发明创造，诸如7 000年至8 000年前种植的粟、油菜，发明的纺织技术、彩陶、文字雏形(彩绘、刻画符号)；5 000至6 000年前建造的大型宫殿建筑和“水泥地面”、地画、窑洞式建筑和陶鼓；3 000年至4 000年前发明的青铜冶铸技术、青铜雕刻技术、青铜分铸镶嵌技术以及具钮铜镜、凸面镜、大型陶水管的制造和使用，大麻的种植，马的饲养与使用等，都是全国首创或最早的发明之一。

(二)周秦创制之地

甘肃东部黄土高原地区是周族部落居住地之一。在时间上，大约与夏、商两族同时。庆阳、平凉地区出土的商代青铜器，工艺精美，带有铭文和族徽，对探索陇东古方国与商王朝的关系和交流，具有非常重要的价值。早在夏朝末年，周人先祖不窋就率领族人来到庆阳，经过三代人的努力，逐渐发展壮大，最终灭商而建立西周王朝。目前，仅灵台、宁县等地出土的一级周代文物就达30多件，对周王朝礼制、陇东古方国、民族关系、科技水平等方面的研究而言都极为珍贵。特别是西周晚期到春秋战国时期的西汉水上游大堡子山秦西垂陵园和圆顶山先秦国人贵族墓葬、车马坑的发现，以及刻有“秦公作”铭文的青铜鼎、簋、壶、编钟、四轮无辕饰有鸟兽的微型车型器和金虎、多种纹饰金饰片、玉器、线雕狩猎纹骨片等大批珍贵文物的出土，对研究秦人失落的早期史、确定秦人早期迁居地、认识秦人统一中国的条件、研究早期秦人与西方的交流，都是弥足珍贵的。嬴姓秦氏是秦国王族的后裔，以国为姓，称秦嬴。秦文化是嬴姓秦氏先祖在秦氏文化的基础上开创的人类文明成果，不仅是我国法治思想和政治文化的典范，而且是中华民族宝贵的历史文化遗产。

(三)民族融合之地

甘肃自然条件复杂多样，史前的新石器时代至历史时期的文化遗存及文献记载均表明是它一个多民族的省份。这里自古为羌戎之地，民族构成复杂。从卡约文化、辛店文化、寺洼文化的地理空间关系和各自具备的特有表征来看，他们无疑是古代羌人的文化。换言之，西羌、西戎是这块土地上古老的民族。林梅村甚至认为，正由于甘青地区汉藏语系羌人的崛起，才阻挡了古印欧人大举东进，否则，中国文明将像印度河古文明或两河流域文明一样，毁于古印欧人的大规模入侵。

秦、汉之际，月支、乌孙、匈奴据有河西之地；陇西、陇东、陇南则有羌戎各部分布。随着秦汉王朝建政设郡，戍边屯垦，大量内地汉人移居河陇，众多少数民族居民被安置于此，民族的交流融合成为陇原大地的历史主题。自汉唐至明清，甘肃既是边防重地，也是中原王朝联系西北少数民族的桥梁。在历史上国家分裂动荡之期，往往成为少数民族政权与汉族政权分庭抗礼的割据之区，东晋十六国、中唐、五代十国及西夏时期莫不如是，匈奴、氐、羌、鲜卑、吐蕃、回鹘、党项等族曾先后入主河西、陇右。

元明时期是甘肃现代少数民族形成的关键阶段。元代兴建的众多佛、道、伊斯兰教建筑，是元朝统辖欧、亚两大洲，复兴丝绸之路，兼融中西多民族文化的历史见证。特别是考古发现的天水、临夏、秦安、兰州、酒泉、武都、徽县等地元明时期的清真寺、阿拉伯文与波斯文合写本《古兰经》、阿拉伯文铜器等，对于研究伊斯兰文化的传播、甘肃信奉伊斯兰教诸民族的形成和分布，都是极为重要的。甘南、天祝的寺庙及其珍贵的文物，对于研究藏族和藏传佛教的演变发展具有重要价值。永登连城的鲁土司衙门，是甘青地区最大、保存最完整的土司宫殿建筑，对于研究元代以后蒙古族在甘肃的地理分布，弥足珍贵。

第三节　行政区沿革

甘肃省现今的主要行政区，是由历史时期演变而来的，有些甚至在史前时期已成重要聚落。根据我国经典的地理著作《尚书·禹贡》之“九州”区划，今日甘肃属九州中的雍州西部和梁州北部，因此古称甘肃为“雍梁之地”。甘肃东部的渭河及西汉水上游谷地，是周代秦国的发祥地，也是汉代凉州刺史部的州治所在，所以甘肃也被称为“秦凉之地”。现有的大部分城镇，多数沿袭清代末年的府、州、县治，只是名称略有改变。

一、历史上行政区划的演变

(一)行政区版图雏形的起源

商、周时期，甘肃大部分地区多为氐羌游牧区。周文王灭商以前，战胜了西戎混夷，把境域扩展到密(今灵台县西)。这一时期，省境有羌方、共(今泾川县北)、密等方国部落。西周之时，秦人的祖先在现天水市定居下来。秦武公十年(公元前688年)，秦人伐邽、冀之戎，设邽县(今天水市麦积区南)、冀县(今甘谷县)。这是甘肃历史上设立最早的两个县。秦昭襄王三十五年(公元前 272 年)又置陇西、北地两郡，它们是我国最早的一批郡级行政区，其管辖范围到达临洮和黄河以东。

甘肃省的基本政区始于秦代郡县制。公元前 221 年，秦统一六国，建立起多民族的中央集权制国家，全面推行郡县制，分全国为 36 郡(后增为 40 郡)。今甘肃省境在当时共设陇西、北地二郡。陇西郡治狄道(故治在今临洮县)，辖区约当今甘肃中部和东南部；北地郡治义渠(故治在今庆阳市)，辖区约当今甘肃东北部和宁夏回族自治区的东南部。今甘肃陇南市东部，当时则属汉中郡(治南郑，今陕西省汉中市)。

汉承秦制，初期省境内郡的设置由秦代的两个郡增为 11 个郡，辖 134 县(道)(包括今青海、宁夏的一些汉置县)。元封五年(公元前 106 年)分全国为 13 个刺史部，今甘肃大部属凉州刺史部，陇南部分属益州刺史部，庆阳地区则属朔方刺史部。元狩二年(公元前 121 年)置武威、酒泉郡，元鼎六年(公元前 111 年)，分武威郡置张掖郡，析酒泉郡置敦煌郡。与此同时，于元鼎三年(公元前 114 年)置天水、安定郡；元鼎六年(公元前 111 年)设武都郡。始元六年(公元前 81 年)，从天水、陇西、张掖三郡各分出两个县建立金城郡。

东汉时，行政区划大体上是州、郡、县三级制。中平五年(188 年)，确定州为郡上面的一级地方政权，将郡县两级制扩大为州、郡、县三级制。当时甘肃属凉州(初置陇县，后迁冀县)，辖区约当今甘肃大部和宁夏回族自治区的南部。《后汉书·郡国志》记载：“右凉州刺史部，郡(国)十二，县、道、候官九十八。”十二郡国指陇西、汉阳、武都、金城、安定、北地、武威、张掖、酒泉、敦煌十郡及张掖、居延两属国。10 个郡与西汉时的建置相同，辖县较西汉时减少了 26 个，但增加了张掖属国(在今张掖市东北)和居延属国(在今内蒙古自治区额济纳旗)。此外，省境南部边缘的一小部分地区分属益州。

三国和魏晋南北朝时期基本实行州、郡、县三级制。三国时期，今甘肃省境大部分地方属魏国凉州(治今武威市)、雍州(治今西安市)，陇南部分地区属于蜀国益州。其中，凉州的金城、武威、张掖、酒泉、敦煌郡，雍州的陇西、天水、南安(今陇西和武山一带)、广魏(今秦安、通渭等县)、安定郡(今平凉、庆阳和宁夏回族自治区固原等地)和新平郡鹑觚县(今灵台县东北)属魏国，益州的武都郡、阴平郡的 7 个县属蜀国。西晋时期，今甘肃省境设凉州、秦州，兼属雍州，辖 12 郡、72 县。凉州辖 6 郡、41 县，即金城郡、武威郡、张掖郡、敦煌郡、酒泉郡、西郡(今山丹一带)；秦州，治冀县(故治在今甘谷县东南，后迁至上邽，即今天水)，统 6 郡、24 县，即陇西郡、南安郡、天水郡、略阳郡(原广魏郡，晋武帝时更名)、武都郡、阴平郡(今文县和四川省平武县)；属雍州的为安定郡，治临泾(今镇原县)，统7个县。十六国时期，省境为西秦、五凉所据。南北朝时期，今甘肃先后为北魏、西魏、北周的统治地区。其中，北周时期共有22州、56郡、104县。

隋初，裁并州郡，取消郡一级建制，实行州、县两级制，使东汉末年以来实行的三级地方政制，恢复为州、县两级制。大业三年(607年)，又改州为郡，以郡统县。省境共设16郡、76县。同北周时相比，裁撤了22个州、40个郡、28个县。唐仍为州、县两级制，今甘肃省境共设22州，辖67县。贞观元年(627年)分全国为10道(唐开元二十一年增为15道)，今甘肃省置陇右道，治鄯州(今青海乐都)，兼属关内道(治今西安市)、山南西道(治南郑市)。《通志略·地理志》记载："陇右道，古雍、梁、益三州之境。今秦、渭、成、武、洮、岷、迭、宕、河、兰、鄯、廓(以上陇西)，凉、甘、肃、瓜、沙、伊、西、北庭、安西(以上河西)，凡二十有一州焉。"景云二年(711年)置河西节度使，从陇右道中分置河西道。唐德宗贞元元年(785年)后，省境的陇右、河西悉陷于吐蕃。五代十国时期，省境分属晋汉(仅占陇东)、吐蕃(占有陇西、河西大部)及前蜀(占陇南小部分)。

宋金辽时期，行政区划大体上是路、州(府)、县三级制。北宋初，分全国为10道，至道三年(997年)改10道为15路(后增为26路)，甘肃属陕西路。庆历元年(1041年)，分陕西沿边为秦凤、泾原、环庆、鄜延4路(前3路在甘肃境内)。熙宁五年(1072年)，增置熙河路。后几经变化，省境共置永兴军路、秦凤路2路，辖21州(府、军)，51县(监、尉司)。11至13世纪，西夏统治河西走廊时，曾在河西建立了甘肃监军司(治所在今张掖市)，这是甘州、肃州及甘肃军名称见于史籍的开始。

(二)行政区版图轮廓的形成

元代，甘肃行政区划大体是省、路、府(州)、县四级制。元朝政府为加强中央集权，除设中央直辖区(包括山东、山西、河北)外，分全国为11个行中书省，管辖所属路、州(府)、县的政务。至元十八年(1281年)分置今甘肃省境为甘肃、陕西(在河东南部)二行省，甘肃正式设省，称"甘肃等处行中书省"(长官为平章政事)，简称甘肃行省，治所在甘州路的甘州(今张掖市)。省境辖7路、5个直隶州、4个府、22属州、24县，皆在省境黄河以西，包括今湟水谷地、河西、阿拉善、额济纳、宁夏等地；黄河及洮河以东的省境，概属陕西省；洮西的河州路和脱思麻路，则属吐蕃宣慰司。

明初，沿用元朝的行省制。洪武二年(1369年)置陕西等处行中书省(辖甘肃)。洪武九年(1376年)，废除行省制，设承宣布政使司，全国共设13个布政使司，加上两京，即京师(北直隶)、南京(南直隶)，共15个政区(简称司，俗称省)，实行省、府(州)、县三级制。甘肃属陕西承宣布政使司管辖，原甘肃境内共设置5府、9州(隶属于府)、50县，其中5府是庆阳府、平凉府、巩昌府、临洮府、灵州(直隶州)。除府(直隶州)、州、县外，还设有卫、所。按照明的定制，卫、所设于边境和要塞地区，在边境重镇设行都指挥使司，每省设一都指挥使司。卫、所实行军屯，属军事机关，但后来在边境地区卫、所也兼理民政。甘肃境共设21卫、9个千户所。明代甘肃境分属陕西布政使司(东部)及陕西行都指挥使司(河西)，而河西走廊的嘉峪关外3县，一直由蒙古族占领。

清初政区体制沿袭明代，分陕西布政使司为左右两司，甘肃地区属陕西右布政使司，治巩昌(今陇西县内)，后改称为巩昌布政使司。康熙七年(1668年)正式定名为甘肃布政使司，并移治所于兰州，设巡抚。甘肃从此成为一个独立的省级政区，辖域还包括新疆和青海、宁夏的一部分，是全国面积最大的省份，兰州作为甘肃省省会的地位也由此确立。其时，甘肃总面积超过300 $\times 10^4$ km^2，是今天甘肃面积的6倍以上，约占全国面积的1/3，除略小于唐代的陇右道外，是甘肃建省以来面积最大的时期。乾隆二十九年(1764年)，因“西陲用兵”，陕甘总督由西安移驻兰州，以明肃王府为督署(今甘肃省政府大院)。光绪十年(1884年)，新疆省由甘肃省分置而出。

辛亥革命以后，废除了清代的府、州、厅制，实行省、道、县三级制。民国元年(1912年)，甘肃共设7道，下辖77县。民国十六年(1927年)，废除道的建制。1928年，划甘肃西宁道属之西宁、大通、乐都、循化、贵德、巴燕、湟源7县，另建青海省；同时划甘肃宁夏道属之宁夏、宁朔、灵武、盐池、平罗、中卫、金积、豫旺(原镇戎县，今原州区)8县和宁夏护军使所辖的阿拉善额鲁特、额济纳土尔扈特2部地，成立宁夏省。至此，原甘肃已分为甘、新、青、宁四省区，今日甘肃省的地域规模基本形成，面积380 873 km^2，为甘肃建省近百年来面积之最小。分置以后的甘肃省辖8府、6直隶州、1直隶厅、64县。8府是：兰州府、平凉府、巩昌府、庆阳府、宁夏府、西宁府、凉州府、甘州府；6直隶州(与府同级)是：泾州、固原州、阶州、秦州、肃州、安西州。1个直隶厅(与府同级，在少数民族聚居地区设置，不领县)即化平川直隶厅(平凉、华亭、固原、隆德4州县地)。1929年增置到68县，增设了永靖(1929年析临夏县地设置)，和政(1929年析临夏、临洮县地置)，康县(1928年析武都县地置永康县，后改康县)等县。在少数民族地区原拉卜楞设治局(1926年析循化县地设置、1928年改为夏河县)，康乐设治局的基础上；又陆续增置洮西设治局(1932 年置)，卓尼设治局(1937 年置)，肃北设治局(1938 年置)。至甘肃解放前夕，甘肃省共设 9 个行政督察专员公署，辖 71 县、1 市(兰州市，1941 年正式设市)，3 局(卓尼、肃北设治局、湟惠管理局)。

二、中华人民共和国成立后行政区划的调整

1949 年 8 月，甘肃成立甘肃行政公署，下辖酒泉、张掖、武威、兰州、定西、临夏、庆阳、天水、平凉、武都、岷县 11 个分区(专区、市)，73 县(局)。甘肃行政公署隶属于西北军政委员会(后改为西北行政委员会，1954 年撤销)。1950 年成立甘肃省人民政府，撤销张掖、岷县专区以后，全省专区数由 11 个减为 9 个，县由 73 个增加到 86 个。根据中央紧缩机构和关于在少数民族聚居地方实行民族区域自治的指示精神，甘肃省对部分区划进行了一些调整，先后成立了天祝、东乡、肃北、泾源、肃南、广通、卓尼、张家川、阿克塞等一批民族自治区(后改为自治州、自治县)。比较大的县级建制变动是：撤销洮沙、曲子县，成立天水、平凉、临夏 3 市(县级)和东乡、天祝自治区(县级)，夏河县和卓尼自治区(原卓尼设治局)改为省辖。1953 年，增设甘南、西海固两个专区级自治区(后改为自治州)，全省仍设置 11 个专区、86 个县。1954 年，因宁夏省合并于甘肃省，增加了银川专区、河东回族自治区(后改为自治州)、蒙古自治区(后改为自治州)3 个专区、16 个县，又新成立了肃南裕固族自治区、阿克塞哈萨克族自治区、碌曲行政委员会、玛曲行政委员会、舟曲行政委员会，此时全省共设 14 个专区、107 个县。1955 年，庆阳、平凉专区合并为平凉专区，张掖、酒泉专区合并为酒泉专区；撤销临夏专署，成立临夏回族自治州；增设玉门市(县级)；改蒙古自治区为巴音浩特蒙古族自治州、西海固回族自治区为固原回族自治州、河东回族自治区为吴忠回族自治州、甘南藏族自治区为甘南藏族自治州。同时，改额济纳旗、泾源、东乡、肃南、张家川、天祝、阿克塞、肃北等少数民族自治区为少数民族自治县。改卓尼自治区为卓尼县，舟曲、碌曲、玛曲 3 个行政委员会也分别改为县。1956 年，经国务院批准，划巴音浩特蒙古族自治州及所属蹬口、阿拉善旗和由张掖专区代管的额济纳旗归内蒙古自治区领导；撤销鼎新县，以其原行政区划归金塔县。这样，截至 1957 年，全省共设 11 个专区、103 个县。

1958—1961 年，甘肃省全面调整区划，大规模并县。根据第一届全国人民代表大会第四次会议关于成立宁夏回族自治区的决定，1958 年划 3 个专区

(自治州)、19个县(市、自治县)归宁夏回族自治区管辖。撤销武都专署，其原辖的宕昌、文县、武都、康县、岷县划归天水专署；设立白银市(划皋兰、靖远部分区域归其所辖，委托定西专署代管)；撤销临泽(并入张掖、高台县)，崇信(并入华亭县)，两当(并入徽县)，华池(并入庆阳县)，漳县(并入武山县)，景泰(并入皋兰县)，会川(并入渭源县)，玉门(并入玉门市)，庄浪(并入静宁县)，灵台(并入泾川县)，华亭(并入平凉市、泾川县)，平凉(并入平凉市)，正宁(并入宁县)，合水(并入庆阳、宁县)，渭源(并入陇西、临洮县)，永登(划归兰州市)，皋兰(划归兰州、白银市)，天水(并入天水市)，康县(并入武都、徽成县)，甘谷(并入武山县)，宕昌(并入武都、岷县)，古浪(并入天祝县)，民乐(划归山丹县)，张掖(划归张掖市)，卓尼(并入龙迭县、临潭县)；撤销西和、礼县，合并设立西礼县；撤销徽县、成县，设立徽成县；撤销酒泉、金塔县，设立酒泉市；撤销永靖、临夏县，以两县区划归临夏市；撤销广河、康乐县，以两县区划归和政县；撤销碌曲、玛曲县，设立洮江县；撤销清水、张家川回族自治县，设立清水回族自治县；撤销临夏市，设德乌鲁市。经过调整，截至1958年年底，全省共设7个专区(州、市)，42个县(市、自治县、区)。

1961—1965年，对甘肃省行政区划重新进行调整，陆续恢复了1958年撤并的专区、县，恢复酒泉、武威、庆阳、武都4个专区，增设临洮专区(辖临洮、渭源、岷县、漳县)。到1962年全省专区(省辖市、自治州)由1958年的7个增加到13个。1963年，又撤销临洮专区和白银市。1964年，撤销了平凉、酒泉、临夏(暂缓执行)3市，恢复平凉、酒泉、临夏3县，缩小了兰州、天水市的郊区。1965年，增设嘉峪关市(省辖市)，以酒泉县和肃南裕固族自治县各一部分行政区域为嘉峪关市的行政区域。此时全省共有12个专区(自治州、市)、81个县。

1969年将内蒙古自治区巴彦淖尔盟的额济纳旗、阿拉善右旗划归甘肃省。1970年将嘉峪关市划归酒泉地区管辖；将武威地区所辖的永登县、定西地区所辖的榆中县、皋兰县划归兰州市。1971年将嘉峪关地区指挥部、嘉峪关市、三九公司合并成地区一级的市。到1972年全省共有12个地、州、市，84个县(市、旗、自治县、区)。1973年撤销临夏市。到1975年，全省共设12个地、州、市，82个县。至1979年再次将额济纳旗、阿拉善右旗划归内蒙古自治区管辖。

2004年，撤销陇南地区设立陇南市(地级)，将原武都县改设武都区。2018年，撤销华亭县，设立华亭市(县级)。全省现辖12个地级市、2个自治州，共 86 个县(市、区)，其中有 58 个县、7 个自治县、17 个市辖区、4 个县级市(图 1-1)，省会兰州市。

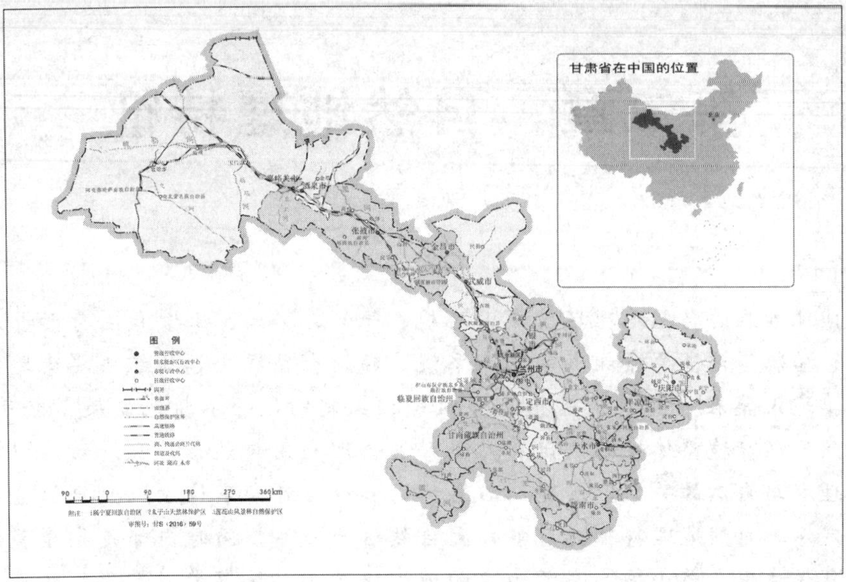

图 1-1　甘肃省行政区划图

甘肃省与川、陕两省的省界历史较长、变动很小；西、北两面，毗邻青海省(省界长约 1 800 km)、新疆维吾尔自治区(省界长约 600 km)、蒙古国(国界长 70 km)、内蒙古自治区(省界长 889 km)及宁夏回族自治区(省界长 840 km)，均属较新省界、国界。

第二章　自然地理特征

章前语

地球表层的自然地理环境是由地貌、气候、水文、土壤和生存于其中的动物、植物等许多要素组成的复杂系统。在这个系统中，各组成要素之间不是简单地汇集在一起，而是相互影响和相互制约，并不断地发展、变化的。对自然地理环境整体性的认识有助于人类合理利用自然条件和资源，以及正确处理人与自然的关系，实现人与自然的和谐。甘肃省位于三大自然区过渡带决定了其自然地理特征具有集三大自然区为一体，同时内部差异显著的特点。具体体现在以山地、高原为主的地貌格局，以暖温带、温带气候为主的气候类型，地表水系分属长江、黄河、内陆河三大水系，地带性植被与土壤的多样性等方面。由于其特殊的地理位置和地理环境，形成了甘肃省土地资源总量大、土地质量较差，气候资源丰富具有多宜性，水资源短缺与分布不均匀，生物资源种类繁多，矿产资源丰富、矿种多、类型齐全的特点。生态环境总体上具有脆弱性，土地退化、水资源不足、自然灾害频繁、环境污染问题突出，生态文明建设任务复杂、艰巨。

关键词

三大自然区；自然特征；自然资源；生态环境

第一节　自然地理结构

一、地貌格局以山地、高原为主，成因类型复杂多样

（一）地貌轮廓的基本格局

地貌条件是地理环境中最基本、最重要的因素之一，作为非地带性因素，它是地带性因素所依存和赖以发展、变化的物质基础，制约着热量、水分的

重新分配，在很大程度上又影响着地表物质的迁移、生态系统的演替以及自然资源的分布规律。地貌格局对气候有着显著影响，并由此引起自然景观在水平方向与垂直方向上的变化，从而成为地理环境地域差异的主要标志。相对地形而言，地貌是给予了成因概念的一种地表形态，它是地壳内营力(由地球内部动力产生的地壳升降、褶皱、断裂、地震、火山喷发等)和外营力(风力、流水、冰川、生物、人类活动等)相互作用与相互矛盾斗争的结果。一般而言，内力作用总是将地表变得起伏不平，形成现今许多巨大的地貌单元，如大陆和海洋、山系和盆地、高原和平原等大地貌轮廓。甘肃是以山地、高原为主且地形极其复杂的省区(图 2-1)，大部分地区海拔在 1 000 m 以上，从南向北有下列主要地貌单元。

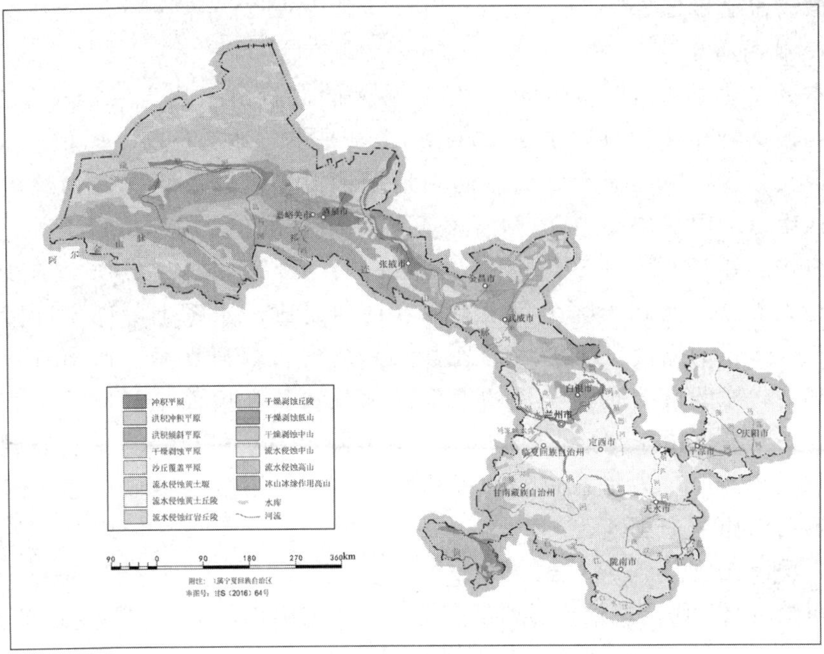

图 2-1　甘肃省地貌图

1. 西秦岭山地

本地貌单元地处中国的陆地腹心地带，西起太子山(4 332 m)，南至光盖山(4 663 m)，西麓直抵省界一线(约在 103°E 附近)，邻接甘南高原，北与陇中黄土高原以露骨山(3 941 m)至火炎山(2 559 m)间的渭河、西汉水分水岭为界，东南止于甘、陕及甘、川省界。全区以石质山地为主，是全省平地最少的区域。地势西北高，东南低，山脉多与构造线一致，大致呈东西向或北西西向。它横亘在中国中部，高大的山体阻挡了来自太平洋的东南季风，是我国气候和生物地理的天然分界线、北亚热带和暖温带的分界线、长江流域和黄河流域的分水岭、古北界和东洋界动物区系的交会处。

西秦岭是早古生代和中生代的一个地槽带，主要山脉有三条：北条有太子山、白石山(3 909 m)、莲花山(3 578 m)、露骨山等，主峰海拔都在3 000 m以上，越往东山势越低，至天水市东、渭河南岸的火炎山间，一般山峰的海拔在2 000 m左右；中条有光盖山及迭山山脉(4 920 m)，海拔均在4 000 m以上，是洮河和白龙江的分水岭，至岷江以东，高度大减，武都以北海拔降至2 500 m上下，山峰零乱，无明显的山文线；南条在甘、川界上有岷山及其东延的摩天岭(4 187 m)。在地质构造和地貌单元上，习惯上分为南秦岭、徽成盆地和北秦岭。

2. 甘南高原

本区在达里加山(4 636 m)至康乐县南的白石山一线之南，约在103°E附近与西秦岭相接，海拔在3 000 m以上，是本省地势最高、面积最小的高山高原交错区，也是昆仑、秦岭两个地槽褶皱带的连接区。除西缘的西倾山与西南缘的阿尼玛卿山(大积石山 4 500 m)海拔在4 400 m以上外，甘南高原海拔均在3 000～3 500 m。正因本区是青藏高原的东缘部分，除少数河谷外绝大部分地区高于陇中黄土高原和河西走廊。水系上除郎木寺附近一隅为长江水系的嘉陵江上游发源地外，其余均属黄河水系。西南有黄河的河曲环绕，东北有属黄河支流的大夏河和洮河。高原面地表起伏小，切割微弱，相对高度由东至西，从300～400 m降至100～200 m，多为宽阔草滩牧场与典型高原，为本省重要的天然牧场。一般可分为西倾山原、碌曲高原及玛曲山原3个亚区。

(1)西倾山原

西倾山原是西秦岭地槽最西部分，以向西南突出的弧形与昆仑地槽相接。大部分位于青海省，东延至本区是典型的高山地貌景观，山体魁伟，高峻部分有古冰川遗迹。

(2)碌曲高原

碌曲高原位于洮河上源西倾山与阿尼玛卿山之东，以大夏河和洮河分水岭的高山区为北界，东南缘包括白龙江上源区一小部分，大部分在洮河上游的碌曲县，故名碌曲高原。一般比高小于200 m，多草滩和沼泽，分布在低平冈岭间。

(3)玛曲山原

玛曲山原在碌曲高原以南，以阿尼玛卿山为轴心，由黄河三面环绕，一般称为河曲山原。阿尼玛卿山为古生代地层，主脉在青海省，本区只限于河曲部分。河曲的生成，一般认为与河流袭夺有关，黄河下切成为峡谷，比高超过1 000 m。西北段山势高峻，古代和现代冰川地貌发育良好。

3. 黄土高原

黄土高原东起太行山西坡，西至乌鞘岭和日月山东坡，南抵秦岭北麓，北延长城一线，大约位于34°N～39°N，104°E～112°E，几何形状略呈矩形，面积约 38×10^4 km^2，平均海拔 1 200～1 600 m，地势自西北向东南倾斜。黄土高原是一个因地表组成物质、地貌类型、气候水文条件和植被土壤特征具有相对一致性而确立的自然区域，其最突出的地貌特征是黄土及黄土状物质的广泛分布。除石质山地外，地表普遍为无层理、富含碳酸钙、大空隙的黄土和具有层理的黄土状物质所覆盖，成为世界上厚度大、面积广、发育典型的黄土分布中心之一，并对区内自然景观的形成和各种自然地理过程产生极其深刻的影响。甘肃黄土堆积范围很广，厚度巨大，可谓创造了世界地质史上的奇迹。乌鞘岭以东、六盘山以西地区黄土分布最集中，厚度大多为 100～300 m，分布的最高点可以达到祁连山、六盘山海拔接近 3 000 m 的高峰。位居甘肃中部的黄土高原，是晋、陕、甘黄土高原的一部分，海拔在 1 000～2 600 m，主要在北秦岭以北，祁连山东延部分的乌鞘岭、毛毛山、寿鹿山、哈思山一线之南，以纵峙其中的陇山(六盘山)为界分为 2 个地貌单元，即陇东黄土高原和陇西黄土高原。

4. 祁连山地

祁连山是亚洲中部著名的高大山系之一，与阿尔金山呈弧形绵亘于青藏高原东北边缘，并成为甘肃与青海的天然分界线。甘肃境内的祁连山因在河西走廊之南，又称南山。在古匈奴语中，“祁连”意为“天”，祁连山因此得名“天之山”。它西起当金山口，东至乌鞘岭，北界河西走廊，南邻柴达木盆地、茶卡—共和盆地和黄河谷地，东西长 900～1 000 km，南北宽 250～300 km，面积约 20.6×10^4 km^2。山脉海拔一般为 4 000～4 500 m，谷地为 3 500～4 000 m，现代雪线位于海拔 4 400～4 500 m 处。其中疏勒南山团结峰是整个山系的最高峰，海拔5 808 m。广义的祁连山由一系列北西西—南东东走向的平行山脉和谷地组成，主要包括走廊南山、冷龙岭、托来山、达坂山、疏勒南山、大通山、党河南山等。在酒泉与柴达木盆地间有 7 条平行排列的山岭，其间则为宽广的谷地，南北宽达 250 km。东段山地渐趋低矮与狭窄，武威以南宽约 150 km，只有 3 条平行山岭。包括走廊南山—冷龙岭—乌鞘岭、大通山—达坂山、青海南山—拉背山三列平行山系。其间夹有大通河谷地、湟水谷地和青海湖盆。祁连山的北翼和南翼分别以明显的断裂降至平原，北坡与河西走廊间相对高度在2 000 m 以上，而南坡与柴达木盆地间仅约 1 000 m。

5. 河西走廊

河西走廊(曾称“甘肃孔道”“甘肃大道”“甘肃走廊”，早期的国外地理文献多称为甘肃走廊)，是南侧祁连山和北部马鬃山、合黎山、龙首山(合称走廊北山)之间的狭长地带，因位于黄河以西而得名。走廊东起黄河(一般从乌鞘岭算起)，西止玉门关以西的省境，与罗布泊洼地相通，介于 90°10′E～104°30′E。东西长900～1 100 km，南北宽 5～50 km。走廊平地海拔一般在1 100～1 500 m，大部为祁连山的山前缓斜平原。在广阔的洪积—冲积倾斜平原上，还分布着一些干燥剥蚀的低山，除大黄山外，相对高差大都在 200 m 以内。

6. 走廊北山

走廊北山以位居河西走廊的北部而得名，是介于阿拉善和塔里木两台块间的宽广隆起区，主要包括合黎—龙首中低山区和马鬃山剥蚀残山区。前者是阿拉善地台边缘隆起带，山体主要由南山系变质岩构成，海拔 2 000 m 左右，主峰在张掖东北，名东大山(海拔 3 616 m)，一般相对高度在 100～500 m，已成准平原的岛状山。马鬃山是一个古中国地台解体后形成的，属于天山褶皱系的褶皱带，主峰海拔 2 583 m，主要是海西期花岗岩体。山体东西走向，山峰破碎，由于气候干旱，植被稀少，碎石戈壁遍布全区，山顶多为风化残积碎石所覆盖。其比高很少超过 200 m，是具有准平原性质的剥蚀残丘、低山与中山。

(二)类型多样的特殊地貌

甘肃地域辽阔，地质构造和物质组成复杂。在漫长的地质历史演化过程中，内外营力所塑造的地貌，无论从形态上来看，还是从成因上来看，类型都是多种多样的。可以说，差不多地球表面上的地貌类型，除少数的如热带沙漠、大陆冰盖等，在甘肃都能找到。其多样性、典型性，是国内其他省区难以媲美的。

1. 花岗岩地貌

花岗岩质地坚硬，岩性较为均一，垂直节理发育，多构成山地的核心，成为显著的隆起地形。由于多组断裂切割，尤其是垂直裂隙的发育，并经流水侵蚀与球状风化的综合作用，常形成挺拔险峻、峭壁耸立的山岳景观。地表花岗岩类岩石经日晒雨淋、热胀冷缩，容易发生球状风化，山体一般比较浑圆，并可形成各种造型逼真的怪石。甘肃的花岗岩山地，主要集中分布在西秦岭，以海拔 2 500 m 以下的中、低山为主，其他一些山地也有分布。如天水的石门山、冶力关的黄捻子、会宁的铁木山、武威的莲花山等，这些地区几乎全部或大部分为花岗岩所组成。

天水的石门山，是甘肃著名的花岗岩地貌景观，主要由灰白色黑云母花岗岩和二长花岗岩组成，亦有花岗岩伟晶岩脉的穿插。石门山花岗岩体的围岩为中泥盆统大草滩群，主要为黑云母石英片岩夹少量变质砂岩。在这里可以观测到以东西向为主的几组节理，局部地段可达到密集的程度，特别是东西向的垂直节理是形成石门山地貌的构造基础。它们把花岗岩切割成似菱形柱体，成为石门山峰林地貌形成的主要内动力和构造条件。沿这些裂隙，生长着繁茂的林木，这非常有利于生物的风化作用。峭壁的裂隙中，可见成行排列生长的树木，加之地表流水的不断侵蚀，花岗岩被风化为奇特的造型。石门山以雄奇险峻、层峦耸翠著称，被誉为甘肃的“小黄山”。

2. 喀斯特地貌

喀斯特地貌是指可溶性岩石经地表水或地下水流的侵蚀、溶蚀作用而产生的地貌类型，可以表现为地表形态和地下形态。甘肃陇南山区碳酸盐岩类岩石分布广泛，是省内喀斯特地貌发育最典型的地区。古生代时形成深厚的石灰岩沉积，在中生代、新生代湿热的气候条件下，植物生长旺盛茂密，致使雨水、河水、地下水的 CO_2 含量较高，极易溶解 $CaCO_3$，形成溶沟、石芽、峰林、漏斗、落水洞等地貌形态。陇南山区溶洞较为发育，其中以武都万象洞、漳县大望洞、康县白玉洞、徽县燕子洞等为典型。陇南市武都区汉王镇以南白龙江沿岸的万象洞是我国西北地区发现的规模最大、喀斯特类型发育最齐全的溶洞，可与举世闻名的桂林芦笛岩、肇庆七星岩相媲美。万象洞原名仙人洞(又名五仙洞)，因洞中有洞，乳石遍布，琳琅多姿，宛如包罗万象的地下宫殿而得名。

3. 砂岩峰林

甘肃的砂岩峰林主要见于景泰县老龙湾，一度被误称为“黄河石林”。悬崖壁立、岩墙突兀、岩柱象形的奇异地貌，与阡陌纵横、果树遍地、农舍连绵的龙湾绿洲组成了一处独特的景观。景泰老龙湾砂岩峰林所在地位于米家山(2 304.5 m)、下峁槐山(3 017.7 m)、老虎山(3 321 m)和石墩山(2 568.3 m)、大疙瘩(1 967.3 m)和玉石崖(1 891 m)等山地所围住的盆地中，黄河从东南流入，北侧流出，构成本区局部侵蚀基准面，与附近地貌的顶部高差超过 300 m。老龙湾砂岩峰林所在地经过燕山运动隆起，成为祁连山褶皱带东段的一部分。经历长期剥蚀作用，中生代后开始整体下沉，古近纪末期构造分化，部分地面相对下降，接受了新近纪红色河湖相沉积。到第四纪初，青藏高原隆升运动使得该区山地与盆地的高差加大，在盆地中堆积了弱胶结的灰黄色砂砾岩(下部)和淡红色夹少量角砾、垂直节理发育的沙质泥岩(上部)，并发育倾向南西，倾角 15°～20°，错动微小的断层。由于地层比较软弱，侵蚀基准面低，植被覆盖差，导致下切侵蚀十分强烈。因此，老龙湾砂岩峰林主要由第四纪初沉积的砂砾岩层，经过构造变动、风化作用、流水侵蚀和重力崩塌形成。

4. 丹霞地貌

丹霞地貌具有奇、险、秀、美的丹崖赤壁及千姿百态的造型。甘肃红色砂砾岩分布广泛、构造运动特别是新构造运动强烈，加之气候对丹霞地貌的形成有重要影响，丹霞地貌发育典型，景点多达 100 余处(仅次于四川)。天水市麦积山、仙人崖，陇南市鸡峰山，甘南州冶力关，临夏州炳灵寺和张掖市马蹄寺、冰沟等景区，均是典型的丹霞地貌景观。

5. 土林地貌

土林是土状堆积物塑造的、成群的柱状地形，因远望如林而得名。它是在干热气候和地面相对抬升的环境下，暴雨径流强烈侵蚀、切割地表深厚的松散碎屑沉积物所形成的分割破碎的地形。又因沉积物顶部有铁质风化壳，或夹铁质、钙质胶结砂砾层，对下部土层起保护作用，加上沉积物垂直节理发育，使凸起的残留体侧坡保持陡直。土林一般高 20～40 m。各柱体常持高度齐一的顶部，是原始沉积面的残留。甘肃除天水“千条山”外，张掖等地亦有土林分布。

6. 红山湾地貌

红山湾地貌分布在张掖市临泽县、肃南裕固族自治县南台子、红山湾、敖河一带，面积约 56 km^2。波浪状起伏的低山、丘陵，紫红色、灰绿色、黄绿色、灰黑色等杂色疏密相间、组合有序，极富有韵律感和层次感，形成了五彩斑斓的彩色劣地。其色彩绚丽，规模宏大，在全国乃至世界都是一处极为罕见的地质遗迹。构成红山湾地貌的地层是白垩系中下统中沟组的一套岩性多变的砂质泥岩、泥岩及页岩，呈现出多彩的颜色组合及软硬相间的互层状地层。过去，有学者曾把疏松、颜色多样的泥质砂岩或砾岩，经风化剥蚀形成的丘陵状地貌称为“彩色砂林”。张掖此处的白垩系彩色地层、风化外貌基本上都是浑圆状的，岩性松软很难形成陡峻坡面，更难形成岩柱，故无法称为“砂林”，也不符合丘陵的地貌分类标准。如何科学命名、分类尚待研究，本书称其为“红山湾地貌”。

7. 雅丹地貌

“雅丹”是维吾尔语的音译，意为“陡峭的土丘”。后来用它来泛指风蚀土墩和风蚀凹地(沟槽)的垄槽地貌组合。雅丹地貌的地面崎岖起伏，支离破碎，高起的风蚀土墩多作长条形，排列方向与主风向平行，高度多为 5～10 m，也有 15～20 m 的，有长有短。土墩物质全为粉砂、细砂和砂质黏土互层，砂质黏土往往构成土墩顶面，向下风方向作 1°～2°的倾斜。我国古籍中常见的“龙堆”“白龙堆”“龙城”之类的记述，实际就是对这种地貌的描述。在《汉书·地理志》中有“白龙堆，乏水草，沙形如卧龙”的记载。1899—1902 年瑞典探险家斯文·赫定在新疆罗布泊考察时便看到古湖泊周围有许多成群分布的覆舟状土丘，按当地维吾尔语音转化为“Yardang”。从此，这一名词便流传于国外地理学界，并被国际地理学界用以命名这种风蚀地貌。甘肃的雅丹地貌主要分布于疏勒河下游。在瓜州县疏勒河沿岸的桥湾、布隆吉、双塔水库和百齐堡一带，也可以看到比较典型的雅丹地貌。

二、以暖温带、温带为主的大陆性季风气候

(一)差异显著的大陆性季风气候

甘肃省四季气候的特点是冬季雨雪少，寒冷时间长；春季升温快，冷暖变化大；夏季短促气温高，降水较集中；秋季降温快，初霜来临早。全省年平均气温大致在 0～16 ℃(图 2-2)，略同华北地区，但各地海拔不同，气温差别较大。日平均气温≥0 ℃期间的持续日数为 160～360 d，相应的积温为 1 400～5 400 ℃。省境无霜期(即日最低气温≥2 ℃时间)的地理分布趋势，大致自东南向西北、自河谷川地向山区逐渐缩短。陇南南部无霜期最长，约为 280 d，其北部有 210 d 左右；省内黄土高原 160～200 d；河西走廊 150～180 d；无霜期最短的是甘南高原和祁连山区，为 30～100 d。因此，“南热北凉、盆地河谷暖、山地高原冷”是甘肃各地气温差异的总体特征。省内宏观地貌以山地、高原为主，大部分地区地势较高，年平均气温较低，作物的生长周期较长，除陇南河谷地带外，历史上农作物熟制都是一年一熟。

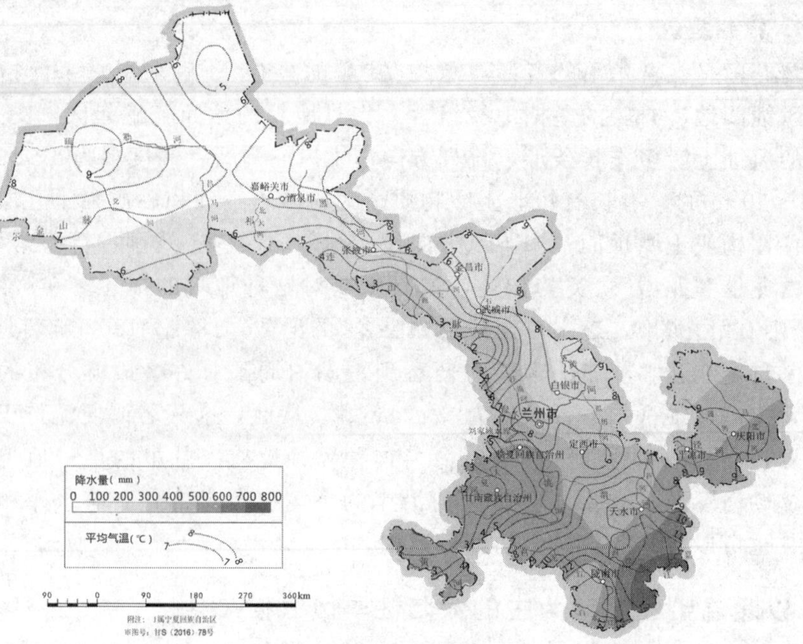

图 2-2　甘肃省平均气温及降水量分布图(1970—2000 年)

每年 10 月至翌年 4 月间，甘肃省高空经常维持西风气流。青藏高原北支气流伴有下沉运动，地面受蒙古冷高压(即冬季风)影响，不利于降水形成，构成本省冬春少雨干旱的大气环流背景。夏秋季节随着副热带高压北移西伸，西风带动冷气团东移，与东南季风和西南季风带来的来自太平洋及孟加拉湾的湿热气团交锋，成为本省主要的降水动力条件。特别是西太平洋副热带高压的伸缩变化，对省境东半部的雨热组合起着主导作用。一年中 7、8 月两个月气温最高、降水量最多，夏半年(4 月至 9 月)集中了年降水量的 80%～90%，雨季(6 月至 9 月)降水量占年降水量的 50%～65%，表现出雨热同期的季风气候特征。

季风环流的影响，加剧了本省冬冷夏热的季节变化，温度年较差大。冬季，无论在 40°N 附近的地方(如嘉峪关、酒泉、敦煌等)或在其以南各地，最冷月(1 月)平均气温均低于同纬度的平均气温(5.7 ℃)，偏低 10～16 ℃。这主要是冬季风把高纬度的极地大陆气团输送到低纬度的结果。而且冬半年的寒潮活动十分频繁，寒潮间歇回暖期极其短促。正是这个原因，使冬季甘肃成为世界上同纬度地区最冷的地方之一。世界上 35°N 以南的纬度上平均已经没有冬季，而本省长江流域却有2～3个月的冬天。亚热带气候北界比理论上的界线南移4～5个纬度，比欧洲地中海地区偏南了5~7个纬度。

(二)复杂多样的气候类型

甘肃省处于我国气候自东南温暖多雨带向西北内陆干旱少雨带逐渐变化的过渡地带，气候的地区差异十分显著。加之境内高山和甘南高原的隆起，气候类型出现复杂的格局。处于东南部的陇南山地具有南方湿润区的气候特征，天水、平凉、庆阳的气候特征接近我国中部关中平原，河西干旱区绝大部分地方的气候基本与新疆内陆沙漠区一致，甘南高原气候特征则与青藏高原东部相同。

甘肃省南北跨纬度超过10°，东西占经度达16°之多，按照各地≥10 ℃活动积温的不同，从南向北有亚热带、暖温带、温带等温度带，在高海拔地带则形成独特的高寒区。按照水分条件，从东南向西北又分为湿润、半湿润、半干旱、干旱4个干湿气候区。既有沿纬线变化的多种温度带，又有由于各地距海远近不同导致的干湿差异，因而各地水热组合复杂多样。尤其是山地垂直气候变化显著，更增加了全省气候的复杂多样性。根据与农作物生长关系较大的日平均温度≥10 ℃的天数及其积温，同时考虑1月平均气温作为划分温度带的指标，参照自然景观及作物分布，甘肃从南到北可分为北亚热带、暖温带和温带3个气候带。对于靠近青藏高原的祁连山区和甘南高原，由于海拔高，气候寒冷，另列为高原气候区。各气候带的温度指标见表2.1。

表2.1　甘肃气候带的温度指标与主要特征

温度带	≥10 ℃积温/℃	≥10 ℃持续日数/d	1月平均气温/℃	主要特征
北亚热带	>4 200	220	>0	常绿阔叶林，麦、稻一年两熟，黄棕壤
暖温带	3 400～4 200	175～220	0～−10	落叶阔叶林，农作物两年三熟，棕壤、褐土、黑垆土及棕色荒漠土
温带	2 000～3 400	<175	<−10	针阔叶混交林，农作物一年一熟，灰褐土、栗钙土、荒漠土等
高原气候区	<2 000			森林草原和草甸草原，不适宜农作物生长，大部分地区适宜放牧

在一个省内出现 3 个温度带和 1 个高寒气候区，这在全国可以说是独一无二的。其根本原因还是在于地理位置。这是因为各纬度间气候递变以中纬度最大，高纬次之，低纬最小。由此反映到气候类型或气候区划，多样性理应出现在中纬度。甘肃恰好位于 32°11′N～42°57′N 的中纬度地带，无疑是出现多个气候带的根本原因。例如，河东地区约位于 32°11′N～37°30′N，年平均气温自南向北由 16 ℃降低至 7 ℃，相差 9 ℃。即纬度每增加 10°，年均温降低接近 18 ℃。其纬向温度变率不仅是我国东部同纬度地区所少见的，在世界上也是最大的。除纬度因素外，与东西向山脉如西秦岭的屏障作用，地势由北向南缓倾等也有密不可分的关系。

(三)以暖温带、温带为主的气候区

在上述温度带划分的基础上，根据不同的水热条件(干燥度)以及地理特征，可将甘肃省划分为陇南南部河谷北亚热带湿润区、陇南北部暖温带湿润区、陇中南部温带半湿润区、陇中北部温带半干旱区、河西温带干旱区、河西西部暖温带干旱区、祁连山高寒半干旱区、甘南高寒湿润区 8 个气候分区(图 2-3)。其中，暖温带、温带气候区达 30.5 km^2，约占全省总面积的 64%。

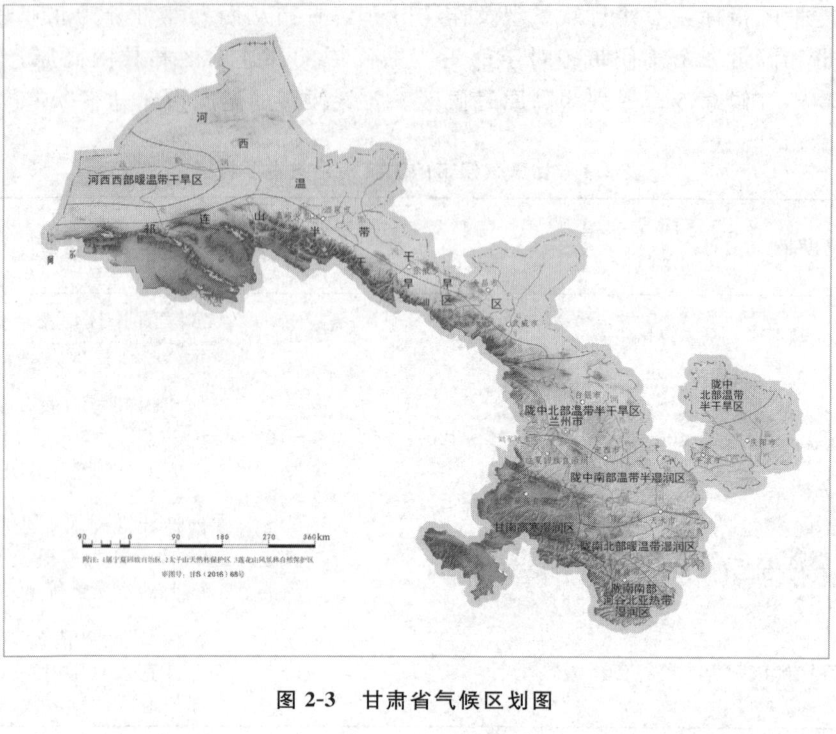

图 2-3　甘肃省气候区划图

这不仅反映出明显的气候水平地带性和垂直地带性差异，而且充分表现了本省气候类型复杂多样的突出特点，全国其他省区是无法比拟的。

1. 陇南南部河谷北亚热带湿润区

本区属于长江支流嘉陵江水系的一级支流和白龙江流域，包括武都、文县的大部分和康县南部的小部分河谷地带，面积约 0.9×10^4 km^2，约占全省总面积的2%。区内山高谷深，气候温湿，林木葱茏，海拔从东部的2 000 m向西上升到3 500 m，相对高度大多数在1 000 m以上；少数河谷在1 000 m以下，甘、川省界附近的白龙江谷地仅550 m左右，是全省海拔最低处。区内年平均气温在14 ℃以上，最热的7月平均气温25 ℃左右，最冷的1月平均气温3 ℃左右。年降水量450～770 mm，其中夏季占55%，秋季占25%，春季占18%，冬季占2%。无霜期平均在280 d以上，气候灾害有暴雨、山洪、泥石流及冰雹。本区暴洪灾害频繁，开始日期一般为4月下旬，结束日期一般在10月中旬。其中，8月暴雨最多，7月次之。该区是甘肃省唯一生长亚热带植物的气候区，除生长大量的松、柏、杉、青冈栎等主要用材林外，还有栓皮栎、漆树、油桐、板栗、核桃、柿子、柑橘、银杏、杜仲、五倍子、乌桕、油茶、棕榈等较大面积的经济林。河谷地区土层厚，日照较长，适宜种植水稻，农作物可一年两熟。本区应积极生产油桐、生漆、茶叶、木耳、棕片、药材以及干、鲜果品，尽快建成特用经济林和新的用材林基地；半山和山前丘陵地带适宜种植冬小麦、玉米、马铃薯以及油菜、谷子、豆类等作物；高山地区适宜大力发展用材林。

2. 陇南北部暖温带湿润区

本区是北秦岭山地，属于白龙江和西汉水流域，包括陇南地区的北部(武都—康县一线以北)和甘南州舟曲县，面积约 2.12×10^4 km^2，约占全省面积的5%。海拔由东部的500 m升高到西部的3 000 m左右，相对高度一般在500～1 000 m。区内年平均气温8～12 ℃，最热的7月份平均气温20～25 ℃，最冷的1月份平均气温0～3 ℃。年降水量550～850 mm。无霜期220～240 d。常有暴雨、山洪、冰雹等自然灾害。这里的小陇山、白水江和白龙江中游地区，是甘肃省主要的次生林区。在发展林业上，要着重把慢生、低产、劣质、丛生的灌木疏林，改造成速生、高产、优质的乔木密林。在种植业上，西部地势较高，适宜种植冬春小麦、马铃薯以及蚕豆、燕麦等高寒作物；东部适宜种植冬小麦、玉米和油料作物，桑蚕亦可大力发展。

3. 陇中南部温带半湿润区

本区包括平凉地区和天水市的全部，定西地区大部分(安定区以南)、临夏州除永靖县以外的地区和庆阳地区南部，面积约 5.31×10^4 km^2，约占全省总面积的12%。大部分区域海拔1 200～1 800 m，地势大致由东、北、西三面向东南方向倾斜。区内年平均气温6～10 ℃，最热的7月份平均气温20～22 ℃，最冷的1月份平均气温－6～－4 ℃。年降水量500～650 mm。无霜期180～220 d。气候灾害有干旱、暴雨、冰雹和霜冻。陇西的华家岭以西、榆中至永靖一线以南地区是冰雹多发区，其中岷县、临潭、临夏等县市，冰雹对作物危害较为严重。天然次生林多集中在子午岭、关山一带，平凉、崇信等地也有零星分布的天然次生林。在次生林区宜发展优质、速生的丰产林，川塬区可以种植苜蓿，营造水土保持林和农田防护林，并发展核桃、文冠果等木本油料林和泡桐速生用材林。气候条件适宜种植冬小麦和玉米，部分地区适宜种马铃薯和高粱，糜、谷、油菜、胡麻、荞麦等作物亦可种植。

4. 陇中北部温带半干旱区

本区包括兰州、白银两市的全部和临夏、定西、庆阳三市(州)的北部，海拔1 200～2 000 m，面积约 5×10^4 km^2，约占全省总面积的11%。区内年平均气温6～9 ℃，最热的7月平均气温22～25 ℃，最冷的1月份气温－10～－6 ℃。无霜期为160～180 d。年降水量200～500 mm，由南向北迅速减少，且降水变率大。当地民间有“三年一小旱，十年一大旱”的说法。干旱常发生于春播作物下种、出苗时节，或出苗以后，特别是夏初和盛夏的伏旱，对农作物危害最大。此外，常见的气候灾害还有暴雨、冰雹、霜冻等。本区中部和北部主要为干草原、荒漠草原植被，天然森林仅在马衔山、兴隆山、崛吴山、哈思山等地呈零星斑块状分布。林业发展的重点是大力营造水土保持林和薪炭林，宜种植春小麦、马铃薯、糜、谷和豆类等作物；砂田适宜发展白兰瓜、黑瓜子等经济作物。年降水量300 mm以下，又无水源灌溉的地方，宜种草植树，发展畜牧业。

5. 河西温带干旱区

本区包括武威、金昌、张掖、嘉峪关4市的全部走廊平原区和酒泉市除疏勒河下游谷地以外的部分，面积约 14×10^4 km^2，约占全省面积的31%。海拔大多在1 000～1 500 m。区内年平均气温5～8 ℃，最热的7月平均气温19～26 ℃，最冷的1月平均气温－10～－8 ℃。年降水量50～200 mm，无霜期140～160 d。虽然雨量稀少，气候干燥，但南侧的祁连山区降水量较多，每年出山的灌溉水源较充足，形成18块面积大小不一的绿洲。加之光能资源丰富，热量条件较好，本区成为甘肃省重要的商品粮基地。不利的条件是沙尘暴、干热风、霜冻等气候灾害较多。这里大风天气多，并毗邻沙漠，年平均沙尘暴日数5～30 d，被沙漠包围的民勤、景泰、金塔等县沙尘暴最多达 43～58 d。本区几乎没有天然林区，应积极营造农田防护林和防风固沙林。

6. 河西西部暖温带干旱区

本区范围限于疏勒河下游谷地，主要包括敦煌和瓜州两县市的中部，面积 3.2×10^4 km^2，约占全省面积的 7%。海拔在 1 200 m 以下，是河西地区最低的地方。区内年平均气温 8～10 ℃，最热的 7 月平均气温 24～26 ℃，最冷的 1 月平均气温 －13～－8 ℃。年降水量不足 50 mm，其中夏季占 50%～60%。无霜期 160～170 d。风沙危害严重，著名的"世界风库"就在这里。气候条件除适宜种植春小麦等作物外，还可大力发展棉花生产，建成产棉基地。这里是重干热风气候灾害区。干热风是小麦生育后期出现的一种高温、低湿，并伴有一定风向风力的农业气候灾害。其特点是气温高，湿度小，风速大。气温常持续在 30 ℃以上，空气湿度降至不足 30%，使小麦"风干"。干热风主要危害春小麦，其次是棉花和玉米等作物。据小麦干热风灾情调查和试验资料，一般干热风年份可使小麦减产 5%～10%，危害严重的年份减产达 10%～20%。

7. 祁连山半干旱区

本区包括河西走廊南侧甘肃省境内的祁连山区，面积约 11.7×10^4 km^2，约占全省面积的 26%。山地海拔一般在 3 000～4 500 m，其中海拔 4 100 m 以上的山区终年积雪，发育现代冰川。区内年平均气温低于 4 ℃，最热的7 月平均气温 10～20 ℃，最冷的 1 月平均气温 －12 ℃。年降水量 100～600 mm。祁连山东段是全省冰雹日数最多的地区，年平均降雹日数 6～16 d。冰雹的地理分布趋势大致是山区和高原多，低平地区少；气候冷湿的地区多，暖干的地区少。由于地势高，热量不足，无霜期很短，不适宜农作物生长。大部分山区植被良好，其中森林草原和灌丛草原带是祁连山的水源涵养带，对河西走廊绿洲的稳定、发展至关重要。山区牧草较丰美，适宜于发展细毛羊、牦牛和马匹，是甘肃省的主要牧场之一。

8. 甘南高寒湿润区

本区包括甘南州的绝大部分，海拔多在 3 000 m 以上，面积约 3.1×10^4 km^2。大部分是平坦开阔的草滩，约有草原 310×10^4 hm^2，约占全省草原面积的 16.4%。区内年平均气温 1～6 ℃，最热的 7 月平均气温 10～18 ℃，最冷的 1 月平均气温 －12～－6 ℃。年降水量 550～800 mm。本区东部地势起伏较大，气温垂直差异显著，无霜期少于 140 d，不适宜农作物生长，而且常有大风、冰雹的袭击。大部分地区适宜放牧，是甘肃省的主要天然牧场之一，著名的河曲马、甘加羊就产在这里，可发展半细毛羊和肉用牛。

三、复杂的地表水系

甘肃省位于我国东部湿润区向西北干旱区的过渡地带，地表水系的一大特征是既有内流河，又有外流河。境内河流以乌鞘岭—毛毛山—景泰县北部一线为界，以西是内流区域，以东是外流区域，分属长江(主要是嘉陵江)、黄河、内陆河3大水系(图2-4)。根据统计，全省年径流量大于1×10^8 m^3的河流有78条。其中，内陆河流域有独立出山口、年径流量大于1×10^8 m^3的河流有15条，黄河流域27条，长江流域36条。除此之外，甘肃省河流的主要特征还有平均河网密度偏小，补给形式多样，径流深值整体偏低且地域差异显著，径流季节分配不均衡，普遍具有结冰期等特点。我国东部地区河网密度多在0.3～2 km/km^2，甘肃地区的河网密度则远小于东部地区。譬如黄土高原沟谷密度居全国之首，但河网密度只有0.2～0.3 km/km^2，干旱区则更小。甘肃河流的补给水源除降水外，还有冰川融水和地下水，并且越是干旱区，冰川融水所占比重越高，如党河冰川融水补给可占39.1%。在径流深方面，除陇南南部地区为400～600 mm外，其余绝大多数在100～400 mm。多

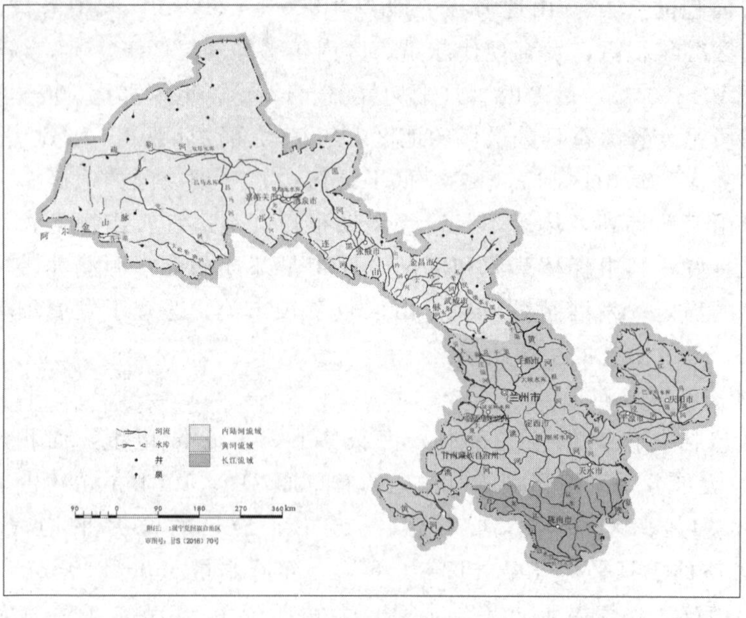

图2-4　甘肃省水系分布图

种补给形式的存在，使得甘肃河流径流的季节分配不均匀，夏季径流量可占全年径流量的一半左右，甚至更高。此外，除陇南外，绝大多数地区的河流冬季都有或长或短的结冰期，其中甘南高原、祁连山等地河流的冬季结冰是由海拔高造成的。

(一)长江水系

长江流域地处甘肃省南部，境内流域面积 3.84×10^{4} km^{2}。该区水源充足，冬季不封冻，河道坡度大，多峡谷，有丰富的水能资源，包括嘉陵江水系和汉江水系。其中属于汉江水系的八庙河，源于太阳山，省内河长不足 20 km，流域面积仅为 170 km^{2}。嘉陵江发源于秦岭，宋代以来传统意义上的干流，经陕西凤县，甘肃两当、徽县，陕西略阳，在白水镇与发源于甘肃天水的西汉水汇合。之后经阳平关进入大巴山，在四川省广元市元坝区昭化镇与白龙江汇流，向南流经苍溪县、阆中市、南部县、蓬安县、南充市、武胜县而达重庆的合川区，先后与自西北向东南流的涪江和自东北向西南流的渠江在合川附近汇合，构成巨大的扇形向心河网，经北碚区于重庆市汇入长江。全长 1 119 km，流域面积近 16×10^{4} km^{2}，居长江八大支流之首。嘉陵江水系呈树枝状，支流众多，流域面积在 500 km^{2} 以上的河流有 17 条，如甘肃省境内的白龙江、白水江、西汉水等，便是其中较大的支流。

1. 白龙江

白龙江为嘉陵江上游的最大支流，是中国西部亚热带与暖温带的分界线，与秦岭、淮河同为中国地理上的重要分界线。源出甘南高原西倾山东端的郭尔莽梁德合拉卜哉峰(海拔约 4 190 m)北麓、碌曲县郎木寺附近的曲哈尔登(3 560 m)，曲折东南流，经四川省若尔盖、甘肃省迭部、舟曲、宕昌、武都、康县、文县等县区，在文县中庙乡罐子沟流出甘肃省境，于四川昭化县旧城注入嘉陵江。河道全长 546 km，流域面积 3.18×10^{4} km^{2}，年径流总量 108×10^{8} m^{3}；甘肃境内河长 454 km，流域面积 2.72×10^{4} km^{2}，年径流总量 87×10^{8} m^{3}，5～10 月占 75%左右。河道穿行于山区峡谷，平均比降 4.83%，天然落差 3 110 m，水流湍急，不利航行。主要支流有达拉沟、多儿沟、腊子沟、小岷江、拱坝河、白水江及四川省境内的青川河等。白龙江自武都以上为上游，武都至碧口为中游，两岸大都为断续曲折的峡谷。在文县玉垒乡关头坝，白水江自西汇入，让河水自西南汇入，水量较大，两岸平缓。碧口至昭化一段为下游，又汇入团鱼河，水势平坦，流速较小，可通行船只。流域年降水量 600～900 mm，山区林草茂密，水土流失轻微，年侵蚀模数小于 500 t/km^{2}。在舟曲—武都段，特别是北峪河流域，红层、黄土覆盖区夏秋多泥石流灾害。白龙江多年平均流量 298 m^3/s，水能蕴藏量 432×10^4 kW，1976 年建成碧口电站，装机 30×10^4 kW。

2. 白水江

白水江位于甘肃省陇南地区，是白龙江最大的一级支流。正源黑河，源出甘、川交界岷山山脉中段的郎架岭东北，自西北向东南流至黑河塘后始称白水江，东南于柴门关入甘肃省文县境，北纳中路河、马莲河，南汇白马河、丹堡河，东至文县玉垒乡关头坝汇入白龙江碧口水库。流域面积 8 134 km^2，干流全长 296 km。其中甘肃境内 107 km，四川境内 189 km，河道平均比降 10.1‰。省境年径流总量 35×10^8 m^3，以降雨补给为主。白水江地处岷山余脉，源头最高峰海拔 4 310 m，除沟谷属北亚热带湿润气候外，大部分属暖温带湿润气候，植被为亚热带常绿阔叶、落叶阔叶林，针阔混交林和高山草地。野生动物有 450 余种，动物区系属古北界和东洋界的过渡地带，是中国大熊猫、金丝猴、扭角羚等国家一级保护动物分布的最北界。

3. 西汉水

西汉水是嘉陵江支流。相传古时沿江有犀牛，又名犀牛江。它有南北两源，南源发源于寨子山，北源发源于长板梁，于天水镇汇合始称西汉水。西汉水自东北向西南流经天水镇、盐关镇、长道镇，有西和河、固城河、燕子河汇入。在礼县顺利峡折转向南，纳洮水河、清水河后转向东流，经西和县南汇太石河，成县、康县纳秦家河、平洛河，至陕西省两河口注入嘉陵江。全长 286.3 km，流域面积9 657 km^2。年径流总量 16.7×10^8 m^3，以降雨补给为主，81%降水量集中在 5 月至 10 月。上游流经黄土丘陵沟壑区，植被稀少，水土流失严重，河流最大含沙量 578 kg/m^3，居陇南山区诸河之冠。属山区性河流，比降大，水能蕴藏量 21.62×10^4 kW。

(二)黄河水系

黄河为中国第二大河，发源于青海巴颜喀拉山北麓，流经青海、四川后进入甘肃境内。黄河干流全长 5 464 km，流域面积 75.24×10^4 km^2。黄河出自青海玛多，沿阿尼玛卿山麓东南流，经甘青、甘川之间，又转向东北，至唐克汇白河后，急转向西北流，经甘肃省玛曲县，又沿阿尼玛卿山东北麓复入青海省，称黄河第一曲，河段长 392 km。入青海境后又转向东流，穿过龙羊、松巴、李家、公伯、积石等峡谷复入甘肃，流经积石山、临夏、东乡、永靖、兰州、榆中、皋兰等县市，过虎峡入宁夏回族自治区，此段河长 480 km。在甘肃境内两段共长 872 km，流域面积 14.33×10^4 km^2。由西南向东北横贯甘肃省中部，有大夏河、洮河、湟水、庄浪河、祖厉河等支流注入。

此外，尚有黄河的重要支流渭河、泾河发源并流经本省中、东部。

1. 洮河

洮河在省境中部偏南，是黄河水系的一级支流、甘肃省第二大河。藏语称“碌曲”，意为龙水或神水。发源于碌曲县西南西倾山与李恰如山间的勒尔当草原，上源名代桑曲，东南流经李恰如山东麓折向北流。汇西来之延曲后，向东北流，纳周曲、科才曲，再东流经碌曲、临潭、卓尼等县，汇下巴沟、车巴沟、卡车沟、大峪沟、迭藏河，至岷县茶埠急转向西北，汇羊沙河、冶木河，穿白石山区的石门、出九甸峡与海奠峡后入临洮盆地，右有南川河、东峪河，左有三岔河、广通河汇入，于永靖县注入黄河。洮河自源头至刘家峡水库，形如一横卧的“L”字形，全长 673 km，流域面积 2.55×10^{4} km^{2}。沟门村站多年平均流量 172 m^{3}/s，年径流量 53.0×10^{8} m^{3}，主要来自上、中游地区，岷县以上年径流量占全流域的 72%，而控制面积只占流域面积的 59%，平均每平方千米径流模数为 25×10^{4} m^{3}，高出黄河流域平均数的 2.3 倍。洮河对流经的甘肃省各县的生产生活均有重要意义，其人均水量和亩均水量分别相当于甘肃省平均数的 225% 和 272%。年输沙量 $2\,910\times10^{4}$ t，平均含沙量约 5.5 kg/m^{3}，仅为黄河流域平均数的 1/6，是一条少沙支流。目前，流域内用水量有限，仅下游农业区对灌溉的依赖性较高，预计今后灌溉面积发展将不超过 100×10^{4} 亩①，需水 4.7×10^{8} m^{3}，加上工业及城乡生活用水，年需水量约 6×10^{8} m^{3}，只占地表水资源量的 11%。因此，洮河有大量水资源可以外调。洮河水力资源开发条件好，其理论蕴藏量为 225×10^{4} kW。目前流域水资源利用率只有 7.2%，水能资源的开发利用率还不到 1%，水利水电资源的开发前景十分可观。

2. 湟水和大通河

湟水是黄河上游的重要支流之一，又名西川、西宁河。发源于青海省海晏县大通山南麓的包呼图山，顺北西西向流经大通—达坂山与拉脊山之间的纵谷。至湟源县纳发源于日月山之药水河，至湟中县又纳水峡河，至西宁市有北川河、南川河与沙塘川分别自南北流入。此下经平安、互助、乐都、民和，汇入的支流更多，以在享堂汇入之大通河为最大。至甘肃省兰州市与永靖县间注入黄河八盘峡水库。两岸汇入较大支流有 40 余条，除大通河外，多与干流垂直，呈羽状水系。干流全长 374 km，流域面积 3.29×10^{4} km^{2}。由于流域有不同的岩性与构造区，因而发育成一系列峡谷和盆地形态。峡谷有

① 1 亩≈666.7 m^{2}。

巴燕峡、扎马隆峡、小峡和老鸦峡等。峡谷一般长 5～6 km，其中老鸦峡最长，达 17 km，两壁陡峭，谷窄而深。盆地有西宁盆地、大通盆地、乐都盆地和民和盆地，其中以西宁盆地为最大。湟水穿流于峡谷与盆地间，形成串珠状河谷。下游河谷宽阔，水能资源丰富，灌溉便利，孕育和发展了湟水流域的农业文明。

湟水的最大支流大通河(又称浩门河)，发源于祁连山托勒南山南麓、青海省刚察县的木里山，河源高程 4 520 m。上游唐莫日曲、莫日曲、阿泽合曲三支流汇合东流，经夺龙滩称大通河。干流穿行于大通山与冷龙岭之间，经青海省门源县入甘肃省天祝藏族自治县，再经永登县河桥，至享堂汇入湟水，入湟口高程 1 727 m。河道长 561 km，流域面积 1.5×10^4 km^2。大通河比湟水干流长 187 km，如从汇入点计算，则比干流长 256 km。若按“河源唯远”与流量大小等原则，大通河无疑为湟水正源。

湟水流域气候为典型的大陆性季风气候。由于流域地势西高东低，并有盆地、高山影响，所以气候垂直变化明显，且地域差异大。越向上游气温越低，降水量增大，蒸发量减小，多湖泽湿地。湟水干流谷地，6—9 月降水占全年降水量的 70%左右，且多暴雨。据民和、享堂两水文站实测，年平均径流量为 46.3×10^8 m^3。流域年输沙量 $2\ 240\times10^4$ t，年平均侵蚀模数 736 t/km^2，大通河年输沙量 323×10^4 t。由于人口、耕地分布不均，各地水资源利用的差别甚大。湟水干流平均每亩耕地只有地表水 341 m^3，再加上城镇生活及工业用水，水资源严重不足。而大通河流域平均每亩耕地有地表水 4 748 m^3，尚未充分开发利用。为了合理利用水资源，调节余缺，青、甘两省都提出调引大通河水的规划设想，如甘肃省的“引大入秦”“引硫入金”等工程。

3. 渭河和泾河

渭河，亦称渭水，是黄河最大的支流。在甘肃省中部和东南部，陕西省中部。干流发源于渭源县鸟鼠山南的豁豁山，至渭源县清源镇东北汇合源出鸟鼠山的禹河，始称渭河。东流至武山县纳榜沙河、山丹河和大南河，经甘谷县北纳散渡河，到天水市有葫芦河、西河、永川河、牛头河等注入。再往东流出陇山流入陕西省境，经宝鸡、咸阳、渭南等地，北纳千河、泾河、北洛河，南汇秦岭北坡诸水，至潼关入黄河。全长818 km，流域面积 6.25×10^4 km^2，其中甘肃境内流域面积 2.56×10^4 km^2。年径流量 84×10^8 m^3，甘肃境内 23.9×10^8 m^3。年输沙量 5.5×10^8 t，为黄河泥沙的主要来源之一。北岸泾河、北洛河等支流，流经黄土高原，夹带大量泥沙，以悬移质为主，是渭河主要的来沙支流。葫芦河、泾河和北洛河，年输沙量分别为 0.66×10^8 t、

3.09×10^8 t、0.97×10^8 t。河道来水含沙量大，不仅淤积抬高河床，威胁两岸安全，同时淤库淤渠，给水利工程的建设和管理带来问题。

泾河是黄河的三级支流，发源于宁夏泾源县六盘山东坡老龙潭。东北流出崆峒峡流入甘肃省平凉市，北纳颉河、小路河、大路河、潘杨涧河，至泾川县南汇汭河，北纳洪河、蒲河、马莲河，向南流入陕西省境，有达溪河及黑河注入，形成辐射状水系，再向东南流至高陵南汇入渭河。泾河是黄河中游的较大支流，全长 455 km，流域面积约 4.54×10^4 km^2。甘肃境长 171 km，流域面积 3.12×10^4 km^2。干流源出崆峒峡至陕西彬县早饭头，河谷长 209 km，跌水少，多沙滩，河谷宽。其中，平凉—泾川间右岸滩地平坦，为泾河最大的川区。早饭头—张家山间河流穿行于峡谷中，坡陡流急，多有险滩，水力较丰。张家山以下属关中平原，两岸多黄土阶地，地势平坦，水流平稳，比降仅 1%，宜于灌溉。因其流域面积大，年径流量达 21.4×10^8 m^3，加之输沙量大(居全国江河支流之冠)，其径流量和泥沙含量都是黄河支流中较多的。因此，习惯上多将其作为黄河的重要支流。流域内水土流失严重，年平均含沙量 141 kg/m^3，为黄河的 3 倍多，最大含沙量 1 430 kg/m^3，年均输沙模数为 7 150 t/km^2。春秋时代，即有“泾以渭浊”之说。战国时称泾水为“填阏之水”，及至秦、汉，已是“泾水一石，其泥数斗”了，并有泥水(马莲河)、泥阳等地名。唐代，杜甫在诗作中也多次写有“浊泾清渭河当分”“旅泊穷清渭，长吟望浊泾”“肠断秦川流浊泾”等诗句。泾河流域水利开发很早，秦时开郑国渠引泾水灌溉关中平原；上游平凉、泾川等地也自唐代即已开渠兴利。现在上、中游修筑水库，下游扩建泾惠渠灌溉工程，增加了灌溉面积。

(三)内陆河水系

1. *石羊河*

石羊河古名谷水、马城河、白亭河，是河西走廊第三大内陆河，位于河西走廊的东端，在干旱区中降水条件相对较好。全水系自东而西，主要支流有大靖河、古浪河、黄羊河、杂木河、金塔(南营)河、西营河、东大河及西大河(下游名金川河)8 条河流组成，均源出祁连山东段。径流以雨水补给为主，兼有冰雪融水成分。石羊河全长 250 km，下游原来注入民勤县北部的青土湖和白亭海，即汉代的休屠泽和猪野泽，但是现在终端湖已经干涸。石羊河在史书中记载得比较早且相当详细，如《汉书・地理志》记载：“南山，谷水所出，北至武威入海，行七百九十里”。《水经注》和《元和郡县图志》等古代地理著作均将其称为马城河。五代时期，因石羊河终端湖为白亭海，故称其为白亭河。

干流上游杂木河，发源于祁连山脉东段冷龙岭东段的主峰大雪山，坡陡流急，平水年年均流量 7.90 m^3/s，年均径流量达 2.49×10^8 m^3。白塔儿庄出山，入河西走廊东段为中游，过武威接纳冲积扇缘泉水复向东北，名石羊大河。红崖山以北为下游，原分为大东、大西两河，现筑成东西干渠。继续东北行，最后没入巴丹吉林和腾格里沙漠之间的民勤盆地北部。河流补给水源中山区降水占61%，地下水占31%，冰雪融水占8%；平原区地下水主要接受地表水和灌溉入渗补给。出山口多年平均径流量 50.5 m^3/s，年径流量 15.91×10^8 m^3，6 月至 9 月占 70%左右。上游祁连山区降水丰富，有 64.8 km^2冰川和残留林木，是河流的水源补给地。山区河流呈树枝状，干流出山时，切穿山体，形成峡谷，今多为水库坝址。由东向西，全流域建成 100×10^4 m^3以上水库 15 座，其中以大靖峡、黄羊河、南营、西营、红崖山及金川峡等水库较大。出山后进入走廊平地，河道在冲积、洪积扇上漫流呈放射状，水流渗漏严重，河水断流。地下潜流在冲积扇前缘出露，汇集成红水河、白塔河、羊下坝河、海藏寺河等泉水河，形成武威和永昌诸绿洲，灌溉农业发达。流域下游是民勤绿洲，史前曾存在过古终端湖泊——猪野泽，2 万到 3 万年前高湖面海拔达 1 317 m、水域面积约 1 680 km^2。

2. 黑河

黑河曾名弱水、羌谷水、鲜水、张掖水等，沿线是古代酒泉、张掖等地通往居延的重要通道，故关于它的记载相当早且比较详细。我国最早的地理文献《尚书·禹贡》篇，有“导弱水至于合黎，余波入于流沙”的记载。《汉书·地理志》金城郡临羌县下注称，西有弱水。张掖郡觻得县下注：“羌谷水出羌中，东北至居延入海，过郡二，行二千一百里”。明代将弱水称为张掖河或黑河。黑河是河西地区最大的内陆水系，是仅次于塔里木河的中国第二大内陆河，全长 821 km(甘肃境内 345 km)，由源于东起山丹西至酒泉的走廊南山的山丹河、洪水河、梨园河、摆浪河、马营河、丰乐河、洪水坝河及讨赖河等支流组成。

黑河干流中上游名甘州河或张掖河，源于祁连山脉走廊南山的南坡，甘、青省界附近的白沙沟海拔 4 400 m 处。东南流经纵谷草地，沿途纳许多支流，至青海省祁连县黄藏寺纳东南来的鄂博河(八宝河，源于金瑶岭)，转向西北进入甘肃省境，穿走廊南山 80 km 横谷，水深流急，至莺落峡口出山。莺落峡站平水年年均流量 50.0 m^3/s，年径流量 15.8×10^8 m^3，为河西诸河之冠。莺落峡以北为中游，入走廊平地于张掖市乌江堡以北汇山丹河，因受龙首山屏障转向西流，经临泽县汇梨园河，至高台正义峡出合黎山与金塔南山间的缺口后即为下游。黑河水系由35条独立出山河流(或沟道)组成，其中集水面积100 km^2以上的河流有18条，主要支流有大马营河(山丹河上游)、童子坝河、洪水河、梨园河、摆浪河、马营河、丰乐河、洪水坝河、托来河(北大河上游)等，均源于祁连山中段，以雨水补给为主，冰雪融水补给次之，出山口多年平均流量113 m^3/s，年径流量35.6×10^8 m^3。其中，6—9月水量，深山河占70%以下，浅山河占30%以上。

3. 疏勒河和党河

疏勒河古名籍端水、冥水，是甘肃省河西走廊内陆河水系的第二大河。《汉书·地理志》记载："南籍端水出南羌中，西北入其泽。"《元和郡县图志》瓜州晋昌县条记载："冥水，自吐谷浑界流入大泽，东西二百六十里，南北六十里。丰水草，宜畜牧。""疏勒"蒙古语为多水之意。疏勒河水系主要由发源于祁连山西段北坡的白杨河、石油河、昌马河、踏实河、党河和安南坝河等支流组成。其主流发源于祁连山最高峰(团结峰)所在的疏勒南山与陶勒南山大纵谷间的疏勒脑，西北流经沼泽地，穿大雪山—托来南山间河谷。谷地宽15～20 km，海拔3 800 m左右，河道分散、曲折。至花儿地折向北流经托来南山，将山地切割成数百米深的疏勒峡谷，流入昌马盆地，称昌马河。出昌马峡以前为上游，河长328 km，水丰流急，昌马堡站平水年年均流量24.8 m^3/s，年径流量7.81×10^8 m^3，是径流补给区。继续北流后转向东北，穿越巨大的昌马洪积、冲积扇东缘，过玉门镇，称疏勒河。

疏勒河出昌马峡至走廊平地为中游，河道呈放射状向北分流于大坝冲积扇面，河水大量渗漏，成为潜流。至冲积扇前缘出露形成10道沟泉水河，并分为东、西两支流。东支汇部分泉水河又分南、北两支，名南石河和北石河，向东流入花海盆地的终端湖。西支为干流，又称布隆吉河。经黄闸湾转向西流，至安西双塔堡水库以下为下游，由于灌溉、蒸发、下渗而水量骤减。经瓜州县城北和小西湖，至八道桥纳党河注入哈拉诺尔(黑海子、榆林泉)。哈拉诺尔现已干涸，留下了大片盐碱地遗迹。中下游海拔1 100～2 010 m，年降水量仅37.6 mm，年蒸发量3 000 mm以上，是径流散失区。干流全长670 km，其中，河源至昌马峡的上游段长346 km，昌马峡至双塔水库的中游段长124 km，双塔水库至玉门关以西河流下游段长195 km，尾闾消失于哈拉诺尔滩地。流域面积12.4×10^4 km^2，多年平均径流量10.31×10^8 m^3。

党河位于甘肃省敦煌市与肃北县境内，曾名氐置水、龙勒水、甘泉水、都乡河。清代始称党河，是党金郭勒的简称。党金系人名，"郭勒"蒙古语为"河流"。上游有大水河与奎腾河，分别发源于肃北蒙古族自治县巴音泽尔肯乌拉和崩坤达坂，沿谷地向西北流，在盐池湾汇合，继续向西北流，纳党河南山和野马南山间诸支流，至党城湾进入山前冲积洪积平原，切穿鸣沙山，经党河水库拐向东北，形成敦煌绿洲。全长 390 km，流域面积 1.7×10^4 km^2，年径流量 2.89×10^8 m^3。上游山区冰川面积 232.7 km^2，冰川储量 111.24×10^8 m^3，年融水量 1.23×10^8 m^3，系党河的主要水源。加之流域地下水调节作用大，党河成为河西地区径流最稳定的河流。

4. 苏干湖水系

苏干湖水系，由大哈尔腾河和小哈尔腾河两条河流构成。大哈尔腾河发源于甘肃、青海两省交界地区。上源野马沟河，源出野牛脊山之奥果吐乌兰峰(4 724 m)，西北流，汇党河南山、察汗鄂博图岭及喀克吐蒙克的积雪和冰川融水，至托斯巴斯陶以下渗入戈壁；至塔卡尔巴斯陶出露汇集成河，向西流过当中泉又潜入戈壁，至花海子复出露地表，注入伊克苏干湖和巴嘎苏干湖。河长 320 km。小哈尔腾河发源于吐尔根达坂山东端，至小哈尔腾河口子渗入戈壁，在努呼图附近以泉水形式汇入大哈尔腾河。

根据 1958 年至 1959 年哈尔腾临时水文站实测水文资料和《甘肃省地表水资源》径流等值线图分析，流域汇水面积 5 967 km^2，年均径流量为 2.98×10^8 m^3。1999 年，敦煌市水利电力局曾在大哈尔腾河出山口建立了临时水文观测站，历时 3 年的观测资料表明，哈尔腾河年径流量为 3.55×10^8 m^3。其中 7、8 月份平均流量超过 15 m^3/s，径流量约占年径流量的 73.5%，其他月份平均流量在 5～10 m^3/s，年际径流量变化不大。

“苏干”蒙古语为“红柳”之意，“伊克”和“巴嘎”则系“大、小”之意。伊克苏干湖在花海盆地南侧，面积约 108 km^2，蓄水 1.72×10^8 m^3；巴嘎苏干湖在北，面积约 11.6 km^2，蓄水 0.24×10^8 m^3。两湖一咸一淡，水深均为 3～4 m，相距约 20 km。湖滨多水草，为天然牧场，湖中浮游生物则是鸟类的佳肴。在湖畔栖息的大雁，有时达 300 到 500 只之多。其余为高原上独有的斑头雁、绿头鸭、反嘴鹬、白鹭等。

(四)湖泊与湿地

1. 洋汤天池

洋汤天池为我国四大天池之一，位于甘肃陇南市文县以北约 100 km 处的崇山峻岭之中。根据实地考察，文县洋汤河上游天池是地震所导致的滑坡、泥石流堵塞洋汤河河道形成的堰塞湖。湖泊周长 5 627 m，有效水面 72.6×10^4 m^2，中心水深 80 m 左右，湖面海拔 1 750 m，蓄水量 $3\,200\times10^4$ m^3。天池终年水温较低，池水在南侧以泉水渗漏的形式排泄，属于重碳酸型水，溶解性固体 220.1 mg/L。天池水文状况稳定，湖面水位涨落年变幅 2 m 左右。天池主要补给源为苦桃坝沟、石门沟，由于沟道松散物丰富、颗粒粗大，在一般情况下沟道内很少有地表水存在。在降水时期，大量的水体下渗到沟道，成为沟道地下水。该水体在地下运行速度变缓，出现滞后效应，并且以潜流的形式补给天池，形成了下雨不涨、雨后涨的奇特自然景观。天池西北有海拔达 4 187 m 的雄黄山，挺拔于群山之中，山顶白雪皑皑，山下绿树成荫，相对高差达 2 900 m。

2. 临潭冶海

冶海位于临潭县冶力关镇以北，湖面海拔 2 610 m，水深 1～10 m，面积 1.2 km^2。民间传说明代开国大将常遇春西征时曾在此湖饮马，故又名“常爷池”。冶海是一个典型的山地淡水湖，右边是白石山，左边是桦树崖。湖水由石门河补给，渗漏重现后注入冶木河。

关于冶海的成因，首先是第四纪新构造运动的隆升作用和流水的强烈下切形成了深切的河谷，其次由于地震作用引起的山体滑坡堵塞石门河而形成滑坡堰塞湖。清乾隆年间(1736—1795 年)临潭举人赵廷璋题诗《咏常爷池》：“天池池水与天连，汇尽群山万道泉。蓬莱仙岛咫尺近，秦王何须遣楼船。”清咸丰年间(1851—1861 年)临潭新城人陈钟秀题诗《冶海冰图》：“茫茫冶海水平堤，万状冰图入眼迷。知是龙宫多妙手，故教呈出待人题。”这些都表明冶海的形成历史比较久远。有学者认为，《魏书》记载该地为水池县，因而推测早在 1 500 年前，冶海就已经存在。每年的腊月初八、五月二十八是冶海的传统神会，在冶海举行祭祀常爷、唱花儿、赛马等活动。藏语称冶海为“阿玛珠措”，意即“龙宫仙女”。由于受到“龙宫仙女”的恩惠，藏族人奉冶海为神湖。

3. 碌曲尕海

尕海位于甘南高原中部，西倾山东北的尕海盆地。湖面海拔 3 470 m，湖呈椭圆形。湖水由郭尔莽梁和西倾山北坡的琼木旦曲、翁尼曲、多木且曲等河流补给，并通过周科河外泄，最终在碌曲以西汇入洮河。尕海，藏语称“姜托措柑”，意思是“高原古湖”。当地牧民群众称其为“高原神湖”，又称“勒加秀姆”。关于其面积大小，文献曾有 35 km^2 的记载，目前已不足 10 km^2，但仍是甘南高原第一大淡水湖。平均水深仅 1～2 m，最深处约 5 m。湖周围发育大片沼泽和若干小湖，显然是大湖收缩、解体而成。周边区域是亚洲最好的草场之一，盛产冬虫夏草，被誉为高原上的一颗璀璨明珠。尕海湖不仅有高原湖泊特有的旖旎风光，而且还是鸟类的天然乐园。每年春末夏初，成群结队的白天鹅、灰雁、斑头雁、灰鹤、棕头鸥、赤麻鸭、绿翅鸭、针尾鸭、鸬鹚等近百种候鸟，离开我国南方和东南亚、印度、尼泊尔等越冬地飞来，在这里安营扎寨。特别珍贵的是国家一级保护动物黑颈鹤，也在这里栖息、繁殖，成为甘南高原的一大景观。1982 年，尕海被评为省级候鸟自然保护区；1998 年，尕海湖与则岔石林一起被批准为国家级自然保护区。

4. 黄河首曲湿地

广义的湿地是地球上水陆相互作用形成的独特生态系统，包括沼泽、河流及河缘湿地和湖泊。它是自然界生物多样性最复杂的生态景观和人类最重要的生存环境之一，在蓄洪防旱、调节气候、控制土壤侵蚀、促淤造陆、降解环境污染等方面起着极其重要的作用。甘肃省湿地主要分布在黄河首曲、河西走廊疏勒河下游和黑河中游，其中尤以黄河首曲湿地具有典型性和代表性。

黄河自玛曲县西南端进入甘南，在阿尼玛卿山南麓东流于甘、川二省间，回绕至其北麓，又向西北流至青海省内，形成了久负盛名的“天下黄河第一弯”，即黄河首曲。甘南段黄河长约 392 km，有西科河、贾曲、娘曲、贡曲、尕曲、当庆曲等数 10 条支流汇入干流。由于地势平坦、河床纵比降小，此段黄河河面宽阔，多汊流、浅滩和沼泽地。年平均流量 450 m^3/s，年径流量 140 $\times 10^8 m^3$，每年 11 月下旬至次年 4 月初为结冰期。黄河在玛曲境内由于地势平坦而流速缓慢，至阿万仓乡境内的贡赛喀木道、俄后滩等地，因河水宣泄不畅，形成很多的汊河和沼泽，杂灌丛生。在齐哈玛乡和采日玛乡境内再次出现大量的汊河，因而形成参科滩、文保滩、马延滩、扎西滩等大面积沼泽滩地。首曲东段的河道多曲流与沮洳地，东端由四川若尔盖高原西流入黄河的黑河(墨曲)和白河两条支流，曲流最为发育，沼泽地也很广阔，反映出此带在晚近地质时期属地壳新构造运动的沉陷区。黄河流经玛曲这块一万多平方千米的绿色土地时，平均补充水量占黄河出玛曲境水量的 45%。因此，玛曲草原成为黄河的一大“天然蓄水池”。

2005 年，黄河首曲湿地曾被相关机构评为“中国最美的六大沼泽湿地”之一，被称为“亚洲一号”天然草场。近年来，受全球气候变暖等因素的影响，曾被誉为“黄河蓄水池”的首曲湿地干涸面积已达十万公顷之多，沼泽低湿草甸植被逐渐向中旱生高原植被演变。目前，甘南州沙漠化面积以平均每年 300 hm^2 的速度递增，许多珍稀野生动植物濒临灭绝。

四、地带性植被与土壤

甘肃的自然景观，可用综合反映水、热等自然条件特点的地带性植被与土壤说明。所谓地带性植被，是指分布在显域地境(具有壤质土或黏质土的非盐渍化、排水良好的平地或坡地)的植被类型，该植被类型主要决定于气候和土壤。甘肃省由于地域辽阔，南北跨越10个纬度，东西跨16个经度，大部分山地和高原的海拔在2 000～3 000 m，因而植被和土壤的水平地带性和垂直地带性分布均十分明显。

(一)水平地带性

现代植被的地带性分布是长期自然选择的结果，是自然条件变化规律的最直接、最准确的反映，它决定了植被类型及其演替方向和顶极群落的分布。由于本省西部有祁连山的隆起，打破了西部纬向地带性规律。这一规律只在乌鞘岭和甘南高原以东地区表现得比较明显。除部分山地外，大致从东南向西北，可分为下述几个生物土壤带。

1. 常绿阔叶、落叶阔叶混交林—黄棕壤带

本带大约在33°33′N以南，相当于西汉水、南秦岭以南的地区。因本带西有岷迭山系隆起，东是南秦岭和大巴山地，所以北亚热带气候只能出现在海拔1 200 m以下的谷地中。这里分布着我国北亚热带植被常见的植物种，如白楠、黑壳楠、女贞、云南樟、长叶乌药、凹脉榕、珍珠莲、柴荆和常绿栎类等。常绿针叶树种有柏木和马尾松。本带多亚热带经济植物，如柑橘、无花果、乌桕、茶、油桐、棕榈、桉树、枇杷等，广泛分布于河谷地区。谷底以上，便是中、高山，表现出以垂直带谱为主的植被类型。海拔在1 200～2 000 m，以松栎林类型为主，松树多华山松与油松；栎树多槲树、栓皮栎、锐齿栎及柞栎。此外，还有大量的鹅耳栎、漆树、榆椴等。

本带土壤在河谷平地和低山，以黄棕壤及其被改造而成的水稻土为主。海拔在2 000 m以上的中山区，则有山地棕壤、山地森林草甸土及山地草甸土。黄棕壤是黄壤到褐土的过渡类型，特征是腐殖质层较薄，有机质含量约4%。土壤剖面呈黄棕—褐色，沉积层的质地黏重而坚硬，呈核块状结构，中有小型铁锰结核和斑点。在2 m以下或更深处，有石灰质结核。上部土层呈弱酸性到中性，下部呈中性到弱碱性。河谷阶地的黄棕壤，大部分已垦为耕地，种植冬小麦、玉米、棉花、水稻等作物。

2. 落叶阔叶林—褐土、淋溶褐土、山地棕壤带

本带分布于天水以南的北秦岭和徽成盆地，大约在34°30′N以南。其中，徽成盆地海拔较低。如两当海拔1 040 m，徽县海拔931 m，成县海拔970 m，三地均属暖温带气候。本带是我国东部落叶阔叶(夏绿)林带向西伸入本省的一部分，除成县东南部的南康乡以南外，无常绿阔叶树种，以落叶阔叶林和

温带针叶林的针阔叶混交林为主。徽成盆地经过长期的农业生产活动，现存天然植被不多。在盆地周围海拔 1 200～1 800 m 的山坡，为锐齿栎、槲树林。针叶树种有油松、华山松和白皮松。山地垂直分带明显，随海拔升高，依次为辽东栎带、桦木林带、云杉冷杉林带等。例如，小陇山林区，海拔 1 800 m 以下以锐齿栎为主，混生华山松、油松、山杨、白桦等；1 800～2 200 m，以辽东栎为主；2 200 m 以上有小面积的青杆林。西部在白龙江中上游山地，还保存着不少大片的原始森林植被。在 2 500 m 以下，为辽东栎、油松、侧柏、槲树、山杨和灌木等；在 2 500 m 以上，则为青杆、白杆、紫果云杉、红桦等。

地带性土壤平地以褐土为主，川坝区有潮土与水稻土。山地以淋溶褐土及山地棕壤为主。北秦岭南坡海拔 2 400 m 以下，为山地黄棕壤；2 400 m 以上为山地森林草原土和山地草甸土。北坡从渭河谷地南部的山麓到海拔 2 800 m 以下为夏绿阔叶林到针阔叶混交林带的山地褐土，至 3 000 m 以下的针叶林下为山地棕壤和山地灰棕壤，3 000 m 以上的山岭，则出现亚高山灌丛草甸土和高山草甸土。

3. 森林草原—黏化黑垆土、灰褐土带

森林草原的北界约在华池—庆阳—镇原—静宁—华家岭—临洮—临夏一线，该线在陇东与年降水量 500 mm 的等值线相符，陇西则和年降水量 450 mm 的等值线吻合。它是暖温带落叶阔叶林向温带草原过渡的类型，植被以中旱生灌木和草本占优势，乔木稀散矮小。常见草本有白羊草、黄菅草、野古草、大油芒、长芒草、铁杆蒿、茵陈蒿、茭蒿等，灌木主要有酸刺、狼牙刺、黄蔷薇、扁核木、柠条、胡枝子等，乔木树种以辽东栎、山杨、桦木、侧柏、油松、云杉为主。本带由于开垦历史悠久，土壤侵蚀严重，原生植被几乎全部被破坏，仅在沟壑边缘或名胜古迹附近，尚可见到残存的森林植被。在地势较高的山区，如崆峒山、陇山等，由于气候较湿润，且有部分经人工保护形成茂密的植被，分布着华山松、白桦、五角枫、山杨和辽东栎等多种乔木。也有许多灌木和草本植物，如忍冬、卫茅、枸杞、小檗、蔷薇、丁香、黄菅草、大油芒、白草等。

地带性土壤，平地以黏化黑垆土为主，山地以褐土和山地棕壤为主。黏化黑垆土分布在普通黑垆土的南部，是普通黑垆土与褐土之间的过渡类型，它是在旱生森林与草原灌丛植被下发育成的。其特征是黏化程度较高，具有发育较明显的棕色黏土层，腐殖质层比较深厚，自表土开始即呈强烈的石灰性反应，但其基本特征与普通黑垆土类似，故命名为黏化黑垆土，作为黑垆土的一个亚类。

4. 典型草原—黑垆土带

典型草原（干草原、真草原）南接森林草原带，北界在永靖—兰州—同心—盐池一线，年降水量 300～450 mm。由于水分条件的限制，显域地境已不能形成森林植被及中生植被类型。它与上述森林草原带一样，历史上也是农林牧业生产的主要活动场所，经过长期的开垦、放牧、樵采等，天然植被几乎被破坏殆尽，引起严重的土壤冲刷和水土流失，自然植被只残留在黄土荒坡及石质山岭。代表性植被在陇东黄土区以大针茅、短花针茅、长芒草为主；陇西黄土区以蒿属植物、百里香、长芒草为主；在车道岭、华家岭之北以阿盖蒿、长芒草和短花针茅为主。在兴隆山—马衔山 2 200～2 800 m 的阴坡，由于海拔高、降水量大，现在还保存有高大云杉林及青杆、白桦为主的森林；2 800～3 500 m，则为以杜鹃属植物为主的亚高山常绿灌丛；3 500 m 以上为高山草甸。

本带土壤以黄土为母质的黑垆土为主。其特征是具有深厚而疏松的腐殖质层，多呈黑色至淡灰色，有机质含量一般为 1%～4%，心土到底土具有不同程度的菌丝状钙积层和隐黏化现象，剖面呈微石灰性和中性到弱碱性反应。由于发育程度的不同，从半湿润到半干旱，可分为黏化黑垆土、山地黑垆土、淋溶黑垆土、草甸黑垆土、普通黑垆土和淡黑垆土 6 个亚类。普通黑垆土分布在泾河中游的黄土塬上及华家岭以东的黄土岭谷地；淡黑垆土分布在华池及环县以北的干草原区；草甸黑垆土多在河谷阶地的地下水位较高地段；淋溶黑垆土，多分布在山麓向山地森林的过渡区；山地黑垆土多分布在华家岭一带海拔在 2 000 m 以上的黄土梁区；黏化黑垆土主要在南部较湿润的森林草原区。

5. 荒漠草原—灰钙土带

本带在干草原带以北，大景、营盘水一线以南，是草原植被与荒漠植被过渡的类型，黄河两岸均有分布。年降水量 200～300 mm。优势植物是一些旱生、强旱生草本及半灌木、小灌木，如常见的短花针茅、沙生针茅、灌木亚菊、阿盖蒿、驴驴蒿、红砂、盐爪爪、合头草、白刺等。该区主要从事畜牧业，是甘肃省滩羊的主产地。因气候干旱、植被稀少，饮水困难，农牧业发展均受到限制。

地带性土壤是灰钙土，曾名淡栗钙土。主要分布在华家岭以北、河湟谷地及河西走廊大黄山以东、祁连山前的狭长地带，实为草原向荒漠过渡带的土类，其特点是剖面厚度在 1 m 上下，无明显的发生层次，而有黄土特征，有机质含量少，呈疏松粉末状，全剖面多呈强石灰性和碱性反应。

6. 荒漠—灰棕漠土带

本带包括河西走廊、北山区、走廊北山及阿尔金山以南的苏干湖盆地与哈尔腾河谷。由于气候极其干旱，本带形成大片戈壁和沙漠，植被非常稀疏，种类贫乏，结构简单，具有典型的荒漠植被特征，以旱生灌木为主。酒泉西部以红砂、泡泡刺、戈壁麻黄为主；酒泉东部则是以红砂、珍珠为主的荒漠植被类型；北山剥蚀残丘和低山砾漠区，是以合头草和短叶假木贼为主的类型。沙漠区的植被以多种白刺和多种柽柳为主。湖盆的地下水位较高，主要植被是以芨芨草为主，或以芦苇、苏枸杞、苦豆子、甘草为主形成的盐生草甸，为荒漠地带较好的草场之一。本带仅存的天然林在疏勒河下游，多由胡杨、沙枣组成，在龙首山高处，有小面积的紫花针茅草原，阴坡还残存青海云杉林。

荒漠土壤分布在灰钙土地带北部，旧称灰漠钙土与棕漠钙土，现分为灰棕漠土与棕漠土两亚类。灰棕漠土的特征是地表有灰棕色的大孔状结皮层，下为鳞片状结构层，再下为褐棕色紧实层，更下为石膏层，最后为砾石或沙质沉积层。全剖面呈石灰性或碱性反应，主要分布在嘉峪关以东的走廊区。棕漠土的特征是剖面中的碳酸盐类很少被淋溶，石膏聚积层更厚而接近地表，心土层中具有铁质氧化成的红色斑点，全剖面呈强石灰和碱性反应，主要分布在嘉峪关以西的疏勒河下游盆地。

(二)垂直带性

山地地理位置、山文结构和坡向的差异，必然导致气候生物条件的改变，从而引起土壤垂直带谱结构和类型的差异。自东南向西北，本省主要有以下5种景观垂直带谱。

1. 北亚热带湿润区的垂直带谱

在北亚热带湿润气候条件下，基带土壤是黄棕壤，自然植被为常绿阔叶林。以白水江自然保护区为例，大致可分为6个垂直景观带：

(1)河谷川坝常绿阔叶林带

本带海拔600～1 000 m，由于人类活动较多，植被单一且多为人工栽培植物，粮食作物以冬小麦、水稻、玉米及马铃薯为主，荞麦及豆类次之。沿河川地和村旁有残存的松、柏、青冈栎、漆树等为主的常绿阔叶、落叶树与人工栽培的柑橘、核桃、板栗、棕榈、油桐及枇杷、刚竹等亚热带经济林木，居民点附近的自然景观遭破坏后，多形成由竹灌、山柳、胡颓子、卫茅和蔷薇科植物组成的灌丛。

(2)山地常绿落叶阔叶混交林带

本带在海拔 1 000～1 600 m 地带，植被构成比较复杂，郁闭度一般在 0.7 以上，覆盖度一般在 70% 以上。乔木是以青冈栎、山杨、桦、槭树、椴木为主的次生阔叶林，灌丛有葛藤、栒子、五味子、石竹、箭竹、蔷薇科植物。

(3)山地落叶阔叶林带

本带分布于海拔 1 600～2 100 m，植被构成相对简单，但分布面积较广。优势植物以栎类为主，主要有辽东栎、锐齿栎、栓皮栎、麻栎、槲树、漆树和槭属、椴属的一些种。

(4)山地针阔叶混交林带

本带分布于海拔 2 100～2 900 m，由上述阔叶树种逐渐过渡到以云杉、冷杉为主的针叶树，海拔一般在 2 500 m 以下，多阔叶林；2 500～2 800 m，属混交林带；2 800～3 200 m 则以针叶树为主，林下灌丛多竹灌及大熊猫喜吃的华山箭竹、冷箭竹。

(5)亚高山针叶林带

本带主要分布于海拔 2 900～3 450 m，冬季积雪可达 40 cm。云杉林的优势树种为青杆、云杉、紫果云杉、麦吊云杉等，冷杉林则由岷江冷杉、巴山冷杉林和秦岭冷杉组成。

(6)高山灌丛草甸带

本带海拔在 3 500 m 以上，主要由爬地柏、密枝杜鹃、高山绣线菊、苔草等植物组成。土壤为高山草甸土，草皮层较厚，腐殖质积累强烈，土壤有机质含量高，无脱硅富铝化现象。

2. 暖温带湿润区的垂直带谱

在北秦岭南部，因地势是从西向东倾斜，故从徽成盆地至甘南高原，出现明显的植被垂直带谱。例如，徽成盆地海拔 960 m 左右，属暖温带落叶阔叶林带，至西礼盆地，海拔 1 400～1 500 m，属温带落叶阔叶林带。再向西，海拔增至 2 500 m 以上，如岷县为 2 314 m，卓尼为 2 500 m，临潭为 2 810 m，属寒温带针叶林带。最西部则是甘南高原，海拔在 3 000 m 以上，如碌曲 3 100 m，属高寒草甸带。处于西秦岭的漳县露骨山，海拔 3 941 m，而其山麓地带只有 1 700 多米，相对高差达 2 200 多米，山地景观可以反映本区的垂直带分布规律(图 2-5)。

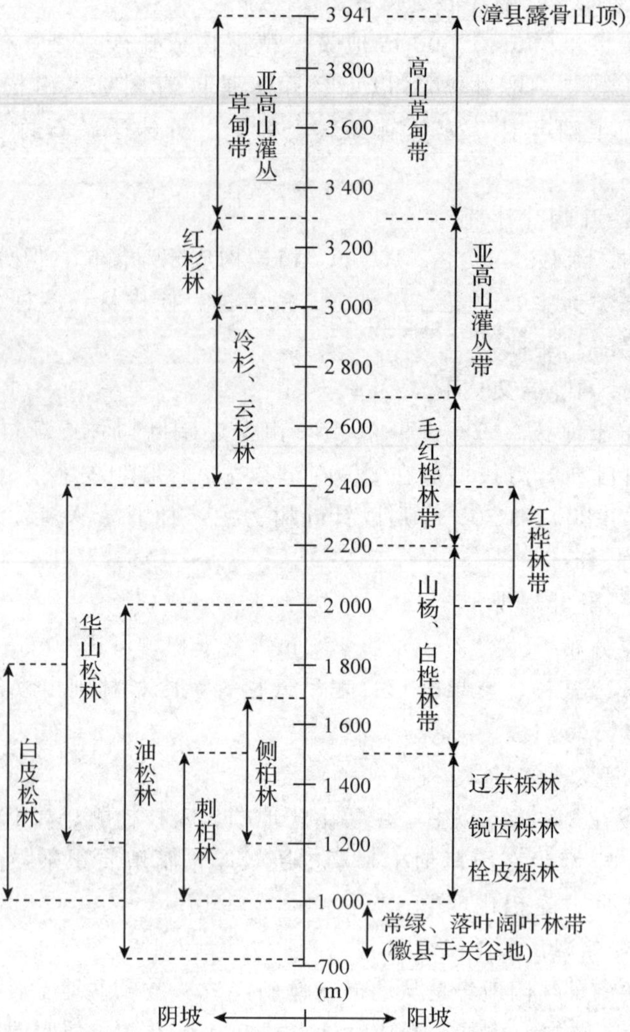

图 2-5 徽县嘉陵江上游谷地至漳县露骨山植被垂直带谱示意图

3. 温带半干旱区的垂直带谱

以本区海拔最高的兴隆山—马衔山(3 671 m)为例，该山地共有维管植物94 科、393 属、886 种，以菊科、蔷薇科、禾本科和豆科为优势科。植物区系的温带性质明显，种属的地理成分和优势科属种均以温带成分占绝对优势。且区系具有明显的过渡性，是一个汇集欧亚草原植物、中国—日本森林植物、中国—喜马拉雅植物和青藏植物四大植物区系的区系结构。主要垂直带谱如下。

(1)草原带

海拔 1 800 m 以下为草原带，以灌木亚菊和短花针茅为主要建群种，偶有红砂等荒漠草原种。

(2)山地草原带

山地植被垂直带的基带，分布于海拔 1 800～2 000 m；它是水平地带性植被向山地延伸的部分。主要建群种为铁杆蒿、本氏针茅，伴生种有大针茅、冷蒿、克氏针茅、甘青针茅等，上部灌木逐渐增多，主要有黄蔷薇、沙棘等。

(3)山地灌丛带

本带分布于海拔 2 000～2 200 m 的山地，为草原向森林植被的过渡地带。植被主要是以黄蔷薇、黄刺玫、虎榛子、水栒子、紫丁香以及甘肃小檗、沙棘、乌柳等为优势种组成的群落，系次生落叶灌丛。

(4)针阔叶混交林带

本带分布于海拔 2 200～2 900 m 的山地，在某些地段可分布至海拔 3 000 m 左右。此植被垂直带构成兴隆山森林的主体，以寒温性针叶林为其代表。本带的下部及中部，海拔 2 200～2 600 m 处以青杆为主要建群种组成的森林群落，分布于阴坡。其上限可延伸至 2 750 m 的地带。在青杆林分布的上限可见红桦与之混交。山地阳坡为落叶阔叶林所分布，以次生辽东栎林为主，局部地段有山杨、白桦侵入，或组成混交林。海拔 2 750～2 800 m 以上地方，分布有青海云杉林，常混生红桦；局部地段，如大洼沟、石门沟分布有紫果云杉，东石门沟的上部分布有巴山冷杉，并有以其为建群种形成的群落，为本区暗针叶林分布的上限。

本带植被的人为破坏非常严重。尤其马衔山生境干旱程度明显增强。山地的阳坡，草原可分布至海拔 2 500 m 左右的地带。阴坡已无针叶林分布，农田分布已达到 2 400 m。分布于本植被带海拔 2 200～2 800 m 阴坡的次生山杨、白桦林，系青杆林或青海云杉林被砍伐破坏后形成的次生植被类型。在海拔 2 400 m 以下阳坡的辽东栎林，由于遭受严重破坏，成为灌木状矮林。在此海拔的某些地段，因山杨侵入，形成山杨林。该群落系辽东栎林被破坏后的产物。且因辽东栎、杨、桦等森林群落受到破坏，植被进行演替而形成灌丛；诸如甘肃小檗、沙棘等组成的灌丛，均系上述森林破坏后发展起来的。前者分布于阳坡，后者分布于阴坡、半阴坡。

林下灌木层的优势种，主要有华西箭竹、甘肃小檗、陕甘花楸、水栒子、金花忍冬、甘肃山楂、黄刺玫等。草被层的主要植物有苔草属的一些种类及羽节蕨、糙苏、淫羊藿、川赤芍、鹿蹄草以及几种唐松草等。苔藓层较发育，主要有灰藓、绢藓等种类。

(5)亚高山矮林带

本带分布于海拔2 900～3 000 m，处于森林分布线上限的狭窄局部地带，生长着由糙皮桦组成的森林群落。由于气候寒冷，常年大风，生境恶劣，该处生长的糙皮桦矮小，树干弯曲，呈丛生状，并顺风向倾斜生长，呈稀疏灌丛状分布。

(6)亚高山灌丛带

本带主要分布于海拔3 000～3 500 m的地带，在某些地段可向下延伸至2 900 m左右。高山灌丛主要由黄毛杜鹃、青海杜鹃、百里香杜鹃、烈香杜鹃、鬼箭锦鸡儿、高山绣线菊、银露梅、小叶金露梅、山生柳等种类组成。它们分别为高山常绿草叶灌丛和落叶阔叶灌丛。

(7)高山草甸带

本带分布于海拔3 500 m以上的高山地带。组成此植被带的优势种有高山蒿草、矮蒿草、线叶蒿草、星状风毛菊，其次的种类有黑褐畜草、珠芽蓼、甘青虎耳草、黑蕊虎耳草、五脉绿绒蒿、全缘绿绒蒿、小银莲花、圆穗蓼等。

与上述植被带相应的土壤垂直带为：灰钙土带(＜1 800 m)、黑垆土带(1 800～2 200 m)、碳酸盐灰褐土及淋溶灰褐土带(2 200～2 800 m)、亚高山灌丛草甸土带(2 800～3 400 m)和高山草甸土带(＞3 400 m)。其中黑垆土分布最广，是甘肃黄土高原的主要土类。2 500 m以下为灰褐土和石灰性灰褐土亚类，土体淋溶作用弱，全剖面均呈石灰反应，并有碳酸钙沉淀。2 500～3 000 m为淋溶灰褐土亚类，土体淋溶作用强，通体无石灰反应，有弱黏化特征。亚高山灌丛草甸土见于马衔山东侧山梁，分布坡度较高山草甸土陡。高山草甸土主要分布于一级夷平面上，这里坡度缓，水分多，冰冻时期长，地表冻融地貌发育。

4. 温带干旱区的垂直带谱

地处温带干旱区的祁连山东段冷龙岭，西起海拔4 353 m的金瑶(或锦羊，又名景阳)岭，东至4 303 m的得泉山，长约225 km。海拔一般4 200 m，最高峰岗什卡海拔5 254 m，可见到海拔2 800～2 900 m、3 000～3 300 m及4 000～4 200 m三级夷平面。冷龙岭地势高峻，在这里海拔每增高100 m，降水量增加约29 mm，年平均气温降低0.33 ℃左右，由此导致气候特征、土壤、水分、植被、动物等具有明显的垂直地带性。

(1)山前温带砾质荒漠、半荒漠带

本带主要分布在海拔1 600～2 000 m的低山山地、山前丘陵和冲积、洪积扇上部的砾质倾斜平原地带。年平均气温 5.5～7.2 ℃，年降水量 150～320 mm。河流穿过本区时，70％以上的河水渗入巨厚的砂砾层中，形成“地下储水库”。沿河人们引水灌溉开垦，形成山前冷凉灌溉农业区。

(2)山地草原、荒漠草原带

本带主要是祁连山浅山区的山间盆地、石质低山，剥蚀丘陵地带和山前地带。年降水量 350～400 mm，干燥度 0.8～3.3，年平均气温－1～5.8 ℃。土壤为山地灰钙土、栗钙土。海拔 2 000～2 300 m 为荒漠草原，2 300～2 600 m 为山地草原。主要植物有川青锦鸡儿、狼毒、膜荚黄芪、糙叶黄芪、山蒿、蓖叶蒿、骆驼蒿、骆驼蓬、芨芨草、醉马草等。

(3)针阔叶混交林带

本带出现在 2 600～3 200 m 的中山地带。降水量 380～560 mm，干燥度 0.49～1.5，年平均气温－1～2.6 ℃。森林多稀疏分布于阴坡，主要为青海云杉林，间有山杨混生其间，阳坡则为祁连圆柏。下部为山地碳酸盐褐色土，上部为山地典型褐色土。在冷龙岭东端，本带下部有少量油松和山杨侵入，与青海云杉组成混交林。其上部，则有山杨、白桦、红桦、黑桦等混入，组成针阔叶混交林。最上部有祁连圆柏林。青海云杉林的林下灌木，常见的主要有金露梅、天山花楸、狭叶锦鸡儿、箭叶锦鸡儿、甘肃锦鸡儿、高山绣线菊、杯腺柳和数种蔷薇等。草本植物主要有凸脉苔草、甘肃棘豆、高山黄华、藓生马先蒿、高山唐松草和几种禾本科植物。另外还有山羽藓、羽藓和欧灰藓等组成的地被层，盖度可达 90％。

(4)亚高山灌丛草甸与高山草甸带

本带位于海拔 3 000～4 100 m 的中高山地带。其中，3 000～3 500 m 为亚高山灌丛草甸带；3 500～4 100 m 为高山草甸植被，草本植物茂密。灌丛以杜鹃属植物为主，包括烈香杜鹃、头花杜鹃、金背杜鹃、百里香杜鹃等。混生的灌木有杯腺柳、箭叶锦鸡儿、小叶金露梅、高山绣线菊、甘肃瑞香等。优势草本植物有全缘叶绿绒蒿、北方蒿草、高山龙胆、突脉苔草、高山唐松草、矮火绒草、矮金莲花、香青、湿生扁蕾、黄花棘豆、胶黄茂状棘豆、绵穗马先蒿、穗花马先蒿、鹅绒委陵菜、东方草莓、珠芽蓼等。

(5)冰雪寒冻垫状植被带

本带出现在海拔 4 100 m 以上的高寒地带。海拔4 000 m以上的祁连山山峰因能拦截东南季风和西风气流两个湿润气流，降雨多，形成“冷龙岭降水中心”，年降水量 800～1 000 mm，多以冰雪形态储存。雪线高度在 4 400 m，冰川末端平均高度 4 260 m。这里植株低矮，覆盖度 5％～20％。

5. 暖温带干旱区的垂直带谱

河西走廊西部气候极干燥，生境条件严酷，形成了暖温带典型荒漠植被。在广阔的洪积砾石或砂砾质戈壁上，分布较广的地带性植被有红砂、珍珠猪毛菜、泡泡刺等。处于暖温带荒漠的西祁连山—阿尔金山，由于具有极端干旱的温带大陆荒漠气候，最大降水高度 3 000～3 500 m，生长季湿度随海拔变化大，发育着独特的山地垂直带谱。其特点是山地荒漠和山地草原甚为发达，成为植被主体，而中生的山地森林和山地灌丛则完全缺失，垂直带谱主要由以下 4 个植被带组成。

(1)山地荒漠带

本带分布在海拔 2 500 m 以下，群落组成特点为红砂、泡泡刺荒漠占据着基带的下部，其上部则为合头草荒漠，向上又为蒿叶猪毛菜、尖叶盐爪爪荒漠所代替。河谷地多为水柏枝灌木。

(2)山地草原带

本带海拔 2 500～3 300 m，下部多荒漠成分，如由蒿叶猪毛菜、多根葱和沙生针茅组成的荒漠草原群落，上部主要是克氏针茅、冰草草原和紫花针茅。

(3)高寒草原带

本带海拔 3 300～3 800 m，既有山地草原成分也有草甸成分，还有高寒草原成分。

(4)高寒荒漠带

本带海拔在 3 800 m 以上，植被主要为高山岩屑坡稀疏植被，由垫状驼绒藜、水母雪莲花、矮亚菊、垫状蚤缀等组成。

第二节　自然资源特征

一、矿产资源

(一)总体特点

甘肃位于全球三大地质构造域的交替、衔接部位，具有良好的成矿地质构造背景。全省拥有 8 个一级成矿地带和 45 个二级蕴矿带。因此，境内成矿地质条件优越，矿产资源基础雄厚，具突出的禀赋优势。归纳起来，甘肃矿产资源有以下特点。

1. 探明矿产种类多，储量较丰富，潜在价值较高

截至 2008 年年底，已发现各类矿产 178 种(含亚矿种)，占全国已发现矿种

数的74%。矿产地3 500余处，大型矿床32个，中型矿床103个，小型矿床285个。现已探明储量的矿产有110种，其中保有储量居全国前10位的有51种、前5位的有32种、第1位的有11种(镍、钴、铂、钯、铱、铑、锇、钌、硒、铸型黏土、饰面用蛇纹岩)(图2-6)。除此之外，甘肃省还拥有丰富的能源资源，煤、油页岩、泥炭、石油储量可观。

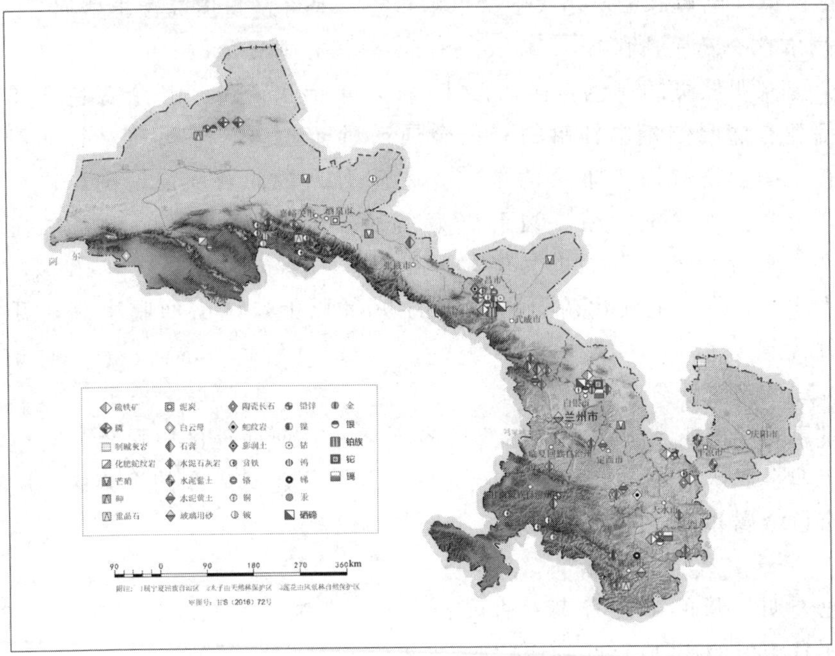

图2-6　甘肃省矿产资源分布图

在上述矿产资源中，甘肃省矿产保有储量占全国总保有储量的比重超过50%的矿产有镍、铂族、铸型黏土等8种；占全国总保有储量20%～50%的矿产有铍、硒、钴、镁、水泥黄土等8种；占全国总保有储量5%～20%的矿产有铬、金、重晶石、铜、铅、锌、锑、银、铌钽、绿柱石、伴生硫、萤石、冶金用石英岩等14种。从人均占有量来看，甘肃省高于全国人均占有量的矿产有石油、铬、铜、铅、锌、镍、钴、钨、锑、金、银、铂族金属、伴生硫、重晶石、冶金白云岩、冶金硅质原料、耐火黏土、水泥灰岩、饰面石材等20余种。其中，镍、铬、铜、铅、锌、锑和铂族等有色及稀贵金属矿产人均占有量比全国人均占有量高3～31倍。

2. 共(伴)生矿产或组分复杂的综合矿床多

据统计，甘肃省几乎所有大、中型金属矿床和部分非金属矿床均共(伴)

生有多种有益组分。这一特征提高了甘肃省矿床的综合利用经济价值，但也相应加大了开采和选冶的难度。如金川铜镍矿床中伴生铂、钯、锇、铱、钌、铑、钴、金、银、硒、碲、铬、硫13种有益元素，其中铂族和钴的保有储量分别占全国保有总量的57.64％和29.56％。有些矿床共(伴)生组分的经济价值已接近或超过主矿的价值。例如，小铁山矿除铜外，共(伴)生的铅、锌、金、银、镉、硒等储量均达大中型以上规模，其经济价值高于主金属。

3. 有色金属矿产探明矿种较齐全，品位富，易选冶

全国探明储量的有色金属矿产13种，除铝土矿外，其余有色金属矿在甘肃都拥有探明储量。甘肃的有色金属矿种类较多，探明和保有储量、产量等在全国都占有极为重要的地位。就矿石品位而言，镍、铜、铅、锌等以富矿为主，如镍平均品位达1.07％；铜矿床含铜大于1％的富矿占总储量的70％以上；铅锌矿石的品位大多在7％～8％，某些重要矿床(如厂坝)品位大于8％的原生硫化矿石占全矿的90％以上，选冶回收率高，开发利用条件优越。

(二)矿产资源分布

甘肃是全国矿产资源相对富集的省区之一，河西地区以黑色、有色金属及化工非金属矿产为主；中部地区是有色金属及建材矿产的聚集区；陇南地区是有色金属和黄金的富集区。

1. 能源矿产

已查明储量的矿种有煤、油页岩、铀、石油、天然气、煤层气、地热。未查明资源量的矿种有钍、石煤。

甘肃省含煤地层的地质年代有石炭纪、二叠纪、三叠纪、侏罗纪，其中侏罗纪煤探明储量占全省煤总储量的比重超过90％。目前全省累计探明煤炭储量为95.9×10^{8} t，保有储量为92.75×10^{8} t。主要分布在东部的华亭、中部的靖远和窑街、西部的西大窑，已形成了以窑街、靖远、华亭为主的三大煤炭生产基地(占总储量的79％)。按照经济区排序：陇东为优势区，储量占总储量的62.3％；中部区为次优势区，储量占总储量的24.7％；河西、陇南分别占总储量的12.4％和0.3％，甘南仅占0.04％。在已探明储量中，炼焦用煤占总储量的8.8％，其中4.6％是气煤，肥煤、瘦煤、焦煤占的比例均在2％以下，非炼焦用煤占总量91.2％。储量38.5×10^{8} t的华亭煤，因其煤质具有高挥发分、高活性、高发热量和低灰、低硫、低熔点等特点，是气化和制取甲醇的优势原料，是我国目前最好的气化用煤。根据远景预测，煤炭资源量可达$1\,950\times10^{8}$ t，资源量为已探明储量的22.6倍，预测资源量在全国

居第6位。这说明甘肃省煤炭成矿条件优越，仍有很大潜力，但主要储量仍在陇东经济区，且埋藏较深，勘探与投入较大。

甘肃有大小沉积盆地30个，面积约24×10^4 km^2。有4套生油岩，即白垩系、中下侏罗统、三叠系和石炭二叠系。有6套储油层，即古、新近系，白垩系，侏罗系，三叠系，石炭系，志留系。具有多沉积凹陷，多生油中心，多次油气运移、聚集，多油藏类型的特点。据全国二次油气资源评价资料和玉门油田的最新勘探成果，甘肃省12个主要含油气盆地的石油资源量约为24.6×10^8 t，天然气资源量约为208×10^8～248×10^8 m^3。

2. *黑色金属矿产*

甘肃省黑色金属矿产主要有铁、锰、铬、钒等，产地70处，其中大中型矿床14处。铬和钒的保有储量分别居全国的第4位和第6位。甘肃铁矿成矿条件好，探明资源较丰富，主要分布在河西、甘南和陇南3个地区。现已发现铁矿区55处，其中大中型铁矿13处，预测资源量为29×10^8 t，1994年年底保有储量为8.84×10^8 t，主要分布于祁连山北段、东段及秦岭山地西段迭部、舟曲一带。但90%以上的矿石为贫铁矿。铬铁矿资源在甘肃相对较为丰富，现已发现产地15处，列入储量表的探明产地有3处，保有储量为157×10^4 t，占全国总储量的32%，是甘肃的优势矿产。甘肃铬铁矿主要分布在祁连山西段、北山，其中大道尔吉矿床储量为155.6×10^4 t。已发现钒矿床(点)10余处，独立矿床探明储量的仅方山口大型矿床1处，探明储量125.86×10^4 t。锰矿在甘肃省比较贫乏，仅发现产地28处，多属氧化锰富矿。主要分布在北祁连山中西段、北山及南秦岭的文县—临江一带。

3. *有色金属矿产*

有色金属矿产是甘肃省的优势资源，其种类较多且相对集中，探明和保有储量、产量等在全国都占有极为重要的地位。镍钴矿：拥有储量占世界第3位的金川超大型铜镍矿床，伴生钴、铂族、硒、碲等十几种有益矿产，金川是全国最主要的镍钴原料供应基地。铅锌矿：全省有大型矿床7处、中型矿床6处，铅矿保有储量居全国第6位，锌矿保有储量居全国第3位。铜矿：已有大型矿床2处、中型矿床5处，保有储量居全国第4位，预测储量可使目前的探明储量翻一番，预测远景区除已知铜矿深部及近外围外，还有肃南地区、文县、康县地区及北山地区。钨矿：保有储量居全国第7位，主要分布在肃北县塔儿沟、红尖兵山(以黑钨矿为主)和肃南县小柳沟(以白钨矿为主)，其中塔儿沟钨矿储量居我国西北乃至北方第一。锑矿：保有储量居全国第5位，主要分布于陇南地区西和县崖湾，小规模开采，在西秦岭和祁连山地区锑矿资源很有潜力。金矿：现有大型金矿5处、中型金矿12处，主要分布于西秦岭、北山、祁连山地区。银矿：由于地质工作程度较低，目前发现和探明储量的基本是伴生银矿，保有储量占全国第8位。

4. 非金属矿产

非金属矿产在甘肃具有一定优势。目前已发现的矿种有50多种，探明储量并列入储量表的约40种。其中，位居全国前几位的有铸型黏土、饰面用蛇纹岩、伴生硫、重晶石、冶金硅石、菱镁矿等。甘肃非金属矿产的基本特点为：矿种较全，在冶金辅料、化工和建材三大类非金属矿产中，主要品种均有探明储量或产地，基本能满足工业需求。现已探明的大多数矿床主要分布在工业城镇或交通干线周围。特别是冶金辅料矿产，常与金属矿产配套产出，便于集中规模生产。

二、土地资源

(一)土地资源总量大，未利用土地多

甘肃全省总土地面积45.44×10^4 km^2，折合约6.8×10^8亩，居全国第7位。人均占有土地比全国人均占有量高出一倍多。山地多，平地少，全省山地和丘陵占总土地面积的78.2%。根据2008年土地利用现状变更调查，全省土地开发利用面积26.39×10^4 km^2，其中农用地面积25.42×10^4 km^2，建设用地面积0.97×10^4 km^2，全省土地利用率58.07%。尚未利用的土地有1 948.41×10^4 hm^2，包括沙漠、戈壁、高寒石山、裸岩、低洼盐碱、沼泽等。其中难以改造的面积占35.33%，未利用土地面积占全国难利用土地面积的5.35%，仅次于新疆、西藏、青海、四川、内蒙古，居第6位。在未利用的土地中，可开发利用的荒地资源充足，达202×10^4 hm^2，这对全省经济和社会发展来说，是十分可观的后备土地资源。

(二)土地利用现状

甘肃地域广阔，土地利用在较大程度上受自然环境条件的影响限制，独特的地理位置和版图形态，形成了极富特色的土地利用格局。已利用的土地中，耕地垦殖率占总土地面积的10.6%，垦殖系数在全国居第26位。全省耕地中，水田、水浇地共有98.57×10^4 hm^2，占耕地总面积的19.1%；旱地416.94×10^4 hm^2，占耕地总面积的80.9%，全省人均耕地高于全国平均水平。按地区分，灌溉水田主要分布于陇南、张掖地区和白银市，这些地方的灌溉水田占全省灌溉水田的98.7%；水浇地在全省各地均有分布，主要集中在河西走廊的酒泉、张掖、武威3地区和嘉峪关、金昌、白银市，其总和占

全省水浇地的74.5%；旱地分布最为广泛，除酒泉、嘉峪关市没有旱地，金昌市旱地较少外，其他地方均有较大面积的旱地，菜地集中分布在兰州、天水两市，两市之和占全省菜地的91.5%。水地和“三田”(梯田、砂田、沟坝地)占全省耕地面积的56.8%，但生产的粮食占粮食总量的比重超过80%。目前甘肃全省的基本农田保护区共建立保护片(块)215 600多个，划定保护面积222.73×10⁴ hm²，占应保护面积的114.4%。

园地面积为9.736×10⁴ hm²。其中，果园占87.67%，桑园、茶园和其他园地占12.33%。除高寒牧区极少分布外，各地农区均有园地分布。近年来，全省园地发展速度很快，已建成一批果品、药材生产基地，再加上甘肃省许多地方果菜、果粮兼种，果品、药材产量稳步增长。全省园地的集约化经营程度较高，果树品种更新快，并向着规模化生产发展。

林地总面积为468.58×10⁴ hm²。其中，有林地275.38×10⁴ hm²，灌木林139.31×10⁴ hm²，疏林地、未成林地等53.89×10⁴ hm²。全省森林覆盖率为9.37%。与全国相比，用材林比重很低，防护林面积比重高于全国平均水平。林地主要分布在陇南山地、甘南高原和祁连山地。

甘肃省共有牧草地1 429.94×10⁴ hm²，居全国第5位。其中，天然草地1 397.73×10⁴ hm²，改良草地和人工草地共有32.21×10⁴ hm²。天然草地大面积分布在甘南高原、祁连山北坡、河西走廊北山及走廊绿洲外围的荒漠地区，以及陇中、陇东黄土高原和陇南山地。

全省城镇建设用地总面积为4.34×10⁴ hm²，全省农村居民点建设用地总面积为42.14×10⁴ hm²，独立工矿用地为5.85×10⁴ hm²，特殊用地为30.95×10⁴ hm²。交通占地总面积为16.82×10⁴ hm²。

全省水域面积(含水利设施、滩涂等)为70.24×10⁴ hm²，低于全国水平。现有水面利用以灌溉、养殖、发电、居民供水为主。

未利用土地共有1 948.40×10⁴ hm²。全省未利用土地中，可以进一步开发利用的荒地资源总面积为202×10⁴ hm²。其中，可开垦为耕地的约65×10⁴ hm²；可用作林地的73.26×10⁴ hm²，可用作牧草地的60.86×10⁴ hm²；可用作建设用地的1.33×10⁴ hm²，可用作水产养殖的1.55×10⁴ hm²。在可供开发的土地中，3×10⁴ hm²以上的大片荒地160多万hm²。其中，宜于耕作的面积约43.73×10⁴ hm²，宜林地70.93×10⁴ hm²，宜牧地54.67×10⁴ hm²。荒地资源主要分布在河西的张掖、酒泉、武威和河东的白银、天水、陇南、甘南等，宜耕地则集中在河西酒泉、张掖地区的疏勒河和黑河流域。

三、气候资源

气候既是一种环境因素，又是重要的自然资源。甘肃省光能、热量、风能资源较为丰富，农业气候资源潜力较大。由于受地形和季风环流的影响，气候资源的区域性差异较大。

(一)太阳光能资源

光能资源主要指来自太阳的辐射和日照时数。甘肃是我国太阳光能资源最为丰富的三个区域之一。首先，本省地处北半球中纬度偏南的位置，绝大部分地区太阳辐射强度大。其次，本省深居大陆内部，大气干燥，通常天空云量很少。最后，地势较高，大气层薄。因此，日照时间长，日照强度大，形成了本省丰富的光热资源。除陇南山区外，大部分地区的日照时数比同纬度我国东部地区日照时数长。全省年日照时数为1 600～3 300 h，大体上是从东南向西北递增。河西除祁连山东段与河西走廊的山丹以东外，全年日照时数大多为3 000～3 400 h，为全省日照最多地区。陇南因在全国日照总时数低值中心的四川盆地边缘，大部分地区年日照总时数不到2 100 h，是全省日照最少地区。

各地年太阳总辐射值为$4\ 800\times10^6\sim6\ 400\times10^6\ J/m^2$。其中，干旱半干旱地区的河西走廊、黄土高原北部和甘南州西南部，太阳辐射强烈，年太阳总辐射超过$5\ 400\times10^6\ J/m^2$，比同纬度的我国东部各省都多，是太阳能资源最丰富的地区之一，按现有利用水平测算可开发资源量约相当于每年520×10^4 t标准煤。年太阳总辐射有两个大于$6\ 000\times10^6\ J/m^2$的高值区：一个位于河西走廊中、西部，这里降水稀少，空气干燥，晴天多；另一个位于甘南州西南部，这里地势较高，空气稀薄，大气透明度高。因日照时间长，每年能提供给农作物生长发育利用的光合有效辐射量为$2\ 000\times10^6\sim2\ 530\times10^6\ J/m^2$。甘肃干旱半干旱地区不仅光能资源丰富，而且光质好，太阳光谱中橙红光(波长0.55～0.76 μm)和蓝紫光(波长0.38～0.48 μm)辐射量较多，十分有利于粮食蛋白质含量的提高和瓜类、甜菜糖分的积累。我国一季喜凉作物单产最高纪录即出现在海拔2 800 m的柴达木盆地，德令哈、香日德等几个国有农场春小麦亩产都稳定在750 kg左右，就是太阳光质好的结果。

据研究，农业生物层(农作物、森林、牧草等)90%～95%的干物质是叶绿体吸收太阳光进行光合作用而形成的。理论计算和实测表明，在水热条件匹配最理想、农业栽培措施先进的条件下，农作物对光合有效辐射的最高利用率可达14%。根据甘肃光能资源最丰富的河西走廊各地最高亩产量计算的实际光能利用率，小麦为0.36%～0.81%，玉米为0.36%～0.92%，马铃薯为0.35%～0.61%，光能利用率都还很低。因此，甘肃省通过提高光能利用率以增加单位面积产量的做法尚有很大潜力。

甘肃省气候资源的多宜性，还表现为长日照与短日照、喜温与喜凉、喜湿与耐旱植物在省内均有合适的生长地域。省境太阳辐射能丰富，日照充足，这些条件对提高农作物产量及产品质量有很大作用，表现为籽种的千粒重量，小麦的蛋白质含量、瓜果和甜菜的含糖量、油料作物的含油量以及马铃薯的淀粉含量均较高，只要在此基础上解决水的问题，提高科学种田水平，改革耕作制度，农业单产将能大幅提高。河西地区气候属温带干旱、半干旱气候，降水稀少，年际变化大。但太阳辐射强，大阳光能资源丰富，夏半年祁连山冰雪融水流入走廊平地，可充分利用来发展绿洲农业。由于昼夜温差大加上光照充足，白天高温有利于作物大量制造有机质或糖分，而夜间低温又有利于减少作物的呼吸消耗。所以，本区出产的瓜果分外香甜，如白兰瓜、葡萄等。同时，种植的长绒棉不仅产量高，而且质量好。类似的原因，也使本省黄土高原地区出产的苹果，以外观洁净、色泽自然、口感风味浓郁等品质深受消费者喜爱。今后，随着人民生活水平的提高和国际市场需求的增加，农产品市场的需求正向高产优质方面转变。因此，建立农产品商品基地要考虑形成优质农产品的气候条件。在这方面，甘肃省无疑具有一定的优越性。

(二)热量资源

年平均气温是反映一个地区气候总的冷暖状况的主要热量指标。甘肃省年平均气温分布状况主要受地理纬度和海拔的影响，总的分布趋势由东南向西北随纬度增高，由河谷向山顶随海拔升高而递减。年平均气温大致为－0.3～14.9 ℃，海拔1 500 m以下的地方年平均气温在8 ℃以上，海拔2 500 m以上的地方年平均低于4 ℃。据现有气象站观测资料，甘肃省年平均气温最高的地方在文县(14.9 ℃)，最低在天祝乌鞘岭(－0.3 ℃)。全省有4个相对高值区，即陇南南部(14～15 ℃)、陇东(8～10 ℃)、黄河谷地(8～9 ℃)和河西走廊西段(8～9 ℃)；还有两个相对低值区，即甘南高原(1～2 ℃)和祁连山区(海拔3 000 m以上地方低于0 ℃)。

甘肃省各季气温的分布趋势与年平均气温大致相似。冬季太阳辐射最少，加之冬季风势力强盛，各地冬季气温最低，最冷月均出现在1月，这反映了冬季大陆性季风气候的特征。最冷月(1月)平均气温从西北往东南由－12变为4 ℃。其中河西走廊一般为－12～－7 ℃；陇中黄土高原为－9～－3 ℃；陇南北部为－5～0 ℃；陇南南部为3 ℃左右，是全省冬季最温暖的地方；甘南高原一般为－10～－8 ℃。祁连山区在－12 ℃以下，是全省气温最低、最寒冷的地区。

夏季太阳辐射最强，各地气温普遍较高，最热月出现在7月。7月平均气温变化范围在11～25 ℃，南北气温差异较小。除祁连山和甘南高原外，绝大部分地区在20 ℃以上。其中河西走廊西段、陇中黄土高原的黄河、渭河、泾河和马莲河等河谷地带，以及陇南各河流谷地，7月平均气温为22～25 ℃，天气炎热。高山地区则气候凉爽，祁连山区11～18 ℃，甘南高原10～16 ℃，是夏季避暑的好去处。

气温年较差(最热月和最冷月平均气温之差)的分布主要取决于纬度的高低，还与地形、地势及天气活动影响有关。一般来说，气温年较差随纬度的增加由东南向西北增大，全省气温年较差的变化范围在20～34 ℃。河西走廊气温年较差一般在30 ℃左右。敦煌盆地34 ℃左右，是甘肃省气温年较差最大的地区，比同纬度的大陆西岸地区大，仅次于我国气温年较差最大的东北和新疆。陇中黄土高原为23～31 ℃，陇南、甘南高原和祁连山区为20～25 ℃，是甘肃省气温年较差最小的地区，比我国气温年较差极小的长江下游还要小。

对于冬冷夏热、冬干夏雨的大陆性季风气候，近代外国学者曾说变化幅度太大是缺点，“病在极端”。对此问题，有必要从一分为二的观点出发，给予具体分析。大陆性气候冬冷固然不利，但其夏热却更加重要。本省最热月(7月)平均气温除海拔较高的山地和高原外，绝大部分地区大于20 ℃，接近或高于40°N圈最热月平均气温(24 ℃)，十分有利于林木生长和农业生产。温带大陆性气候地区，只要不太干燥，对植物生长来说反而比海洋性气候有利。这是因为林木不怕冬寒，但最热月平均气温低于10 ℃左右，森林就逐渐消失而让位给苔原。因此，世界上森林分布最北和树线最高的地方，恰恰发生在大陆性气候最强的亚洲大陆腹地。本省陇南降水量一般有500～800 mm，地理纬度正和北非地带相当，但那里却是世界上极端干燥的撒哈拉沙漠北部地区，年降水量仅100～200 mm。若按照行星风系分布的规律，本省渭河以南的大部分地区应受副热带高压季节性控制，盛行干热的东北信风，而呈现出一片荒漠。但由于冬、夏季风进退所造成的雨热同期的气候特点，陇南发育了广阔的亚热带常绿阔叶林和暖温带落叶阔叶林，这与同纬度的北非、西亚等地的亚热带荒漠和稀树草原景观，形成鲜明的对比。这里的山地丘陵，水、热资源丰富，有利于喜温作物和果树、林木生长，是本省特种资源最丰富、种类最繁多的地区之一，素有“天然动植物园”“千年药乡”“银杏之乡”“核桃之乡”“花椒之乡”“木耳之乡”等佳誉。

气温日较差(一日内最高气温与最低气温之差，表示昼夜气温变化的程度)大是甘肃省大陆性季风气候的另一个显著特点。年平均气温日较差全省变化范围在 8～16 ℃，且由南向北、由东向西逐渐增大。河西走廊为12～17 ℃，全省最大值出现在敦煌，达 16.1 ℃。祁连山和马鬃山区12～14 ℃，陇西10～15 ℃，陇东一般为 10～14 ℃，甘南 14～15 ℃，陇南 9～13 ℃。文县是全省年平均气温日较差最小的地区。除陇南外，其余地区气温日较差比同纬度的我国东部地区都大。气温日较差是具有特殊作用的热量资源，日较差大对作物高产和优良品质的形成极为有利，尤其有利于瓜果生长期间糖分的积累。

从葡萄生长的各种环境要素来看，河西地区是近乎完美的。从东到西，河西走廊全区基本处于被称为世界上最佳葡萄生态带的 38°N 线南北。从葡萄生长所要求的光热条件等细节来看，这里光照充分，昼夜温差大，全年无霜期 160 d 左右，活动积温为 3 000～3300 ℃，葡萄生长期长，利于有机物质的积累。葡萄采收季节降雨稀少，采收葡萄无霉果，对于葡萄裂果及果实中营养成分的积累和转化极为有利。葡萄成熟充分，红葡萄品种着色良好，含糖量在 210 g/L 以上，较好的年份甚至可以超过 230 g/L。同时，它的灌溉用水是来自高山的冰雪融水，比较稳定。王翰《凉州词》“葡萄美酒夜光杯，欲饮琵琶马上催”的千古绝唱，早已使河西走廊的风物声名远播。元稹的《西凉伎》对河西走廊也有一段极其生动的描绘：“吾闻昔日西凉州，人烟扑地桑柘稠。蒲萄酒熟恣行乐，红艳青旗朱粉楼。”清代著名学者张澍则用“凉州美酒说葡萄，过客倾囊质宝刀。不愿封侯县斗印，聊拼一醉卧亭皋”的诗句，赞美河西走廊盛产的葡萄。

(三)风能资源

风能是大气运动产生的能量，是由太阳辐射能转换而来的，是取之不尽、用之不竭可再生且无污染的资源，具有很大的应用前景。根据全国风能区划，甘肃省属于风能丰富区和较丰富区，开发风电具有得天独厚的区位优势。首先，风能资源丰富，开发前景广阔。除有“世界风库”之称的瓜州县之外，河西走廊其他地区也分布着丰富的风能资源，许多地方都有建设大中型风力发电站的良好条件。其次，区位条件优越，兰新铁路、国道 312 线横穿全境，有分布合理的大电网，联网送出条件好。河西走廊是一个绵延 1 000 多千米的狭长地带，有大面积的荒漠可以利用，冬天极限低温不低于－29 ℃，适于风电机组的建设和全年运行。甘肃应尽快把河西走廊发展成为我国风能产业带，这不但符合国际潮流和国家产业政策，也充满着历史机遇。

在2006年结束的第三次全国风能资源普查工作中，应用气象站的测风资料表明，甘肃省风能资源总储量为2.37×10^8 kW，占全国总储量的7.3%。其中，风能资源丰富区和季节可利用区的面积为17.66×10^4 km^2，主要集中在河西走廊和部分山口地区；风能资源技术可开发量为$2\,700\times10^4$ kW，占全国的10.6%。甘肃省自1995年就着手开展酒泉试验风电场的选址和测风工作。2003年以来，开展了全省风能资源评价、风电场选址、设立测风塔等前期工作，完成了全省风电场工程规划报告，规划了18个大中型风电场。利用全年有效风能储量、有效风能可用时间、有效风能密度三个主要参数对甘肃省风能资源进行区划，其指标见表2.2。

表2.2　甘肃省风能资源分区指标

项目	丰富区	可利用区	季节利用区	贫乏区
全年有效风能储量($kW\cdot h/m^2$)	>800	400～800	150～400	<150
全年有效风能时间/h	>6 000	4 500～6 000	2 500～4 500	<2 500
全年平均有效风能密度(W/m^2)	>150	80～150	55～80	<55

1. 风能资源丰富区

风能资源丰富区包括甘肃境内40°N以北的大部分地区以及乌鞘岭、华家岭等高山地带。年有效风能密度在150 W/m^2以上，其中瓜州最大，为174 W/m^2；年有效风能时间超过6 000h(出现频率在68%以上)，其中马鬃山达6 867 h；有效风能年储量在800 $kW\cdot h/m^2$以上。这里是甘肃风能资源最丰富的地区，面积占全省总面积的23%，可设置中型风力机。

2. 风能资源可利用区

风能资源可利用区包括酒泉地区南部，张掖地区的山丹、民乐、武威地区的民勤以及金昌市。年有效风能密度在80～150 W/m^2，年有效风能时间在4 500～6 000 h，有效风能年储量在400～800 $kW\cdot h/m^2$。面积占全省总面积的24%左右，风能资源潜力较大，可设置小型风力机。

3. 风能资源季节利用区

风能资源季节利用区包括张掖地区大部、武威地区南部、甘南州西南部、定西地区东部、陇东大部及天水市东北部。年有效风能密度在55～80 W/m^2，年有效风能时间在2 500～4 500 h，有效风能年储量为150～400 $kW\cdot h/m^2$。面积约占全省总面积的25%，风能资源虽不丰富，但从有效风能密度和可用时间看，有些地方风能利用价值仍较大，如区内的会宁、景泰、高台等地。

特别在冬春季节，可以充分利用小型轻便风力机提供能源。

4. 风能资源贫乏区

风能资源贫乏区包括陇南地区，天水市大部，定西地区(会宁、通渭除外)，临夏州，兰州市，甘南高原除玛曲、碌曲二县的大部分地区。年有效风能密度小于55 W/m^2，年有效风能时间在2 500 h以下，有效风能年储量在150 $kW \cdot h/m^2$以下。面积约占全省总面积的28%，风能资源一般没有开发价值。

四、水资源

(一)水资源数量

甘肃是全国水资源缺乏和最为干旱的省份之一。水资源存在形式主要有降水、冰川、湖泊、地表水、地下水。

1. 降水资源

降水是水资源最重要的组成部分，也是地表水、地下水的基本来源，降水量的多少对农牧业尤为重要。甘肃深居西北内陆，海洋暖湿气流不易到达，成雨机会少，大部分地区干旱少雨。各地年平均降水量在35～800 mm，全省平均年降水量约276.9 mm，不足全国平均年降水量(约650 mm)的一半；全省多年平均降水总量为1 258.306×10^8 m^3，只相当于全国降水总量的2.2%。其中内陆河流域多年平均降水量为130.4 mm，降水总量为352.147×10^8 m^3；黄河流域多年平均降水量为463.0 mm，降水总量为675.495×10^8 m^3；长江流域多年平均降水量为599.4 mm，降水总量为230.664×10^8 m^3。

降水量的地区分布特点是由东南向西北递减，降水等值线大体呈东北—西南走向，中部有一相对少雨带。其中，400 mm等雨量线是农牧业上很重要的界限，它把全省分成东南部多雨区和西北部少雨区。东南部为农业区，西北部为半农半牧区。西秦岭以南的嘉陵江、白水江流域年降水量可达800 mm。如省境东南角的康县阳坝，年降水量为948 mm，这在山大沟深的陇南地区容易引起暴雨洪灾。400 mm等雨量线以西及以北的地区为半干旱和干旱气候区，面积占全省面积的2/3。

河西走廊年平均降水量在200 mm以下，并由东南(200 mm左右)向西北(40 mm左右)减少。例如，敦煌平均年降水量仅38.7 mm，为全国著名的极端干旱地区之一，只有绿洲农业，自古就属“非灌不殖”区。祁连山地区年平均降水量分布特点是东段多于中段、中段又多于西段，如东段的乌鞘岭，平均年降水量为389.9 mm，中段的肃南为257.2 mm，西段的肃北为

144.4 mm。河西走廊虽然降水稀少，但和北非、西南亚、中美洲、澳大利亚等地副热带高压控制下的干旱暖荒漠，也存在很大差异。这是因为其南侧的祁连山区降水较丰沛，降水量随着海拔的升高而增多，年降水量为 300～800 mm，形成干旱区中的“湿岛”。平均情况下每年通过源于山区的 57 条大、小内陆河流，可为河西走廊提供约 70×10^8 m^3的出山径流量，由此形成了数十块大小不同的绿洲。根据计算，各绿洲实际年水资源量(年降水量与实际灌溉水层厚度之和)达到 285～770 mm，是其年降水量的 1.3～15.8 倍，较好地满足了作物需水要求。由于祁连山冰雪融水的水量很稳定，所以绿洲农业比其他地区的农业更能旱涝保收。相比之下，世界最大的撒哈拉沙漠由于没有大的山脉，沙漠一望无际，自然环境比河西地区恶劣得多。

陇西黄土高原平均年降水量大都在 200～600 mm，等雨量线一直向南弯曲，自景泰经定西到陇西为一由北向南突出的相对少雨带，被形象地称为“干舌”。此少雨带与青藏高原边缘的走向一致，它是青藏高原东北部外围相对少雨带的组成部分。这主要是由于受青藏高原的地形影响，夏季偏南季风不能稳定到达本区，再加上青藏高原的动力和热力作用，加强了那里的辐散、下沉运动。另外，本区处在六盘山西边的背风雨影区，如迎风面的平凉年降水量为 521 mm，背风面的会宁只有 435 mm。因此，西边的青藏高原和东边的六盘山是陇西黄土高原形成“干舌”的基本原因。

陇南地区和甘南高原，年降水量大都在 500～800 mm，是甘肃省降水量最多的地区。本区同样有一个由北向南的相对少雨带，平均年降水量在 450 mm左右。尤其是在 33°N～35°N，降水量明显低于紧邻的东西两侧，本区的西汉水、白龙江和白水江谷地成为有名的“干旱河谷”。该少雨带北侧与陇西地区的相对少雨带相连接，即由陇西经武山、礼县、武都直到文县，依然是青藏高原外围少雨带的组成部分。在本区相对少雨带的东西两侧各有一个多雨带，西部以郎木寺为中心，平均年降水量为 807.5 mm；东部以康县为中心，平均年降水量为 799.2 mm。

2. 地表水资源

甘肃省地处我国西北干旱、半干旱区，水资源的特点是降雨量稀少、河网稀疏、分布不均匀，河川径流量相对东部一些河流来说较少，属于水资源贫乏地区。

(1)自产地表水资源量

全省多年平均自产水资源量为 282.1392×10^8 m^3，仅为全国水资源总量的 1.11%，位居第 29 位。其中，内陆河流域为 56.6157×10^8 m^3，黄河流域为

125.158 6×10^8 m^3，长江流域为100.364 9×10^8 m^3。

(2)入、出省境地表水资源量

在计算黄河流域和全省入境水量时，由于黄河干流两次流经我省，第一次入境在甘南州的玛曲县，入境水量和玛曲县的自产水量，全部出境流入青海省，第二次入境在临夏州的积石山县，因此入境水量计算需减去第一次出境水和玛曲县的自产水。按照1956—2000年同步径流系列计算，全省多年平均入境水资源量287.328 2×10^8 m^3，其中内陆河流域14.098 3×10^8 m^3，黄河流域239.641 2×10^8 m^3，长江流域33.588 7×10^8 m^3。根据1956—2000年同步系列计算，全省多年平均出境水量482.346 0×10^8 m^3，其中内陆河流域正义峡下泄水量9.993 0×10^8 m^3，黄河流域341.081 9×10^8 m^3，长江流域131.271 1×10^8 m^3。在计算黄河流域的出境水量时，同样不计第一次在玛曲县的出境水量。

3. 地下水资源

全省多年平均计算分区地下水资源量124.56×10^8 m^3，其中内陆河40.57×10^8 m^3，黄河流域45.18×10^8 m^3，长江流域38.81×10^8 m^3；地下水与地表水间重复计算量116.60×10^8 m^3，其中内陆河35.87×10^8 m^3，黄河流域41.93×10^8 m^3，长江流域38.81×10^8 m^3。甘肃省地下水资源分布图见图2-7。

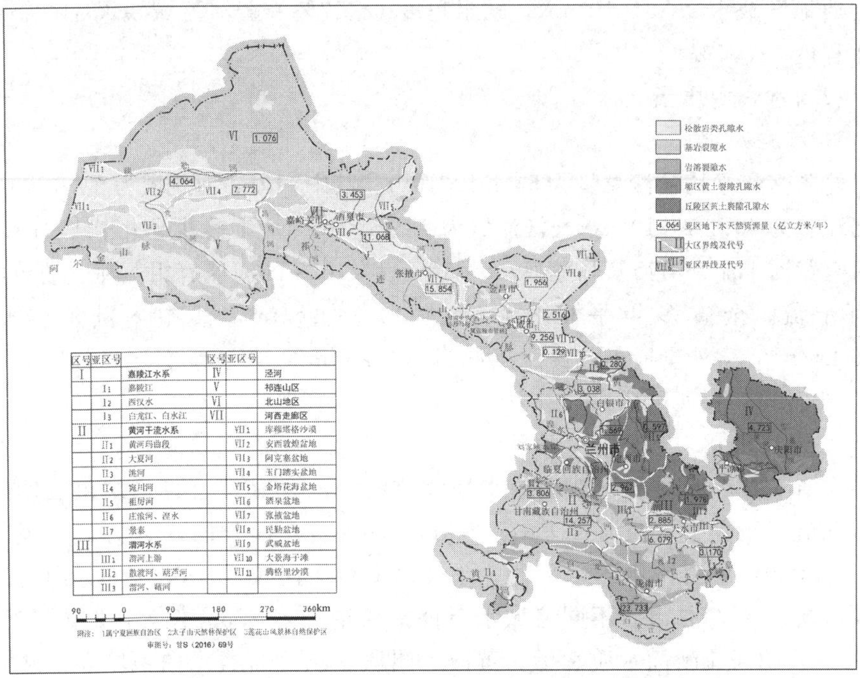

图 2-7 甘肃省地下水资源分布图

4. 冰川水资源

河西内陆河流源于祁连山，在河流上游地区发育有现代冰川 2 166 条，冰川总面积 13 084 km^2，冰川储量 60 km^3。这些冰川是天然的固体水库，每年补给河西三大流域冰川融水径流量约 9.5×10^8 m^3，占河西河川径流量的 13.1%。且越向西，冰川对河流的补给作用越大，西边的党河，几乎一半的水量都来自冰川。

5. 水资源总量

扣除地表水和地下水相互转换的重复量，甘肃省多年平均水资源总量为 289.441×10^8 m^3。其中，河西内陆河流域多年平均水资源量为 61.291×10^8 m^3，占全省水资源总量的 21.2%；黄河流域多年平均水资源总量为 127.786×10^8 m^3，占全省水资源总量的 44.1%；长江流域多年平均水资源总量即为自产地表水资源量，为 100.364×10^8 m^3，占全省水资源总量的 34.7%。甘肃水资源总量不仅匮乏，而且在分布上，河西内陆河流域水资源总量严重不足，水资源问题十分严重，农业用水、工业用水、生活用水与生态需水之间的矛盾突出。除长江流域水量充沛外，河西内陆河流域和黄河流域均出现缺水现象。平水年全省共缺水 13.86×10^8 m^3，缺水程度 8.92%。其中河西地区缺水 8.86×10^8 m^3，缺水程度 12.27%，黄河流域缺水 5×10^8 m^3，缺水程度 12.35%。

(二)水资源质量

1. 河流泥沙

全省多年平均输沙总量为 $54\,691\times10^4$ t。其中，内陆河流域为 $1\,275\times10^4$ t，黄河流域为 $49\,201\times10^4$ t，长江流域为 $4\,215\times10^4$ t。年输沙量大于 1×10^8 t 的河流有黄河干流、渭河及马莲河，$5\times10^7\sim1\times10^8$ t 的河流有祖厉河、葫芦河和泾河干流。全省多年平均含沙量为 19.38 kg/m^3，其中内陆河流域为 2.25 kg/m^3，含沙量最小；长江流域为 4.2 kg/m^3，含沙量次之；黄河流域为 39.31 kg/m^3，含沙量最大。

2. 河流水质

全省 132 个水质监测断面的水环境监测资料及其综合评价结果表明，甘肃省河流Ⅰ至Ⅳ类水质河长 7 072.7 km，占评价总河长的 80.5%，Ⅴ类以上 1 712.1 km，所占比例不到 20%；Ⅲ类以下水质河长 5 898.5 km，约占评价总河长的 70%。甘肃省不同流域水质评价结果见表 2.3。例如，2007 年甘肃段 68.1%的河流断面水质达标。黄河兰州段水质为Ⅲ类。白银段 3 个断面化学需氧量和氨氮浓度值均较上年有所下降，水质由Ⅲ类提升为Ⅱ类。渭河天水段除桦林断面外的其他 3 个断面化学需氧量、氨氮浓度值均有下降，水质有所好转。黑河张掖段各断面污染综合指数保持上年水平，水质状况良好。石羊河高锰酸盐指数、化学需氧量、生化需氧量、氨氮、总磷等指标浓度值均有下降，但河段总体水质污染较重，保持劣Ⅴ类。红崖山水库生化需氧量浓度上升，水质污染有所加重。

表 2.3　甘肃省不同流域水质评价结果

流域	水质良好 Ⅰ、Ⅱ类水/%	水质较好 Ⅲ类水/%	水质已受污染 Ⅳ、Ⅴ类水/%	水质严重污染 Ⅴ类以上/%	总评价长度 /km
内陆河流域	63.0	18.9	15.0	3.1	3 766.8
黄河流域	34.3	9.8	32.2	23.7	3 771.6
长江流域	81.3	10.9	7.8	0	1 246.4

根据 2007 年饮用水源地水质监测结果，地表水各项监测指标均未超过《地表水环境质量标准》(GB3838-2002)中的Ⅲ类标准，亦即地表水饮用水源地水质达标率为 100%。地下水饮用水源地各项监测指标均符合地下水(GB/T14848-93)Ⅲ类水质标准，其达标率为 100%。

五、生物资源

(一)生物多样性

甘肃地域辽阔，地形复杂，是我国生物多样性十分丰富的省区之一。生物多样性的特点，主要表现在以下方面。

1. 动植物种类和生态系统类型多样

甘肃的陆地生态系统，以植被类型为例，包括北亚热带常绿阔叶林、暖温带落叶阔叶林、温带针阔叶混交林、寒温带针叶林、温带草原和荒漠、亚高山灌丛、高山草甸 7 个类型。这种区域植被的差异性和生态系统的多样性，无疑决定了甘肃物种和遗传的多样性。据不完全统计，甘肃省约有高等植物 4 500 余种，蕨类植物 39 科 78 属 292 种，分别占全国的 80%、70.6%、26%，有被子植物 198 科 980 属 4 000 余种，分别占全国的 66%、32.6%和 16%。甘肃也是脊椎动物资源十分丰富的省区，有鱼类 6 目 8 科 36 属 49 种，两栖类 9 科 24 种，爬行类 58 种，鸟类 17 目 54 科 564 种，哺乳类 8 目 98 属 175 种。全省分布有野生陆栖脊椎动物 822 个种和亚种，112 种被列入国家重点保护野生动物名录，82 种被列入《濒危野生动植物物种国际贸易公约》，135

种被列入《中国生物多样性保护行动计划》优先保护种类。属于国家规定一级保护的珍稀动物共有24种，如大熊猫、金丝猴、羚牛、高鼻羚牛、野马、野驴、野骆驼、野牦牛、梅花鹿、白唇鹿、黑颈鹤等。属于二级保护的动物有24种，如小熊猫、盘羊、毛冠鹿、藏雪鸡等。属于三级保护的动物有42种。

2. 地理成分复杂

植物地理区系是生物多样性的又一重要指标。由于复杂的自然条件加上悠久的自然历史演化，甘肃省植物组成表现出各种地理成分交会、新老成分同时存在等特点，是中国—日本森林植物亚区、中国—喜马拉雅森林植物亚区、青藏高原植物亚区和亚洲中部荒漠植物亚区的交会带。阿尔金山向东，沿祁连山至乌鞘岭为亚洲荒漠和青藏高原高寒荒漠的过渡带。乌鞘岭经永登、景泰到华池一线，是植物分布的南北交会带。自乌鞘岭南下，经永登、康乐、宕昌等地达徽县、两当南部一线是中国—日本森林植物亚区和中国—喜马拉雅森林植物亚区的过渡带。前者在省境内主要以油松、华山松、白皮松、铁杉等为优势种组成混交林和次生林；后者则主要是以云杉和冷杉两属中的一些种为优势种的大面积原始纯林或混交林，甘肃冷杉属的种类大都分布在这里。显然，正是地理环境的多样性为不同生态习性和不同区系来源的生物种属提供了各种适宜的生存条件。

3. 特有种属较丰富

甘肃不仅地形复杂多样，地质时期的气候变化对于动植物的发展演化也是有重要影响的。在第四纪冰期时，生物演化只受到山地冰川和范围有限的冰缘气候的影响，所以特有种属异常丰富，分布也比较混杂。尤其是西秦岭山区东南部基本保持了原来的气候条件，成为亚洲大陆著名的喜暖动植物的避难所之一，保存了一些古老的物种，有些还是活化石即孑遗成分。如植物中的银杏、杜仲、珙桐等，动物中有大熊猫、金丝猴等，它们均在国际上受到极大关注。在特有植物中，单种科有连香树科的连香树、珙桐科的珙桐、水青树科的水青树和大血藤科的大血藤。分类上孤立、形态上特殊的单种属，主要有独叶草、串果藤、车前紫草和异野芝麻等。代表起源古老或残遗的少种属(指全属只含2～6种属)，有秦岭藤、马尿泡、双果芥和龙头草等。

(二)主要动植物资源

1. 森林和草场(地)资源

甘肃是一个少林省区，据第5次全省森林资源清查结果显示：全省林业用地面积802.72×10^4 hm^2，森林覆盖率仅为9.9%，低于全国森林覆盖率

12%的水平。截至2011年，全省森林覆盖率上升为13.42%，仍低于全国森林覆盖率20.36%的水平。甘肃主要树种有冷杉、云杉、栎类、杨类以及华山松、桦类等。甘肃主要林区分布在白龙江、洮河、小陇山、祁连山、子午岭、康南、关山、大夏河、马衔山等10大片。全省活立木蓄积量1.993×10^{8} m^3。

甘肃草场有天然草地、人工草地和半人工草地三种。其中天然草地主要分布在甘南草原、祁连山地、西秦岭、马衔山、哈思山、关山等地，这些地方海拔一般在2 400～4 200 m，气候高寒阴湿，特别是海拔在3 000 m以上的地区，牧草生长季节短，枯草期长。甘南草场以水草丰美著称，有“亚洲第一草场”之誉。

2. 植物资源

甘肃境内野生植物的种类繁多，分布广泛，主要有7大类：①油料植物有100多种，如文冠果(木瓜)、苍耳、沙蒿、水柏、野核桃、油桐等；②纤维和造纸原料植物近百种，如罗布麻、浪麻、龙须草、马莲、芨芨草等；③淀粉及酿造类植物20多种，如橡子、沙枣、蕨根、魔芋、沙米、土茯苓等；④野生化工原料及检皮类有20多种，如栓皮栎、五倍子、槐、猫屎瓜等；⑤野生果类100多种，如中华猕猴桃、樱桃、山葡萄、枇杷、板栗、沙棘等；⑥野生药材951种，有大黄、当归、甘草、红黄芪、锁阳、肉苁蓉、天麻等；⑦特种食用植物10多种，其中比较名贵的野生植物有发菜、蕨菜、木耳、蕨麻、黄花菜、地软、羊肚菌、蘑菇、鹿角菜等。

3. 动物资源

甘肃境内共有野生陆栖脊椎动物800多种，主要分布在文县、武都、康县、成县、天水、两当等地。文县让水河、丹堡一带的白水江自然保护区，分布有大熊猫、金丝猴、麝、猞猁、扫雪等世界珍贵动物，并对梅花鹿、马鹿、麝进行人工饲养。文县还建立了香獐自然保护区，肃南县办起了养鹿场。此外，还有鱼类资源102种，其中大鲵、山溪鲵等十分珍贵。甘肃省珍稀动植物分布图见图2-8。

甘肃境内主要畜种有马、驴、骡、牛、羊、骆驼等。甘肃养马历史悠久，远在公元前100多年的汉武帝时期，西北边境就设有官马场36处。民间养马亦较繁盛。自汉至今，甘肃一直是我国养马业的重地。中华人民共和国成立后，还先后引进和改良了阿尔登、卡拉巴依马等品种。禽种，除对静宁鸡、太平鸡、临洮鸡进行等杂交改良外，还有来航鸡、澳洲黑、狼山鸡等优良品种。水禽则有北京鸭、麻鸭等品种。

4. 药材资源

甘肃是全国药材主要产区之一。现有药材品种9 500多种(包括野生)，居

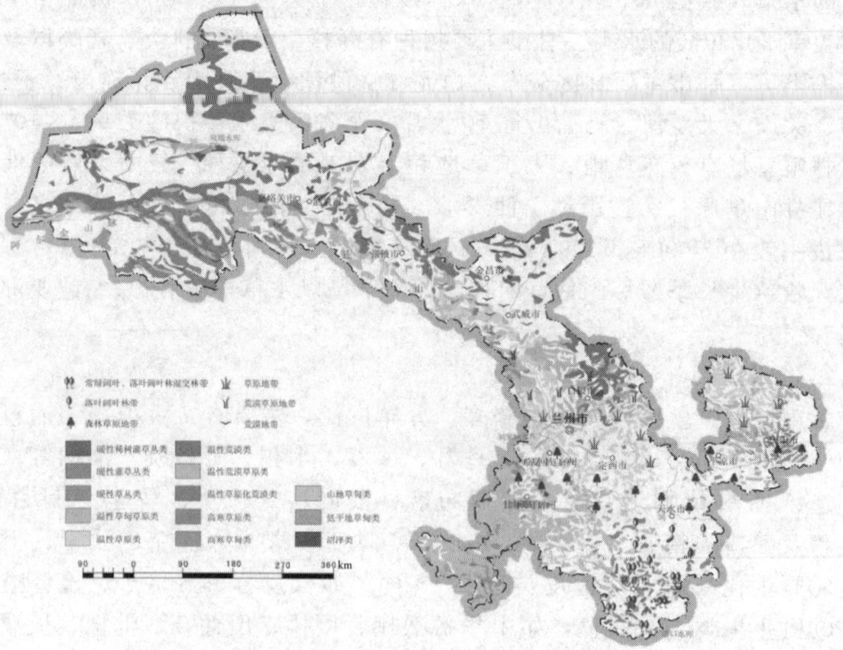

图 2-8　甘肃省珍稀动植物分布图

全国第二位。其中药用植物 951 种，动物 87 种。目前经营的主要药用植物有 450 种，如当归、大黄、党参、甘草、红芪、黄芪、红花、贝母、天麻、杜仲、灵芝、羌活、冬虫夏草等。特产“岷归”“纹党”产量大、质量好，是闻名中外的出口药材。近年，又先后引入生地、人参、黄连、山芋肉、元胡、伊贝等多种外地药材，有计划地扩大了药材栽培面积。

第三节　生态环境特征

一、生态环境现状与问题

(一)生态环境质量

甘肃位于我国东部季风区、西北干旱区和青藏高寒区三大自然区的交会处，自然地理环境兼具三大自然区及过渡带的特点，生态环境总体上具有脆弱性。主要原因如下：

第一，甘肃作为山地型高原省份，山地面积(包括高原)占土地总面积的比重超过55%。山地坡度大、土层薄，若利用不当，易遭受破坏，成为扩展农业用地的巨大障碍。从地势上看，从东部海拔1 000 m上下的黄土高原、陇南山区，逐级上升到西部海拔4 000多米的青藏高原，平均海拔高，重力、水力梯度大，易导致水土流失。如黄土高原的水土流失是以地质过程为主，即使无人类作用情况下，自然侵蚀过程仍将大规模发生；而人类活动只是起延缓或加速其过程的作用。

第二，新构造运动活跃。从地质方面来看，晚新生代青藏高原的隆起是全球最重要的地质事件，其范围之大、影响之广绝无仅有。甘肃省位于青藏高原的东北边缘地带，地质构造格局自然受青藏高原边缘大断裂带严格控制。总的地质构造格局是东部以南北走向的挤压带为主，西部以北西西走向的左旋走滑带为主，它们共同构成了一个由南北逐渐向北西西的弧形巨大地震带轮廓。这个轮廓基本与青藏高原东北边缘相吻合。青藏高原北部地区活动构造十分复杂，主要边界活动断裂有13条，以北北西、北西—北西西向断裂最为发育。这里新构造运动比较活跃，地震、山崩、泥石流等灾害频繁发生。上述地质特点，从本质上构成了甘肃省生态环境脆弱性的地质成因。

第三，大陆性季风气候显著。甘肃属大陆性气候，季风影响十分强烈，且范围广。全省气候特点是干燥少雨，温差大，年均降水量从30 mm到860 mm不等。降水以7—9月最为集中，降水量占年降水总量的比重超过60%，且多以暴雨出现。季风环流具有不稳定性，既带来了农业之利，又极易形成洪涝、干旱等自然灾害。

总之，甘肃这种自然地理特征决定了其生态环境的先天不足，甘肃恰处于我国生态环境脆弱带上。所谓生态环境脆弱带是指生态区的边缘地带。在这种地带上有两种主导性的地理过程交替发生，使生态系统始终不能稳定下来，因而出现生态环境突变以致成灾，这就形成了“生态环境脆弱”的特征。从全球变化的角度看，生态环境脆弱带是对全球变化最为敏感的地区，故又称敏感带。在我国，最宏观的一条生态脆弱带（或称一级敏感带）始于内蒙古东部，向西南延伸经甘肃至青藏高原的东南部。从气候角度看，它是内陆干旱、半干旱气候区向东南湿润、半湿润季风气候区的过渡带；从土地资源看，它是荒漠与东南地区可耕地之间面临荒漠化最严重的地区；从植被状况看，它是草原与森林交替的过渡带；从土地利用角度看，是我国的农牧交错带。另一条重要的过渡带（二级敏感带）始于107°E线，沿鄂尔多斯高原西侧直至兰州、西宁附近，然后向西沿青藏高原北麓直至我国西部边境。该过渡带是荒漠、草原、高寒植被的分界线。

根据生物丰度指数、植被覆盖指数、水网密度指数、土地退化指数和环境质量指数5项指标，甘肃生态环境状况的综合评价结果可分为5个级别，其中生态环境质量差和较差的比例达到69%(图2-9)。通过对中国环境监测总站提供的2012年卫星图像进行遥感解析，甘肃省生态环境状况指数(EI)为27.06，生态环境质量属于“较差”。全省14个市、州的EI介于14.82和66.94之间，生态环境质量“良”的市、州为甘南，“一般”的市、州有陇南、天水、兰州、临夏、张掖、平凉、定西、白银，“较差”的市、州有金昌、武威、庆阳，“差”的市、州有嘉峪关、酒泉，全省没有“优”。由此说明，甘肃省还处于生态治理与生态破坏相持阶段。近年来，甘肃省不同区域的生态环境问题比较显著。作为我国生态安全保障区域，甘肃省脆弱的生态背景以及目前所面临的生态安全问题引起了社会各界的普遍关注。

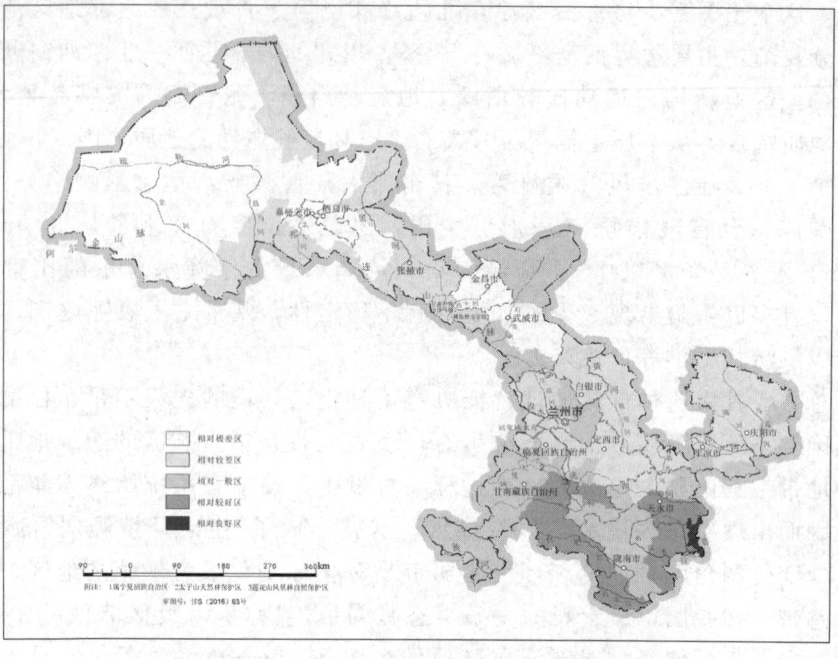

图2-9　甘肃省生态环境质量综合评价图

(二)生态环境存在的问题

1. 土地退化严重

(1)水土流失

水土流失主要发生在黄河流域、长江流域和河西风沙盛行区。全省水土流失面积达35.9 km^2，每年输入江河的泥沙达5.99×10^8 t。黄河甘肃段约

931 km，流域大部分地区为黄土覆盖，是整个黄河流域水土流失最严重的地区之一。其中，陇东和陇中地区为黄土丘陵沟壑区，也是黄土高原水土流失最为严重的地区。素有“陇东粮仓”之称的董志塬，唐时称彭塬，据《元和郡县志》记载，当时南北长 42.5 km，东西宽近 32 km。而今东西最宽处只有 18 km，最窄处不足 0.5 km，耕地面积由 20×10^4 hm^2减少到 7×10^4 hm^2，目前较完整的塬面只占总面积的 30%～40%。

甘肃省黄土高原生态环境脆弱。开垦历史悠久，人口密度大，土地利用强度大及对植被的过度垦伐，是造成黄土高原水土流失严重、生态环境愈加脆弱的主要原因。黄河流域的广大农村居民开荒种田，甚至乱垦乱伐的现象始终没有停止过。20 世纪 60 年代，曾有过大面积耕地撂荒，以后陆续复垦，继而向更高、更陡处开垦。这里地形破碎，沟谷切割密度大，雨量少而集中、多暴雨。在暴雨的袭击下，造成严重的水土流失，一般侵蚀模数为 50～100 $t/(hm^2\cdot a)$。进入黄河的泥沙量为 5.04×10^8 t，约占黄河输沙量的 1/3。例如，祖厉河是黄河上游右岸的一级支流，位于甘肃中部，流域面积 106.53×10^4 hm^2，平均年降水量 379 mm。流域内的暴雨具有雨量集中、历时短的特征，往往在 10 min 内即可造成严重的水土流失。在黄河上游的 6 个上万平方千米的一级支流流域中，祖厉河流域面积仅占 8.18%，但年均入黄河沙量却占 40%。大量的泥沙进入黄河，造成河道淤塞，严重威胁黄河干流水利工程的安全运行和综合效益的发挥。

(2)土地沙漠化

甘肃沙漠和戈壁总面积约为 $1\ 407\times10^4$ hm^2，沙漠面积约为 305.3×10^4 hm^2，是我国沙漠主要分布地区之一，占全国沙漠总面积的 3.8%左右，占全省总面积的 7%，其中河西走廊沙漠面积占全省沙漠面积的 65%。全省沙漠中，流动沙丘面积占 70.1%，流动平沙地占 1%，半固定沙丘占 15.5%，固定沙丘面积占 9.5%。沙物质主要来源于石羊河、黑河、疏勒河和党河等河流的冲洪积物。

甘肃土地沙漠化的发生区域主要在河西走廊，陇中与陇东地区也有较大面积分布。根据沙漠化土地所邻近的沙漠区域，全省可分为腾格里沙区、巴丹吉林沙区、库姆塔格沙区、河西走廊沙区和河东沙区。

从沙漠化危害类型与成因分析，河西走廊沙区和河东沙区最为典型。河西走廊沙区包括西段沙区和黑河流域中段沙区两部分。西段沙区位于疏勒河、党河中下游的玉门—瓜州—敦煌绿洲盆地及黑河下游的酒泉绿洲盆地，涉及 72 个乡镇，沙漠及沙漠化土地面积为 212.3×10^4 hm^2，占该沙区总土地面积的13.6%，气候变化剧烈，风沙盛行，沙漠化发展迅速。黑河流域中段沙区，位于河西走廊中部，包括黑河流域中段的大部分地区，共42个乡镇，沙漠化态势较为稳定，部分沙漠化土地处于逆转过程。

河东沙区主要包括环北沙区、平川靖远沙区和玛曲沙区三部分。环北沙区位于甘肃东部、庆阳西北，包括环县北部12个乡镇，地处黄土高原南部，干旱多风和人为破坏导致土壤侵蚀和沙漠化加重。全区沙漠化土地面积为21×10^4 hm^2，占该区土地面积的39%，环县沙漠化土地面积约为16.17×10^4 hm^2，其中严重沙漠化及一般发展中的沙漠化土地面积为2.24×10^4 hm^2，正在发展中的沙漠化土地3.1×10^4 hm^2，潜在沙漠化土地10.87×10^4 hm^2。平川靖远沙区位于甘肃中部的靖远、平川两县区的北部地区，涉及8个乡镇。该区地处陇西黄土高原与蒙新高原交界地区，气候干燥、风蚀强烈并受腾格里沙漠影响，由于大面积垦殖、草场过载、土地压力过大，土地沙漠化加重，沙漠化面积达1.9×10^4 hm^2，占沙区面积的6.4%。靖远县沙漠化土地面积约1.0×10^4 hm^2，其中一般发展中的沙漠化土地面积有0.22×10^4 hm^2，正在发展中的沙漠化土地面积有0.53×10^4 hm^2，潜在沙漠化土地面积有0.25×10^4 hm^2。玛曲沙区位于甘肃省南部的甘南藏族自治州西部，涉及玛曲县东部的曼日玛、河曲、尼玛、欧拉4个乡镇，位于海拔3 400 m以上的高寒区。该区草场超载，植被破坏严重，引起土地沙漠化，属草原荒漠化类型。沙漠化土地面积0.3×10^4 hm^2，占沙区面积的10%。目前，沿黄河岸边，已出现长达220 km的沙丘带，草地沙化面积达3.9×10^4 hm^2，有36处沙化点，沙化面积达0.6×10^4 hm^2。黄河首曲河边沙丘每年以几米至几十米的速度向草原推进，以每年1%～3%的速度扩展。

(3)土壤盐渍化

甘肃省盐渍化土壤面积达102.37×10^4 hm^2，约占全省土壤总面积的2.3%。主要分布在河西走廊的酒泉、张掖和武威三大地区，其盐渍化土壤占全省盐土总面积的93.4%，其中酒泉市盐渍化土壤面积最大，为58.88×10^4 hm^2。从甘肃省重盐渍土及盐漠分布面积看，全省重盐渍化土地面积达12.1×10^4 hm^2，其中仍主要分布在上述三大地区。

由于甘肃省具备土壤盐渍化的自然条件，特别是干旱荒漠的大陆性气候、成土母质的石质性和高含盐量、水文地质以及地下水的高矿化度，均有利于土壤盐渍化的形成发展，加之不适当的人为活动影响，甘肃省的土壤盐渍化面临扩大和加重的局面。特别是河湖沿岸土壤中积累的盐分得不到泛滥水的冲洗，在强烈蒸发下，土壤含盐量逐渐升高，使原先非盐化土壤或轻盐化土壤可能发展成重盐化土壤或盐土。不科学的大水漫灌及过量灌溉，在排水不良的情况下易引起地下水位上升，盐分在土壤上层聚积；采用含盐量高的地下水进行灌溉，可加速土壤盐渍化的发展。如民勤盆地北部的土壤盐渍化，1958年湖区耕地盐渍化面积为 1.1×10^4 hm^2，1963年为 1.23×10^4 hm^2，1978年为 2.21×10^4 hm^2，1981年为 2.56×10^4 hm^2，至1992年达到 4.01×10^4 hm^2，发展十分迅速。

2. 水资源不足

甘肃省水资源短缺，一是因为自然条件限制，二是因为水资源利用效率不高、存在浪费现象等。水资源不足，已成为制约甘肃省社会和经济发展的重要因素。牛文元(1994)指出，每年每平方千米可重复使用淡水资源 20×10^4 m^3，即径流深200 mm，是水资源的“空间压力”指数的临界标志，如果超过此数值，则表明该区域水资源含量相对空间而言没有造成压力。否则说明该区域水资源量相对空间而言已造成压力。甘肃省水资源为8 040 m^3/hm^2，仅为全国平均水平的28%，耕地亩均水资源量占全国的1/4，水资源空间压力非常大，需要大量引进外来水来缓解水资源空间压力。2008年全省需水量为 136×10^8 m^3，供需缺口约 13×10^8 m^3。

根据世界资源研究所提出的标准，一个地区，每人每年拥有的可重复利用淡水量若低于1 000 m^3，就会出现不同程度的水资源供应压力；并以1 000 m^3/(人·a)作为地区水资源的“数量压力”指数的临界标志。瑞典某水文学家曾对水压力度(Water-Stress index)进行分级，他认为每人每年再生水资源拥有量少于1 700 m^3，就有水资源压力，少于1 000 m^3则“水资源稀缺”，少于500 m^3则该地区在“水贫困线以下”。据此分析，2012年甘肃省总人口约为 $2\ 560.98\times10^4$ 人，人均水资源量1 128 m^3，仅为全国人均水平的1/2，是世界人均水平的近1/8，已经接近国际重度缺水界限。因此，全省整体上临近“水资源稀缺”状态，存在持续性缺水、人体健康受影响等问题。例如，按照本地水资源量，兰州市水资源数量压力非常大，缺水达到98.71%，需要大量引进黄河水以满足区域发展需求。为了满足本地人口(319.28万人)的基本水资源1 000 m^3/(人·a)需求，理论上2007年兰州市需要引进外来水资源约 28.97×10^8 m^3。特别是甘肃境内民勤的石羊河流域缺水最为突出，地下水超采，严重危及生态安全。黄河流域以定西、会宁为代表的中部干旱、半干旱地区自产水资源极少，黄河干流沿线地高水低，开发利用难度大，干旱缺水严重。图2-10为西陇海兰新经济带甘肃段城市人均水资源量比较，兰州市因水少、人口规模大，导致其人均水资源量较少，嘉峪关则属于极度缺水地区。

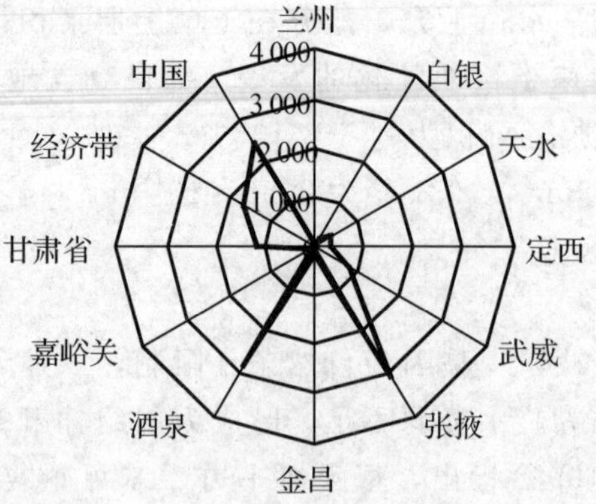

图 2-10 西陇海兰新经济带甘肃段城市人均水资源量比较

世界气象组织和联合国教科文组织规定，在区域用水量超过可用水量40%时，可以判定该区域水资源是不可持续开发利用的，水资源将成为区域经济社会发展的制约因素。目前，河西地区的石羊河流域已开发利用73.2%，黑河流域已开发利用65.4%，疏勒河流域已开发利用50.4%。这些数据已远远超过一般公认的40%的径流水资源开发利用的极限，亦高于全国平均水平。如石羊河流域净耗用水量 $17.5\times10^{8}\ m^{3}$，无效蒸发损耗 $2.7\times10^{8}\ m^{3}$，缺水 $3.2\times10^{8}\ m^{3}$，供需矛盾突出；黑河流域净耗用水量 $19.6\times10^{8}\ m^{3}$，无效蒸发损耗 $13.6\times10^{8}\ m^{3}$，已进入水资源临界利用状态，中、下游分水矛盾日益突出。因此，石羊河、黑河成为我国内陆河流域人口最密集、水资源开发利用程度最高、用水矛盾最突出、生态环境问题最严重的流域之一，有些地方甚至已危及人类生存，引起社会各界的广泛关注。

近50年来甘肃气候存在明显变暖趋势，年平均气温上升1.1 ℃，增幅远高于北半球和全国平均值，其中河西地区年均气温上升了1.4 ℃。在气候变暖背景下，与20世纪70年代相比，甘肃境内的祁连山冰川大幅缩减，冰川融水较40年前减少约 $10\times10^{8}\ m^{3}$，局地雪线正以年均2～6.5 m的速度上升，有些地区的上升速度竟达每年12.5～22.5 m。卫星遥感等监测数据表明，1956—2000年，祁连山冰川面积减少了8.2%。其中，黑河流域变化最大，冰川面积减少了24.3%。根据观测结果预测，祁连山雪线可能会继续升高，冰川萎缩态势也将持续发展。按此速度，面积在 $2\ km^{2}$ 左右的小冰川在2050年前基本消亡，较大的冰川也只有部分可以勉强支撑到21世纪50年代以后。

3. 生物多样性下降

生物多样性是指自然界有生命的部分及其所具有的多种多样的变化。生物多样性包含3个层次：遗传多样性、物种多样性和生态系统多样性。在大小不同的地区内，由于生态系统呈斑块状分布、镶嵌，构成了景观多样性。与20世纪80年代初相比，21世纪甘肃省的生物多样性虽然在生态系统的类型多样性、种类组成以及动植物种类数量等方面并没有发生大的变化，但动植物资源过度开发，直接导致了某些稀有物种或敏感物种的消失，生物多样性的总体状况在不断恶化，主要表现在各类生态系统的退化及野生生物的生境丧失、分布区缩小、大量物种局域灭绝等方面。其后果是破坏自然生态系统的稳定，削弱工农业生产的原材料供应能力，严重破坏人类赖以生存和发展的物质基础，制约社会、经济的可持续发展。

根据国家环保局(2018年更名为生态环境部)公布的濒危保护植物名录，20世纪80年代，甘肃省共有保护植物30余种。目前甘肃被子植物中处于濒危或受威胁的种类已达186种1亚种9变种，濒危的裸子植物种类已有17种。各类珍稀濒危物种或分布区已很狭窄，或生存环境受到破坏，或资源受到破坏，都有濒临灭绝的危险。

水生野生动物是生物界中的重要类群，在整个自然生态系统中发挥着巨大的作用。随着人口的增长及经济活动加剧，甘肃省水域当地鱼类资源已遭严重破坏，天然鱼类种群数量日趋缩小，生殖亲体朝小型化、低龄化方向发展。目前黄河水系兰州段鱼类资源明显减少，有8种在本段绝迹，如平鳍鳅早已灭绝。20世纪50年代在桑园子及黄河铁桥一带常能捕到北方铜鱼、大鼻吻鮈、圆筒吻鮈等。20世纪50年代至70年代在黄河玛曲段，年捕捞量一直占全省鱼产量的60%～85%，玛曲渔场最高年捕捞量215 t，到70年代末期，年捕捞量只有十几吨，最低年仅为12.5 t。被列为甘肃省“四大名鱼”之一的厚唇重唇鱼，年捕捞量已不足0.5 t，捕捞规格已由70年代的1～4 kg/尾，降至0.2～0.5 kg/尾；而极边扁咽齿鱼，从渔获物的年龄组成、个体大小来看，5龄以下低龄鱼占57.6%，6～7龄的中龄鱼占38.6%，8龄以上高龄鱼占4.8%。在陇南文县白马河、丹堡河的齐口裂腹鱼、重口裂腹鱼种群数量已减少90%。在中部定西，原有的厚唇重唇鱼、裂腹鱼亚科鱼类和黄河高原鳅由于环境的改变数量明显减少，赤眼鳟、似鲇高原鳅、刺鮈已难以见到；大量珍贵的两栖类生物资源如中国林蛙、秦岭雨蛙等，由于当地群众受经济利益驱动大量捕捉，数量急剧减少。更为严重的是采金、挖沙、开矿等人为活动给当地水质造成较为严重的污染，加速了鱼类资源的枯竭；一些水木工程、阶梯式电站的修建，人为阻断了原来生活在水域下游的鱼类到上游产卵的洄游线路，使得下游鱼不能上溯洄游生殖、索饵，上游鱼不能到深水过冬，导致自然水域鱼类的栖息环境缩小，当地鱼类已濒临枯竭。

4. 自然灾害频繁

甘肃生态环境脆弱，对外界扰动的承受力差，主要表现为自然灾害种类多，区域性和季节性强，发生的频率高，损失大。其中，气象、地质灾害是影响全省经济社会发展和生态环境的主要自然灾害，干旱、暴雨洪涝、冰雹、大风、沙尘暴、干热风、霜冻等自然灾害频发，泥石流、滑坡等地质灾害时有发生。

(1)气象灾害

甘肃气候的不利因素很多，主要有干旱、暴雨洪涝、冰雹、大风、沙尘暴、干热风、霜冻等气象灾害。种类繁多的气象灾害已占到本省自然灾害的88.5%。此外，因气象原因引发的地质灾害(滑坡、泥石流)和病虫害也频繁发生。其中，干旱是甘肃省出现机会最多、持续时间最长、危害范围最广、经济损失最大的一种自然灾害，有“三年两头旱”“十年九旱”的说法。中华人民共和国成立以来，全省年平均农田受旱面积占受灾总面积的比重超过55%。全省每年干旱受灾面积为$16.7\times10^4\sim206.7\times10^4$ hm^2，减产粮食$5\times10^8\sim10\times10^8$ kg。重旱年给甘肃农业造成的损失之重，对全省经济影响之大，在全国均属罕见，已成为制约甘肃发展的重大气象问题。

(2)地质灾害

甘肃省地处青藏高原、黄土高原和内蒙古高原的交会部位，地质地貌条件复杂多样，气候水文条件差异大。特殊的地质环境条件，决定了甘肃省地质灾害多发的状况。近几十年来，随着人类活动的不断加剧，灾害范围有逐渐扩大趋势，危害程度也越来越高，甘肃已成为我国地质灾害重灾区之一。据现有资料，甘肃省地质灾害的类型几乎包括了陆地地质灾害的全部种类，有地震、滑坡、崩塌、泥石流、地面塌陷、地裂缝、区域地下水位下降和上升造成的灾害等。据不完全统计，全省有活动性滑坡4万余处，具潜在危害的泥石流沟谷2万余条，涉及面积约11×10^4 km^2，占全省总面积的24%，遍布全省14个市、州，主要分布在陇南白龙江流域、西汉水中上游地区和陇中黄土覆盖区。甘肃省地质灾害分布图见图2-11。

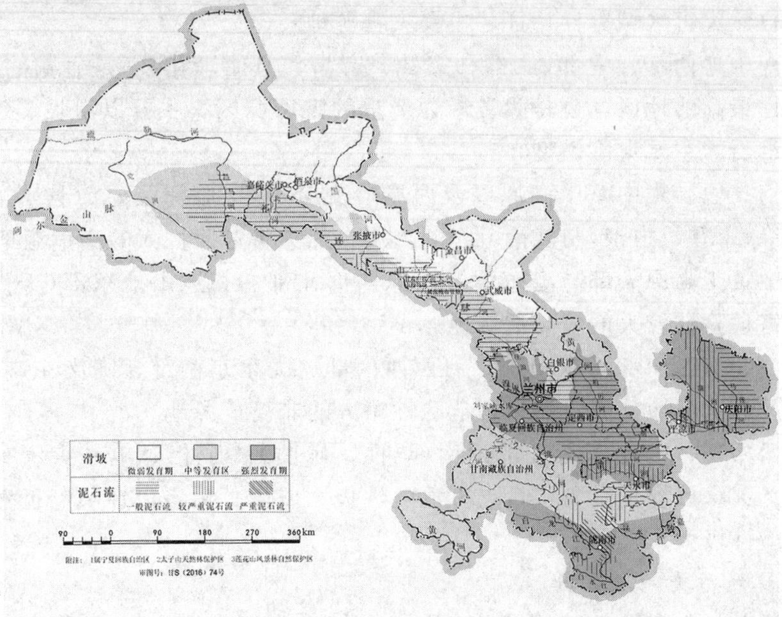

图 2-11　甘肃省地质灾害分布图

(3)地震

甘肃省地震活动强烈，是我国地震灾害较为严重的省区之一。全省 4/5 以上面积位于Ⅶ度以上地震高烈度区，地震活动分布广、频度高、强度大、震害重。据历史资料统计，甘肃省地震活动水平，自明朝(1368 年)至今在中国列第八位。仅 1951—2000 年的 50 年中，甘肃省就发生过 4.7 级以上破坏性地震 43 次。其中 1900 年以来，地震频次明显增加，平均每两年就有一次有感或破坏性地震发生。在甘肃省内造成严重灾害的地震主要有公元 143 年甘谷 7 级地震，180 年高台西表氏 7.5 级地震，734 年天水西南 7 级地震，1125 年兰州 7 级地震，1352 年会宁 7 级地震，1609 年酒泉东 7.25 级地震，1654 年天水 8 级地震，1718 年通渭 7.5 级地震，1879 年武都 8 级地震，1927 年古浪 8 级地震，1932 年玉门昌马 7.6 级地震，1954 年山丹 7.25 级地震及 1920 年海原(当时属甘肃管辖)8.5 级地震等。据不完全统计，死亡达 45×10^4 人之多。仅 1920 年海原地震，甘肃省境内就有 40 多个县遭受直接破坏损失。

赵洪涛等(2009)以甘肃省 8 种主要自然灾害为评价对象，合理选取评价指标，确定指标权重，计算自然灾害综合评价值，得到全省 87 个县(区)主要自然灾害危险性评价等级[自然灾害危险性分为危险性极大(Ⅴ)、危险性大

(Ⅳ)、危险性较大(Ⅲ)、危险性略大(Ⅱ)、危险性小或无(Ⅰ)]，并分析了全省主要自然灾害区域分异特征、主要灾害源地：

陇南山地西部、中部(武都、文县、宕昌、舟曲、礼县)是甘肃省自然灾害危险性最高的地区，也是我省最为严重的灾害源区，主要以滑坡、泥石流、地震、洪涝为主要灾害类型。

甘南高原、陇中黄土高原以及西秦岭交会地带(临潭县、漳县)、祁连山东部边缘(永登、古浪)与陇南(西和)，属自然灾害危险性大的高危源地。

陇中黄土高原大部与陇东黄土高原西部北部、祁连山地东部(天祝)属于自然灾害危险性较大的较高危源地。

陇中北部西南部与东南部、河西西南部、陇东东南部、陇南东南部、甘南中部及北部区域，属自然灾害危险性略大的非高危源地。

河西西部、中北部与甘南西南(玛曲、碌曲)属于相对单一灾害分布区，前者自然灾害以沙尘暴为主，灾害危险性极大或大；后者以冰雹、低温为主，灾害危险性极大。

5. 环境污染问题突出

环境质量与经济发展是高度相关的，许多环境问题是由经济发展引起的，甘肃省大部分市、县经济发展的早期是靠牺牲环境来实现的。甘肃省当前所面临的环境污染问题，诸如大气污染、水污染以及固体废弃物污染等依然突出。2011 年，工业废水排放总量 15 325×10⁴ t，工业废气排放总量为 6 252 亿标准立方米，工业固体废物产生总量则为 3 745.5×10⁴ t。但是用于环境污染治理的投资总额为 63.9 亿元，工业污染源治理投资为 14.6 亿元，环境污染治理投资占 GDP 的比重为 1.55%。

2013 年，全省 14 个市、州空气质量达到二级标准的有 10 个，达到三级标准的城市有 4 个。嘉峪关、天水、平凉、庆阳、定西、武威、张掖、陇南、合作、临夏空气质量为二级，兰州、金昌、白银、酒泉空气质量为三级。兰州、陇南、合作污染综合指数(指二氧化硫、二氧化氮和颗粒物三项污染物的综合污染程度)比上年分别下降 4.0%、25.5%和 12.5%，环境质量有所改善；临夏污染综合指数与上年持平，嘉峪关、金昌、白银、天水、武威、张掖、平凉、酒泉、庆阳、定西污染综合指数与上年比有不同程度上升，其中嘉峪关、金昌、白银、酒泉分别上升 19.6%、6.3%、17.8%和 22.6%(图 2-12)。经环保部核定，2013 年全省二氧化硫排放量 56.2×10^4 t，比 2012 年下降 1.84%；氮氧化物排放量 44.29×10^4 t，比 2012 年下降 6.43%。化学需氧量排放量 37.91×10^4 t，比 2012 年下降 2.62%(其中工业和生活排放量

23.59×10^4 t，比 2012 年减少 2.91%）；氨氮排放量 3.92×10^4 t，比 2012 年下降 4.48%（其中工业和生活排放量 3.36×10^4 t，比 2012 年减少 4.63%）。

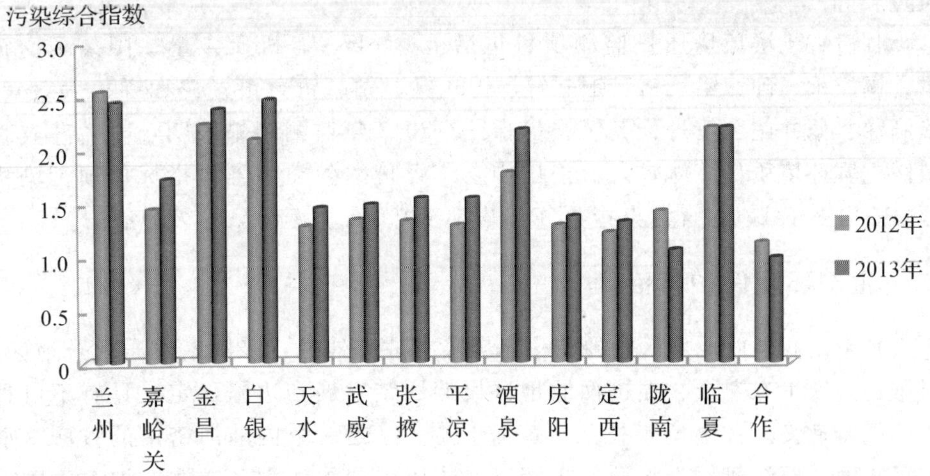

图 2-12　2013 年甘肃省城市空气污染综合指数

工业废水、生活污水和农业废水的排放使得甘肃主要河流普遍受到污染。而城镇化进程的加快，人口逐渐向城镇集中，由此产生的生活垃圾和污水成了环境污染的主要源头之一。2013 年，全省监测的 50 个断面中，按功能类别达标的有 41 个，占监测断面总数的 82%。水质优的断面 21 个，水质良好的断面 19 个，水质轻度污染的断面 5 个，水质中度污染的断面 3 个，水质重度污染的断面 2 个。在河流水质中，黄河、大夏河、洮河、金川河、黑河、北大河和白龙江水质为优，渭河、泾河水质为良好，湟水河、马莲河、蒲河、石羊河和石油河水质为轻度污染，山丹河水质为重度污染。2013 年监测的 17 座水库水质均达到水质功能类别要求，黑山湖、双塔水库水质优于功能类别。与 2012 年同期相比，西营和双塔水库水质有所好转，鸳鸯池和赤金峡水库水质有所下降，其余水库水质均无明显变化。2013 年，全省集中式饮用水源地水质监测共设点位 100 个，取水总量 $445\ 36.34\times10^4$ t，其中，定西市、天水市、天水甘谷县及秦安县总硬度、氯化物超标，其他市、县城区集中式饮用水源地水质达标。

全省各城市昼间区域噪声平均等效声级在 48.7～54.7 dB，嘉峪关市、白银市和合作市声级值低于 50 dB，声环境质量好；其余 11 个城市声级值均介于 50.1 dB 和 55.0 dB之间，声环境质量较好。各城市夜间区域噪声平均等效声级在 41.3～50.4 dB，兰州市、金昌市、天水市、平凉市和陇南市声级值介于 45.1dB 和 50.0 dB 之间，声环境质量一般，张掖市和酒泉市声级值介于 50.1 dB 和 55.0 dB 之间，声环境质量较差，其余 7 个城市声环境质量较好。

甘肃省土壤环境质量监测项目包括土壤 pH、有机质含量、阳离子交换量、镉、汞、砷、铅、铬、铜、锌、镍、锰、钴、钒、银、铊和锑、六六六、滴滴涕、苯并芘、氯丹、七氯、代森锌。2013 年监测结果表明，全省蔬菜种植区土壤环境质量总体较好，土壤中参与评价的各类污染物指标单项污染指数(P_i)均小于 1，综合污染指数(P_N)均小于 0.7，土壤污染等级为清洁。

二、生态环境保护与治理

甘肃是我国西北地区重要的生态屏障和战略通道，多民族聚居融合地区，对维护国家生态安全、促进西北地区民族团结发展和边疆稳定，具有不可替代的重要意义。甘肃位于长江、黄河上游，又是一个内陆河密集的省区，承担了我国主要江河源头水源保护涵养、防风固沙和生物多样性保护等重要生态功能，在我国生态文明建设中处于重要的战略地位。

(一)自然保护区建设

自然保护区是国家为了保护珍贵和濒危动植物以及各种典型的生态系统，保护珍贵的地质剖面，为进行自然保护教育、科研和宣传活动提供场所，并在指定的区域内开展旅游和生产活动而划定的特殊区域的总称。因此，设立自然保护区是建设生态文明的重要措施。

在复杂多样的气候、地质地貌、水文等自然地理因素共同作用下，甘肃省形成了多样而典型的生态系统类型，主要有森林生态系统、草地生态系统、荒漠生态系统、农田生态系统、湿地生态系统和城市生态系统 6 大类。据统计，甘肃省内有野生植物 4 000 多种，国家重点保护的 33 种，其中一级保护的 7 种，有药用价值的 1 270 种，兰科植物 72 种，46 种被列入国家重点保护植物名录，82 种被列入《濒危野生动植物物种国际贸易公约》。野生陆栖脊椎动物 800 多个种和亚种，约占全国野生陆栖动物种类的 30.08%。属于国家重点保护的野生动物有 105 种，其中国家一级保护的 30 种，国家二级保护的 75 种。因此，甘肃具有丰富的生物多样性，可保护对象多，保护价值也高。

自 1963 年在文县白水江支流让水河流域设立大熊猫自然保护区以来，全省保护区事业从无到有，取得了较快发展，初步形成的保护区网络在保护甘肃自然资源、生态环境和生物多样性等方面发挥了极其重要的作用。

截至“十一五”末，甘肃省已建立森林、野生动物、湿地和荒漠类自然保护区 59 处，其中国家级自然保护区 15 处(表 2.4)，省级自然保护区 40 处，市县级自然保护区 4 处。甘肃国家级自然保护区总面积达到 722.59×10^4 hm^2，约占全省面积的 16%，居全国前列。这些保护区保护了甘肃省 90% 的珍稀野生动植物种群和 80% 的湿地生态环境，使大熊猫、金丝猴、野骆驼、白唇鹿、雪豹等珍稀濒危野生动物免于灭绝，并且种群数量稳步发展。但保护区也存在类型单调、分布不均、许多具有保护价值的地域无人问津或继续遭到破坏等问题。

表 2.4　甘肃省的国家级自然保护区

序号及全称	所在县市	总面积/hm^2	主要保护对象	始建时间/年
1. 甘肃白水江国家级自然保护区	陇南市文县	213 750	大熊猫及森林生态系统	1978
2. 甘肃太统—崆峒山国家级自然保护区	平凉市崆峒区	16 283	野生动植物	1982
3. 甘肃小陇山国家级自然保护区	陇南市徽县、两当县	31 938	野生动植物及生态系统	1982
4. 甘肃莲花山国家级自然保护区	临夏州康乐县等	11 691	森林生态系统、野生动植物	1983
5. 甘肃尕海—则岔国家级自然保护区	甘南州碌曲县	247 431	森林生态系统等	1982
6. 甘肃安西极旱荒漠国家级自然保护区	酒泉市瓜州县	800 000	荒漠生态及野生动物	1987
7. 甘肃盐池湾国家级自然保护区	酒泉市肃北县	1 360 000	湿地珍稀野生动物	1982
8. 甘肃安南坝野骆驼国家级自然保护区	酒泉市阿克塞县	396 000	野骆驼、野驴	1982
9. 甘肃民勤连古城国家级自然保护区	武威市民勤县	389 883	沙生植物	1982
10. 甘肃兴隆山国家级自然保护区	兰州市榆中县	29 584	森林野生动植物	1986

续表

序号及全称	所在县市	总面积/hm^2	主要保护对象	始建时间/年
11. 甘肃祁连山国家级自然保护区	张掖、武威、金昌市	2 645 428	森林野生动物	1987
12. 甘肃敦煌西湖国家级自然保护区	酒泉市敦煌市	660 000	湿地荒漠动物	1992
13. 甘肃连城国家级自然保护区	兰州市永登县	47 930	天然青杆林及野生动物	2001
14. 甘肃敦煌阳关国家级自然保护区	酒泉市敦煌市	88 178	内陆湿地	1994
15. 甘肃洮河国家级自然保护区	甘南州卓尼县	287 759	森林生态	1982

自然保护区属于禁止开发区域，一般按核心区、缓冲区、实验区分类管理。核心区除依照法律法规经批准可以进入从事科学研究活动外，禁止任何单位和个人进入；缓冲区只准进入从事科学研究观测活动；实验区可以进入从事科学实验、教学实习、参观考察、旅游以及驯化、繁殖珍稀濒危野生动植物等活动。

(二)生态环境综合治理

划分生态功能区，诸如江河源头区、重要水源涵养区、天然洪水调蓄区和生物多样性丰富区等，这些区域对保持流域、区域生态平衡，减轻自然灾害，确保国家和地区生态安全具有重要作用。截至 2003 年，甘肃省已决定建立的国家级生态功能保护区主要有“黄河首曲湿地水源涵养生态功能保护区”“黑河源头水源涵养生态功能保护区”“黑河中游荒漠绿洲生态功能保护区”“祁连山水源涵养生态功能保护区”。《全国生态环境保护纲要》颁布后，甘肃率先在全国开展生态功能区划试点，与中国科学院生态环境研究中心合作编制完成了《甘肃省生态功能区划》报告，将全省划分为 3 个生态大区，8 个生态区，22 个生态亚区，72 个生态功能区(图 2-13)，为政府制定区域生态环境保护与建设规划、维护区域生态环境安全以及优化资源利用与工农业生产布局、保护区域生态环境提供了科学依据。

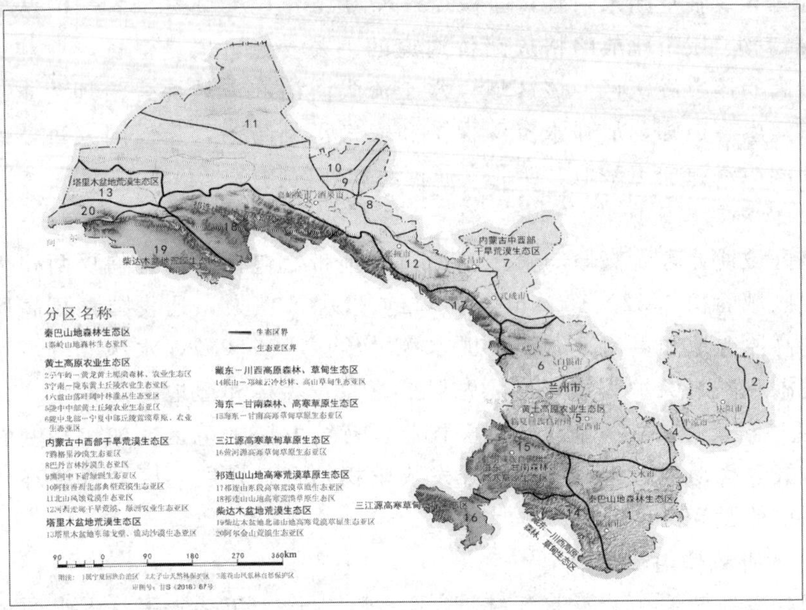

图 2-13　甘肃省生态功能区划图

2013 年 12 月，国务院通过《甘肃省加快转型发展建设国家生态安全屏障综合试验区总体方案》，指出甘肃要突出水资源节约集约和合理利用，促进产业结构优化、人口有序转移，加强生态保护建设与环境综合治理，在主体功能区规划实施、集中连片特困地区区域发展与扶贫攻坚等方面不断取得突破，构筑西北乃至全国的生态安全屏障。方案提出用 8 年时间分两阶段推进实施，努力构筑黄河上游、长江上游、河西内陆河和黄土高原四大生态安全屏障。

1. 河西内陆河地区

该区域包括疏勒河、黑河、石羊河流域及哈尔腾苏干湖水系，涉及酒泉、嘉峪关、张掖（含中牧山丹军马场）、金昌、武威 5 市，区域总面积 24.6×10^4 km^2，人口数量约 482×10^4 人，是我国“两屏三带”青藏高原生态屏障和北方防沙带的关键区域，也是西北草原荒漠化防治区的核心区。该区域以水源涵养、湿地保护、荒漠化防治为重点，加快节水型社会建设，实施祁连山生态保护与三大流域生态综合治理，加强北部防风固沙林体系建设，着力构建河西祁连山内陆河生态安全屏障，建设绿洲节水高效农业示范区、新能源基地和新材料产业基地。

2. 中部沿黄河地区

该区域是黄河干流在甘肃境内的主要流经区域，包括兰州市、白银市的大部分区县及临夏州永靖县，面积3.51×10^4 km²，人口约552×10^4人，是全国“两横三纵”城市化战略格局路桥通道的重要支点，也是全省产业和人口聚集度最高的核心经济区。该区域以水土流失防治和流域综合治理为重点，建设沿黄河生态走廊，加强水资源保护和大气污染防治，建设国家重要的产业基地和能源资源加工基地、西北交通枢纽和商贸物流中心。

3. 甘南高原地区

该区域地处青藏高原与黄土高原过渡地带，包括甘南、临夏两州大部分县市，区域面积3.52×10^4 km²，人口约229×10^4人，是我国青藏高原东端最大的高原湿地和黄河上游重要的水源补给区。该区域以水源涵养、草原治理、河湖和湿地保护为重点，优先保护草原、森林和湿地生态系统，构建黄河上游生态安全屏障。建设草原畜牧业可持续发展示范区，加快转变农牧业生产方式，推动生态建设与扶贫开发攻坚相结合，发展与区域资源环境承载力相适应的民族特色产业。

4. 南部秦巴山地区

该区域地处长江上游的甘肃“两江一水”地区，包括陇南、天水两市及甘南州部分县，面积4.98×10^4 km²，人口约602×10^4人，是我国秦巴山生物多样性生态功能区的重要组成部分，也是全省最大的天然林区和长江上游水源涵养区。该区域以保护生物多样性、涵养水源为重点，加强水土保持和山洪地质灾害综合防治，优先保护森林、河湖、湿地等生态系统，构建长江上游生态安全屏障。加快实施秦巴山片区区域发展与扶贫攻坚规划。集约发展先进装备制造业，发展壮大生态文化旅游、特色种植及加工等优势产业。

5. 陇东陇中黄土高原地区

该区域位于泾河、渭河上游，是我国黄土高原丘陵沟壑水土保持生态功能区极具代表性的地区，包括庆阳、平凉、定西三市及白银市会宁县，面积5.78×10^4 km²，人口约700×10^4人。该区域以水土保持和流域综合治理为重点，加强森林资源保护，巩固和发展退耕还林成果，加强坡耕地改造，促进黄土高原生态屏障建设。推广旱地节水农业技术，加快建设国家重要的能源化工基地，推动革命老区和集中连片特困地区扶贫开发，促进城乡协调发展。

第三章　社会经济特征

章前语

中华人民共和国成立后，甘肃省作为重要的经济建设地区，多项重点项目在甘肃落地，其经济规模一度在全国名列前茅。改革开放后，受区位和不利的自然条件影响，甘肃经济发展以传统的资源开发利用为主，经济发展速度总体不及我国的东、中部地区，第一产业和第三产业发展缓慢，人均收入低于全国平均水平。21 世纪之初，西部大开发进入新阶段，甘肃经济发展迈上了新台阶，目前是中国西部重要的化工、能源、原材料基地，已形成以石油化工、冶金有色、机械电子、建筑建材、食品医药、轻工纺织为主体的工业体系，是西部的重要工业核心区。省会兰州是中国西北的交通、通信枢纽和商贸物流中心，是全国 12 大主干交通枢纽之一，6 条出口公路已全部高速化，在区域经济发展和对外交流合作方面具有举足轻重的地位。随着国家西部大开发战略和“丝绸之路经济带”倡议构想的进一步实施，甘肃面临着前所未有的机遇，即将迈入可持续发展的快车道。

关键词

经济发展；人口与城镇化；产业体系；两部大开发；丝绸之路经济带

第一节　经济发展的历史

一、民国时期

中华人民共和国成立以前，甘肃的工业基础非常薄弱，现代工业更是一片空白。1949 年，全省有工业企业 1 106 个，绝大多数是经营小厂矿和手工作坊的。最大的企业是年产 7×10^{4} t 原油的玉门油矿。全省固定资产 2 281 万元，工业总产值 1.3 亿元（按 1952 年不变价格计算）占工农业总产值的

19.1%。当时工业产品主要有粗制毛呢、黑肥皂、土布、火柴、铁锅、犁铧和马刀等。

1949年前，甘肃是一个以农业为主的省份，农业劳动者占全社会劳动者的87.5%，农业总产值占工农业总产值的56.9%。由于连年战乱和灾害，农业自然生态遭到破坏，水土流失严重，自然灾害频繁，农业生产条件很差。全省只有一座水库，灌溉面积仅占耕地面积的9%，现代化的农业机械根本没有，耕作粗放，经营落后，广种薄收，靠天吃饭。1949年，全省粮食平均亩产仅为54 kg，总产 20.6×10^{8} kg，人均21.2 kg。

甘肃的交通运输业也发展缓慢。到1949年，全省共有公路34条，公路里程516 km，平均每平方千米只有0.7 km公路。甘肃铁路始建于1939年，宝(鸡)天(水)铁路的修建历时6年，到1945年才勉强通车。全省境内铁路只有46.1 km，而且经常塌方断道，处于瘫痪状态，每年通车不到半年时间。甘肃的民航事业开始于1932年，全省只有兰州拱星墩和酒泉两个简易机场，开通兰州至酒泉、酒泉至乌鲁木齐两条航线，通航里程1 780 km。由于交通闭塞，省内外的人员和物质交流都很困难，丰富的物产运不出去，需要的东西运不进来。

由于工业发展缓慢，自然灾害不断，加上兵荒匪患和统治者的巧取豪夺，全省人民生活十分困难。1949年社会商品零售总额只有1.6亿元，广大劳动人民基本没有购买能力。

二、计划经济时期

中华人民共和国成立后，全省人民在党和政府的领导下，开始建设新甘肃，经过多年的建设，取得了辉煌的成就。甘肃工业的发展以修通“天兰”铁路、陇海线全线通车为开端，继而在玉门、长庆、阿干、窑街、靖远、华亭、西固、刘家峡等地扩建和新建了一批能源企业，为全省的工业发展提供了先决条件。同时，国家拨出大量资金，兴建和从沿海搬迁了一大批骨干企业，为全省的工业发展提供了中坚力量。国家对甘肃的建设非常重视，“一五”期间，全国156个重点建设项目中，甘肃就有16个。兰州化学工业公司、兰州炼油厂、兰州石油化工机器厂、白银有色金属公司、永登水泥厂和西固热电厂等的建成，为甘肃工业生产的发展奠定了一定的基础。经过发展，甘肃初步形成了以石油化工、有色金属、电力、机械工业为支柱，包括黑色冶金、建筑材料、煤炭、轻纺、医药、食品、电子等工业在内的比较完整的工业体系。全省工业的迅速发展，改善了省内生产力布局。兰州、天水、平凉、武威、白银、金昌、玉门、酒泉、嘉峪关等10多个工业城市和一大批未设镇的工业点先后建成。

工业发展的同时，全省的交通运输业和邮电事业也有了较大的发展，形成了以兰州为中心，纵横交错、四通八达的交通网。先后建成了天兰、兰包、兰新、兰青、甘武和宝成 6 条干线铁路，10 多条支线。民用航空先后开辟了通往省内外的 10 多条航线。邮电服务网点已遍及全省城乡，基本上形成了以兰州为中心，由明线、电缆、短波、微波等各种通信手段组成的沟通全省广大城乡并连接全国各地的通信网络。

三、改革开放以来

改革开放后，甘肃经济社会取得了长足的发展，呈现出生产平稳增长、消费需求较为旺盛、经济运行质量稳步提高的发展格局，1980 年至 2000 年全省经济保持年均 9%以上的增长速度。21 世纪以来，国家开始实施西部大开发战略，甘肃在继续发展原有工业的基础上，大力发展风能、太阳能等新能源产业。甘肃是中国最早研究、开发利用太阳能的省份之一，在兰州建立中国第一个专门的太阳能研究机构、第一栋太阳房、第一个太阳灶。建立以酒泉为中心的河西风电走廊，是甘肃"工业强省"的重大措施之一。这一阶段，甘肃省的基础设施条件得到较大改善，特色优势产业加快发展，生态文明建设和环境保护取得阶段性成果，城乡面貌发生了重大变化，全省实现总体小康目标，进入全面建成小康社会的新阶段。

第二节　主要经济部门

一、农业

(一)发展现状

甘肃生态类型多样，自然条件严酷，农业基础薄弱，全省 70%的耕地是山旱地，近 80%的农村人口生活在干旱半干旱地区，是一个典型的水资源严重短缺的旱作农业省份。粮食作物主要有小麦、玉米、马铃薯、豆类、谷子、糜子、荞麦、高粱等 30 多种，经济作物主要有油料作物、棉花、甜菜、中药材、水果、蔬菜、烟叶等。全省共有各类畜禽品种 65 个，天祝白牦牛、靖远滩羊、河西白绒山羊、山丹马等品种在省内外享有盛誉，甘肃高山细毛羊、早胜肉牛、藏羊、牦牛等地方品种是甘肃畜牧业生产的主导品种。

尽管甘肃省的农业发展取得了较多成果，农业产业结构调整和发展步伐明显加快，主导产业、特色产业优势日趋明显，但受自然条件影响，农业发展仍较落后，农村居民收入较低，居全国末位，仅相当于全国平均水平的56%左右。农业发展落后的原因很多，一方面是严酷的自然条件；另一方面则是地域特色不明显、农业化市场程度不高，处于三低状态(即农业生产的科技含量低、农牧产品的商品率低、农业资源的配置效率低)也造成了农业经济发展不足。2006—2012 年甘肃省粮食产量变动如图 3-1 所示。

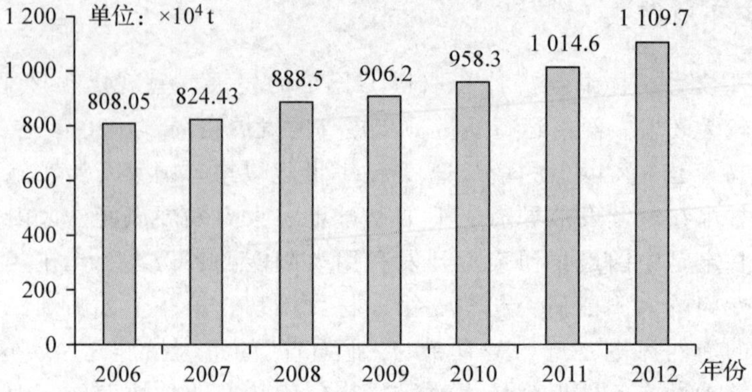

图 3-1　2006—2012 年甘肃省粮食产量变动

(二)生产布局及地域专业化

受地理条件影响，甘肃省农业生产地域差别较大。根据不同区域的农业特点，可将甘肃省的农业划分为河西走廊绿洲灌溉农业区，陇中、陇东旱作农业区，陇南和天水南部特色农业区和甘南及河西牧区几种类型。

1. 河西走廊绿洲灌溉农业区

该区域包括酒泉、张掖、金昌、武威 4 市的走廊绿洲农业区，是甘肃省乃至全国重要的商品粮基地、制种基地和高原夏菜基地。该区域农业资源条件较好、农业经济发展较快，是主要的灌溉农业区。主要作物有玉米、小米、马铃薯、瓜菜、花卉等。此外，蔬菜、棉花及部分酿酒原料种植业发展状态良好。

2. 陇中、陇东旱作农业区

该区域包括甘肃省的黄土高原地区，行政区划上包括庆阳、平凉、白银、定西北部、天水北部地区及兰州部分地区，是全省主要的旱作农业区。该区域土地面积大，降水较少，时空分布不均，是甘肃省乃至全国重要的马铃薯、中药材、小杂粮、羊羔肉及肉牛生产基地。该区域以粮食生产为主体，随着旱作农业技术创新与推广，该区域有望成为全省粮食增产潜力最大的区域和果品、中药材等特色农产品优势产区。

3. 陇南和天水南部特色农业区

该区域包括陇南市所属区县、天水市南部、定西市西南部山区。该区域自然生态条件好，降雨充沛，气候湿润，农业生物资源丰富，果品、蔬菜、中药材和食用菌等特色产业区域优势明显。目前粮食作物主要有马铃薯、小麦等。今后的特色发展方向包括油菜、特色林果、冬春蔬菜、中药材、食用菌等，茶叶、油橄榄、蜂产品及蚕丝产品的发展也需要扩大规模，推动产品精深加工。

4. 甘南及河西牧区

该区域包括甘南州及祁连山区，是甘肃省乃至全国重要的牛羊肉生产基地和细毛羊基地。因该区域同时又是我国西部青藏高原地区及河西走廊重要的水源补给区和生态屏障，具有不可替代的生态功能，农业发展主要以保护生态、突出特色，发展生态畜牧业为主要方向。在国家实施退牧还草工程的基础上，草原畜牧业发展良好，部分乳制品、畜产品精深加工业得到发展。此外，青稞、油菜、藏中药材等特色农产品具有很好的发展前景。

二、工业

(一)发展现状与特点

甘肃是一个以生产能源原材料为主的老工业基地，工业经济结构具有下列特点。

1. 以国有经济为主体的经济类型

全省非国有工业经济发展刚起步，尚未成为甘肃省工业经济的骨干力量。在工业所有制构成方面，具有以国有及国有控股企业为主体的结构特征；在工业企业组织结构方面，甘肃的大、中、小企业规模，和全国同类企业相比要小得多，这就使甘肃工业企业难以充分发挥规模效应。同时，在甘肃小型企业中开发资源的“五小”企业占有很大比重，技术落后，浪费资源，污染环境，市场稍有变化，就面临着停产歇业的危险。

2. 工业集中度相对较高

受资源分布的限制，依赖资源建立的甘肃工业主要集中在城市，且各地工业分布不平衡，农村工业很少。有色金属、石油化工、钢铁冶炼工业企业主要集中在以兰州为中心的几个城市，如天水、白银、金昌、玉门、嘉峪关。

兰州成为甘肃石油化工、机械电子、有色金属工业的基地，天水成为轻纺工业和机械电子工业基地，金昌成为镍钴及铂族有色金属工业基地，嘉峪关重点发展钢铁、石油、化工、建材工业，白银重点发展以铜铅锌为代表的有色金属、稀土材料工业。能源基地主要有八盘峡、刘家峡、碧口等电力生产基地，靖远、华亭煤炭基地，以酒泉为中心的风能太阳能基地，长庆、玉门石油基地。

3. 主导产业是原材料工业

甘肃的工业经济具有明显的依赖区域能源与矿产资源的特点，主导产业是以有色金属、黑色冶金、石油化工和建筑建材业为主的原材料工业。加工工业较为薄弱，产量小，直接消费品的市场占有率低，企业竞争力难以与发达省区相比，抗风险能力弱。除上述重点地区的大型企业或基地外，其他如平凉地区的煤炭、电力、机械、电子等工业，定西地区的建材、机械、电子等工业，武威地区的采矿、化工、酿造、制糖等工业，张掖地区的建材、化工、煤炭、纺织等工业，临夏的皮革、乳品加工和采矿等工业均依托原材料生产，对资源的依赖性很强，最终产品的附加值不高。

4. 工业产品竞争力较弱

甘肃省工业企业的装备水平达到或接近国际和国内先进水平的仅占15%，一般装备水平约占80%。产品的技术水平达到国际先进水平的仅占9%，达到国内一般水平的占64%，停留在国内落后水平的占10%。具有竞争力的高精尖产品少，一般性产品多，工业产品缺乏竞争力、经济效益不高，工业经济增长乏力。

(二)转型跨越与可持续发展

甘肃是一个资源大省，石化、有色、钢铁等6大支柱产业工业增加值占规模以上工业的“大头”。长期以来，这种过度依赖资源的产业结构，带来资源即将枯竭的窘境、发展后继无力的困境。作为欠发达地区、西部老工业基地，甘肃省在发展传统工业的基础上，坚持走新型工业化道路，把新能源产业作为转变发展方式、推动经济社会跨越发展的战略性产业，以新能源产业推动结构调整和产业升级。

1. 提升壮大优势支柱产业，发展新能源产业

采用高新技术和先进适用技术，重点在石油化工、冶金有色、能源、机械制造等领域实施一批重大技改项目。努力降低钢及钢材和有色金属生产的能源资源消耗，开发新品种，实现集约发展。大力发展原材料后续加工，延长产业链，提高附加值，形成产业集群。依托丰富的风能资源，建设河西风

电走廊，从发展风电产业入手，把甘肃建设成国家重要的新能源基地和新能源装备制造基地。截至 2012 年 6 月底，甘肃省风电发电装机容量从 2002 年的 1 200 kW 增加到 570×10^4 kW，风电装机跃居全国第二位；光伏发电从无到有，达到 150×10^6 W。一个规模化的、以风力发电为主的大型新能源基地在河西走廊初具雏形。

2. 利用高新技术改造传统产业，发展现代装备制造业

广泛采用信息技术提升制造水平，做大做强有优势的石油钻采及炼化设备、数控机床、电机电器、真空设备、自动化控制设备、风电设备、军工电子设备等装备制造业。提高自主创新能力，争取拥有较多的自主知识产权，部分产品的质量、性能达到国内先进水平和国际水平，提高产品市场竞争力和占有率。加快建设兰州、天水、酒泉三大装备制造业基地，推进 3×10^6 W 以上大型、新型风机及其叶片、太阳能光伏光热发电设备的研发及产业化。在发展新能源产业的基础上，带动酒泉等地形成国内产业规模大、产品型号多、配套能力强的风电装备制造产业园区，促进新能源装备制造成为甘肃经济发展的新亮点。

3. 着力提升工业园区服务功能，发展高新技术产业

以国家级和省级开发区为重点，支持园区提升产业规划编制水平、增容扩区、循环化改造，增强园区承接产业转移、集聚集约发展的能力。根据园区定位和主导产业发展方向，着力引进关联度高、辐射带动力强的龙头型、基地型大项目，不断完善产业链条，促进上下游企业共同发展。完善提高各类高新技术开发区和经济开发区的功能，提高聚集生产要素的能力。2012 年 8 月 20 日，位于秦王川的国家级新区（兰州新区）筹建获国务院批准，成为甘肃工业企业发展的重要契机，对甘肃省的工业经济具有很重要的推动作用。根据新区规划，装备制造产业、医药产业、文化产业等将成为今后甘肃工业经济发展的重要支撑。

三、交通运输

甘肃省地处通往青海、西藏、内蒙古、新疆等省区的交通要冲，是西北五省区连接中、东部地区的桥梁和纽带。目前，甘肃省的交通运输以铁路、公路为主，航空运输所占份额较少，水路运输可以忽略不计，形成了以兰州为枢纽，陇海、包兰、兰新、宝中、兰青、干武等主干线和西（安）平（凉）、白（银）宝（鸡）、嘉（峪关）镜（铁山）等 10 条支线铁路纵横交错的铁路骨架。另有 109、211、212、213、215、227、307、309、310、312 共 10 条国道纵横

过境，还有32条遍布县乡的省道，省道与国道交织，形成基本公路网络，等级公路占2/3以上(图3-2)。航空运输有中川、嘉峪关、敦煌、金昌、张掖、夏河、庆阳、天水等民用机场，2016年兰州中川机场旅客吞吐量突破1 000万人次大关。

铁路方面，甘肃省的铁路运输系统已形成了以兰州为中心，连接银川、西宁，贯通西安、乌鲁木齐的大十字格局，客运、货运均得到一定保障，保证了兰州作为我国西北重要交通枢纽的作用。目前，兰州至乌鲁木齐的高速铁路已经通车。兰州至重庆、兰州至成都的高速铁路正在修建中，修建完成后将极大提升与西南地区的沟通。同时，西安至兰州、兰州至乌鲁木齐的高速铁路相继通车。随着这些铁路的升级或修建，甘肃省的铁路交通运输系统趋于完善，经济将面临前所未有的发展机会。

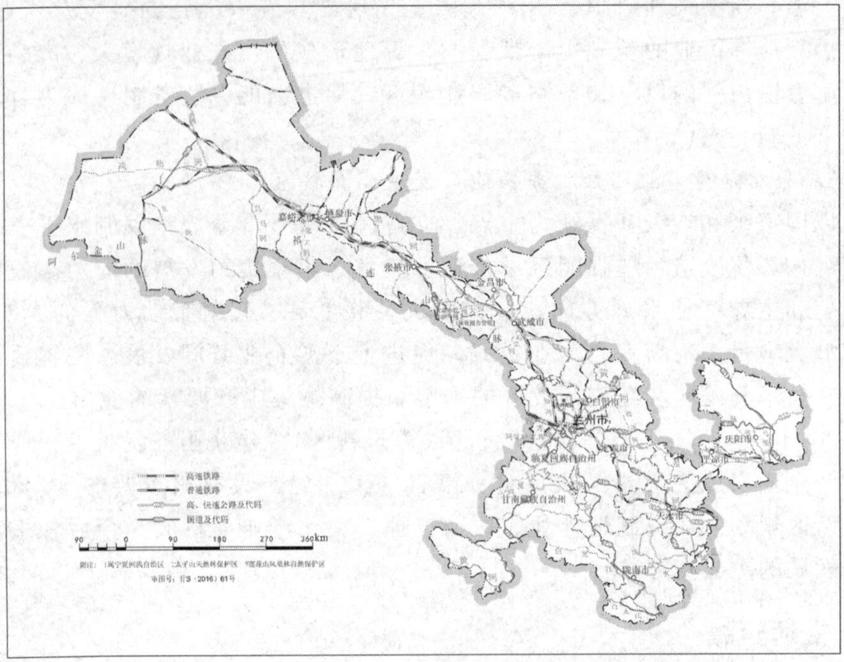

图3-2　甘肃省道路交通图

第三节 人口与城镇化

一、人口特征

甘肃省东西狭长，南北跨度大，自然及人文条件复杂多样，人口分布呈现东南部稠密，西北部稀疏的趋势。

(一)数量变动

历史上，甘肃人口的发展过程是一个大起大落、曲折变迁的过程。从西汉平帝元始二年(2 年)到清雍正二年(1724 年)的 1 700 多年间，甘肃人口一直在 200×10^4 人以下徘徊。从雍正二年到乾隆四十一年(1776 年)的 52 年间，甘肃人口暴增，由 30.28×10^4 人增至 1 208.65×10^4 人，增长 39.9 倍。从乾隆四十一年到同治元年(1862 年)，甘肃人口基本处于停滞状态，由 1 208.65×10^4 人发展到历史人口最高峰 1 240.7×10^4 人(同治元年)，历时 86 年，人口仅增加 32.05×10^4 人，平均年增长不足 4×10^3 人。从同治元年到 1949 年的 87 年中，由于战争、灾荒、疾病等原因，甘肃人口先急剧减少，由 1 240.7×10^4 人减至同治十二年(1873 年)的 279.9×10^4 人，净减 960.8×10^4 人，后逐渐恢复，到 1949 年全省人口为 968.45×10^4 人。总之，1949 年以前甘肃人口发展呈现出生率高、死亡率高，自然增长率低、平均寿命短的特点。1949 年后，人口总量发生了显著变化，由 1949 年的 968.45×10^4 人发展到 2010 年的 2 558×10^4 人。增长率呈现计划生育政策实施前较高，实施后较平稳的特点。总体上，1949 年以后甘肃人口数量的变化呈现阶段性的特征。

第一阶段：1950—1958 年是中华人民共和国成立后甘肃省第一个人口迅速增长期。在这个阶段中，除了 1951 年、1952 年、1954 年、1958 年 4 个年份的增长率在 30‰以下外，其余的 5 个年份均超过了 30‰，最高的 1956 年达到了 54.83‰。这一阶段的平均增长率为 31.61‰。经过这一阶段的发展，全省总人口增至 1 281.48×10^4 人，平均每年增长 34.78×10^4 人，其中 1956 年增长高达 63.33×10^4 人。这一阶段甘肃人口迅猛增长有几点原因：中华人民共和国成立后，劳动阶层人民的社会地位大大提高，社会为他们的婚姻生育提供了良好的条件；社会安定，人民获得休养生息的机会，物质生活条件有所改善，失业人口减少，结婚人数增多；尽管社会、经济方面发生巨大改变，但人们的传统生育观念没有发生改变，助长了人们多生育的愿望；随着国民经济的迅速恢复和第一个五年计划的实施，甘肃省成为我国内地重点发展的工业基地之一，大规模展开重工业建设，大量人口迁入甘肃。

第二阶段：1959—1961 年是甘肃人口发展的低谷期。这一阶段农业连年歉收，人民生活水平下降，国民经济比例失调，直接影响到人口再生产的正常运行，非正常死亡人口增加和人口外迁是促使本省人口骤减的直接原因。

第三阶段：1962—1973 年是甘肃省人口剧增的第二个高峰期。1962 年国民经济经过调整、充实，逐渐好转，人口增长出现回升。1962 年和 1963 年这两年共增加人口 38.35×10^4 人，年平均增长率为 15.71‰，还低于第一阶段年平均增长水平。1964 年以后，人口又呈现急剧增长势头，1964 年净增人口 40.86×10^4 人，增长率达 32.71‰，此后各年份均有增无减。1964—1973 年，甘肃省净增人口 492.97×10^4 人，年平均净增人口 49.29×10^4 人，年均增长率在 33.82‰以上，大大超过中华人民共和国成立以来本省人口的平均增长速度。这一阶段人口迅猛增长的原因有自然方面的，也有社会方面的。

第四阶段：1974—2000 年是甘肃省人口发展相对平稳期。人口的剧增所带来的经济、社会问题日趋严重，农村人均耕地面积减少，城市就业日益困难，住房紧张，交通拥挤，使人们认识到除了发展生产来缓解上述问题外，实行计划生育控制人口的过快增长也是十分重要的。在计划生育开始实施的 1978 年，甘肃省人口增长率为 20.98‰，比迅猛增长的第三阶段，回落了近 12‰。以后各年份，除 1989 年的平均增长率达到 17.09‰，其余年份均未超过 17‰。根据 2000 年人口普查资料，2000 年甘肃人口出生率为 10.68‰，比 1990 年普查时的 24.12‰下降了 13.44‰；育龄妇女总和生育率也由 1990 年的 2.45 下降为 1.43。应当指出 20 世纪 90 年代后，全省育龄妇女群体在不断扩大，在第二高峰期中出生的人口，陆续进入婚育年龄，而生育率仍呈现出下降的势头。这说明控制人口的计划生育政策及宣传，收到了较好的效果。

第五阶段：2001—2010 年甘肃人口发展仍然趋于平稳，增长率基本上保持在 2‰左右。2000 年以来，随着经济社会快速发展，人民生活水平不断提高，以及计划生育政策逐步深入人心和人们优生优育观念的逐步建立，甘肃省人口生育水平逐渐稳定在一个较低的水平上。中华人民共和国成立后甘肃历年人口数量变化及增长率见图 3-3。

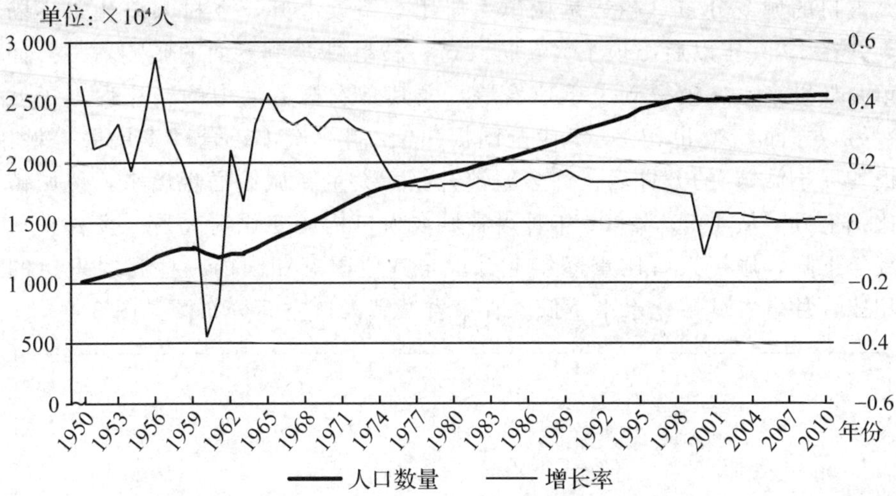

图 3-3 中华人民共和国成立后甘肃历年人口数量变化及增长率

(二)人口分布

1. 人口分布及其变动

甘肃省人口分布不均衡，各地人数相差很大。从人口数量分布看，天水、兰州、定西和陇南 4 个地区人口数量比较多，2010 年均在 250×10^4～360×10^4人，各占全省总人口的 10%以上；庆阳、平凉、武威、临夏、白银和张掖 6 个地区人口数量次之，均在 110×10^4～220×10^4人，各占全省的 5%～10%；酒泉、甘南、金昌和嘉峪关 4 个地区人口数量较少，均在 20×10^4～100×10^4人，各占全省人口的 0.4%～4%。全省近 70%的人口集中分布在中部(兰州、白银、定西、天水、临夏)和东部(平凉和庆阳)地区，但面积仅占全省面积的 1/4。其中，中部地区的人口和面积分别占全省的 51%以上和 16.65%；东部地区的人口和面积分别占全省的 18%以上和 8.42%。与此相反，河西 5 个地区面积占全省的 60.31%，人口占全省总人口的比重不足 19%。南部(陇南和甘南)地区的人口和面积占全省的比重分别是 13%以上和 14.62%，而且人口绝大多数分布在陇南地区(近 11%)。

各市、州人口分布变化较明显，这集中表现在各市、州人口数量占全省总人口的比重值的增减变化上。1982—2010 年，兰州、金昌、白银、嘉峪关、酒泉、临夏、甘南 7 个地区人口比重上升，张掖、武威、定西、陇南、平凉地区人口比重略有下降。其中，兰州市人口比重上升的最多，2010 年比 1982 年上升 2.89%。由此可见，兰州的人口数量增长速度较快，并且这种趋势可能会持续下去。

人口的城乡分布总趋势是城镇人口比重持续上升，乡村人口比重不断下降，并在 1980 年以后出现了大转折。这一转折受两个方面的影响，一方面是改革开放以来，城镇得到了迅速发展，尤其是农村劳动力的转移促进了城镇化；另一方面，20 世纪 80 年代全国提出“控制大城市，合理发展中等城市，积极发展小城镇”的方针后，许多城镇升级，大量新城镇涌现出来，使城镇人口比例上升。从 1990—2007 年甘肃省城乡人口构成变化情况看，乡村人口比重逐年下降，城镇人口比重逐年上升。与其他国家和国内一些相对发达的地区相比，甘肃省城镇化水平偏低。甘肃省城镇人口空间分布图见图 3-4。

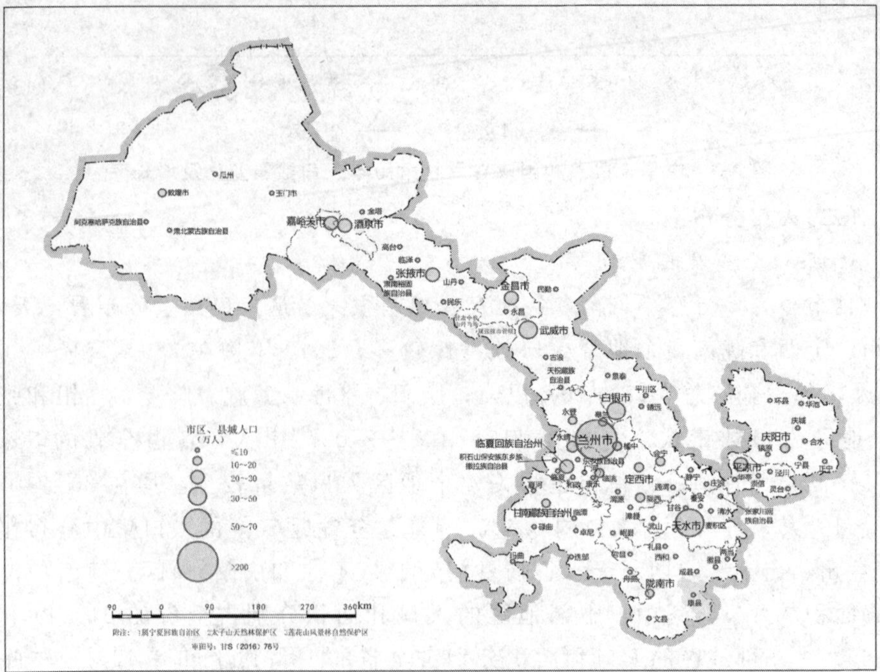

图 3-4　甘肃省城镇人口空间分布图

2. 人口密度

根据 2010 年第六次人口普查数据，甘肃省人口密度为 55.60 人/km^2，每平方千米比 1990 年的 49.25 人/km^2 多 6.35 人。整体看来，陇中、陇东、陇南的人口密度大，而甘南和整个河西地区较小。人口密度各行政区的差异十分突出，且县域间人口密度的差异大于市、州间人口密度的差异。兰州、天水、定西、平凉和临夏 5 市、州人口密度高达 130～270 人/km^2，均超过全国平均人口密度。嘉峪关、白银、陇南和庆阳 4 市人口密度为 70～90 人/km^2，高于全省平均人口密度。金昌和武威人口密度在50人/km^{2}左右，略低于全省平均人口密度。张掖、酒泉、甘南3市、州人口密度在5～30人/km^2，均低于全省平均人口密度。

(三)人口年龄和性别构成

1990年第四次全国人口普查时，甘肃省0～14岁少年儿童人口共625.82×10^{4}人，其中男性323.86×10^{4}人，女性301.96×10^{4}人，性别比为107.25；15～64岁人口共1 520.43×10^{4}人，其中男性792.41×10^{4}人，女性728.02×10^{4}人，性别比为108.84；65岁以上人口共90.86×10^{4}人，其中男性44.92×10^{4}人，女性45.94×10^{4}人，性别比为97.78。

2000年第五次全国人口普查时，全省0～14岁少年儿童人口共676.71万，其中男性356.23×10^{4}人，女性320.48×10^{4}人，性别比为111.16；15～64岁人口共1 704.92×10^{4}人，其中男性880.18×10^{4}人，女性824.74×10^{4}人，性别比为106.72；65岁以上人口共130.75×10^{4}人，男性65.76×10^{4}人，女性64.99×10^{4}人，性别比为101.18。

2010年第六次全国人口普查时，全省0～14岁少年儿童人口共464.41×10^{4}人，其中男性248.36×10^{4}人，女性216.05×10^{4}人，性别比为114.95；15～64岁人口共1 882.56×10^{4}人，其中男性953.20×10^{4}人，女性929.36×10^{4}人，性别比为102.57；65岁以上人口共211.12×10^{4}人，其中男性105.64×10^{4}人，女性105.48×10^{4}人，性别比为100.15。

从上述数据可以看出，甘肃省各个年龄组的性别比在1990—2010年有不同的变化，其中变化最大的是0～14岁组，从107.25升高到114.96，人口性别比偏离正常范围(103～107)。15～64岁组的性别比从108.84降到102.57，向正常范围内变动。最稳定的是65岁以上人口的性别比，虽然偏低，但是趋于平稳。甘肃省的人口性别比一直高于全国平均水平，近年来逐渐降低。1950—1960年基本保持在110之上，最高年份(1950年)达到115.46。2010年第六次全国人口普查显示性别比已降到104.50。前期人口性别比偏高的原因主要在于：一是中华人民共和国成立初期留在甘肃的军政人员和大量迁入人员多为男性；二是甘肃经济以重工业为主，对男性的需求更多；三是长期以来重男轻女思想的影响比较严重。

二、城镇化

(一)城镇分布

甘肃省于1955年才开始设立建制镇，首批31个，随后小城镇数量迅速增加，1957年达到64个。1958年曾一度取消了镇的建制，1962年开始恢复，1964年恢复到43个。“文化大革命”期间，小城镇的建设遭到破坏，到1977年只剩下30个。改革开放以后，乡镇企业和第三产业蓬勃兴起，小城镇建设得到进一步加强。截至2007年年底，全省有14个市、州，1 343个建制镇，初步形成了以兰州为中心，天水、白银为次中心，沿西陇海兰新铁路、包兰铁路和主要河流分布的城镇体系基本框架。甘肃省城市数量少，城市密度为每平方千米0.3个城市，不及全国平均密度(0.7个/km^2)的一半。城区人口规模在100×10^4人以上的特大城市1座(兰州市)；城区人口规模50×10^4～100×10^4人的大城市1座(天水市)；城区人口规模20×10^4～50×10^4人的中等城市4座，分别是白银市、平凉市、武威市和酒泉市；城区人口规模20×10^4人以下的小城市10座。甘肃省城镇规模结构总体呈现“头重、脚轻、腰杆细”的特征，亦即大城市、中等城市较少，小城镇发展也存在规模小、实力弱的问题。此外，甘肃城镇的空间分布极不均衡，陇中和陇东地区城镇密度高于全国平均水平，集中分布了全省65%以上的城镇，而酒泉、甘南等地的城镇密度极低，每万平方千米仅有两三座城镇，临夏和酒泉的城镇密度比为21∶1。城镇布局区域间差异较大。

(二)城镇化现状

甘肃省城镇化进程较慢，城镇化滞后于工业化，城市的数量、结构和质量与全国相比均存在较大差距。2010年第六次人口普查数据显示，居住在城镇和乡村的人口分别为923.7×10^4人和$1\,633.9\times10^4$人，城镇化率36.12%。截至2016年，甘肃省城镇化率达到44.49%，表明甘肃已进入城镇化快速发展阶段。

有研究表明，甘肃省城市化综合发展水平，金昌最高，定西最低，兰州位居第三，这由各自的城市化内涵构成差异所致。在西陇海兰新经济带甘肃段的人口城市化方面，9个城市中提升速度较快的城市只有嘉峪关、兰州、酒泉、金昌，反映了甘肃段城市化整体推进较慢，突出地区不多；42个区县中城市化两极分化明显，而增速高于平均的区县较多，反映了整体的发展态势较好。与西北地区、全国相比，甘肃段的城市化发展有一定优势，但与西陇海兰新经济带相比，其城市化水平和增速都偏低，反映了甘肃段作为经济带发展谷地情势的特征。将西陇海兰新经济带甘肃段人口城市化分别放在不同背景层次(全国、西部地区、西北地区、经济带、甘肃省)上比较(图3-5)，可以看出：作为西北一个优先发展的区域，2007年甘肃段的城市化水平(44.89%)明显高于同期全省水平(31.59%)，也高于西北地区及西部的平均水平(39.09%、37.83%)，与全国平均水平很接近(44.94%)，但还是低于西陇海兰新经济带的水平(63.43%)。2000—2007年，甘肃段城市化水平每年提高1.79个百分点，分别高于全省(1.08个百分点)、西北地区(1.24个百分点)、西部地区(1.66个百分点)与全国(1.25个百分点)，反映了甘肃段相对于大区域背景属于发展环境条件较好的，但其城市化率增速低于经济带(3.84个百分点)，也反映了在整个经济带上甘肃段竞争态势的相对薄弱，发展相对缓慢。

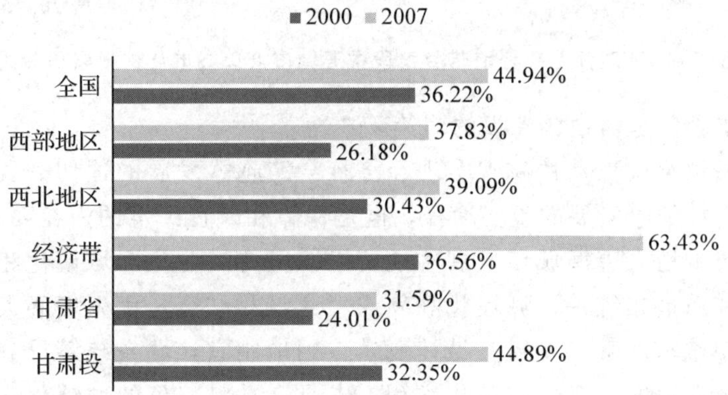

图 3-5 西陇海兰新经济带人口城市化比较

随着全省城镇化水平的不断提高，全省的大、中、小城镇逐渐成为推动各地经济发展的强力引擎，进入快速发展阶段。其中，金昌市的城镇化具有典型示范作用。2010年，金昌市城镇化率达到62.1%，超过全面小康值12.1个百分点，分别高于全国、全省平均水平12.42个和25.98个百分点。全市农业劳动力的重心已逐渐向城市转移，农民进城就业成为城镇化的主动力，镇区居民生产方式、生活方式和居住方式也发生了明显改变。

(三)人口城镇化发展动态

由于历史遗存、区位与自然资源条件、经济社会发展基础、投资环境的不同，各区县的城市化进程存在明显差异。选取几个关键年份的人口城市化水平进行比较，可看出主要城市人口城市化进程的差异。在西陇海兰新经济带甘肃段9个地级市中，人口城市化水平较高且提升速度较快的城市依次是：嘉峪关、兰州、酒泉，其余6个城市的情况大致相当(图3-6)。据此可知甘肃段人口城市化具有整体推进较平稳、突出地区不多的特点。

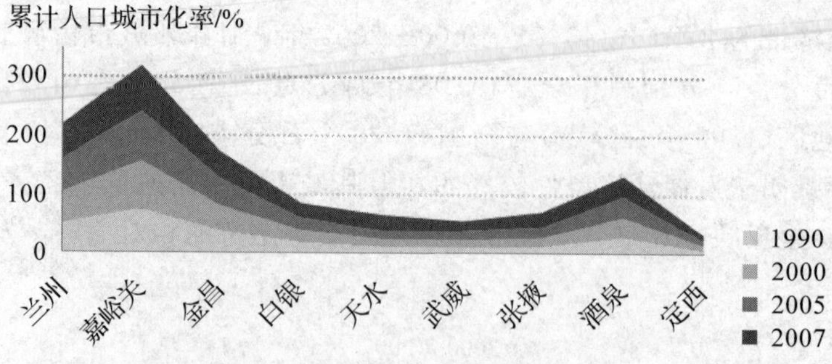

图 3-6 西陇海兰新经济带甘肃段主要城市人口城市化扩张累积曲线

(四)加快新型城镇化建设的对策

加快城镇化进程是甘肃省实现经济社会跨越式发展的迫切需要，是推动经济社会持续健康发展的重要途径，也是保障和改善民生的内在要求。因此，甘肃应立足省情，遵循城镇发展客观要求，坚持工业化和城镇化相协调、城镇化速度和质量相统一、城镇化和新农村建设相结合，优先发展大城市，大力发展中小城市，重点发展县城建制镇，因地制宜，城乡统筹，分层次、按规划、有重点地推进全省城镇化进程，走具有甘肃特色的城镇化道路，促进全省经济社会跨越式发展。

1. 依托资源环境，推广生态城市发展模式

甘肃地理环境比较特殊，城镇化的推进速度、规模和路径选择，必须考虑资源环境的承载能力。在干旱、半干旱地区，水资源条件是一个城市发展过程中各种自然资源承载力的重要组成部分，是限制作用最强的城市发展制约因素。西北干旱区城市人口在 15×10^4～70×10^4 人的城市的人口与水资源关系表明，发展 50×10^4 人口的城镇，其可用水资源量必须在 10×10^8 m^3 左右。例如，金昌市人口数量约为 10×10^4 人，水资源占有量约为 8×10^8 m^3，这一水量值是一座现代化城市最低的水量消耗数。金昌市也已出现了城市生活用水无法正常供给，工业生产用水无法保障，农业灌溉用水不能满足农村经济发展的需要，生态环境用水日趋严峻等一系列问题，被列为全国 108 个重点缺水城市和 13 个资源型缺水城市之一。

甘肃省生态环境脆弱，但生态地位重要，是国家重要的生态屏障。新型城镇化应依托现有资源环境承载力，推广生态城市的发展模式。预计到 21 世纪中叶，甘肃省城镇化率需从现在的 45％提高到 60％左右，才能满足现代化进程的总体要求。甘肃省新型城镇化应通过深化改革，坚决摒弃那种片面追

求GDP增长的错误观念，建立健全以生态文明建设为核心、有利于资源节约和保护环境的长效机制。

2. 突出首位城市，优化城镇空间布局

2012年兰州市GDP为1 560亿元，约占甘肃省5 569亿元的28%，而全国其他省会城市GDP占全省的比例均超过1/3。据第六次人口普查数据，兰州市人口约占全省14%，而其他省会城市人口占全省的比例均在14%以上。从GDP和人口这两个重要指标分析，兰州的经济总量和人口总量，都急需做大做强。为了充分发挥省会兰州作为大城市的辐射带动功能，不仅在"中心带动、两翼齐飞、组团发展、整体推进"的区域发展战略中给予兰州准确定位，还要建设以兰白经济区为核心的兰州都市圈。应以建设兰州新区和白银工业集中区为突破口，依托兰州和白银主城区基础设施、产业基础和科技人才综合优势，科学规划功能分区，合理调整城市布局，优化空间开发结构，不断改善并增强城市功能。

为提升省内各区域中心城市的综合竞争力，大力推进酒（泉）嘉（峪关）一体化发展，整合城市资源，打破行政区划和城乡体制分割，合理确定区域空间布局和功能分区，将酒嘉经济区建设成为支撑西陇海兰新经济带发展的区域性中心城市，弥补结构断档。同时，着力实施关中—天水经济区规划，突出天水核心城市辐射带动作用，积极打造区域交通枢纽、区域物流中心和文化旅游基地；加快建设陇东能源和煤电化示范性生产基地，建设陇南有色金属基地，发展优质农产品生产加工等各具特色的优势产业，增强庆阳、平凉、陇南的综合竞争力。此外，甘肃省以一批经济强县县城为基础，依托快速铁路沿线和高速公路网络节点，在经济基础较强、地理条件较好、区位优势突出的地方重点发展一批中小城市；按照规模适度、布局合理、功能健全、突出特色的要求，对全国重点镇和省级重点镇实施了扩权强镇，发挥中小城镇在统筹城乡发展中的带动作用。

新型城镇化战略与"丝绸之路经济带"建设深度融合，采用"点—轴系统"开发模式组织社会经济发展，科学处理集中与分散、公平与效益、从不平衡发展到平衡发展之间的关系。

3. 体现地域特色，打造城市主题文化

世界城市发展经验表明，城市的成功离不开文化的成功，城市文化是城市的生命所在。城市是全世界人类创造力的集中体现，比如伦敦、纽约和洛杉矶这些城市，从它们种类繁多的大规模文化活动中就可以看出来。它们拥有辉煌的文化成就，拥有发达的音乐和电影产业，金融与商业企业出类拔萃。

城市文化定位，就是依据城市的地理、历史传统、资源条件来确定。一是从全球角度是否具有世界性的地理特征或是否具有全国性的地理优势，是否具有可开发为地方独特性的文化标志物的文化资源；二是历史文化特征，古建筑、街道等名胜古迹，传统生活方式和民俗文化等均是城市可持续发展中的重要组成部分。

甘肃省的城市形象基本趋同，大都缺乏历史文化传承，没有形成较好的城市主题文化。甘肃境内文化古迹众多，石窟文化、丝路文化、始祖文化、长城文化、农耕文化、黄河文化等在全国乃至全世界具有重要影响，各大中小城市应该找出符合自身的独特城市主题文化，建设富有历史文化传承特色的新型城镇。

第四章　地理区划

章前语

甘肃省自然地域的地带性分异和非地带性分异均非常明显。黄河以东地区主要以过渡型纬度地带性为主，形成了亚热带、暖温带、温带三个温度带及自然带。黄河以西地区以大陆型纬度地带性为主，属暖温带荒漠带和温带荒漠带。同时，在地带性规律的影响下，一些非地带性分异如干湿度分带性、垂直带性和地方性分异在甘肃也表现得非常明显。甘肃省综合自然区划方案，包括河西干旱地区、青藏高原东北边缘山地地区及河东季风区 3 个大区、8 个二级区和 20 个三级区。作为多民族聚居和融合的省区，境内的历史文化、民俗文化均具有较大的地域差异，同时区域经济发展也有显著差异。结合自然地理分异、文化地理差异和区域发展差异，根据综合地理区划原则，可将甘肃分为河西地区、陇中地区、陇东地区、陇南地区和甘南地区。

关键词

自然地域分异；文化地理差异；区域发展差异；地理区划

第一节　自然地理差异

一、地域分异规律

自然地理环境是由包括地质、地貌、气候、水文、土壤、植被和动物界在内的许多成分和要素构成的统一整体。但是，这个整体的不同部分，却经常表现出极为显著的特征差异。地理环境整体及各组成要素的特征，按照一定的方向发生分化，形成多级自然区域的现象，称为自然环境的地域分异。导致这种分异的原因，即为地域差异因素，而制约或者支配这种分异的规律，则称为地域分异规律。揭示自然界地域分异的因素并阐明地域分异规律，是区域地理学的任务。甘肃省南北跨 10 个纬度，东西跨 16 个经度，为水平地域差异提供了广大的空间。境内海拔最高点与最低点之高差达 5 256 m，短距离内的地势起伏也相当显著，为垂直分异奠定了充分的条件。在地带性和非地带性因素的共同作用下，甘肃省地域分异规律表现得复杂且特殊。

(一)纬度地带性分异

甘肃境内的黄河干流自积石峡从青海流入，在黑山峡流出进入宁夏境内，将甘肃分为两部分，黄河干流以东可称为河东地区，以西地区称为河西地区。伍光和、江存远(1998)指出纬度地带性规律在这两部分均有表现，但存在差异，将其归纳为过渡型地带性和大陆型地带性两类。

1. 河东地区的过渡型纬度地带性

甘肃省内黄河以东即河东地区，约位于 32°20′N～37°30′N。年平均气温自南向北由 16 ℃降至 7 ℃，相差 9 ℃以上。在同一方向上，≥0 ℃积温由 5 000 ℃降到不足 3 500 ℃；≥10 ℃积温由 4 600 ℃降到 3 000 ℃，南北差值均超过 1 500 ℃，即纬度每增加 1°，年均温降低 1.08 ℃，≥0 ℃和≥10 ℃积温各降低 300 ℃。这是我国东部同纬度地区所少见的。究其原因是整体海拔较高，热量背景与东部平原显然不同；地势向南缓倾，气温的纬向变化叠加地势的影响；东西向山脉如西秦岭的屏障作用强化了南北两侧的温差等。

纬度方向热量条件的巨大差异使河东地区归属不同的温度带并在此基础上形成的不同自然带(地理带或景观带)。《中国综合自然区划》制定的温度带指标是，亚热带≥10 ℃积温 4 500～8 000 ℃，最冷月均温 0～16 ℃。陇南南部白龙江及其支流的低海拔河谷完全符合上述条件，因此应归属亚热带，实际上它是四川盆地亚热带的北延部分。暖温带≥10 ℃积温为 3 200～4 500 ℃，最冷月均温－8～0 ℃。河东地区大部，包括西秦岭、陇西黄土高原南部及陇东黄土高原，符合上述指标，是甘肃省的暖温带。中温带≥10 ℃积温为 1 700～3 200 ℃，最冷月均温为－24～－8 ℃，陇西黄土高原北部属于中温带。

由上述可知，纬度地带性分异的结果在甘肃东半部形成了亚热带、暖温带、中温带 3 个温度带，并以此为基础，形成了 3 个相应的自然带。

2. 河西西部的大陆型纬度地带性

纬度地带性分异在甘肃西半部亦有明显表现，在 97°E 线上，甘肃省域约占 530 km，其南段为祁连山地，中段为河西走廊，北段为北山山地，最北端直抵中蒙边界。自祁连山麓向北至疏勒河谷地，气温逐渐升高，呈现显著的热量倒置现象。由疏勒河下游谷地向北至中蒙边界，年均温由 8 ℃下降到

4 ℃，≥10 ℃积温由 3 500 ℃降至 3 000 ℃以下。其中虽不免或多或少有地势增高的影响，但考虑到气象站海拔不高，仍可肯定纬度变化是其主要因素。在此经度线上，除祁连山地外，年降水量均保持在 50～70 mm，变化较小，表明自然景观的地域分异主要是在干旱气候背景下由热量条件的纬度地带性变化所引起的。其中，疏勒河谷地是中国西部巨大的暖温带岛——塔里木暖温带岛的东延部分，以北则为温带。自然景观亦相应分属暖温带荒漠带和温带荒漠带。

(二)非地带性分异

由于甘肃深居内陆，地貌类型复杂多样，又受青藏高原隆升的直接影响，因此在地带性规律的影响下，一些非地带性分异在甘肃也表现得非常明显。

1. 干湿度分带性

甘肃东南部年降水量超过 800 mm，由此向西北，离海岸线越远降水量越少，至中部减少为 200～400 mm，到河西走廊更减至 200 mm 以下，最干旱的河西走廊西段甚至不足 50 mm。陇南陇东地势均向东南倾斜，降水量向西北递减的趋势因地势渐高而有所缓解，逾华家岭地势转向北倾斜，降水量在水平方向上的递减与因海拔降低导致的递减趋势相叠加，相对递减率增大。进入河西走廊以后，等降水量线走向基本上与走廊延伸方向一致，但宏观上仍显示出越向西越干旱的特征。

2. 垂直带性

甘肃省多高原山地，平均海拔偏高，且因切割强烈，相对高度较大，受到温度和降水的垂直变化影响，垂直分异表现显著。湿润区山地如岷山摩天岭、西秦岭等，森林带占据大部分高度，带谱结构具有海洋性特征(图 4-1，来自伍光和、江存远《甘肃省综合自然区划》)。干旱区山地如阿尔金山、西祁连山和北山，以山地荒漠带为下部带，很少或没有森林带，自然带结构具有大陆性特征(图 4-2，来自伍光和、江存远《甘肃省综合自然区划》)。

值得注意的是，甘肃省主要山地的中山带(1 000～3 000 m)冬季存在不同程度的逆温现象，其中尤以祁连山地最为显著，诸山地的气温直减率仅 0.45～0.55 ℃/100 m。冬季逆温使山地年平均气温直减率明显降低，进而从热量条件方面促使垂直带厚度增加。另外，本省降水量的垂直梯度(即高度变化 100 m 时降水量的增减数)普遍偏小，例如，祁连山东、中、西三段，分别只有 15～25 mm、7～18 mm和 4～10 mm；陇南山地一般不超过 30 mm，中部孤立山地多在 20 mm 上下。水分条件变化缓慢也有利于加大单个垂直带的厚度，简化垂直带谱的结构。这是甘肃省垂直地域分异有别于东部沿海山地的重要原因之一。

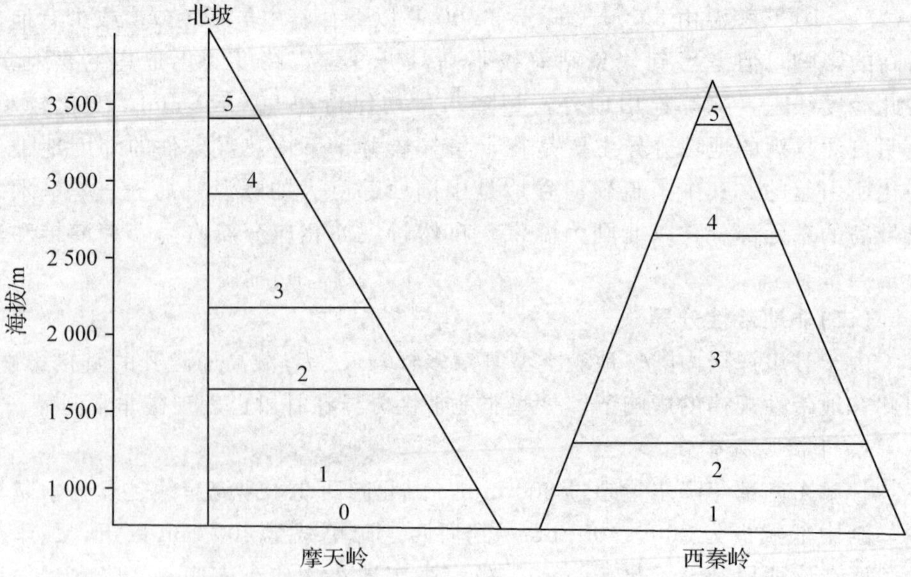

图 4-1　摩天岭、西秦岭植被垂直带

0. 常绿阔叶林带　1. 山地常绿落叶阔叶林带　2. 山地落叶阔叶林带　3. 山地针阔叶混交林带　4. 亚高山针叶林带　5. 高山灌丛草甸带

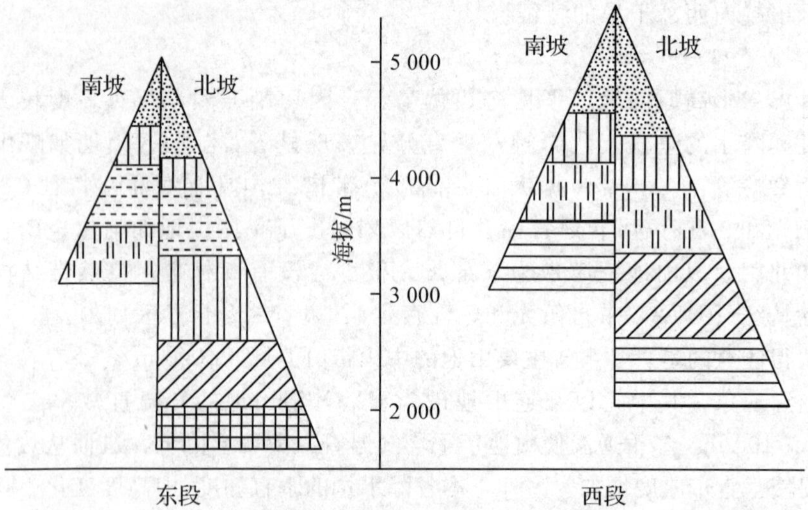

图 4-2　祁连山地的垂直带

1. 冰雪带　2. 高山亚冰雪稀疏植被带　3. 亚高山灌丛草甸带　4. 亚高山草原带　5. 山地森林草原带　6. 山地草原带　7. 山地荒漠带　8. 草原荒漠带

需要说明，垂直带性分异并不仅限于山地。凡是地表高差足够大的地方，无论其为何种地貌类型，都有垂直分异现象。例如，河西走廊有两个基本地理事实，一是走廊南侧即祁连山山麓线普遍达到2 000～2 500 m，与走廊最低处约1 000 m相比较，高差达1 000～1 500 m，从走廊边缘的洪积倾斜平原顶部到最低处的河流冲积平原，水热条件都迥然有别。二是走廊海拔最高的地方，即作为石羊河流域与黑河流域分水岭的西大河、山丹河冲洪积扇形地，海拔接近3 000 m，与走廊最低处相差2 000多米，其2 300～2 600 m部分已属山地草原—栗钙土带，2 600～3 000 m已是亚高山草甸草原—黑钙土带，如果其地貌类型为山地并处于阴坡，理应生长森林，但由于没有必要的地貌条件相配合，故未出现森林。在这里，热量取代水分成为主要制约因素，畜牧业相对于农业占有较大优势。世界上最大的军马场——山丹军马场即分布在祁连山北麓的大马营草原。

3. 地方性分异

地方性分异主要是由局地环流、特殊的地貌结构和下垫面的变化等形成的，伍光和等认为，属于中尺度非地带性地域分异范畴。在甘肃省域内典型的地方性分异有以下几例。

(1)高原北倾与局地热量倒置

由于地表太阳辐射总量和辐射平衡值从低纬区向高纬区递减，全球热量分布表现出低纬区比高纬区高的规律。但甘肃省地处青藏高原东北侧，河西走廊、阿拉善高原和陇西黄土高原的一些地区地势向北倾斜。在这些北倾高原的特殊地区内，如河西走廊南侧的洪积倾斜平原，临夏州、兰州市和定西市的部分地区，南北海拔差异造成的气温垂直变化超过其纬度变化幅度，于是出现了北部气温高于南部气温的热量倒置现象。祁连山北麓年均温多在4～6 ℃，而河西走廊内部大多在6～9 ℃；临夏、定西年均温为7.3 ℃和6.3 ℃，向北到达兰州、白银、靖远一带，反而升至9.4～10.4 ℃。活动积温亦有同样的趋势，祁连山北麓≥10 ℃积温仅有2 000～2 500 ℃，而走廊内部普遍在3 000 ℃上下，西段甚至可达3 500 ℃。临夏、榆中、定西等县南高北低、南冷北暖的特征尤为显著。

(2)青藏高原东侧的“干舌”

甘肃河东地区等降水量线的分布有一个极为突出的特点，就是500 mm和600 mm等降水量线从临夏向南直下白龙江谷地，再转而北上经陇山南段向东北斜穿陇东黄土高原直抵子午岭，形成一个南伸250 km、宽80～150 km的舌状弯曲。从全国降水量图上可以看到，该地区是中国除青藏高原外，

500 mm 和600 mm 等降水量线位置最偏南的地区，尤其是在 33°N～35°N，降水量明显低于紧邻的东西两侧。气候学家形象地称之为“干舌”，该地区内的西汉水、白龙江和白水江谷地则被称为“干旱河谷”。“干舌”并不影响陇中高原和陇南山地各自作为一个自然区的地位，但对其内部更进一步的地域分异却有一定影响。

(3)河西走廊地方风系的影响

地表气象观测表明，来自蒙古—西伯利亚的冷空气终年均可以从北山—弱水间的空旷荒漠平原侵入河西走廊，其频度和强度以冬春两季为甚。冷空气受阿尔金山、祁连山阻挡产生分支，一支自西北向东南纵贯走廊，另一支则以偏东风形式倒灌瓜州、敦煌乃至塔里木盆地。风向不同致使黑河与疏勒河流域沙丘的排列方向、移动方向和速度均大不相同。而走廊地形效应促使风力加强，致使花海盆地及疏勒河下游细土平原上形成带状延伸的雅丹地貌，曾经覆盖砾质戈壁表面的细粒物质被吹扬殆尽。河西走廊西段与中段间的地域分异，除热量条件与干旱程度不同外，地方风系的影响也是一个重要因素。河西走廊西段铁路防风和绿洲防护林建设之所以重要，显然与强烈的局地环流影响有关。

二、甘肃省的综合自然区划

关于甘肃省综合自然地理区划，伍光和、江存远(1998)根据发生统一性、相对一致性、区域空间连续性、综合性和主导因素等原则，将区划划分为三级。第一级为河西干旱地区、青藏高原东北边缘山地地区及河东季风地区 3 个大区，在 3 个地区之下再划分出 8 个二级区，二级区以下再划 20 个小区作为三级区(图 4-3)。

8 个二级区大致如下。

北山山地区(Ⅰ$_1$)：该区是位于甘肃省西北端、塔里木盆地与阿拉善高原之间的一系列干燥剥蚀中低山及山间低地、谷地的总称。本区面积较小，海拔略低，十分干旱，且除甘新公路和兰新铁路沿线车站和养护人员外，几乎没有常年定居人口。

河西走廊区(Ⅰ$_2$)：是南边祁连山和北边马鬃山、合黎山、龙首山(合称走廊北山)之间的狭长地带，因位于黄河以西，故名河西走廊。此区可分为库姆塔格沙漠小区、走廊西部小区和走廊东中段小区 3 个小区。

阿拉善高原南缘区(Ⅰ$_3$)：阿拉善高原是指北山以东、狼山—贺兰山以西、河西走廊以北至中蒙边界的辽阔区域，这个区域南部边缘归属甘肃省。

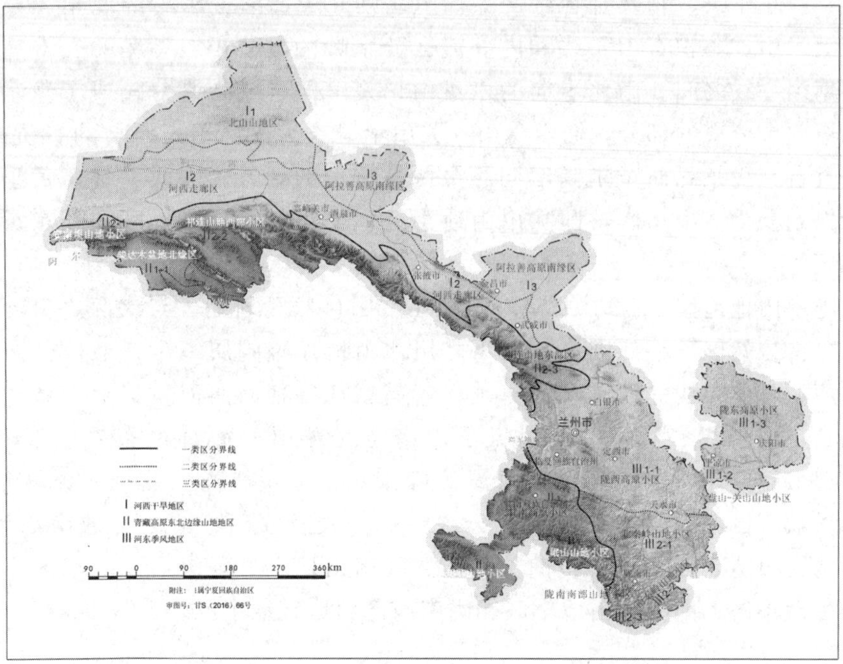

图 4-3 甘肃省综合自然区划图

尽管在行政区划上归属于甘肃相关县市，但在自然区划中仍独立为一个地区。阿拉善高原在甘肃境内可划分为 3 个小区，即南部弱水冲积平原及沙漠小区、合黎山—龙首山山地小区和石羊河下游冲积湖积平原及沙漠小区。

阿尔金—祁连山地区（Ⅱ$_2$）[含柴达木盆地北缘区（Ⅱ$_1$）]：本区东部邻近黄土高原并可接受夏季风余泽，西部深入亚洲中部腹地并受到荒漠的强烈影响，这种影响尤以中低山最严重。气候水热条件的东西差异使该自然区全部的自然地理要素和整体自然景观特征都发生了显著的地域分异，最终形成 3 个次级自然小区，即安南坝山地小区、西祁连山地小区和东祁连山地小区。

甘南高原区（Ⅱ$_3$）：甘南高原是青藏高原的组成部分之一，西邻青海省，南接四川省，东部逐渐向陇南山地过渡；北连甘肃中部黄土高原，两者之间有清晰的地貌界线。全区以山地和高原为主要地貌类型，并与祁连山地一起构成省境内两个海拔最高的自然区。在行政区划上，绝大部分属甘南藏族自治州，仅北部和东部边缘有小部分属临夏回族自治州、定西和陇南地区。本区是甘肃省最大的藏族聚居地，畜牧业历史悠久。

陇中黄土高原区（Ⅲ$_1$）：本区位居甘肃中部，因黄土高原而得名，全区范围东、西止于陕、甘及甘、青交界，南北则介于江河分水岭的北秦岭及莲花山、太子山、小积石山一线和内外流区分水岭的雷公山、乌鞘岭、寿鹿山至黄草塘山一线之间。南北走向的六盘山—关山把这个高原分隔成了陇东和陇西高原两个分离的部分，而六盘山—关山本身作为突出于高原上的石质山地，已经具备与陇东陇西黄土高原同等级区域单位的条件。因此，甘肃黄土高原区可以划分为 3 个小区，即陇山山地小区、陇西黄土高原小区和陇东黄土高原小区。

陇南山地地区($Ⅲ_2$)：西秦岭山地在中国自然区划上，与陕西之秦岭山地同属一个自然区，小部则应与四川之川北山地丘陵同属一个自然区。西邻甘南高原，具体界线一说为洮河谷地、宕昌岷江谷地、两河口、两水镇、石鸡坝至甘、川省界一线，一说以太子山南至光盖山西麓直抵省界一线(约在103°E附近)。北邻黄土高原，以渭源麻家集、会川、陇西雪山、漳县四族、武山滩歌、四门、甘谷武家河、天水铁炉一线及籍河、渭河谷地南缘为界，全区均为山地。因位于省境南部，通称陇南山地。本区包括 3 个小区，即北秦岭山地小区、南秦岭山地小区和陇南南部山地谷地小区。

第二节　文化地理差异

人文地理学是研究地球上人文现象的分布、演变和传播的一门学问，其范围十分广泛。人文现象有经济、社会、政治和历史方面的、相应的人文地理学有多个分支。其中，文化地理学是研究人类文化空间组合及其区域差异的分支学科，其主题是人类与环境的相互作用。甘肃由于其特殊的地理环境，尤其是不同的地貌、气候、水文环境等会出现不同的生活方式，加之历史上不同时期分属不同的民族统治，因此文化地理整体上不仅独具特色，而且人地关系的区域差异显著。

一、地域文化的差异

地域文化一般是指特定区域源远流长、传承至今仍发挥作用的文化传统，是特定区域的生态、民俗、传统、习惯等文明表现。它在一定的地域范围内与环境相融合，因而打上了地域的烙印，具有独特性。

本省西部的河西走廊自古为中西交通要道，也是我国西北的交叉路口。历史上属于多民族分布区域，民族变动非常频繁。这对塑造河西地区的文化风貌、奠定河西走廊区域文化分布格局，都起了决定性的作用。历史上河西走廊的居民来源地比较广，有东方来的汉族、党项族、满族，北方蒙古高原来的匈奴、鲜卑、突厥、回鹘、蒙古等族，南方青藏高原来的羌、吐蕃等族，西方来的昭武九姓、回族等，以及从这里西去的乌孙、月氏等族，还有来自更远的中亚、阿拉伯半岛以至于里海沿岸的居民。这些民族不论是以点状还是以块状进入河西走廊地区，也不论其在区域文化形成过程中作用大小，仅就其文化的差异而论，都代表着不同地域的文化特质。而不同质的文化在河西走廊地区碰撞、交流、融合，使其不仅构成简单的地域文化，而且形成一个多民族、多文化的地域复合体。因此，河西地区文化的特点是以中原文化尤其是儒家文化为主流，宗教文化影响深远，民族文化特色突出。

中部的黄土高原开发历史悠久，文化底蕴深厚，是我国古文化的发祥地之一。本区的农耕文化源远流长，可明显区别于甘肃省的其他地区。例如，天水市是人文始祖伏羲的诞生地，素有“羲皇故里”之称。陇东地区自周代初期“武王封密”时开始，就是姬姓周人先祖奠定基础的地方。他们继承了轩辕黄帝时代或者更早的农耕文化，并加以发展，最终形成了以此为中心的更为丰富的政治、经济、道德等中华文明传统。周人先祖在陇东地区几百年来对农耕的经营，不仅对陇东地区、黄河流域，而且对全国及后世产生了深刻的影响。数千年的农耕文化发展历程，给这里留下了大量的物质文化景观。

甘南地区是青藏高原东部边缘属于甘肃省西南隅的一部分，自古就是多民族繁衍生息的地方，先后有被称为羌、氐、戎的当地民族及从东北远徙陇原的吐谷浑以及来自西藏的吐蕃等民族居住。考古证明，辛甸文化可能是古代羌族的一个支分支，寺洼文化则可能是氐族文化之遗存。其他当地文化，也应是当地藏族先民们所创造的地方文化。凡此，均为中华民族大家庭的文化宝库增添了不可多得的艺术瑰宝。西汉之后，汉族开始迁入甘南，唐代后西藏吐蕃族军人、部落东进州域。元、明以后，逐渐有回族迁入，甘南成了一个多民族聚居的地区。

陇南也是中华民族的发祥地之一，又是多民族聚居的地方，地域文化具有独特的空间多样性。北部的西汉水河谷阶地，新石器中期分布有原始陶器农业文化遗存。以牧马立国的秦人先祖的都邑西犬丘，就在今天的礼县、西和一带。古老的氐、羌民族，曾在此建立地方政权(如仇池古国)，并以此地作为活动中心。汉族、藏族、回族和古氐、羌等民族长期聚居，形成了多姿多彩的风俗民情。秦陇文化与巴蜀文化、汉族文化与藏族、回族等民族文化相互影响融合，使陇南地域文化呈现南北交融、古今并存的地域特色。

二、民族文化的差异

甘肃省共聚居着 45 个民族，其中汉族占总人口的 91.7%，少数民族占总人口的 8.3%。在 44 个少数民族中，人口在千人以上的有回族、藏族、东乡族、土族、裕固族、保安族、蒙古族、撒拉族、哈萨克族、满族等 16 个民族。东乡族、裕固族、保安族 3 个为特有少数民族。从分布情况来看，回族主要聚居在临夏回族自治州和张家川回族自治县，散居在兰州、平凉、定西等市；藏族主要聚居在甘南藏族自治州、天祝藏族自治县以及河西走廊祁连山的东、中段地区；东乡族、保安族、撒拉族主要分布在临夏回族自治州境内；裕固族、蒙古族、哈萨克族主要分布在河西走廊祁连山的中、西段地区（图 4-4）。

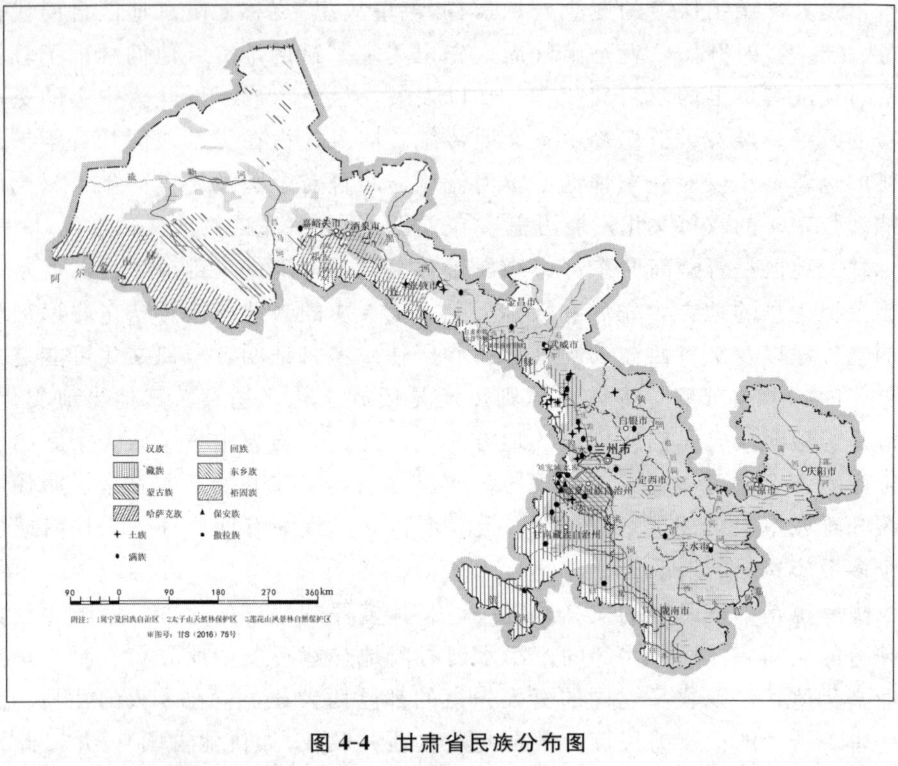

图 4-4　甘肃省民族分布图

甘肃虽然民族众多，但只有汉族、蒙古族、藏族 3 个民族有 2 000 年以上的互相杂居或轮流占据省境的历史，其余各少数民族都是近数百年间由省境外迁入的。他们在宗教信仰上既保持了各民族自己的特色，又与这 3 个在甘肃境内居住时间较长的民族进行了长期的交流与融合。少数民族中，回族、东乡族、保安族、撒拉族、哈萨克族等民族多信仰伊斯兰教，藏族、裕固族、蒙古族、土族等民族多信仰藏传佛教，即喇嘛教。各民族在饮食、服饰、婚丧、节日庆典等方面均有自己的特色，如藏族著名的香浪节、木花节、浴佛节等，回族、东乡族、保安族、撒拉族的花儿会，裕固族的婚礼仪式，土族的“嘎尔”歌舞等。甘肃主要少数民族的文化差异见表4.1。

表4.1 甘肃主要少数民族的文化差异

民族	主要分布	生业方式	语言	宗教	服饰	饮食
回族	临夏回族自治州和张家川回族自治县	以农业为主，兼营畜牧业	汉语	伊斯兰教	男性一般戴白色无檐帽，女性戴盖头	喜爱饮茶
藏族	甘南藏族自治州和天祝藏族自治县	以畜牧业和农业为主	藏缅语族藏语支	藏传佛教	肥腰、长袖、大襟、右衽、长裙、束腰、露臂、以毛皮制衣等，妇女头饰多为“碎辫子”	以糌粑为主食，也食烙薄饼和“搅团”
土族	天祝藏族自治县、积石山保安族东乡族撒拉族自治县和卓尼县等地	以农业为主，兼营畜牧业	蒙古语族	藏传佛教	男子一般戴红缨帽和“鹰嘴啄食”毡帽，女性服饰俗称七彩袖	以青稞、小麦、薯类为主，喜喝奶茶、吃酥油炒面
裕固族	肃南裕固族自治县	畜牧业为主，兼营农业	裕固语、汉语	藏传佛教	男女均着高领长袍，妇女外套坎肩，男子穿高筒皮靴，女子穿长布靴	以酥油、糌粑、乳制品为主，“一日三茶一饭”
保安族	积石山保安族东乡族撒拉族自治县	手工业	蒙古语族	伊斯兰教	与回族、东乡族等族大致相同	与回族、东乡族等族大致相同
蒙古族	肃北蒙古族自治县	畜牧业为主	蒙古语族卫拉特方言	藏传佛教	与国内其他地区的蒙古族相同	以茶、肉、奶为主，辅之以粮、菜等，喜欢饮酒

续表

民族	主要分布	生业方式	语言	宗教	服饰	饮食
撒拉族	积石山保安族东乡族撒拉族自治县	以农业为主，手工、商贩等	突厥语族乌古斯语支、汉语	伊斯兰教	与回族、东乡族等族大致相同	与回族、东乡族等族大致相同
哈萨克族	阿克塞哈萨克族自治县	畜牧业为主	突厥语族克普恰克语支	伊斯兰教	常以牲畜皮毛作衣料，男性衣服宽大、冬季多穿“托恩”，女性服饰多样	用畜肉做烤肉、肉灌肠、炒肉片、煮肉等饮食，用牛羊乳制作各种饮料和食品

三、民俗文化的差异

由于民族众多，且部分民族的生活习惯与汉族相差很大，甘肃各地区民俗文化的差异明显。东南部的天水、陇南两市，境内除有举世闻名的麦积山石窟和秦安大地湾古文化遗址外，伏羲文化、秦文化、三国文化在天水的民俗中也十分丰富。每年农历正月十六日的伏羲庙会和农历五月十三日的伏羲文化节，将天水民俗活动推向高潮。

甘南、临夏两自治州，是藏族、回族、东乡族、保安族、撒拉族等少数民族的聚居地，有独具一格的民情和风俗。甘南的拉卜楞寺，不但有着精美绝伦的建筑，而且每年 7 次规模较大的法会和众多的节庆，使其宗教民俗活动丰富多彩。古朴典雅的临夏清真寺，这里的宗教民俗活动隆重而独特。规模宏大的莲花山和松鸣岩花儿会，不但是临夏民俗风情的充分展现，而且在世界民俗风情中，也占有一席之地。此外，甘南的浪山节、采花节；临夏东乡族、保安族的婚礼、饮食等习俗，使甘南和临夏成为甘肃民俗的独特地域。

甘肃东部的庆阳、平凉市，是具有悠久历史的农耕文化区。这里有黄帝登临、广成子修炼得道的道家圣地崆峒山，西王母设宴招待周穆王的王母宫山以及公刘庙、菩萨山等，都是民俗文化呈现的主要场所。陇东的唢呐、剪纸、社火、戏曲等民俗文化尤具魅力。定西市和白银市，虽干旱少雨，植被较差，但也不乏引人入胜的民俗风情。通渭是西北民俗文化的极盛区之一，由于自然条件严酷、资源贫乏，经济发展相对滞后，生存就业困难。有史以来，人们一直崇尚耕读，力求从文化教育上寻找生计出路，形成了“家中无字画、不是通渭人”的通渭现象，通渭被命名为“中国书画艺术之乡”“中国民间文化艺术之乡”，被评为“全国书画产业先进县”。陇西是天下李姓的祖地，是海内外李氏寻根问祖之地；岷县是当归主要产地，由此而形成的生活、礼仪、节庆等民俗，在省内外都有一定的影响。

河西走廊是甘肃著名的粮仓，更是昔日铁马金戈的古战场和古丝绸之路的交通要道。闻名于世的玉门关和古阳关遗址、锁阳城遗址、敦煌莫高窟民俗、肃南裕固族风情、肃北蒙古族风情、阿克塞风俗、天祝藏族聚居区风情、雷台奇观、古酒泉传奇、嘉峪关传说等奇风异俗在这里熠熠生辉。民间有“冬至大如年”的说法，意即“冬至”的礼俗和过新年相差无几。本区的山丹、古浪、金昌、敦煌等地如今依然延续着古老的民俗，除了在“冬至”当天做出独具特色的美味佳肴，还举行丰富多彩的民俗活动，祝福年年幸福安康。例如，山丹县祁店每年冬至举办同吃“牛娃子饭”的民俗盛宴，近百米的灶台，100 多名厨师烹饪 5 万多碗牛娃子饭，让当地群众和慕名而来的游客大饱口福，共同祈福来年风调雨顺。其间，还举行山丹宝卷传承念唱、摄影展、“嗷冬至”民间歌舞演出等活动。

省会兰州市，不但是一座历史文化名城，而且是一座现代化的移民城市。这里民俗风情更是丰富多彩，黄河古渡和铁桥、五泉山庙会、安宁堡桃花会、皋兰闹元宵与打春牛、水车与羊皮筏、太平鼓和太平歌、兰州婚俗以及雕刻葫芦、黄河石、水烟、白兰瓜等，都让人流连忘返。黄河带给兰州人民灌溉和舟楫之利，但这是需要付出努力的。为了克服农田高水面低的困难，兰州人创造了“水挂子”提水浇地。但这太辛苦，于是明朝的兰州段家滩人段续创制水车，有效解决了高扬程灌溉的难题。如今水车已经成为兰州市代表性的景观之一。黄河水流湍急，由于本地缺乏适合造船的木材，勤劳智慧的兰州人巧妙地创造出羊皮筏子。在 20 世纪 40 年代，羊皮筏子还是远航包头的交通利器。今天来自各地的游客无不希望在黄河上坐一回羊皮筏子，来领略“千年筏子百年桥，万里黄河第一漂”的诗情画意。

第三节　区域发展差异

一、综合经济实力的区域差异

受自然条件、资源环境及经济社会发展等因素的影响，甘肃省经济布局主要在陇海兰新铁路沿线地区，这里集中了全省 60％的经济总量；而占全省总人口60%的陇东、陇南地区仅占全省经济总量的30%左右，经济布局与人口分布不对称，地区间发展水平和差距不断扩大。省会兰州所在的陇中地区是甘肃省经济发展的核心地区，科技、人才等均优于其他区域；河西地区作为我国的商品粮基地在粮食生产上具有重要地位，同时部分工业，如酒泉的酒钢、金昌的金川公司等对区域经济的带动作用明显；甘南地区主要以畜牧业为主，同时该区又是黄河上游生态保护区，开发较少，经济发展也处于落后位置；陇南地区受地形和交通影响，长期以来经济发展缓慢，是甘肃省目前经济收入水平最低的地区。就城乡差异而言，甘肃省目前经济的发展仍然处于聚集效应阶段，增长极的带动作用或者说涓滴效应体现并不充分，农村和城市的收入差距日益增大，重点城市和县城、乡镇的差距也日益增大。

从2006年各市、州人均地区生产总值和人均地方财政收入的对比分析来看，人均地区生产总值最高的是嘉峪关，为48 575.68元，最低的是定西，为2 763.73元。人均地区生产总值在1.5万元以上的市、州是嘉峪关、金昌、兰州和酒泉，人均地区生产总值在1.0万～1.5万元的市、州是白银和张掖，人均地区生产总值在1万元以下的市、州是武威、庆阳、平凉、天水、甘南、陇南、临夏和定西。人均地方财政收入在1 000元以上的市、州有嘉峪关、金昌和兰州，人均地方财政收入在500～1 000元的市、州只有酒泉，在500元以下的市、州是庆阳、白银、张掖、平凉、甘南、天水、武威、陇南、临夏和定西，这说明甘肃省各市、州之间的综合经济实力差距很大。有人对2009年甘肃省14个市、州经济发展水平差异进行了测度，经济发展水平最高的嘉峪关市综合得分为0.83，全部市、州平均得分为0.57；经济发展水平最低的定西市和陇南市综合得分分别为0.05和0.09，经济发展高水平地区与低水平地区之间的差距比较悬殊。进一步分析表明，嘉峪关、金昌、酒泉在人均经济水平和经济发展阶段方面处于领先地位，兰州、庆阳、平凉则在经济总量和规模上有比较优势。

甘肃省区域发展存在的问题主要有：

一是作为自然资源禀赋条件较差的省份，诸如水资源短缺、可开发利用土地资源有限、生态环境脆弱等是长期制约甘肃经济社会发展的突出问题。以资源原材料为主的重型工业结构和粗放的增长方式加剧了资源"瓶颈"约束，严峻的生态环境限制着资源的开发利用空间，全省经济社会发展面临资源保障支撑和生态环境约束的双重制约。如何在维持生态环境不被进一步破坏甚至逐渐好转的情况下，促进经济快速高效发展是甘肃省面临的挑战之一。

二是面临经济社会加快发展的新要求。随着国家西部大开发战略的不断推进，国家宏观调控和基本公共服务均等化等政策的继续实施，甘肃交通、能源等基础设施建设步伐加快，农业基础设施条件不断改善，城市化和工业化进程明显加快。同时，本省经济社会发展水平低，同发达地区相比差距仍在扩大。西部大开发战略实施以来，中国西部地区经济社会虽有很大发展，但就总体而言，西部滞后于东部乃至全国的基本格局仍未得到明显改观。甘肃省由于地域、生态环境等因素的制约，发展速度更慢，不但与东部地区差距越来越大，而且与同处于西部的陕西、新疆等的差距也在不断扩大，因此经济吸引力显得不够。什么原因造成了这种局面的产生，是一个需要深入探讨的问题。在国家大力支持和自身努力下，继续加强基础设施和生态环境建设，加快发展特色优势产业，努力提高城乡人民生活水平，促进经济社会又好又快发展，将是甘肃省长期的重大任务。

三是面临构建合理空间开发格局的新形势。甘肃省正在加快推进全面建成小康社会，未来5～10年全省城乡居民消费结构将进入快速升级的阶段。随着人口的增加、城乡居民消费水平的提高、城市化和工业化进程的加快，甘肃省从改善居民生活条件、保障农产品供给、产业发展、加强生态文明建设等方面都提出了新的需求，要求合理扩大城市空间，增大生态用地，优化农业和农村用地结构，进一步加快城市基础设施建设，改善城乡居民居住环境，促进并形成合理的空间开发格局。

二、县域经济综合发展的差异

研究表明，甘肃省县域经济取得了一定发展，但经济发展水平总体比较落后。2015年县域经济发展明显落后于全国平均水平，其中人均地区生产总值更是居于全国末位。并且县域经济空间差异不断扩大，形成了相对发达的河西经济区及欠发达的陇南经济区和南部民族地区，河西经济区内部差异和区域间差异是本省县域经济总体差异的主要贡献者。在全省县域经济差异的空间特征方面，经济发达县域和落后的县域都呈现显著的空间正相关性，经济发展水平相似的县域在空间上集聚性增强，经济发展的极化趋势在进一步加深，经济发展空间二元结构明显。通过系统聚类将甘肃省69个县域划分为经济发达程度不同的4个层次，即发达型、较发达型、中等型和欠发达型，中等型和欠发达型县域主要分布在甘肃南部地区和陇中地区，发达型和较发达型县域则主要分布在河西地区和陇东地区，空间分布上呈现出“两极分化、西强南弱”的特征。根据2016年《甘肃经济发展综述》，2015年全省69个县域地区生产总值2 923.30亿元。从69个县域内部结构看，县域间经济发展的差异具有下述特点。

第一，2015年，69个县域中经济总量居前10位的县域地区生产总值合计852.23亿元，占69个县域地区生产总值总和的29.15%，比2010年的39.36%减少了10多个百分点，除因7个市、州驻地县区划调整外，也说明县域经济发展滞后、实力有待提升。

第二，河西地区县域经济发展水平在甘肃省保持了较高水平，具有绝对比较优势。在2015年地区生产总值排序处于前10位的县域中，河西地区县域占据5个席位，较2010年减少1个；剩余的5个席位分属于陇东(3个)和陇中(2个)。

第三，区域间发展分布不平衡现象仍然突出。从进入前25位的县域分布看，陇中地区、河西地区和陇东地区的县域发展具有明显的优势，其他地区县域发展水平和竞争力亟待提升。

第四，贫困地区个别县域经济综合发展水平在提升。贫困面广、贫困程度较深的定西市与陇南市，所属县域中的临洮县(58.91亿元)、陇西县(57.44亿元)和成县(51.13亿元)，2015年地区生产总值已突破50亿元，进入69个县域地区生产总值总量前25位，为探索贫困区域地方经济发展提供了模式。

甘肃省县域经济发展差距不断扩大，主要是不同层次、不同县域之间资源禀赋、经济基础、政府政策等多种因素共同作用的结果。其中，资源禀赋和经济基础是造成县域经济差异的地理背景和根本原因，尤其资源禀赋影响着县域经济的发展基础和增长形式。例如，河西地区地势平坦，土地肥沃，蕴含着大量的矿产资源，同时丝绸之路沿线地带旅游资源优势突出，交通发达，县域经济发展水平高；陇东地区则依托能源化工产业和农畜产品加工业来增加产值，经济发展的主要增长点在于对资源的开采和加工；南部地区多为贫困县、农业县，交通不便，社会生产生活条件差，长期以自然经济或小农经济为主，县域经济发展水平相对落后。

县域经济发展的差异，集中体现在产业结构上(表4.2，来自柳江、霍治方的《甘肃省县域经济发展差异与空间特征研究》)。河西地区县域产业结构多为“二三一”类型，以肃北县、肃南县和阿克塞县为例，3县均是蕴含着大量钢铁、煤炭和石灰石等矿产的资源型城镇，同时依托“丝绸之路”发展旅游业，在一定程度上实现了由“二一三”向“二三一”的转变。永登县、榆中县等地处甘肃省中部，不仅有着深厚的历史文化底蕴，还有便捷的交通条件、良好的科教环境、集聚的技术人才等，产业类型多为“三二一”。陇东地区的县域产业结构分为两种：一种是以华池县、环县等为代表的老牌工业县，主要依托矿产资源的开采和加工带动县域经济发展，产业结构呈现“二三一”类型；另一种是以泾川县、灵台县等为代表的传统农业县，以第一产业作为县域主导产业，产业结构为“一三二”类型。南部地区长期以来面临着人口众多而可耕地面积不足的局面，经济发展以农业为主，除合作市(为“三二一”类型)外其余均为“三一二”结构。

表 4.2　甘肃省各代表性县域产业结构差异

县域		产业结构类型	第一产业结构分布/%	第二产业结构分布/%	第三产业结构分布/%
河西地区	肃北县	二三一	2.49	63.42	34.09
	肃南县	二三一	16.46	58.46	25.20
	阿克塞县	二三一	3.69	64.80	31.51
	高台县	三一二	32.08	30.82	37.10
陇中地区	永登县	三二一	10.90	36.72	52.38
	榆中县	三二一	17.13	30.94	51.84
陇东地区	泾川县	一三二	41.38	20.41	38.14
	华池县	二三一	6.55	79.79	13.66
南部地区	积石山县	三一二	26.41	5.32	68.27
	玛曲县	三一二	34.80	17.55	47.66

甘肃省县域经济之所以发展滞后，一是在于主导产业发展层次不高、龙头企业带动作用不强、县域基础设施和公共服务薄弱、园区配套设施不完善，以及金融、科技、人才等要素保障不足。今后，甘肃省应进一步增强发展县域经济的紧迫感，把发展县域经济作为富民强县的重要支撑，作为发挥区域优势的基础平台，构建特色鲜明、辐射范围广、发展潜力大的十大特色产业集群，形成带动县域经济发展的产业体系。二是发挥农产品资源优势，培育农业产业化龙头企业，打造各具特色的农产品加工基地，促进农业与旅游、文化、健康养老等产业整合发展。三是以“丝绸之路经济带”建设为契机，打造贯串甘肃全境的道路联通机制，并侧重于完善经济落后地区的交通网络体系，实现经济欠发达型县域同经济发达型县域的对接，促进各生产要素无壁垒流动，增强各县域之间全方位的交流互动。

三、旅游发展的差异

甘肃省14个市、州中，有13个把旅游产业确定为当地经济发展的支柱产业、重要产业、龙头产业或新的经济增长点。目前，兰州市、嘉峪关市、张掖市、天水市、庆阳市、陇南市、甘南藏族自治州、临夏回族自治州等市、州已出台了加快旅游业发展的有关决定和具体实施意见，制定了一系列支持旅游业发展的政策措施，出台了一系列面对海内外旅游开发商的优惠政策。政府主导的旅游产业发展局面已经初步形成。2007年甘肃省接待入境旅游者33.12×10^4人次，是1979年的69倍；外汇收入7 021.05万美元，是1979年的219倍。2007年接待国内旅游者$2\ 389.93\times10^4$人次，是1991年的10.86倍。2007年全省接待海内外旅游者达到$2\ 423.05\times10^4$人次，旅游总收入突破百亿元大关，达到115.91亿元，旅游业总收入相当于全省地区生产总值的4.34%。旅游业在国民经济发展中的重要产业地位得到进一步明确，在带动第三产业发展、扩大社会就业和促进全省经济健康发展方面起到了积极作用，并开始成为国民经济新的增长点和社会投资热点。

对游客旅游动机的研究表明，人们出游的主要动力是文化差异性。甘肃省旅游地理集中度相对较高，说明本省的旅游经济主要集中在几个旅游经济发达城市，而且人文资源导向性明显。2002年，甘肃省旅游创汇收入最高的前3个地区分别是酒泉市、兰州市和甘南州，三地的旅游外汇收入各自占全省比重均高于20%，总计为78.26%，处于绝对优势。而其余的市、州旅游外汇收入比重均低于10%。按照区域整体旅游创汇收入来看，河西走廊5市占44.21%，河西地区吸引海外游客的整体能力较强；而中部地区内部差异却很大，以兰州市为主要旅游创汇区，占该区域的82%，其他3市较弱，只占该区域的18%；甘肃南部3市、州与中部类似，内部差异也很大，甘南州旅游创汇占该区域的88%，而陇南市、临夏州只占12%；而东部2市的旅游创汇能力整体很弱。通过对比全省14个市、州1999—2008年旅游外汇收入与全省平均旅游外汇收入的比率，可以进一步得出区域旅游业差异变化的空间特征。

1999年，全省各市、州旅游外汇收入仅有少数几个高于全省平均水平，即兰州、武威两地区，旅游外汇收入分别是全省平均水平的6倍多和5倍多；到2008年，兰州虽有下降但仍是全省平均水平的3倍多，武威降至不及全省的平均水平；而酒泉和嘉峪关分别从1999年的0和0.733倍升至2008年的7倍多和1倍多，均高出全省平均水平；甘南除1999年和2008年不及全省平均水平，其余年份均高出全省平均水平，2007 年是全省平均水平的 5 倍多，达到最高水平；白银、临夏、金昌、张掖等市、州的比值虽然有不同程度的上升，但是相对于兰州、甘南、酒泉、嘉峪关，其旅游经济规模仍然较小。酒泉、嘉峪关、兰州 3 市 2008 年旅游外汇收入是全省平均水平的 12 倍之多，说明甘肃省入境旅游具有“集中垄断”的特点，呈现出明显的“收敛聚集”型空间分布模式。

目前，甘肃省入境旅游主要的目的地为酒泉、嘉峪关、甘南、兰州。根据 4 个市、州的入境旅游优势来看，酒泉、嘉峪关有级别较高的历史文物古迹，甘南有神秘奇特的藏文化风情，兰州有地理区位优势和经济优势。因此，甘肃省的入境旅游多属于传统人文旅游，而区位和经济驱动型旅游次之，观光、购物、娱乐等旅游资源导向型旅游不明显。

第四节　综合地理区划

地理区划是地理学研究的重要内容，是全面认识地理环境的重要方法之一。它可以深入揭示地理环境的区域分异规律和各区域的结构特征，不仅可以深化区域地理研究理论，还可以全面分析评价区域自然条件和自然资源潜力，因地制宜地提出合理开发利用的途径或政策性建议。

一、综合地理区划的原则

区划原则是反映地表区域分异的基本法则，是进行地理区划的指导思想，是选取区划指标、建立等级系统、采用不同方法的基本准绳。我国自然地理区划研究相对成熟，常用的区划原则有发生学原则、主导因素原则、区域共轭性原则、相对一致性原则、生产实践原则等。地理区域综合划分不同于自然区划，更不同于单要素的区划，后者只能是综合地理区划的基础。本书主要采用以下区划原则。

(一)发生学原则

发生学原则可理解为区域单元成因的一致性和区域发展方向的共同性原则。由于地域分异是长期发展的结果，具有一定的继承性，追溯发展历史以论证其发生、发展的异同是十分重要的。在追溯发展历史的同时，应当认识到区划的对象是区域形成和发展的现代地表过程所产生的地理综合体，区划最终要落实到现代区域特征上，因而必须注意古今之间发生发展过程上的联系。例如，作为甘肃省综合地理区划的一级单位，河西地区除包括走廊平地外，不论从水资源形成区、消散区的发生机理，还是从历史时期的地区联系和区域整体性考虑，均应包括内陆河流域上游所在的祁连山地和下游所在的阿拉善高原南缘。而同级各单位之间区域特征的不同，常常是由地貌条件的差异而引起的。因而考虑地貌条件的发生，在省级单位的区划中是比较有实际意义的。

(二)主导因素原则

该原则强调选取反映区域分异的主导因素的某一主导标志作为确定区界的主要根据，并且特别强调在进行某一级区划时，必须按统一的指标来划分。基于甘肃境内地表区域分异作用非常复杂，非地带性因素广泛而深刻地改变或破坏了全省大部分地区纬度地带性的特点，以构成省内各区景观的地貌轮廓、水系格局为依据划分区域单元，既能体现宏观地域分异规律的某些水热组合特点，也能体现以区域和区际联系、经济发展差异为主导的综合地理区划原则。例如，同为黄土高原组成部分的陇东、陇西地区，其自然地理景观不仅因六盘山而存在黄土地貌类型、植被景观等明显差异，还因地质构造、水系、交通等不同，存在着以经济发展为主导的行政区划取代元代以来军事行政区划的可行性。

(三)区域共轭性原则

每个具体的区划单位都要求是一个连续的地域单位，不能存在着独立于区域之外而又从属于该区的单位。区划的这一属性，称为区域共轭性或空间连续性原则。这一原则决定了区划单位永远是个体的，不能存在着某一区划单位的分离部分。例如，走廊盆地与祁连山地在自然特征上有明显差别，但根据区域共轭性原则，两者同属于更高一级的区划单位。此外，对于省级的综合地理区划，行政区一般不宜分割，以利于经济地理统计并与各类规划相衔接，克服过去自然区划或经济区划各自为阵的单要素性缺陷。

二、甘肃省综合地理区划方案

根据上述区划原则和自然地理、人文地理与区域发展差异，本省可分为陇中地区、陇东地区、陇南地区、甘南地区和河西地区 5 个地区，它们的主要特征见表 4.3。

表 4.3　甘肃省五大综合地理区的主要特征

地理区名称	自然特征	优势资源	发展方向	支柱产业	生态治理
陇中地区	黄土梁峁沟壑、草原景观	水能、煤炭资源	全省经济、文化和科教中心，交通枢纽、商贸物流和区域性金融中心，特色农产品加工基地	石油化工、有色冶金、新材料、新能源、水电、装备制造、生物医药产业、特色农产品加工产业	水土保持
陇东地区	黄土塬、森林草原景观	石油、天然气和煤炭资源	能源化工基地，区域性交通枢纽和物流集散地，文化(民俗)产业示范基地	煤电、石油等特色产业，出口型农产品加工业	流域综合治理、水土保持
陇南地区	亚热带、暖温带森林	矿产、生物、旅游资源	特色产业、有色金属产业基地	采矿业及水能开发，多种经营、特色农业	流域综合治理、生物多样性保护
甘南地区	高寒草原		优质畜产品供给基地	畜牧业、旅游业	水源补给生态功能区建设
河西地区	祁连山冰川、走廊平地和绿洲景观	矿产、土地、风能、光热、旅游	国家重要的新能源、冶金和石化基地，国家航空航天基地，丝绸之路黄金旅游线，特色农产品加工、外来资源落地加工基地	农牧业、资源密集型工业、新能源产业和旅游业	水源涵养、内陆河治理、节水型社会建设

(一)陇中地区

陇中地区大部分与自然区划的陇中黄土高原区界线重合，考虑到区域经济的完整性，局部地区在自然区划中以分水岭为界，在此则以行政边界为界。本区包括兰州市、白银市、定西市、临夏回族自治州、天水市及平凉市的静宁县和庄浪县，面积 7.93×10^4 km^2。2010年常住人口 $1\,341.6\times10^4$ 人。

本区在省内占有区位、科技、人才和部分矿产资源优势，水能开发条件相对优越，科技水平较高，工业发展水平处于全省最高位，拥有电力、有色金属及黑色金属冶炼、建材、石化、机械、电子等众多行业，已成为全国最大的铝生产基地和硅铁、铅锌、稀土、碳素制品等的重要生产基地。同时，轻纺、食品、电子、机械等加工工业近年也有很大发展。

(二)陇东地区

陇东地区位于陇山以东，包括庆阳市全部和平凉市的崆峒区、泾川县、灵台县、崇信县、华亭县，总面积 3.45×10^4 km^2。2010年常住人口 427.9×10^4 人。

本区石油、煤炭等矿产资源储量丰富，是我国重要油气资源储备地区之一，是甘肃省建设能源化工基地的重要地区。陇东地区历史悠久，文化底蕴深厚。加强小流域综合治理，合理开发利用水资源，改善生态环境，对调整优化经济区域布局、实现区域可持续发展具有重大的现实意义。

(三)陇南地区

陇南地区包含整个陇南市域范围。甘肃省东南部的陕甘川三省交界地带，地处秦岭山地西段，俗称西秦岭山地，它是甘肃省唯一的长江流域地区。东邻陕西省汉中地区和宝鸡市，南部和西南部与四川省的绵阳地区和广元市毗邻，西北部与本省的甘南藏族自治州、定西市和天水市接界。陇南市辖1区8县，分别为武都区、成县、徽县、两当县、宕昌、文县、康县、西和县和礼县，面积 2.98×10^4 km^2。2010年常住人口 269.1×10^4 人。

北部地区以粮食作物为主，南部山区多种经营比重较大。本区是全省天然次生林分布最集中的地区，也是全省最大的经济林区、桑蚕基地和药材集中产区。据统计，全省生产的生漆、油桐、板栗、核桃、棕片、柑橘、茶叶、松脂、木耳等大部分产于本区。木耳的产量占全省的95%，核桃的产量占全省的62%。生漆、油桐、木耳、核桃都是出口商品。但是，由于过去重农轻林，林业资源常遭破坏，林产品与林副产品的潜力难以得到充分发挥，渔业和牧草资源也没有充分利用，影响了经济的发展。本区与河西、陇东地区相比，经济发展较慢。粮食生产增长速度低于全省平均水平，亩产也低于全省平均水平，2006年，农民人均纯收入排在全省最后一位。

(四)甘南地区

甘南地区地处青藏高原东部边缘，包括整个甘南藏族自治州管辖范围。甘南藏族自治州东与定西、陇南市毗邻，西与青海省果洛、黄南州相连，南与四川省阿坝州接壤，北倚临夏回族自治州，总面积 3.64×10^4 km^2。2010 年常住人口 56.1×10^4 人。

本区气候高寒阴湿，天然植被好，有广阔的天然草场和大片森林，是全省重要的牧区和林业基地，具有很多优良畜种，如河曲马、牦牛、甘加羊、欧拉羊、乔科羊、合作猪、河曲藏獒等，畜牧业产值略高于种植业。此外，本区也是全省重要鱼产区，玛曲渔场的捕捞量占全省鱼产量的60%以上。

(五)河西地区

河西地区指甘肃省黄河以西地区，东起乌鞘岭，西止甘肃和新疆交界处，南以祁连山、阿尔金山分水岭为界，北至内蒙古自治区和中蒙边界。在地理位置上本区处于我国西北干旱地区和青藏高原边缘，包括自然区划的北山山地区、河西走廊区、阿拉善高原南缘区，阿尔金—祁连山地区和柴达木盆地北缘区。行政区划上包括酒泉、嘉峪关、张掖、武威和金昌 5 市，总面积 27.4×10^4 km^2。2010 年常住人口 480.64×10^4 人。

河西地区日照充足，昼夜温差大，光热条件好，地势平坦，耕地集中连片，并有内陆河水资源可以提供利用，为农业发展提供了良好的自然基础，是全省粮食生产水平最高的地区，也是全国星火产业带区之一。农业生产发展快，农产品商品化程度较高，已建成国家级商品粮基地。以仅占全省 18.7%的人口和 17.4%的耕地，提供了全省 70%的商品粮、35%的商品油、100%的棉花、25%的肉类和 45%的瓜果和蔬菜。河西地区矿产资源丰富，矿产的保有储量约占甘肃省总量的 70%以上，其中有色金属特别是贵重稀有金属在全国占有重要地位，形成了资源密集型的产业特征。本区建成了一批国有大中型企业，形成了有色金属、钢铁、石油、航天等重要工业基地。

第二篇　分　论

第五章　陇中地区

章前语

陇中地区指位于西秦岭、太子山以北，六盘山以西，甘、宁省(区)界及乌鞘岭以南，甘、青省界以东的广大地区，行政区划上包括兰州市、定西市、临夏回族自治州、白银市和天水市全部及平凉市的庄浪、静宁两县，土地面积 7.93×10^4 km^2。2010 年，常住人口 $1\ 341.6\times10^4$ 人，人口密度 165 人/km^2，为全省各区中人口最多、密度最大的区。“陇中”一词，最早出现在清末左宗棠 1876 年给光绪皇帝的奏章中，有所谓“陇中苦瘠甲天下”之称。后来，陇中作为一个区域地理概念，逐渐被广泛使用。全区具有黄土高原的一般特征，但其西北部有向青藏高寒区及西北干旱区过渡的特点。省会兰州位于本区，是全省的政治、经济和文化中心。兰州新区位于兰州北部秦王川盆地，是国家规划建设的综合交通枢纽。黄河甘肃段水能资源丰富，但区内水土流失严重，生态环境脆弱，部分地区人均收入低，远低于全国人均水平。作为甘肃省沟通东南西北的中心，陇中地区战略地位十分重要，加快陇中地区的经济发展有利于推动甘肃省乃至西北地区经济的整体发展。

关键词

省会兰州；国家级新区；黄土高原；黄河；水土保持

第一节　区域特征

一、自然地理特征

(一)岭谷相间的黄土地貌

陇中地区在地质构造上为新生代坳陷区，呈向北开口的菱形盆地，故地质学上多称之为“陇中盆地”。黄土及黄土状物质是构成本区地表最广泛的堆积物，且是中国乃至世界黄土堆积最厚的地区，许多黄土剖面的厚度都超过200 m。据钻孔资料，兰州西津村黄土厚约416 m，兰州城北的九州台，黄土厚达335 m。会宁的白草塬黄土厚达280 m，靖远县曹岘乡黑在沟的黄土剖面厚约505m。黄土是地球发展史上最新阶段的产物。欧洲、北美大陆的黄土，沉积在大陆冰盖的外缘，黄土物质直接来自冰碛和冰水沉积物。第四纪时期内，中国境内没有出现过统一的大冰盖，黄土主要分布在西北温带荒漠外缘的东南部，即黄土高原地区。在气候干冷期，强大的西北季风将沙漠、戈壁中的粉砂吹扬搬运到黄河中游干草原和疏林草原地带，大气中的粉尘降落发生“黄土化”过程，连续沉积从而形成黄土层深厚、集中分布的黄土高原。在气候温湿期，东南季风盛行，给黄土高原带来较多的雨水，黄土发生“土壤化”过程，形成色调深、质地黏重的古土壤。与此同时，伴随着青藏高原的不断隆起，我国北方还存在着区域性的气候干旱化趋势，黄土堆积发展、分布区扩大，耐寒旱的草原向东南方向扩展，迫使华北暖温带落叶阔叶林南移，往大陆内部伸展至本区东南部即迅速尖灭。

区内地势较高，且呈波状起伏。大部分海拔在1 100～2 000 m，黄土塬面均在1 500 m以上。根据下伏基岩，本区黄土可分为两类：一类是直接覆盖在新近纪红层或甘肃期侵蚀面之上，时代上包括早、中、晚更新世黄土，地貌上包括黄土塬、黄土梁与黄土峁形态；另一类是河流阶地之上堆积的黄土，其下直接与河漫滩相粉砂及河床相砾石相接触。下伏古地形在新生代红色盆地基础上经流水切割形成较破碎的岗岭和沟谷，其后被黄土广泛覆盖形成黄土塬、黄土梁、黄土峁与河谷交错的地貌格局。原来较平坦的多形成黄土塬，黄土塬的面积一般较小，其中以会宁的白草塬最大，但远小于陇东黄土高原的董志塬和早胜塬；塬在两河沟间的分水岭则形成黄土梁，如秦安的王铺梁、中山梁和兰州的七道梁等；原来多起伏的丘陵与低山，则形成黄土峁盖及山嘴。一般黄土区的崎岖程度，比下伏原有地貌缓和，自然景观也比原来单调。但由于自然和历史的原因，加速了水土流失和侵蚀，增加了沟壑的破碎程度，使塬、梁面积日益缩小，呈现出千沟万壑的形态。本区北部黄土层薄，主要是祁连山东段覆盖黄土的前山带和具有岛状山及剥蚀残丘的山麓面，相间分布洪积倾斜平原和滩地；中部梁、峁起伏，黄土层厚；南部地表破碎，基岩裸露，高差较大。由于本区古地形深受切割而起伏较大，加之更接近黄土源地，故黄土分布高度(可达祁连山、六盘山海拔接近3 000 m的高峰)与厚度(一般为300～400 m)均超过陇东、陕北高原。

黄土的特性为无层理、富含碳酸钙、孔隙大，对区内自然景观的形成和各种自然地理过程产生极其深刻的影响。干旱、半干旱草原气候环境下的风尘堆积物，在典型的黄土沉积环境中不能生长茂密的森林。从黄土与古土壤沉积的地层序列来看，尽管在两次较干旱的黄土沉积之间存在使古土壤得以发育的相对温湿期，但经化石及孢粉分析证实，这些土壤属于草原或森林草原土壤，而不是森林土壤。这是因为黄土的透水性强，黄土黏土矿物具有强烈的吸水性，这些因素使植物对水分的利用率大为降低，不能保证林木群体的生长，这是导致黄土高原显域生境植被趋于草原化的重要原因之一。黄土碳酸钙含量为10%～20%，加之土壤 pH 高，均会影响乔木生长。因此，在相同气候条件下，如果不是黄土，而是其他的成土母质，植被就会有很大不同。这是某些水热条件相似的地方，黄土区无林而石质山区有林的重要原因。

区内海拔最高的是石质山地，它们宛如“黄土海中的岩岛”。其中有完全由基岩构成的石质山地，也有下部是基岩、上部覆厚层黄土的土石山地。一般而言，石质山地海拔较高，坡度亦较陡，土石山地则相对低矮和缓。主要山地有景泰西北的昌岭山(2 954 m)、靖远西北的大峁槐山(3 017 m)、白银平川东南及会宁北部的屈吴山(2 858 m)、兰州—临洮间的马衔山(3 671 m)、定西—通渭间的华家岭(2 457 m)、渭源西部的鸟鼠山(2 423 m)、会宁西部的铁木山(2 397 m)等。这些山地，尤其是石质山地，海拔显著高于黄土分布区，其顶部往往代表某一级古夷平面，因自然景观与周边显著差异，成为富有旅游开发潜力的自然风景区。

(二)温带大陆性季风气候

本区大部分为温带大陆性季风气候，其主要特征是日照时数较多，太阳辐射强，气温年较差、日较差都较大，降水量偏少，属半湿润偏旱和半干旱区。年日照时数为 2 100～2 800 h，年太阳总辐射量为 5 300×10^6～5 700×10^6 J/m^2。年平均气温为 4～10 ℃，其中大部分地区为 6～8 ℃。1 月均温 −9～−5 ℃，7 月均温 18～23 ℃，冬无严寒，夏无酷暑。≥0 ℃积温约 2 900～4 000 ℃。大部分地区 10 ℃以上活动积温 1 500～3 300 ℃，具有温带热量特征，农作物一年一熟。气温年较差 23～32 ℃，而日较差10～20 ℃，无霜期 140～220 d。

陇中地区距太平洋 1 300 多千米，且受太行山、吕梁山、六盘山及秦岭山地的阻挡，湿润的海洋季风不易到达，是我国北方农业区较为严重的干旱少雨地带。年降水量 200～600 mm，约 80%的年份降水量仅为 150～400 mm，且降水以暴雨形式集中于 7—9 月，降水有效利用率很低。区内等降水量线在 104°E～106°E 和 34°N～36°N 区间显著向南弯曲，形成一个“干舌”。这个区域就是习称的甘肃中部干旱区，但实际上按降水量仍应属半干旱区。值得注意的是，马衔山—华家岭线以南地区，降水量向北递增趋势与地势渐高一致，递增幅度甚小；而此线以北，随着海拔渐降，降水量递减的幅度却大得多，几乎每向北 100 km 减少 120 mm，只有孤立山地各自形成小范围多雨中心。在时间分布上，则表现为夏秋季雨量集中，冬春雨量很少，雨量与作物需水量在时间上不协调。因降水集中于夏、秋二季，冬、春二季较干，故本区大部分有“十年九旱”之说。在不可能以地表径流作为灌溉水源的情况下，通过人工集流以满足生产生活需要。

(三)串珠状的黄河干流与支流水系

黄河大致呈 S 形自西南向东北流经本区西北部，其支流洮河、渭河流经南部与中东部，多形成峡谷与盆地相间的串珠状地貌格局。黄河干流在区内共有 11 个重要峡谷，它们是积石峡、寺沟峡、刘家峡、盐锅峡、八盘峡、桑园峡、大峡、乌金峡、红山峡、黑山峡等。其中黑山峡最长，达 65 km；八盘峡最短，仅 6 km。峡谷深 100～200 m 或 400～500 m 不等，落差巨大，是黄河上游著名的水能富集带。峡谷之间共有 10 个河谷盆地，兰州盆地面积最大，约 320 km^2，靖远盆地次之，约 290 km^2。黄河支流上也有不少河谷盆地，如洮河中游的临洮盆地(450 km^2)、庄浪河的永登盆地(370 km^2)、大夏河的临夏盆地(280 km^2)、宛川河的榆中—金崖盆地(150 km^2)以及祖厉河的定西盆地、会宁盆地等。这些盆地两端不一定都有峡谷阻隔，主要是流水侧蚀拓宽河谷的结果。

水车是古代利用黄河水流自然冲击力的水利设施，是廉价高效的灌溉工具。水车小的直径十七八米，大的二十多米，有单辆车、双辆车和多辆车等类型。因灌溉数量不同，水车的大小不等，大水车可灌溉六七百亩，小水车可灌溉二三百亩。据《重修皋兰县志》记载，1556 年，兰州段家滩人段续借鉴云南通河的筒车灌溉技术，在兰州创制了适合于本地的水车。水车立于黄河两岸，旺水季利用自然水流助推转动；枯水季则以围堰分流聚水，通过堰间小渠，河水自流助推。当水流自然冲动车轮叶板时，推动水车转动，水斗便舀满河水，将水提升 20 m 左右，等转至顶空后再倾入木槽，源源不断，流入园地，以利灌溉。明末以后，大水车在黄河流域的皋兰、白银、泾川、平凉、银川及陕西得到了广泛应用，促进了这些地区农业生产的发展。水车是黄河文化的重要组成部分，它体现了中华民族的创造力，为中国农业文明和水利史研究提供了见证。水车自从创制以来，一直都屹立在黄河岸边，黄河的水流动带动水车的转动，极具观赏性(图 5-1)。现在水车已被提灌机械所代替，只保留了为数不多的水车，既点缀着黄河两岸的风光，又给我们留下了时代前进中的脚印，使人们追昔而抚今。

图 5-1　景泰老龙湾黄河水车

本区东南部的渭河上游及其支流葫芦河也有峡谷段和较宽的河谷盆地，较大的盆地有天水、三阳川、甘谷—武山、陇西—首阳等盆地。区内河谷中普遍发育多级阶地，这是黄土丘陵沟壑区内最好的农业用地和最佳的城市建设用地，黄河兰州段谷地即是阶地发育的典型。阶地发育达 8 级之多，最高一级高出河面 300 m 以上。渭河自洮渭分水岭向东穿行在西秦岭北麓与陇西黄土高原之间，北岸主要有散渡河、葫芦河、牛头河等支流，南岸有榜沙河、山丹河和藉河等支流注入。尽管渭河及其支流在陇中地区已与黄河干流近在咫尺，但渭河最终汇入黄河则在千里之外。

区内河流来源以降水补给为主，河流的汛期一般开始于 6 月，最高峰多出现在 8 月。黄河干流水系分布地区年降水量较少，只有 200～400 mm。东部渭河集水区，虽然年降水量一般多于西部黄河干流集水区，约为 400～500 mm，但是没有境外来水，水系的年径流量比较少。

(四)典型的草原植被

本区黄河以北地区，是我国草原化荒漠的最南端，向南依次出现荒漠草原、干草原、森林草原等植被。荒漠草原在典型草原带以北，是草原与荒漠植被过渡的类型，沿黄河两岸均有分布。年降水量 200～300 mm，土壤主要是灰钙土和淡灰钙土，其次是棕钙土。优势植物是一些旱生、强旱生草本植物及半灌木、小灌木，如常见的短花针茅、灌木亚菊、驴驴蒿、红砂、盐爪爪等。在黄河以南，自然植被为典型草原（干草原、真草原），土壤主要是灰钙土及黑垆土等草原土类。典型草原北界在永靖、兰州、同心一线，年降水量 300～450 mm，土壤为黑垆土及淡黑垆土，代表性植物是旱生丛生的草本和小半灌木，如长芒草、短花针茅、百里香、冷蒿、锦鸡儿等。

作为本区主要分水岭的华家岭（海拔 2 457 m）、牛营大山（海拔 2 521 m）至胡麻岭（海拔 2 954 m）一线，对冬半年寒潮的南侵有阻隔作用，致使岭南、岭北的冬季气温差别较大，成为本区冬小麦与春小麦的天然分界线。此分水岭带的年降水量，在 500 mm 以上，海拔 2 200 m 以上的阴坡，如未经人为破坏，可生长灌木、乔木。在此分水岭南侧的通渭和陇西，年降水量在 450 mm 左右；在分水岭北侧的会宁、定西和榆中，年降水量 400～450 mm，均属半湿润的典型草原环境。此带现今植被稀少，水土流失严重，这是历史上人们长期不合理地利用土地、破坏天然植被的结果。

受水分条件的限制，本区显域地境已不能形成森林植被及中生植被，但石质山地和土石山地，均有较为完整的垂直带谱，如兴隆山—马衔山等。同时，部分隐域生境，如兰州五泉山、红泥沟一带，因有经常性泉水出露和径流，故而有阔叶林分布。又如，在黄河岸边，由于地下水和土壤水丰富，故而沿岸有柳树林和灌丛林分布。石质山地垂直带植被和隐域植被，不能真实地反映当地的大气候和地带性土壤，不宜与广大黄土区的植被对比。

二、人文地理特征

（一）悠久的开发历史，多元的民族融合

陇中地区历史悠久，早在旧石器时代就有人类居住于此，为数众多的马家窑文化和齐家文化遗址广泛分布于本区河谷的一、二级阶地上，当时的文化程度甚至可与中原文化相媲美。齐家文化时期，陇中进入铜石并用时代，农牧业得到发展。这里还发现有火烧沟文化、寺洼文化和辛店文化等夏商周时期羌人及氐族的文化遗址。

秦汉统一时期，陇中处于西部边陲和交通咽喉。为了巩固边防地位，秦汉政府采取移民实边政策，在陇中地区大力发展农业。秦时迁徙到西北边地的移民和戍卒众多，据统计，陇中和陇东当时共移民 35×10^4 人。汉代移民规模更大，元狩四年（公元前 119 年）一次徙关东贫民于“陇西、北地、上郡、

会稽凡七十二万五千口”。至西汉平帝时，陇中 34 县人口已上升至 53×10^4 人之多。移民入居陇中，不仅增加了陇中地区的劳动力，而且带来了中原地区先进的农耕技术，土地得到大规模开发。

东汉初年，为削弱羌人力量，迁羌族入陇中，汉羌杂居，农牧相宜。但不久羌人起义，陇中地区战祸连连，土地开发受到严重破坏，农业严重衰退。直到北魏时期，农业生产方开始回升。隋唐时期，陇中地区得到全面开发，农牧业快速发展。渭河流域、洮河中下游与大夏河下游地区、祖厉河流域的河谷川塬基本得到农业开发，高原丘陵地带则为牧业经营场所，经济十分繁荣。安史之乱后，陇中地区的开发盛极而衰，仅剩少量农牧业留存。

宋代以后，陇中地区在唐代开发的基础上，开始向更大的范围扩展，尤其是在神宗和哲宗两朝得到广泛开发。北宋之后，金人控制陇中，虽战争不断，但农业开发并没有停止。至明清两代，陇中地区的经济开发逐渐展开，这种局面主要与当时陇中所处的重要战略地位和边防格局相关。明代，陇中地当“三关”“四镇”重地，只有布设重兵戍守，方可保障东西一体。清代，陇中是“勘定西域”的通道和基地，战略地位有增无减。于是，垦荒屯粮、足食饷兵，是明清两朝必然的选择。但明清以来持续的农业开垦，导致森林破坏，草原消失，水土流失加重，使陇中地区生态环境逐渐恶化。

长期的开发为陇中地区保留了众多历史文化古迹，仅兰州具有地方特色的遗址和传统建筑就有数千处。例如，兰州握桥是中国伸臂木梁桥的代表，永登鲁土司衙门是西北保留最完整的地方土司政权建筑群，清末修建的兰州黄河铁桥(中山桥)是目前黄河上唯一留存的近代桥梁，它既丰富了兰州黄河文化的内容，又展现了中西文化的结合。兰州保存的文溯阁《四库全书》是国家珍贵的文化遗产，甘肃省图书馆所藏《肃本淳化阁帖》刊石为国内较好的翻刻石，位于榆中县的明肃王墓有陇上十三陵之称，等等。天水市因历史悠久、文物古迹众多被评为“中国历史文化名城”，仅石窟就有 30 余处，其中最著名的为麦积山石窟，现存东晋、隋、唐、宋、元、明、清各朝代雕塑7 800 余尊，壁画 1 000 多平方米，以精湛的泥塑著称于世，被誉为“东方雕塑馆”。除石窟外，天水的古遗址达 500 余处、古建筑 240 多处、古墓葬 100 余处，可见文物古迹之多。

陇中地区西邻青藏高原，南依秦岭，东临陇山，北靠乌鞘岭，独特的地理位置决定了该区历史上是多民族交融的地区。历史上，陇中黄土高原地区既是我国原始农业和畜牧业的重要起源地之一，又曾是农牧经济较为发达的地区。除中原汉族外，秦时在此区活动的有羌人、犬戎族，秦汉以后则成为匈奴、鲜卑、羯、氐族人的生活基地。这种多民族的交替统治或生活，促进了多民族的融合，使陇中地区的文化呈现出互相渗透、多元并存、包容性大的文化特点。

据2010年全国第六次人口普查，位于陇中地区的兰州，少数民族人口达15.93×10^4人，占全市常住人口的4.41%。各少数民族在这里既保留了本民族最传统的文化，又在交流过程中互相吸纳，取长补短，逐渐融合在一起，形成了地域文化特有的包容性。文化多元并存的现象，在祭祀、宗教、节庆、婚丧、饮食、小曲、社火、剪纸、窗花、春联等民俗文化中均有体现，其丰富性和共存性的特质非常明显。例如，被列为世界非物质文化遗产保护名录和国家非物质文化遗产保护名录的“洮岷花儿”，实质上就是西羌文化与汉文化的融合。

(二)独特的土地利用，优良的作物品质

在本区北部，由于干旱缺水，当地农民多在土壤表面铺设一层厚10～13 cm的砂石层，用砂石覆盖代替土壤的耕作形式，此即砂田，又叫砂石田。砂田是由清代当地乡民发明的一种能抗旱的耕作方法。有资料记载，光绪三年(1877年)，“甘肃大旱，赤地千里，野无绿色，人亡地荒，满目疮痍，左宗棠安抚流亡，贷出协晌库银，令军民旱地铺砂，改良土壤，保墒防旱”。按有无灌溉，可将砂田分为水砂和旱砂，前者面积很少，仅在黄河谷地零星分布。砂田主要指旱砂田，它集中分布在兰州市和白银市，另外古浪、天祝等县也有零星分布。砂田的铺设过程，一般先深耕荒地、施足底肥、压实(最好弃耕1年)，然后铺砂。农民一般在冬春农闲季节大量铺设新砂层，之后还要用犁铧耕匀、耱平。砂田利用时间一般10～40年，到时候起老换新，也有些砂田起换周期达60年以上，因地而异。

砂田的作用大致有以下几个方面。第一，蓄水保墒，增强抗旱能力。砂层疏松，降水期易下渗，而旱季由于砂层阻断土壤毛细管，减少和防止了由于毛管作用而引起的水分蒸发消耗，砂田任何深度任何时刻的土壤水分含量都高于当地土田。一般砂田土壤水分高出没有铺砂的旱土田9%左右。第二，保持土壤温度，防止冻害。砂田砂层像是耕地披了一件“衣服”一样，加上砂层本身起伏大，对太阳辐射吸收强，加之热容量、导热率均小，砂田土壤温度一般高出土田1.9～3 ℃，这是砂层的“暖被效应”。由于温度的改善，作物生长期缩短，一般作物，在砂田中的生长期比在土田缩短10～20 d，砂田中的作物很少受到冻害。第三，砂田土层长期处于免耕状态，使下层土壤处于紧实状，通气差，养分分解慢，损失小，上层土层无流失现象，也减少了土壤有机养分的损失。第四，防止水土流失。铺设砂田后，由于砂层易渗和缓冲了降水强度，使土壤免受日常风化、侵蚀，因而一般砂田区较土田区水土流失轻得多。第五，防止土壤盐碱化。砂层切断土层毛细管，防止了地下水较浅洼地中土壤的盐碱化，对于已经盐碱化的土壤，若铺设砂层，可以逐渐减轻盐碱化程度，一般砂田较土田盐碱化程度轻80%。第六，防风保苗，抑制杂草生长，防止病虫害。

由于上述综合作用的结果，砂田作物产量远高于土田，一般高1～2倍。同时由于砂田作物温度条件优于土田，因而作物品质优良，小麦出粉率高，含蛋白多。如清香的“兰州拉面”“兰州拉条子”就是以本地砂田小麦“和尚头”品种面粉做成的。蔬菜含维生素高，瓜果糖分多。兰州有“瓜果之城”之美誉，主要是由于兰州盛产白兰瓜和各种温带水果，白兰瓜就是砂田种植的成果。冬果梨、苹果在砂田上种植，质量和产量也都高于土田。同时，砂田需劳动力少，易经营，是一种古老的免耕法。砂田在陇西黄土高原耕作业中占有举足轻重的地位。

本区东南部纬度较低，大部分属于黄土高原，光照充足，昼夜温差大，土层深厚，具有发展优质苹果产业的生态气候条件。同时，这里属于旱作农业区，气候干燥，病虫害少。2003年，农业部在全国“优质农产品区域布局规划”中，将甘肃省黄土高原区确定为首批苹果生产基地。其中，红富士系列苹果的硬度、花青素、含糖量和色泽等各项指标比较高，可溶性固形物高于全国标准，以其外形美观、肉质细嫩、香味浓郁、货架期长而享誉海内外。天水花牛苹果则是我国独特的优质苹果品种，2006年9月被中国奥组委果品推荐委员会、中国农学会、中国园艺学会、北京果树栽培学会四家联合评为北京奥运推荐果品一等奖和中华名果，被誉为与美国蛇果、日本富士齐名的三大世界名牌水果。

(三)区域发展不平衡，多国家级贫困县

陇中地区是甘肃省的经济中心，其中兰州市作为甘肃省的省会，在甘肃省乃至我国西北地区的经济地位均比较重要。2010年该区地区生产总值超过2 000亿元，三次产业比重为10.5∶44.6∶44.9。总体来说，二次产业和三次产业所占比重较大。形成该结构的原因在于兰州市2010年的地区生产总值已超过1 000亿元，在该区中占据较大比重，而兰州市的第一产业2010年比重仅3.07%。实际上，天水、临夏、定西的第一产业产值在区域产值中占比重仍然较大，分别为20%、22.6%和17%。由此可见，区域发展不平衡在该区较为明显。

兰州市作为甘肃省会，大量资金、人才、产业在此集中，收入水平较高。周边地区则因各方面因素限制，较为落后，人均收入排名全国倒数，不少县为国家级贫困县。从图 5-2 可以看出，除兰州、白银外，其他地区的第一产业所占比重均较高，农业生产仍是其他市、州主要的生产方式，经济发展比较落后。从人均地区生产总值来看，2010 年兰州市人均地区生产总值 30 430 元，白银 18 211 元，天水 9 202 元，定西 5 781 元，临夏 5 465 元，而全国为 29 038 元。除兰州市外，陇中地区其他市、州均远低于全国平均水平，其中定西、临夏更是处于全国倒数。根据 2012 年国家公布的名单，陇中地区 38 个县区中就有 24 个国家级贫困县，除兰州市和白银市外，其他市、州经济情况亟待改善。

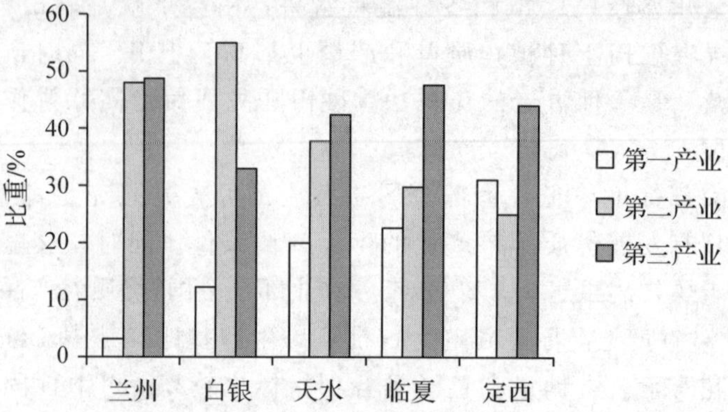

图 5-2　2010 年陇中地区各市、州产业结构比重(静宁、庄浪县数据暂缺)

第二节　优势资源及开发利用

一、能源资源

陇中地区是甘肃所有地区中水能资源最丰富的地区，这与黄河干流流经本区北部不无关系。根据黄河流经地区可知，黄河干流的水能资源集中分布在上游，多宜于修建水库电站的坝址地形。自青海龙羊峡至宁夏青铜峡段，两岸山势陡峻，水流湍急，落差集中，峡谷与盆地相间，地质地貌条件良好，河水含沙量小，是黄河流域的主要能源基地。其中，“龙青段”全长 918 km，落差 1 340 m(可利用落差约 1 100 m)，比降大于 10‰，水能资源占干流的 50%左右，开发条件十分优越，装机总量可达 $1\ 400\times10^4$ kW，是全国著名的水电“富矿”。本区恰处于黄河干流“龙青段”的中下部分，目前已建成积石峡、寺勾峡、刘家峡、盐锅峡、八盘峡、河口、小峡、大峡、乌金峡等大中型水电站，总装机容量 3 605×10^6 W，是陇南地区总装机容量的 5 倍，甘南地区总装机容量的 15 倍。

在本区汇入黄河干流的黄河支流，主要有洮河、大通河(湟水)和渭河上游的葫芦河等，水能资源也较丰富，且均有宜建中小型水电站的水能潜力。例如，发源于青藏高原东部西倾山的洮河，曲折东流过碌曲、临潭、卓尼县城南，至岷县茶埠急转向西北，出九甸峡与海甸峡后，穿临洮盆地，于永靖县注入刘家峡水库。全长 673 km，流域面积 2.55×10^4 km^2。洮河天然年径流量 53×10^8 m^3，主要来自上中游地区，岷县以上年径流量约占全流域的 72%，而控制面积只占流域面积的 59%，平均每平方千米径流模数为 25×10^4 m^3，高出黄河流域平均数的 2.3 倍。洮河年输沙量 2 880×10^4 t，年平均含沙量只有 5.5 kg/m^3，是一条少沙支流。目前洮河上开发的水电站有海甸峡水电站(装机容量 60×10^6 W)、莲麓水电站(装机容量 66×10^6 W)、峡城水电站(总装机容量 37.5×10^6 W)、吉利水电站(装机容量 20×10^6 W)等。总之，水能资源为陇中地区的优势之一，合理开发对于促进该区域可持续发展具有重大意义。

二、旅游资源

(一)黄河旅游资源

黄河是我国的母亲河，在养育中华儿女的同时，形成了众多绝美风景，这在陇中地区体现得较为明显。黄河干流经青海省循化撒拉族自治县第二次流入甘肃省(第一次流入甘肃省甘南地区，后又流出进入青海省)的陇中地区后，造就了中华人民共和国成立以来的伟大工程之一——刘家峡水库。黄河上游河段，有许多峡谷地区，河水穿过千岩壁立的深邃峡谷，水势有如万马奔腾，景色壮观，但其中非常有名的一个就是刘家峡。刘家峡水库是我国第一个五年计划以来自主设计、自主施工、自主建造的大型水电工程，充分体现了我国科学家的科技水平和劳动人民的智慧。因其壮美的风景，刘家峡水库被誉为“高原明珠”。水库上游的炳灵寺石窟为水库平添了历史和文化的特色，沿岸的丹霞地貌则体现了西北地区的山川雄浑，水库之下的十里柳林、片片鱼池又像是江南渔乡。

黄河出刘家峡水库后，在群山之间穿梭，过盐锅峡水库(黄河干流上第一座水电站)，后接纳来自青海的湟水河，入八盘峡水库而抵兰州盆地。兰州是黄河唯一穿城而过的省会城市，坐落于一条东西向延伸的狭长形谷地，夹于南北两山之间，黄河在兰州市北部的九州台山脚下穿城而过。为把兰州建成山川秀美、经济繁荣、社会文明的现代化城市，兰州市政府规划了百里黄河风情线。

按照国家把甘肃建成文化大省的要求，坚持历史性、时代性与系统性相结合，充分发挥黄河文化、丝路文化、民俗文化交会的优势，以黄河为载体和平台，打造“黄河明珠、山水城市、丝路重镇、水车之都”的城市形象，发展壮大富有浓郁地方特色的黄河文化旅游产业，把兰州建成丝绸之路精品旅游节点城市和重要旅游目的地。积极挖掘民俗文化和非物质文化遗产内涵，加大彩陶复制、黄河奇石、微雕葫芦、黄河水车、特色景观工艺品等旅游产品开发力度，活跃多层次、有特色的文化旅游市场。大力发展传媒、出版、演艺、策划等文化产业，高标准建设创意文化产业园，培育读者集团、兰州歌舞剧院等具有较强竞争力的文化企业，形成“文化兰州”的新优势。整合全市旅游节会资源，加强综合性规划、开发和包装，着力打造兰州标志性旅游节会品牌，带动黄河文化旅游产业快速发展。

(二)始祖旅游资源

陇中地区北部是黄河干流的旅游风情集中地，南部则是以天水为中心的，依托历史文化及众多文物古迹而知名的旅游胜地。天水是人文始祖伏羲的诞生地，也是我国少有的伏羲文化保留和发扬较好的地区。伏羲文化博大精深，是无数专家学者探索研究的重点，同时吸引了大批海内外游客旅游观光、寻根问祖。除了有伏羲文化，这里还有年代更早的大地湾文化，它是我国重大考古发现之一，改写了陕甘文化的序列，是众多学者研究的热点。这里的考古遗址有不少发现是中国之最，如最古老的彩陶，发现最早的地画，目前年代最早、规模最大、最具中国建筑风格的“宫殿式建筑”等。由于宣传和开发力度不够，天水的大地湾文化对大多数游客而言，尚藏在深闺人未识。

除历史文化的源远流长外，天水市有大小石窟 30 余处，驰名中外的麦积山石窟是我国四大石窟之一。它始凿于南北朝的后秦，距今已有 1 600 多年历史，保存有 194 个洞窟，荟萃历代的泥塑、石雕造像 7 800 余尊，壁画 1 000 多平方米，是罕见的艺术珍品，素有“东方雕塑馆”之称。

(三)其他自然景观

自然景观方面，相对甘肃其他区域而言，较多的降雨使该区森林覆盖率较高，尤其是山区，峰、谷、岭、崖雄奇秀丽，溪、涧、泉潺潺有声，代表性地点有麦积山风景名胜区，小陇山自然保护区，定西的贵清山、遮阳山旅游景区等。

三、科技人力资源

陇中地区是甘肃省的经济核心，科技、人才资源在甘肃省处于领先地位。全省的高校和科研机构绝大多数集中于此，拥有以兰州大学和中国科学院兰州分院为主体的各类科研和开发机构近 1 500 家，科研人员超过 15×10^{4} 人。各类专业技术人员超过 30×10^{4} 人，科研门类齐全，拥有国家重点实验室 9 个，一大批国家级、省部级工程技术中心和实验基地。但科技开发人才和机构集中分布在兰州市内及周边地区，其他地方相对欠缺。

第三节　经济发展与布局

陇中地区的产业发展基本以兰州为中心，周边城市的产业总体比较落后，产能较低。其中，白银市曾因有色金属矿产储量丰富，在 20 世纪 50 年代开始快速发展，工业经济一度发展较好，但随着资源逐渐枯竭，一度面临艰难的转型过程，近年来才逐渐有所好转。省会兰州自古就是“丝绸之路”上的商埠重镇和著名的“茶马互市”，位于南部的天水又是沟通我国西部、西南部和中东部的入口，区位十分重要。随着关中—天水经济区的规划建设，天水市将以更快速度发展，在带动陇东南的发展过程中起重要作用。总体来说，该区可分为以兰州为中心和以天水为中心的两个产业发展增长极。

一、以兰州为中心的产业发展与布局

(一)兰州产业发展及城市定位

兰州是甘肃省的省会所在地，科技、人才、经济基础等多方面在全省都处于领先地位，起着增长极的作用。同时，由于兰州特殊的区域位置，在带动西部地区其他省份的发展中也具有重要作用。

兰州市的经济发展开始于中华人民共和国成立后。“一五”建设和“三线”建设时期，众多大型项目落户本地是兰州市工业经济发展的重要推动力，兰州一跃成为甘肃省的政治、经济、文化和交通中心。但在计划经济时期，兰州市的中心城市功能还不是很不健全。改革开放以来，随着市场经济的逐步形成、发展和成熟，特别是兰州市发展成为全省乃至西北的商贸中心以来，兰州市的市场体系建设全面发展，初步成为西北地区的经济中心城市。其三次产业结构的变化即体现了这一过程。1991 年，兰州市三次产业结构比为

6.89∶69.97∶23.12，2000 年为 5.14∶52.46∶42.22，2010 年已调整为 3.07∶48.09∶48.84。可见第三产业发展之快。作为甘肃省会及西北地区的经济核心，兰州市的产业发展与布局在一定程度上影响着周边区域的发展，众多以兰州为中心的发展规划因之提出。在第四版兰州市城市规划中，兰州被定位为“黄河明珠”，西北区域中心城市、综合枢纽，体现了兰州市在区域中的经济、交通重要性，并突出了文化建设。

(二)兰州产业布局

城市空间不足是制约兰州发展的一大瓶颈。2000 年以前，兰州市的产业主要集中在黄河谷地，建设用地问题并不明显。随着城市化的快速发展，黄河盆地内的土地被利用殆尽，几无可拓展的建设用地，跳出黄河谷地向外发展成为兰州市发展的迫切任务。根据兰州第四版城市规划草案，兰州市的空间战略为“北拓东进双城两团”，其中北拓指的是平山造地，建造新城区，东进指的是沿现有交通线向东侧的和平、定远发展，两组团则分别指秦王川盆地和榆中盆地。

2012 年 8 月，兰州新区获批国家级新区。新区产业一方面承接兰州城区目前拟转移的产业，另一方面则引进装备制造、生物医药等高科技、新兴产业，以构建区域战略性新兴产业、高新技术产业和循环经济集聚区，国家经济转型和承接东中部装备制造业转移的先导区，传统优势产业和现代化服务业的扩展区，向西开放的战略平台。目前已经有包括中石油国家战略石油储备库、吉利汽车、三一重工在内的多家国内外大型企业落户新区。

兰州新区规划的空间格局为“两带一轴”。东部产业发展带依托石油储备库建设石化产业片区，充分利用新区东部土地资源丰富、限制性因素少等优势，集中布局新材料产业片区、生物医药产业片区和装备制造产业片区；西部产业发展带为临空加工制造与物流产业片区、综合产业片区。“一轴”为以水系为轴，打造行政文化中心、旅游休闲中心、商务金融中心和科技研发中心，形成综合服务片区和高新技术产业研发片区。目前，兰州新区的发展模式还存在争议，一些学者认为兰州新区只应规划建设成为产业集中区，而不是人口集中区，以避免出现兰州市目前出现的环境污染、交通拥堵等问题；一些学者则认为需建设成为一个综合发展区，以集中人气，吸引更多的商业投资等。

新区建成后，兰州市老城区主要承担区域物流、商贸居住、文化旅游等功能，依托原有的国家级高新区（兰州高新技术开发区）和国家级经济技术开发区（兰州经济技术开发区），发展新材料、电子信息、生物医药、节能环保、先进制造及文化创意6大支柱产业。

二、以天水为中心的产业发展与布局

(一)天水的区位分析

天水位于甘肃东南部，东依六盘山，南靠秦岭。渭河由西向东把全市分为渭南、渭北两大部分。渭河以南主要为西秦岭山地，西部也有少量的黄土丘陵分布，渭河以北主要为黄土丘陵覆盖。自古以来，天水就是陇东南的门户，成为东进关中、南下入川、北去河西的交通要冲。20世纪中期，陇海—兰新铁路的贯通强化了内地与西部边陲的联系，西兰公路的改造也缩短了东进西出、北上南下的空间距离。

从空间区位来说，天水位于西安和兰州两个城市之间，各距离300多千米，是两大经济核心区的重要节点，有利于形成次级中心城市。目前，西安、兰州两大经济核心区还处于集聚发展阶段，产业分工、经济联系、城市网络等还在形成之中，天水市与它们的联系还不够紧密，在一定程度上，天水市还受这种集聚过程的负效应影响。但随着两大经济核心综合实力的增强，天水将成为转承和互动的重要节点。

从国家到地方的相关规划中可以看到，以天水为中心的陇东南地区的基础设施建设正有序展开。天水机场的迁建，宝兰铁路客运专线、天水—平凉高速公路、天水—十堰高速公路以及静宁—庄浪—张家川—清水—麦积高速公路等重大交通工程的建设，将形成立体化的综合交通网络，使天水的可达性明显提高。此外，因天水是甘肃的东大门，也是甘肃连接我国中部、东部的窗口，自身的自然环境条件较好，天水的经济区建设，可更加有效地利用陇中地区和陇东地区的自然资源，使其价值提升，还可拉动陇南贫困地区的经济发展。因此，天水经济区的建设，在甘肃省的发展战略中具有重要意义。

(二)天水的产业发展与布局

“连接陇东南，融入大关中”是未来天水对外区域关系的重点。2010年，关中—天水经济区成立，经济区的开发建设涉及关中地区与天水市的产业分工与技术经济合作。国家把天水纳入大关中的规划范围，主要是考虑到天水与关中地区密切的联系。由于天水与关中地区在综合实力、开发潜力和市场化程度等存在较大差异，长期以来的行政壁垒带来了两地各自为政的现状。在关中—天水经济区的框架下，需要通过体制的创新，由易到难、由浅到深地开展宽领域的合作，实现共同发展。

农业方面，天水要利用杨凌农业高新技术产业示范区的技术力量，解决现代农业发展中的技术问题。在提高粮、油、肉等大宗产品产量和质量的同时，开发天水的特色农产品，如秦安的鲜桃、武山的蔬菜、天水花牛苹果、甘谷辣椒、清水核桃等，扩大市场规模，并在动植物育种、新型栽培、养殖技术、农产品的保险和加工等方面开展合作和交流。

工业方面，天水的产业集群主要为机械制造、电子电器、电子信息、医药食品、建筑材料和能源化工集群，其中前四类与关中地区具有较强的联系。天水应积极推进要素聚集，培育产业基地，实现融合发展。进一步加强与关中相关企业的联系，在产业配套和技术协作等方面尽快形成全方位的交流合作格局，实现优势互补、互利共赢。

与陇东南的分工合作方面，在关中—天水经济区的规划中，陇南、平凉和庆阳三市作为经济区的辐射，带动发展腹地。在甘肃省的区域发展战略中，天水、陇南、平凉、庆阳四市是作为一翼来定位的。天水应积极参与陇南、平凉、庆阳的资源开发，充分利用陇东的能源、陇南的矿产发展一些资源型的产业。将区域合作重点放在资源的精细加工、产业链的延伸等下游产品的生产上，通过深加工实现增值。

三、其他市的产业发展与布局

(一)白银

白银位于黄河上游、甘肃中部，毗邻兰州，辖白银、平川两区和会宁、靖远、景泰三县，总面积 2.12×10^4 km²，总人口 175.72×10^4 人。其中，城镇人口 62.4×10^4 人。白银是国家“一五”时期建立起来的有色金属原材料基地之一，是中华人民共和国有色金属工业的摇篮、甘肃省重要的能源和化工基地。然而，经过半个多世纪的开采，自有铜资源仅满足冶炼能力的5%，锌资源仅满足冶炼能力的40%，铅资源仅满足冶炼能力的58%。工业经济由甘肃省第二位下降到第五位，城市发展面临“矿竭城衰”的危机，因此城市转型发展成白银市迫切面对的问题。

考虑到白银与兰州的紧密联系，以及兰州本身发展存在的外扩需要，在考虑白银的经济转型中，将白银和兰州有效对接是白银经济转型的重点。对接中，一方面要淘汰白银市落后的产能，尤其是一些污染严重的企业需要关停，加大环保力度，做好城市绿化，以吸引从兰州市转移的企业。另一方面，为了扶持白银市经济转型，有效吸引资金和企业进入，白银市在政策制定上可给予优惠政策，并增加利于转型的公共基础设施投入。在引进兰州转移产业的同时，白银市应放眼国内，承接产业转移，并努力发展本地相关优势产业，走特色产业道路。如特色农业，应利用早期的科技优势，发展科技农业，形成竞争优势。

(二)定西

定西位于兰州市东南，天水与兰州之间，狭义的陇中地区即指定西的六县一区所在。定西自然资源较其他地区匮乏，2010 年城镇居民人均可支配收入 10 790 元，农民人均纯收入 2 702 元，是闻名全国的贫困落后地区。随着国家西部大开发中各种扶贫项目的投入，定西市的贫困面貌已经有所改善，贫困面积减少，但告别绝对贫困尚有一段距离。

定西目前的产业主要为初级农产品生产或依托农产品发展起来的初级加工产业，如马铃薯产业、畜草产业、花卉产业、中药材产业等，其他工业经济主要有铝产品加工、水电开发、建筑建材等。今后定西的发展需进一步借助与兰州近距离的区位优势，加大在农产品精深加工及推广宣传上投入，发展龙头企业，扩大影响力。

(三)临夏

临夏回族自治州位于黄河上游，甘肃省中部西南面，东临定西，西近青海省，南靠甘南，北与兰州接壤，地处青藏高原与黄土高原过渡地带。由于地处边缘地带，自然环境为干旱半干旱区或高寒阴湿区。临夏州经济状况不佳，2010 年城镇居民人均可支配收入 8 260 元，农民居民人均收入 2 440 元，三次产业结构比为 22.6∶29.7∶47.7，所辖的 8 县市除临夏市外均为国家扶贫开发重点县。

从临夏州的三次产业结构比可以看出，第一产业所占比重过大，尽管在过去几十年中第一产业的比重不断下降，但目前仍高出全国平均水平 10 多个百分点。第二产业的发展一直较慢，多为劳动密集型产业，附加值较低，资本密集型、技术密集型产业基本处于空白状态。第三产业尽管占比较高，但没有建立在强大的物质产品生产部门基础之上，只有处于低质的消费型服务和分配型服务，主要为传统型服务业，结构并不合理。总体来说，临夏州的产业初步形成了包括农畜产品、清真食品、皮纺制革、民族特需品、水电能源以及冶炼铸造等初级加工业在内的工业体系。但工业总量偏小，仅占甘肃全省工业总量的 1.89%，工业基础仍处在原始积累阶段。考虑到临夏州特殊的自然条件和民族组成，产业发展一方面要依托特有的民族特色发展民族产业，另一方面则要合理利用兰州“一小时经济圈”的良好区位，尽快发展依托兰州的相关产业，如旅游业、生态食品等，提高第三产业质量。

总之，作为全省工业最集中的地区，陇中地区经济实力雄厚，技术条件优越，是甘肃省乃至我国西北地区的经济中心，经济实力一度在全国处领先地位。改革开放以后，随着国家经济重心的转移，陇中地区的经济地位有所下降，但仍取得了较大进步。目前，陇中地区拥有电力、有色金属及黑色金属冶炼、建材、石化、机械、电子等众多行业，已成为全国最大的铝生产基地和硅铁、稀土、碳素制品等的重要生产基地。同时，轻纺、食品、电子、机械等加工工业的发展也较快。多层次、规范化的市场体系建设日益完善，流通服务功能明显增强，人流、物流、资金流、信息流相对活跃，大商贸、大流通、大市场格局初步形成，商贸流通业整体水平较高，超市和连锁经营等新兴业态发展快速。

第四节 生态保护与可持续发展

一、水土保持

(一)水土流失特点

严重的土壤侵蚀是黄土高原乃至整个黄河流域最突出的生态环境问题，而且进一步加剧的趋势很明显。根据研究，在距今 6 000～3 000 年前的全新世中期，黄土高原的年均侵蚀量约 10.75×10^8 t；全新世晚期，从公元前 1020 年至 1194 年，年均侵蚀量为 11.6×10^8 t，1194—1855 年，年均侵蚀量为 16.8×10^8 t，近几十年来，年均侵蚀量已达 22×10^8 t。

由于黄土的特殊性质、降水集中和历史上不合理的土地开发利用，本区水土流失、地基湿陷、崖岸崩塌、山梁滑坡等现象普遍，常给农田灌溉、交通建设及人民生活造成严重的危害。黄土侵蚀的因素较复杂，分自然侵蚀和人为侵蚀，后者也叫现代加速侵蚀，两者大致以农耕出现为分界时段。陇中地区梁峁起伏，地形切割破碎，坡面侵蚀、沟谷侵蚀、重力侵蚀均很严重，尤以坡耕地的侵蚀较为突出，侵蚀面积最广，为水土流失防治的重点。东乡、永靖地区梁峁顶部的黄土层几乎流失殆尽，红土层广泛出露，除遭受水蚀外，剥落、泻溜强烈，为本区的重要产沙地层。

从全球角度看，在年降水量 400～500 mm 的地区，由于降水的侵蚀力较强，植被覆盖度又达不到保护地面免遭侵蚀的程度，土壤侵蚀最严重。本区大部地区位于此降水量带，因此是土壤侵蚀最敏感的地区。境内祖厉河、渭河与洮河流域的黄土分布区，输沙模数超过 5 000 t/km^2 的面积占 60%～90%。渭河支流散渡河与葫芦河流域 96%以上的面积输沙模数达 5 000 t/km^2 以上。

根据土壤侵蚀的地带性和季节性，降水量为350～550 mm的黄土梁峁沟壑区应作为治理的重点区。7月、8月、9月三个月是汛期，存在暴雨侵蚀现象，应作为重点防护的月份。翻耕裸露坡地的治理与改造，应列在首位，如改变地形修筑水平梯田，种草种树以及在裸露坡耕地种植短期牧草、增加地面覆盖等措施，这些措施对减轻土壤侵蚀、减少入黄泥沙有明显的效果。

(二)水土流失治理

1. 沟坡兼治，以治坡为主

治坡以坡耕地为主，坡沟兼治，加强梯田的建设。尽快退耕25°以上的陡坡耕地。在多数地区，退耕上限坡度可以15°为限。区内水土流失严重的黄土丘陵区，坡面占总土地面积的70%～80%，其中坡耕地又占坡面的80%以上。例如，陇西县的坡耕地占土地总面积的89%，治坡的重要性比较突出。这些地区沟道密度为1～2 km/km²，沟谷面积占总土地面积的20%左右。治沟任务相对来说不很突出，但多数坡面上的切沟横剖面呈V形，比降大，正处于发育活跃阶段。尤其在坡面大量径流汇集情况下，加剧了沟头前进与沟谷两岸崩塌的发展。因此，在坚持沟坡兼治的原则下，加强坡面治理，既有效控制坡面侵蚀，同时也减弱了沟谷侵蚀。对于治理难度大的沟谷，采取治坡减弱沟谷侵蚀量，也是提高治理效益的又一途径。

在黄土丘陵区，25°的坡地占土地总面积的56.04%～96.42%，占黄土高原总面积的28.43%，人均3.59～15.58亩。小于25°的坡地人均14.61亩，其中小于15°的坡地人均8.63亩，小于5°的坡地人均2.55亩。这些缓坡地修建水平梯田的条件好，人均梯田3～4亩容易实现。根据坡度缓、坡长较长(多在100～200 m)的特点可采用草田轮作，草田带状间作及隔坡梯田等措施，可在较短时间内取得保持水土、抗旱保墒、改良土壤、增加粮食产量的效益。

2. 生物措施与工程措施相结合，以生物措施为主

本措施是乔、灌、草合理配置，草灌先行。种草种树结合修筑水平阶、水平沟、反坡条地、鱼鳞坑等小型工程，以利保水保土。两年生豆科牧草基本上可发挥拦蓄泥沙80%以上的作用。

对于工程措施，可以采取大型坝库工程与修建小型谷坊、坝库工程及梯田建设相结合，以小型工程为主。对于沟头前进及沟壁崩塌、滑坡等重力侵蚀活跃的沟谷，种草种树难度又较大的情况下，应加强坡面治理，拦蓄径流，并修建谷坊、小型坝、库工程拦蓄泥沙。本区水库淤积严重，对于大、中型水库的修建，尤其应重视库区范围的治理。

恢复植被是改变本区水土流失严重、干旱频繁，生态恶化的关键性措施。

在年降水量 300 mm 以上的地区，恢复植被，尤其是草灌植被可在不太长的时期内取得成效，这是改变掠夺式土地经营，发展林果、畜牧业，增加经济收入的有效途径。

二、脱贫致富

“苦而不可居”和“陇中苦瘠甲于天下”，是清末名臣左宗棠 1876 年给光绪皇帝奏折中的描述，很确切地形容了陇中地区在清朝时的贫困现象。1949 年以后，在各级政府的扶持下，该区有了很大的发展，但受自然环境及长期落后的生产条件的限制，仍没有完全摆脱贫困。已如上述，陇中地区 38 个县区就有 24 个国家级贫困县，而白银市经济正处于艰难的转型过渡期，局部地区的贫困甚至有增强的趋势。因此，陇中地区脱贫致富的任务十分艰巨。

(一)贫困产生的原因

首先，严酷的自然环境限制了农业生产的发展。陇中黄土高原地势较高，且波状起伏，塬面保留较少，塬的面积小，多呈丘陵山地分布。相对我国黄土高原其他地区，本区降水较少，干旱严重，导致农业开发相对困难，单位面积产出偏低。而长期以来的人口增加，加上陇中地区以传统农业为主，没有很好地发展市场经济，因地致贫的情况难以避免。其次，城乡二元结构导致城市经济的辐射能力有限。我国的经济发展模式是城市和乡村独立发展。因此，乡村难以获得城市发展带来的福利，形成了特有的城乡二元结构。尽管甘肃省会兰州就在陇中地区，但兰州的产业主要依托矿产资源，对周边资源利用较少，且产业的带动作用有限，扩散效应不大。最后，是落后的思维观念。落后的思维观念一方面是贫困的结果，另一方面又反过来导致区域难以快速发展。长期以来，由于陇中地区地处西北，经济发展对农业十分依赖，乡土情结严重，导致其贸商业和创新思维不足。例如，省会兰州目前的支柱产业仍是“一五”时期、“三线”建设时期及“七五”“八五”时期国家布局的相关产业，国有企业占比过大，民营资本不足，地方自发形成的民营产业或创新性产业十分欠缺，市场经济得不到很好的发展。

(二)脱贫致富的对策

1. 改变种植模式，发展市场经济

传统的农业模式是一种自给自足的发展模式，在市场经济的冲击下几乎没有竞争优势。随着人口的增长，土地资源渐显不足，传统的农业模式无法满足区域发展的需要。在市场经济的推动下，区域种植结构需根据区域自然环境特点，向几种主要农业产品转变，以期获取规模效益，带来更好的收入。

目前，本区在这方面发展较好，如定西市、天水市的特色农业产品就在国内具有较好的影响。

2. 推动城镇化发展，减少农业人口

农业人口的转移是本区十分重要的任务。从本区的产业结构来看，除兰州、白银外，其他地区的农业产值比重均较高，表明农业人口数量巨大。推动新型城镇化的发展，不仅仅是人口的城镇化，更需要依托当地资源，发展工业生产，在解决农业人口城镇化的同时，提高当地资源的附加值，促进区域经济增长。

3. 发展当地资源深加工产业

初级农产品的附加值低，促进区域经济发展的能力有限。陇中地区的特色农产品丰富，质量较好，但长期以来的初级产品出口导致产业链短，没有形成规模化、产业化的加工生产。高附加值的深加工产品欠缺，急需得到发展。在这方面，政府要努力调整管理体制，引入资本，培育本土龙头企业，加快农产品的精深加工，以带动地方农业发展，从根本上脱离贫困。

三、兰州新区建设

合理有序的城镇化与城市发展，是区域经济和社会可持续发展的重要保证，也是消除城乡二元结构，实现社会公平，提高社会经济效率，节约资源，保护生态环境，走可持续发展的必由之路。因此，城市土地利用扩展与可持续发展密切相关。

兰州市是我国西部重要的石油、化工生产基地。2010 年年末，全市常住人口 361.62×10^4 人，其中城镇人口 281.41×10^4 人，农村人口 80.21×10^4 人，城镇化率 77.8%，人口集聚度(市域人口占省域人口的比重)远低于周边省会城市(表 5.1)。鉴于甘肃省特殊的自然地理特征，兰州应加强省会引领作用，提升人口占全省比重，未来兰州市将进一步加大对省内剩余劳动力的吸引集聚。参考西北地区周边省会城市的人口集聚度，若 2030 年兰州市的人口集聚度达到 25%，则市域人口将达到 640×10^4 人左右。除去现状市域人口(323×10^4 人)、兰州新区人口(100×10^4 人)、兰州市第四版城市总体规划确定主城区新增人口(50×10^4 人)及周边地区(榆中、红谷、永登、皋兰县城)新增人口(48×10^4 人)，还将新增 119×10^4 人。截至 2011 年，兰州市三产比例调整为 3.07 ∶ 48.09 ∶ 48.84，一产、二产、三产年均分别增长 5.19%、13.02%和 12.42%。人民生活水平有了新的提高，社会事业全面发展。城乡居民收入水平持续提高，城市居民可支配收入和农民人均纯收入年均分别增长11.01%和12.51%，分别是2006年的1.7倍和1.8倍。由于受典型的带状组团式地形的影响，城市建设集中于城关区、七里河区、安宁区、西固区四个组团，并且其职能分工相对明显、独立。由于城区的扩展受制于地形条件，加之工业布局的不尽合理，目前兰州城市的可持续发展已成为一个亟待解决的问题。在这种背景下，以疏解主城区人口为主，吸引省域城镇化人口为辅的兰州新区建设提到议事日程。

表5.1　2010年西北地区人口情况一览表

省会城市	市域人口/10^4人	省域人口/10^4人	人口集聚度/%
兰州	361	2 557	14.1
西安	846	3 733	22.7
银川	199	630	31.6
西宁	220	563	39.1
乌鲁木齐	311	2 181	14.3

兰州新区位于兰州北部秦王川盆地，地处兰州、西宁、银川三个省会城市共生带的中间位置，是国家规划建设的综合交通枢纽，是继上海浦东新区、天津滨海新区、重庆两江新区、浙江舟山群岛新区后，国务院批复的第五个国家级新区。兰州新区作为甘肃省实施“中心带动”战略的重要抓手以及兰州市发展战略中的核心地区，今后应建设成为国家重要的产业基地和向西开放的战略平台。通过统筹安排区域内产业布局，兰州新区与兰州中心城区应以相互协调、错位发展为原则，做到资源共享，合理分配，避免两区成为竞争关系。

城市的成功离不开文化的成功，城市文化是城市的生命所在，文化活力是城市可持续发展中的重要组成部分，例如伦敦、纽约和洛杉矶这些城市，从它们种类繁多的大规模文化活动中就可以看出来。它们拥有辉煌的文化成就；拥有发达的音乐和电影产业，金融与商业企业出类拔萃。甘肃虽然拥有丰富的历史文化(文化大省)，但对文化的认识深度不够，具体的开发不足，所以兰州新区需要进一步做文化方面的文章。因为城市的竞争力不单纯是土地的竞争，进一步的发展就是文化的竞争。如果我们把文化的竞争提到一个更高的层次来认识，即加强特色化建设，兰州新区的可持续发展才可更上一层楼。

第六章　陇东地区

章前语

位于黄土高原中部的陇东地区，地处生态脆弱的半湿润半干旱过渡带。行政区包括庆阳市全部和平凉市的崆峒区、泾川县、灵台县、崇信县、华亭县，2010 年常住人口 427.9×10^4 人，总面积 3.45×10^4 km^2。同陇中地区一样，陇东地区是我国黄土高原的重要组成部分，但地貌以黄土台塬为主。本区石油、煤炭等矿产资源储量丰富，是我国油气资源储备重要地区之一，是甘肃省建设能源化工基地的重要地区。陇东地区历史悠久，文化底蕴深厚。这里既是周族的发祥地和中华民族早期农耕文明的源头之一，同时又是我国道教的重要发源地，平凉境内的崆峒山被誉为“天下道教第一山”。但严重的水土流失，不仅制约了本区经济社会的可持续发展，而且极大地威胁着黄河下游的安全。合理开发利用水资源，加强小流域综合治理，保护和改善生态环境，对于调整优化经济区域布局、实现可持续发展具有重大的现实意义。

关键词

陇东地区；黄土高原；农耕文化；能源资源；水资源合理开发

第一节　区域特征

陇东地区地处陇山（六盘山）以东甘肃境内的黄土高原，地貌以黄土塬、梁峁、河谷、平川、山峦为主要特征。本区自西北部向东南，地势逐渐降低，从大关山的 2 900 m 上下，降至宁县政平的 900 m 左右。因过去交通闭塞，对外交流较少，传统文化、民风民俗保留得较好。随着各种基础设施的改善和能源基地的建设开发，区域经济已呈快速发展之势。

一、自然地理特征

(一) 以黄土塬为主的地貌景观

陇东黄土高原为盆地型高原，海拔 800～1 800 m，地势自西北向东南倾斜。地质构造属于鄂尔多斯台拗，基底砂岩、页岩产状近于水平。其上堆积有三趾马红土以及第四纪午城、离石、马兰黄土，其中以离石黄土最厚，马兰黄土分布面积最广。

黄土物质细密，多垂直裂隙，含可溶性盐类，在流水作用和人类活动影响下形成黄土高原特有的黄土地貌，常见的有塬、梁、峁。黄土塬又称黄土平台、黄土桌状高地，一般指高出附近河谷 180～200 m，比较平坦而完整的塬梁表面，并包括现已深入在黄土塬内的大小沟壑。黄土塬在陇东分布较多，仅庆阳市境内就有 12 个大于 10×10^4 亩的大塬。其中，董志塬是世界上面积最大、保存最完整的黄土塬，有“天下黄土第一塬”之称（图 6-1）。董志塬北起驿马关至庆阳城一线，南止泾河谷地，东西则介于马莲河和蒲河间，为陇东面积最大而较平坦完整的黄土塬，包括庆城县大部及宁县、合水二县境内各一部分。目前，塬面仅占 39％，坡度在 3°左右，大小沟壑面积则占 61％，

图 6-1　陇东黄土塬景观

荒坡又占沟壑面积的57%。塬面海拔在1 200～1 450 m，由13条较大河沟呈辐辏状向塬心伸入，分割塬面成多个碎块，一般沟壑深150～200 m。黄土梁是近似平行于沟谷的长条状高地，梁长一般可从1千米至十几千米，梁顶宽几十米至几百米，呈鱼脊状往两侧沟谷微倾，坡度一般在20°～30°。黄土梁在六盘山以东的泾河、马莲河流域多有分布，主要是由残塬进一步侵蚀切割而成。黄土峁是孤立的丘状高地，顶部浑圆，坡面向四周倾斜，状如馒头。大多数黄土峁由黄土梁进一步切割形成，极少数由晚期黄土覆盖在古丘状高地上形成。高原北部因受到水流切割，塬面更为破碎，形成丘陵型梁峁（咀）与沟壑错综的残塬地貌。

此外，陇东地区河流较多，由于新构造运动的间歇性上升，河流相应下切，河谷中发育河漫滩及一至四级阶地。河谷川台地区即指有河流及阶地组成的宽阔河谷地带，河谷地带的一、二、三级阶地底部普遍堆积厚度不等的冲积砂砾层，是第四系潜水的主要含水层。河谷地带是陇东历史文化发展的主要基地，如平凉城所在的阶地，由于受附近河沟洪积物的堆积和冲刷，略有起伏，各地宽窄不一。附近的高阶地宽不到1 km，高出河面50 m以上，为早期交通及城郭发育的主要场所。平凉城东关及柳湖公园所在的一级阶地，全由厚层淤积土覆盖在砂砾层上形成，高出河面20 m左右，平均宽度超过1 km，为现今主要的灌溉农业用地及蔬菜产地，也是现代城市及工厂建筑的良好基础。

（二）温带半干旱半湿润大陆性季风气候

陇东地区由于地处中纬度地带，且深居内陆，陇东地区气候表现为降水变率大、雨热同期、气象灾害频繁等特点。区内年平均降水量在410～640 mm，降水少的年份低至250 mm，多雨年份多达900 mm。年降水量的趋势自北向南增多，南部可达700 mm，北部仅350 mm左右，蒸发量变化与之相反。统计表明，年降水量正常年份占总年数的2/3，多于或少于正常年的各占1/6左右。降水量的变化多呈单峰型，12月降水量最少，7月或8月降水最多，月平均降水量为100～120 mm。在降水高峰期的7～8月，降水相对变率约45%，降水量少于正常年份的频数为33%。例如，1976年8月正宁县降水量多达286.1 mm，而1957年8月降水量仅1.4 mm。由此可见，同一地方同一月份，多雨年和少雨年降水量相差可超过200倍，月降水量的年际变化相当大。

陇东地区一年四季的气候特点是冬季雨雪少，寒冷时间长；春季升温快，冷暖变化大；夏季气温高，降水集中；秋季降温快，阴雨多，初霜来得早，日照丰富，光能充裕。这种明显的季节性气候和热量条件对部分农作物而言十分有利，如陇东地区的红富士苹果，因其独特的色形味好、无污染、耐储藏等优势闻名于全国。然而，这种特点又往往因降水不均形成干旱，成为主要灾害性天气。据统计，本区平均情况是三年一小旱，十年一大旱；每年在不同区域、不同季节都有干旱发生，群众有“十年九旱”一说。此外，由于水热条件失衡，冰雹、暴雨、霜冻、低温冷害、大风等对当地农业也产生影响。

（三）以泾河为主的黄河支流水系

陇东地区的水系均属黄河水系。大致以子午岭为界，其东部为洛河的支流葫芦河水系，以西为泾河水系，而这两个水系均属黄河的一级支流——渭河水系。另外，尚有极小部分地区，如环县西部、北部极小部分分属清水河和苦水河流域，华亭西南部极少部分属千河水系。陇东境内最大的两条河流分别为泾河干流及其一级支流马莲河。泾河干流在陇东地区主要流经平凉市各县区，另有部分东、北侧的支流发源于庆阳市境内。

泾河发源于六盘山腹地，在甘肃境内干流全长 179.3 km，平凉市境内 132 km，其中崆峒区 74 km，泾川县 58 km。流域水系主要分布在崆峒、泾川、华亭、崇信、灵台，杨家坪断面控制流域面积 14 124 km^2，河道平均比降 1.86‰，多年平均径流量 7.319×10^8 m^3，多年平均输沙量 8 850 $\times10^4$ t。主要支流包括分布在左岸的三水河、蒲河、茹河、洪河以及右岸的汭河、黑河、达溪河。

马莲河古称湟涧，汉代称泥水，北魏后称马岭河。唐代因两大支流马岭水和白马水在庆城南汇合，故而将庆城以下的河段称马莲河。其上游称环江，源头有东西二支，东支发源于陕西定边县马鞍山（1 875 m），西支发源于宁夏盐池县麻黄山（盐池县、环县交界的甜水镇樊沟泉）。马莲河在陇东地区仅流经庆阳市，但贯穿庆阳市南北，全长 374.8 km。水系面积在陇东地区为1.7×10^4 km^2，年径流量 4.8×10^8 m^3，是陇东地区流域面积最大的一条河流。整个流域水土流失严重，年输沙量 1.34×10^8 t，最大含沙量 1 050 kg/m^3。

葫芦河水系在陇东境内河长 70 km，流域面积 2 330 km^2，流经华池、合水两个县 5 个乡镇，为子午岭林区，植被良好，水土流失轻微。较大支流有大凤川、小凤川、二将川、平定川、连家砭川、荔园川、豹子川等。平均含沙量 7.8 kg/m^3，多年平均输沙量 35×10^4 t，为泾河泥沙重要来源。河水盐分含量高，宁县以上水质差，不能饮用和灌溉，以下河段勉强可以灌溉。

（四）典型的森林草原

以降水和温度条件而论，本区应具有原始的森林草原景观，实则现今少有林木。在平凉、泾川以东至长庆桥一线以南的陇东地区南部，年降水量在550～650 mm。早期山地阴坡，应属森林环境。由于当地从3 000年前已垦为耕地，至今由河谷至梁顶，多属农业景观，草地很少，几乎无残余森林，是人类改变自然景观的显著实例。

位于陇东东部的子午岭，面积2 830 km^2，为泾河、洛河分水岭和陕甘两省界山。以略近子午线走向得名，古名桥山。海拔在1 600 m以上，最高峰在正宁县东的陕、甘省界上，海拔1 756 m，年降水量在600～700 mm，年均气温在7 ℃左右，气候较湿润。现有茂密的次生梢林和灌丛分布，是本区唯一的次生广阔林区，区内林、牧、副诸业的综合发展较有前途。

本区西侧的六盘山，喜马拉雅造山运动时褶皱成山，是中国最年轻的山脉之一，主体位于宁夏回族自治区南部，甘肃占有其东南和南段余脉。黄河水系的泾河、清水河、葫芦河等发源于其两侧。山区年平均气温5～6 ℃，年降水量600 mm左右，是黄土高原中的“湿岛”。森林覆盖率46%，主要分布于海拔1 900～2 600 m的阴坡，以次生的落叶阔叶林为主，间有少量针阔混交林，林下发育山地灰褐土。在林带以下和2 200 m以下的阳坡为草甸草原和干草原；2 200 m以上阳坡和2 600 m以上阴坡为杂类草草甸，发育山地草甸土，是大牲畜良好牧场。

位于平凉市西郊15 km的崆峒山，地处六盘山东麓与陇东黄土高原的接合部。山峰西高东低，海拔1 500～2 234 m，相对高差500～750 m，属中等切割的中山地貌。由于气候和土壤条件适宜，加之寺庙的保护和人为干扰相对较少，崆峒山植物保护较好，森林覆盖率达63%。据初步调查统计，崆峒山已知的维管束植物有700余种，成为黄土高原中、西部植物的汇聚点和天然植物园。仅药用植物就有200多种，驰名中外的党参、枸杞、甘草、牡丹、天南星、槲寄生、七叶一枝花、小花火烧兰、桔梗、柴胡、三七、麻黄、灵芝等药用植物资源广泛分布。植物区系成分具有过渡型特点，有相邻植物区系（如华中、蒙古等）的渗透和影响，主要以辽东栎、桦、虎榛、槭、油松、华山松等华北成分为代表。

崆峒山地处温带草原区的南部森林草原地带，地带性植被是落叶阔叶林及针叶林。其中，乔木有58种，灌木93种，藤本21种，草木492种，形成了交错有致、群体庞大、季相典型的温带生态系统。区内有438种珍禽异兽栖息、繁衍，其中属国家一、二级保护动物的有7种，如金钱豹、梅花鹿、林麝、金雕、红腹锦鸡等。由于决定植被垂直分布的海拔和相对高度不大，因而崆峒山植被的垂直分布虽有层次性，但植被垂直带不甚明显。其植物分布的情况大致如下：海拔 1 370～1 500 m 分布由稀疏的辽东栎、榆、山毛桃、小叶朴、蒙古荚蒾，还有杠柳、少脉雀麦藤、白刺花、酸枣等形成的杂木林，或形成白刺花、陕西荚蒾、小叶朴、酸枣等群落；海拔 1 796～1 946 m 分布由胡枝子、猕猴桃属、鼠李属、接骨木、山麻子、宝兴茶藨、暴马丁香、油松、华山松、鹅耳枥、辽东栎、大果榆、山杨、少脉椴、白杜、栾树等形成的针阔混交林；海拔 1 946～2 046 m 分布有辽东栎、白桦、木梨、沙棘、胡颓子、红花忍冬、李、箭竹等。

二、人文地理特征

（一）农耕文化的发祥地

早在几十万年前的旧石器时代，就已经有人类在陇东地区繁衍生息，在 7 000 多年前就有了早期的农耕。到目前为止，在陇东地区发现的旧石器时代遗址主要有镇原县的姜家湾、寺沟门、黑土梁，环县的楼房子、刘家岔，庆城县的巨家塬，泾川县的南峪沟、桃山嘴等。其中，1977 年 7 月发现的环县刘家岔遗址约有 150 m^2，出土有脊椎动物化石 13 种和各种石制品 1 022 件，还有烧骨和灰烬。说明旧石器时代陇东黄土高原是一个气候温暖湿润、水源丰富、森林茂密的地区，当时的原始人已开始掌握用火技术。

大量文化遗物遗迹材料证明，周人在不窋之前，就已在山西、陕北和陇东一带同赤狄、白狄杂居。依据姬姓周先祖四次大规模的迁徙活动，可以把先周时期划分为三期：先周的早期在邰地（今陕西武功县）和夏都（今山西南部或河南西部）；中期在豳地（泛指子午岭以西的甘肃陇东一带和与之接壤的陕西西部地区）；晚期在周原和丰邑（今陕西关中地区）。从上面可以看出，周人在陇东地区的这段时期正处于先周历史的中期，从不窋奔戎狄到古公亶父迁岐下，时间长达近 500 年。

陇东作为先周发祥地之一，周文化遗存相当丰富。1967 年 9 月，灵台县西屯乡白草坡发现一座西周墓葬，出土铜器、玉器等各类文物 340 多件。1972 年，又在该县姚家河、洞山、西岭等地先后发掘了 10 多座西周墓，其中西岭墓中的铜簋器内底有铭文四个字："吕姜乍（作）殷"。1976 年，在洞山又发现了 46 座东周墓，出土的大量器物为研究秦国的社会制度提供了重要的资料。1974 年，平凉四十里铺发掘了两座带有车马坑的战国墓，不但规模宏大，而且墓内各埋葬一车四马。20 世纪 80 年代初，又在崇信县于家湾发现的 80 余座先周、西周时期墓葬，是甘肃省规模最大的一次西周墓葬发掘。

总之，周族的兴起与周王朝八百年的辉煌，可谓肇始于陇东黄土高原。

从这里崛起的周王期祖先，以农为本、以德治国，奠定了后世中华民族的礼仪与道德传统。

（二）道教重要发源地之一

道教是中国土生土长的宗教，近两千年来对中国古代的政治、思想、学术、文化、民俗等产生了重要影响。陇东地区独特的自然地理环境对道教产生了深刻影响，随着道家宫观的建立和发展，道教在陇东民众中广泛传播。

平凉境内的崆峒山，早在2 000多年前就曾载入典籍，最早见于《庄子·在宥》："黄帝立为天子十九年，令行天下，闻广成子在于空同之上，故往见之。"广成子，传为上古道家仙人，隐居崆峒山石室中。崆峒山不少遗迹都以此引发而得名，也因此而成为全国道教发祥地，有"道教第一山"之称。《封神榜》更把崆峒山列为天下十二仙山之一，刻意描写，广为介绍。在中国道教历史上，泾川县的王母宫亦占有重要地位，传说西王母驾彩云在泾川回中山会周穆王于瑶池之畔。又传汉武帝征和二年（公元前91年）的七夕，迎王母于甘泉，并且接受王母所赐鲜桃。由此可见，陇东地区是全国道教重要的发源地之一。

道教在陇东地区的发展为本区留下了大量的道教建筑景观，最有名的就是崆峒山的建筑群。据记载，隋唐之际，修建了"轩辕宫""问道宫""上天梯"等建筑物。自明初到清代末叶，是崆峒山道教的黄金时代。明成祖永乐二十二年（1424年），韩王改封平凉，在崆峒山大兴土木，遍修寺观，如绝顶的真武殿、太和宫，中台的凌空塔，等等。明崇祯年间，朱元璋的十世孙襄陵王给绝顶太灵宫真武祖师奉献一个铜背光镜（今存平凉市文化馆），上铸"回光返照"四个大字，影响颇大。至清咸丰年间，崆峒山成为全国四大道教圣地之一。崆峒山鼎盛时期，从山麓到山顶，各代建筑的琳宫梵刹，鳞次栉比，雄伟壮观。以"五台"为主，共计42处、650多间殿庙宫观，号称八台九宫十二院。其中，绝顶的"太和宫"，规模宏大，建筑壮丽，为崆峒山寺观之首，俗称"隍城"。这里现存塑像40余身，壁画60余平方米，碑碣10余通，为研究明清文化艺术提供了珍贵资料。

陇东道观的选址受道家"无为、无我、无欲、居下、清虚、自然"的思想引导，大多在远离城镇、避开世俗喧嚣的山林清幽之地、名山深谷之所，如崆峒山。崆峒山的庙会在每年农历四月初八举行，据传此日为佛诞，各僧院、道观都要大做佛事道蘸，甘肃、宁夏、陕西以至青海、四川、河南、山西等地，都有不少人来此朝山，游人香客成千上万，热闹非凡，堪称陇原最盛大的庙会。除此之外，道家"见素抱朴"的思想，也促成道观选址取三林之野趣，依自然山水之势，如王母宫。此外，也有道观位于城镇中心或边缘，这与道教后期发展要求济世贵生、教化民众、稳定社会的社会功能有关，实际上政府起到了推动的作用。位于乡村的道观则是民间信仰与道教融合发展的产物，但道观在乡间的选址相对来说，仍处于清雅幽静的地方，如华亭马峡乡太白庙、黑爷庙，安口镇的八里庙等。

道教在陇东地区生活中的体现集中在“道情”上。“道情”源于唐代的《承天》《九真》等道曲，是原始道士传经布道和募化时所唱的歌曲，后由游方道士带入民间，逐渐发展成为民间的一种艺术形式。“陇东道情”的道教文化色彩，体现在它的内容和形式上，且全部演出过程都渗透着道教文化，如“道情皮影”中所唱的歌曲就是在明清以来道教音乐基础上，融合当地民间音乐而形成的。除“道情”外，陇东地区重要节日的习俗也大都带有道教文化的色彩。

（三）突出的地方民俗文化

周人先祖在陇东地区数百年的活动，给今人留下了丰富的农耕文化遗产，其独特的民俗文化和众多的文物古迹，具有非常宝贵的价值。本区因地处西部，长期以来经济不发达，交通落后，这种特点使该区的民俗文化较少受到外界市场经济的冲击，原生态文化保留完好。部分民俗文化产品更是历史文化精品，具有很高的艺术价值，现择其要者略做介绍。

1. 皮影戏

陇东地区的皮影具有独特的造型风貌，风格古雅，兼收并蓄，尤其是环县的皮影戏，创造了与众不同的艺术造型和风格。皮影在陇东又称为“灯影子”“牛皮娃娃”，表演者大都是当地农民，因此，影件的人物造型、影戏的唱腔和故事情节均以陇东淳朴农民的生活和古老神话传说为基础。演出也很简单，四五人便可搭班表演，只需两个简易的木箱和一头毛驴就可驮着走乡串户。就连演出地点也无须提前安排，随便找个能聚光收音、宽敞豁亮的黄土窑洞就可以了，所以在当地又称“窑洞戏”或“炕头戏”。陇东皮影戏的保留和发展与该地区地处西部、封闭的地理和文化环境制约有关，但恰是这种封闭性又佑护着陇东皮影不受外来因素的干扰，保有浓郁的原生特色。

在全球经济一体化的大趋势下，农耕文化逐渐向工业文化转型，传统民间艺术的传承面临严峻的考验，许多地区的皮影艺术在现代传媒和影像的冲击下濒临消失，但陇东皮影戏仍深受当地百姓的喜爱。2002 年，环县被中国民俗学会命名为“中国皮影之乡”。据统计，环县现有戏班 50 多个，从事皮影演出和影偶制作的民间艺人 500 多位，成为黄河流域具有一定规模的原生态艺术群体。

2. 香包

陇东香包是我国刺绣民俗文化的一大瑰宝。它是民间妇女用绸缎、丝布、丝线配上香料，精心设计、精工刺绣而成的富有象征意义的手工装饰品。陇东香包文化的历史久远，早在1 000多年前，人们就知道佩戴香包。如华池县双塔寺内塔下出土的“千岁香包”，虽经历近千年风雨变迁，至今仍然光泽鲜艳，刺绣针码十分清楚，不但造型美观、设计高超，而且寓意也十分深刻。正宁县出土的“猪龙香包”，造型奇特、色彩雅致，亦属稀世珍品。

香包蕴含着丰富的地方民俗文化。第一，香包是一种供人佩戴或珍藏的装饰品。在民间，一般妇女为了方便平时的针工习惯，通常随身带有一个可以用来贮针、藏线且边上绣有花纹、图饰、吉祥图案的“葫芦状”的佩戴物——“针扎”。据说，这就是香包的起源。第二，香包是一种信物，是旧时男女青年相恋，姑娘向小伙子示爱、传情、定亲的凭据。第三，香包是一种用来给孩子们避邪纳吉、消灾远祸、健身防病的吉祥物，内填香料如丁香、山艾、白芷等中草药，以便祛病健身。现在，人们制作的香包除上述作用外，大多数香包都用来装饰房子，特别是用来作为楼房客厅的装饰品或姑娘出嫁时的嫁妆。其图案设计因时而变，精巧美观、寓意丰富，其价值未因时代变化而消失。

3. 剪纸

民间剪纸是陇东众多民间艺术的一部分，由于和陇东文化有着紧密的联系，因此这里的剪纸乡土气息更加浓郁。黄土高原上的老一辈人所居住的主要是窑洞，在窑洞文化的熏陶下，古朴自然的特点从日常生活中走到了百姓的剪纸艺术创作中，再加上祖祖辈辈充满聪明智慧、创意的修饰，陇东地区形成了自己独特的剪纸文化。本区剪纸与其他剪纸无论在风格上还是在元素塑造方面都存在着较大的不同。陇东剪纸题材较为广泛，囊括了日常生活中的点点滴滴和方方面面。其剪纸造型大胆夸张，以一种古拙质朴的剪裁手法，简单明快地将需要表现出来的人物或者事物剪裁于纸张之上，虽然线条粗犷奔放，但传达的却是陇东人民对于幸福美好生活的追求和向往。

陇东传统民间剪纸主要用于装饰窑洞的门、窗、炕、灶等，装饰是其主要功能。其材料以象征喜庆的红纸为主。成品要各部分必须相连成一体，艺人在剪裁作品时需要避免单独伸展的长线而力求与其他部分相连，以求作品的完整和形态的稳定。剪纸的形式美必须要合乎这个先决条件，因此在造型上为了兼顾连接必须灵活多变，从而形成丰富而独特的“连”的造型形式。

剪纸艺术充分地表现了陇东淳朴文化的内涵，它是陇东人特有气质的反映，具有浓郁的乡土气息。

4. 窑洞民居

陇东的穴居窑洞，是黄土高原人文景观的一大当地特色。周人先祖到陇东后，窑洞大量的挖凿及推广，不仅遍及黄土高原的各个角落，而且一些重要城镇和军事据点也被窑洞化。先周时期，遍布陇东黄土高原的土窑洞，造型朴拙，种类繁多，有崖庄院、地坑院、半明半暗的半地坑庄院等。其共同的特点是经济实惠，干燥坚固，冬暖夏凉，清洁卫生。这种居住格局从远古开始，时至今日一直延续了数千年之久。即使今天，窑洞还是陇东地区的居住方式之一。几千年来，窑洞养育了一代又一代的陇东人，至今窑洞的故事、传说和窑洞的风俗，仍广为流传。

陇东窑洞多是在人工掘成的黄土崖壁上，由靠地面部分纵向挖成的洞。和盖房相比较，"崖"就是屋架。崖的组合叫"庄""庄子"，主要有明庄、地坑庄等七八种，地坑庄则分平地下坑和"半明半暗"。这些形式，是典型的周人先祖掏洞穴居的遗风。地坑庄，是先掘地成坑，坑壁即是挖窑的崖面，这种类型一般集中于塬面。地坑庄大小不等，一般为长方形，正面土窑 3 孔，侧面一孔，通道又叫"洞子"，下洞上箍，安装大门。陇东窑洞的修筑，包含着无尽的文化，单是窑址的选择，就要考虑背风、向阳、利水、气畅以及来去有路等多种因素。陇东的窑洞建筑形式与泾河流域深厚的黄土层是紧密联系的，这里的黄土厚度超过 100 m，且黄土中不含砂石，在这里挖凿的窑洞相当坚固耐久。

第二节　优势资源及开发利用

一、能源资源

陇东地区的煤炭和石油资源十分丰富，煤炭预测储量 3 290×10^8 t，现已探明的保有煤炭资源 86.78×10^8 t，石油天然气总资源量 40×10^8 t（石油资源量 32.47×10^8 t），现已探明石油地质储量 5.16×10^8 t，预测溶解气储量 243.6×10^8 m^3，占鄂尔多斯盆地油气资源量的三分之一。

平凉市预测煤炭地质资源量在 650×10^8 t 以上，主要分布在华亭、崇信、泾川、灵台、崆峒 5 县 1 区，已探明储量 37×10^8 t。其中，华亭煤田处于鄂尔多斯聚煤盆地中煤层最厚的地段，为全国 13 个大型煤炭基地黄陇基地的重要组成部分，是甘肃省第一大煤田。煤炭品质优良，具有高活性、高发热量、低灰、低硫、低熔点的特性，不仅是优质动力用煤，而且也是目前我国最好的气化用煤，是平凉市的主要优势资源。平凉的石油资源分布在泾川县，属鄂尔多斯大油田南部的泾镇油田区块，是极佳的含油层段和获得工业流油的主要层位。已探明石油储量 $4\ 000\times10^4$ t，潜在资源量 4.3×10^8 t，远景资源量 5.7×10^8 t，具备良好的勘探开发前景。

庆阳是甘肃省最大的原油生产基地，是我国第二大油气田——长庆油田的诞生地和主产区。庆阳市的石油、天然气等矿产资源近 40×10^8 t，可划分为镇原—环县区、华庆地区、西峰周边区、合水—宁县区 4 个区块。目前发现的 90%以上油气储量都分布在鄂尔多斯盆地的伊陕斜坡，南高北低，平面上呈南油北气分布格局。地下油藏纵向上有 15 套含油层系，具有区域广、资源丰富、探明程度低、低渗、低压、低丰度和地质条件复杂的特点。石油勘探开发面积约 5×10^4 km^2，总资源量 32.74×10^8 t；天然气（主要是煤层气）预测储量 $1.358\ 8\times10^{12}$ m^3，占鄂尔多斯盆地储量的 13.6%。庆阳平均每平方米土地下含油气 120 kg，具备建设千万吨级大油田的资源条件。煤炭资源方面，已累计探明储量 123×10^8 t。煤层气预测储量 1.35×10^{12} m^3；油、煤、气资源折合油当量约为 $1\ 230.8\times10^8$ t。除储量丰富的石油、天然气、煤炭之外，陇东地区的白云岩、石英砂、石灰岩等 10 多种矿产资源亦具有良好的开发前景。

2010 年陇东能源化工基地煤炭开发量为 $2\ 044\times10^4$ t/a，实际原煤产量为 $2\ 019\times10^4$ t，占全省总产量的 42%，在甘肃的资源开发中占有重要地位；装机总量达 154×10^4 kW；煤化工产量达 60×10^4 t/a；原油开采量为 500×10^4 t，原油加工能力达到 317×10^4 t；天然气消费量达到 17×10^8 m^3。按照“高起点规划、高标准建设、高技术应用、高效益发展和集约开发、深度转化、生态优先、统筹发展，深度链式开发石油、煤炭、天然气、煤气层”的思路，规划到 2030 年，陇东能源化工基地煤炭开发量将达到 $13\ 500\times10^4$ t/a；新增煤电装机容量为 980×10^4 kW，总装机容量将达到 $2\ 334\times10^4$ kW；煤化工产量将达到 681×10^4 t/a；原油产能将达到 $2\ 000\times10^4$ t/a，原油加工能力将达到 $2\ 000\times10^4$ t/a；天然气产能将达到 10×10^8 m^3/a。庆阳市提出努力建设年产 $1\ 000\times10^4$ t 原油生产、$1\ 000\times10^4$ t 炼化、1×10^8 t 级大型煤炭生产、千万千瓦煤电装机、$1\ 000\times10^4$ t 化工生产及 10×10^8 m^3 天然气煤气层和 120×10^8 m^3 煤制气基地，将成为国家级能源化工基地、西电东送基地、西气东输基地。

二、土地资源

本区是甘肃省农业自然条件较为优越的地区，具有气候水热状况适中、川塬地面积较大、土壤肥沃、土层深厚等优势，曾以“陇东粮仓”闻名遐迩，现已成为甘肃第二个商品粮生产基地。陇东地区的耕地广泛分布于山、塬、川区。旱作山区盛产胡麻、葵花、土豆、莜麦和豆类等；阴湿山区林草茂盛，是西北重要的畜牧业基地、皮毛集散地和各类中药材的重要产地。园地分布于塬、川区；林地中的天然林集中于子午岭一带，人工林广泛分布于中、南部山地；建设用地和交通用地大多分布于川、塬地。耕地适宜性评价结果表明，一等地占总耕地面积的17.5%，二等地占27.3%，三等地占48.7%，四等地占6.5%。

世界上最大的黄土分布区在我国西北的黄土高原，西北最典型的黄土沉积则分布在陇东。董志塬是陇东黄土高原之最，它的黄土层厚度超过200 m，塬面涉及庆城县、宁县、合水县、西峰区4县区的21个乡镇。整个塬面平均海拔1 300多米，年平均降水量550 mm，土层深厚、质地松软，近百万亩肥沃的良田广袤无际，盛产以冬小麦为主、种类丰富的农作物。“高塬麦浪”被列为“董志塬八景”之首。地处董志塬西边的南小河沟，是黄河中游水土保持试验地，已建成山峦青翠、绿树成荫、鱼鸭戏池的风景区，被誉为“镶嵌在黄土高原的一块翡翠”，有“东湖碧水洗晓月，南沟红叶染夕阳”的美誉。

三、旅游资源

陇东历史悠久，文化底蕴深厚，人文旅游资源相对丰富。其中，平凉的崆峒山是我国古代专门立志的60多座名山之一，作为“丝绸之路”出关中平原后“西来第一名山”，向有“西镇奇观”“山川雄秀甲于关塞”之美誉。崆峒山不仅是一座自然名山，还是一座历史名山、军事名山和宗教名山。1983年，崆峒山被列为甘肃省自然保护区和省级风景名胜区，保护区面积30 km^2，游览区面积14 km^2。

随着旅游事业的发展，平凉市政府对崆峒山成立了管理机构，采取国家拨款和群众自愿募捐的办法，逐步复原了一些比较有名的建筑。目前，平（凉）泾（源）公路穿山而过，山上水通、路通、电通，汽车可以分两路上到中台或香山。崆峒山及附近景点相对集中，交通比较便利，又毗邻陕西关中地区，具有明显的区位优势。它位处西兰公路中段，宝中铁路从山前通过，从宝鸡或法门寺到平凉仅2个多小时，从西安到平凉只需4小时左右，距兰州、银川两省会也不远。1994 年 1 月，崆峒山已被批准为“国家重点风景名胜区”和国家森林公园。目前年旅游 40×10^4 人次以上，已被评为国家 5A 级旅游风景区。

除崆峒山之外，陇东地区的旅游资源开发程度尚不充分，很多旅游景点在国内甚至在省内的知名度都很低，与其资源地位不甚相符。例如，平凉市的柳湖、南石窟寺、龙隐寺、莲花台、紫荆山、云崖寺国家级森林公园，以及明代宝塔、李元谅墓等风景名胜、文物古迹，它们都是寻根访古、观光旅游、避暑休闲的好去处。庆阳市曾是“黄河古象”“环江翼龙”的故乡，有我国最早出土的第一块石器，市内已发现的仰韶文化、齐家文化、寺洼文化等遗址达1 500 余处之多。环县的皮影在全国居于首位，窑洞民居建筑独具特色，北石窟寺在全国北魏的石窟中，最具典型性和代表性；另外，还有周祖陵、南梁革命纪念馆、夏家沟森林公园、潜夫山森林公园等，都是具有特色的旅游资源。

第三节　经济发展与布局

一、产业发展现状

陇东地区是我国农业开发较早的地区之一，在千百年的历史长河中，这里形成了较发达的传统农耕经济和独具特色的农耕文化素有“陇东粮仓”之称。1969 年，由玉门油田、四川油田、江汉油田的工人及兰州军区转业军人组成的十万石油大军，开启了长庆油田建设的浪潮，成为陇东工业发展的基础。但长期以来因落后生产方式的束缚，且位置偏僻、商品经济不发达、科技条件制约等，农业生产和经济社会发展水平比较低，人民生活比较困难。

从陇东地区三次产业的结构状况来看（图 6-2、图 6-3），庆阳和平凉二市的产业结构变化趋势相近，均是第二产业所占比重逐渐增加，第三产业占比先增加后减少，第一产业所占比重降低。这表明陇东地区的经济发展严重依赖第二产业，经济发展失衡。至 2010 年，陇东地区总产值近 560 亿元，三次产业结构比为 17.2∶54.9∶27.9，其中平凉市为 21.82∶46.91∶31.27，庆阳市为 14.3∶60.0∶25.7。由此可见，工业是推动地方发展的主要动力，但区域农业仍然占较大比重，第三产业发展严重不足。由于陇东地区工业主要为矿产资源开发，其开发受国家相关部门主导，一定程度上工业对农业的反哺

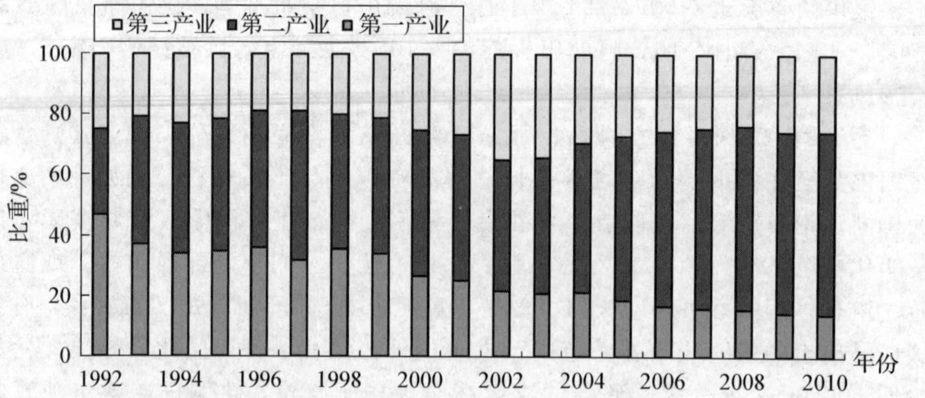

图 6-2　庆阳市 1992—2010 年三次产业结构变化

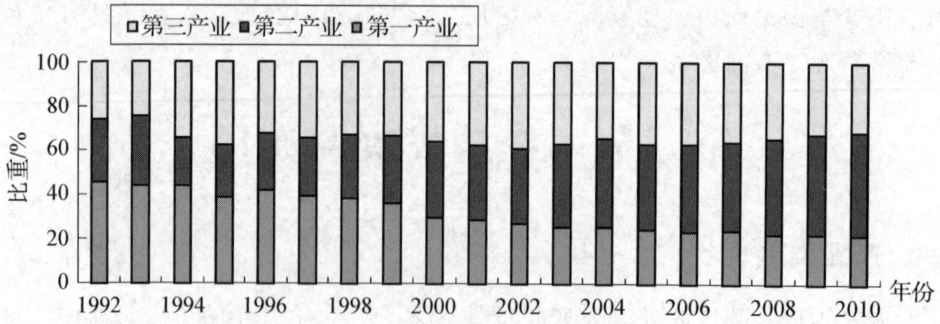

图 6-3　平凉市 1992—2010 年产业结构比重变化

能力较弱。因此，陇东地区以农业为主的地区经济较落后，与当地工业经济发展极不相称，庆阳市 1 区 7 县就有 5 个县为国家级贫困县。

二、农业发展与布局

（一）农业发展现状

陇东深居内陆，光能资源丰富，太阳辐射量为 $4.438\times10^6\sim6.615\times10^6$ kJ/（m^2·a），年光合有效辐射总量为 $2.237\times10^6\sim3.335\times10^6$ kJ/（m^2·a），日照时间为 2 250～2 600 h。热量条件好，一年一熟有余，多数两年三熟，少数一年两熟。年均气温 7～10 ℃，≥0 ℃年积温为 3 300～3 800 ℃，≥10 ℃的年活动积温为 2 600～3 400 ℃，7～9 月日平均气温＞10 ℃的积温川区为1 900～2 400 ℃，中南部的塬区为1 700～1 900 ℃，光热资源条件有利于大多数作物的生长。与甘肃境内其他区域相比，陇东黄土高原的自然条件较好，但农业生产和经济发展水平比较低，2010年庆阳市农民人均纯收1入3 154元，平凉市农民人均纯收入2 800元，仅为同期全国农民人均纯收入的53.3%和47.3%，这与长期以来落后的社会生产方式、交通不便、物流不畅、科技欠发达等因素制约有关。

(二) 农业发展布局

在《陕甘宁革命老区振兴规划》中，陇东地区的农业被定位为现代旱作农业示范基地。针对全国、甘肃省及周边地区的农业发展实际，陇东地区农业发展应在绿色畜牧业、优质果品、绿色蔬菜等方面，深入探讨转型路径与发展模式，努力打造国家级现代旱作农业示范基地，提升粮食综合生产能力。基于粮食安全目标，按照稳面积、攻单产、提质量、增效益的思路，突出玉米、马铃薯等高产作物，推广综合增粮技术，巩固和提高区域粮食生产能力。巩固山塬区小麦种植规模，扩大玉米、马铃薯种植面积，调减小杂粮面积，加快形成与自然条件和市场需求相适应的粮食生产结构。加大全膜玉米双垄沟播技术、测土配方施肥技术、农作物良种、病虫害综合防控等增产技术的集成应用，实现粮食单产较大突破。通过基地的发展带动农业经济收入的提高，促进农民增收。

在保质增量的同时，本区农业发展需要结合市场需求，优化产业结构，推进农业产业化进程，同时增加宣传力度。坚持从战略主导产业、区域优势产业、地方特色产品3个层面，推进农业结构战略性调整，突出抓好草畜、果品、瓜菜三大主导产业，大力推进苜蓿、肉牛、肉绒羊、苹果、黄花菜和白瓜子（葵花）种植，配合养殖业发展的需要，发展优质牧草。实施山、川、塬分类指导，构筑各具特色的区域经济结构。塬区建成以苹果为重点的优质果品基地；山区建成以紫花苜蓿、肉牛、肉（绒）羊为重点的优质草畜基地；川台区和城郊区建成以设施农业为重点的优质蔬菜基地；子午岭林缘区和北部山区充分利用相应的气候优势，重点建成白瓜子、油葵等特色产业基地。通过调整区域结构，壮大优势特色产业，调整农业内部结构和品种结构，促进市场发育，提高农业商品率，实现资源的高效配置。

三、工业发展与布局

(一) 工业发展现状

本区工业以资源开发为主，已形成了以石油、煤电产业为引领，农副产品深加工、新型建材、装备制造梯次跟进的工业经济格局。截至2011年年底，陇东地区已形成煤炭产能2 500×10^4 t、火电装机420×10^4 kW、原油一

次加工能力 30×10^4 t、甲醇 60×10^4 t 的主要生产能力。根据陇东能源开发总体规划，2015 年陇东煤炭生产能力达到 5 000 $\times10^4$ t 以上，形成 1 200 $\times10^4$ kW 火电装机、800×10^4 t 炼油、100×10^4 t 以上煤化工生产能力。

（二）工业发展布局

作为甘肃重要的能源化工基地和新的经济增长极，陇东地区的工业发展主要依托石油、煤炭和绿色农产品优势资源，以产业集群化发展为方向，加快发展速度，提升区域经济竞争力。

石化工业方面，陇东主要围绕石油、煤炭、天然气和煤层气四种资源，发展石油、煤炭、电力、化工四大产业。加快油田产能建设，并发展石油化工下游产业，同时加大煤炭资源勘探力度，加快煤炭开发力度，推动煤化工、火电、煤建材等产业发展。农产品精深加工方面，主要依托当地绿色农产品资源优势和苹果、白瓜子、黄花菜、杏制品等农产品原产地认证优势，对现有农产品加工出口企业加大技术改造扶持力度，鼓励和支持企业开发高附加值产品，培育壮大农产品加工龙头企业，提高原生态果蔬规模加工能力，扩大市场竞争力和出口创汇规模，发展具有地方特色的食品和农产品加工集群，建成相关农产品基地，促进规模效益。

今后可以加快工业集中区建设。可采取政府引导、企业为主、金融支持、社会参与的投资经营市场化运作模式，加快推进水、电、路等基础设施建设，加快工业企业向工业集中区聚集步伐。同时，发展培育大企业集团。围绕优势资源开发，强化招商引资，积极引进国家特大型企业（集团），开展战略合作，参与重点项目建设，借势加速能源化工产业发展。

（三）陇东国家级能源化工基地建设

根据陇东巨大的油气、煤炭资源储量及其在全国能源开发布局中的重要地位，国务院办公厅《关于进一步支持甘肃经济社会发展的若干意见》中，明确提出加快陇东煤炭、油气资源开发步伐，积极推进煤电一体化发展，构建以平凉、庆阳为中心的传统能源综合利用示范区。国家层面的支持，无疑为建设陇东能源化工基地提供了有力的政策支持和发展机遇。

按照国家能源局陇东能源基地开发总体规划的要求，发挥资源优势，建设千万吨级大油田、亿吨级大煤田和千万千瓦装机容量煤电基地，共同打造陇东能源化工基地，整体融入关中—天水经济区，以此形成甘肃省东部经济增长新的经济增长极，对于推动陇东经济腾飞和带动甘肃省乃至西部区域经济发展具有重大意义。

此外，资源型城市目前具有较好的发展前景，作为前期规划，同样需要考虑到资源枯竭后的发展方向。因此，在规划陇东能源基地的时候，需要做一个长期的安排。

四、旅游业发展与对策

（一）发展现状

陇东地区人文旅游景观独具特色，但旅游资源还没有得到充分的开发，原因包括以下三个方面。

第一，交通“瓶颈”的制约。目前，陇东地区高速通道还没有完全贯通，空中运输欠缺，铁路运力较小，公路总量不足。市到县、县（区）到景区（点）的道路等级差异较大，特别是高等级环形旅游线路尚未形成，“旅长游短”的问题依然存在，不利于国内外游客的大量输入，制约了陇东地区旅游产业的快速发展。第二，产业整合力度不够。尽管目前旅游产业已被认为是提升区域形象、推动地方经济发展的重要因素，但全社会参与旅游业开发的机制尚未形成，扶持产业发展的优惠政策和专项资金落实迟缓，致使许多重大项目启动或建设缓慢，短期内难以实现资源优势向产业优势的转变。第三，区域旅游资源文化挖掘研究利用不够，旅游宣传促销力度不够。文化是旅游吸引力的重要因素，宣传则是将这些因素展示给外界的手段。陇东地区的旅游宣传存在思维滞后、创意不足等问题，旅游产品缺乏参与性。

（二）发展对策

陇东与周边区域的旅游联动开发不够。陇东地区地处兰州、天水、西安、中卫、银川等地之间，周边地区的旅游发展均较好，游客量较多，但这些区域的游客仅有很少一部分会选择去陇东。为增强旅游景区的可进入性，尽快完善西安至平凉、西安至庆阳及兰州—平凉—西峰之间的铁路交通，并改善城市至旅游景点的道路状况。随着交通条件的改善，本区积极与这些区域组建全域旅游协作网，建立定期联系制度，共创特色旅游精品，形成区域联合促销，陇东地区的旅游业将出现快速发展局面。同时，强化大景区带动发展理念，推动景区建设提质增效。可以崆峒山、大云寺·王母宫和红色南梁等为引领，通过大景区空间扩展、基础服务设施完善和旅游体验项目开发，带动建设精品景区，推动旅游资源的整合开发和转化利用，实现旅游产业跨越发展。此外，还要加强文化与旅游融合发展，加大宣传促销力度，根据市场需求推出新产品，深度开发旅游市场。

第四节　生态保护与可持续发展

一、全面实施小流域综合治理

（一）水土流失现状

受多重因素的影响，陇东地区是我国水土流失最严重的地区之一，是黄河下游河床粗砂的主要来源区。目前，水土流失面积 33 220 km^2，占黄土高原水土流失面积的 6.3%，占陇东地区总面积的 95%。例如，著名的董志塬受水土流失影响，其面积已由原来的 910 km^2 减少到 756 km^2，并正以平均 42 hm^2/a 的损失速度使人们赖以生存的田地不断减少。现在，董志塬的东西宽度仅有 18 km，最窄处不到 0.5 千米，两侧沟头大有连接的趋势。

区内沟壑密度为 1.3～7 km/km^2，冲刷深度 0.2～2.5 cm。沟头前进，沟底下切，沟岸扩展十分剧烈。崩塌、滑塌、泻溜等重力侵蚀十分活跃，土壤侵蚀模数为 5 000～10 000 t/（hm^2·a），远大于黄河干流一般约 500 t/（hm^2·a）的土壤侵蚀模数。年均输沙量达 5 420 t/（hm^2·a），每年流失的泥沙占黄河总泥沙量的 19.0%。除塬面之外，大部分耕地在 10°～25°或更陡的坡地上。研究表明，25°左右的坡耕地每年流失土壤 120～150 t/hm^2，每年损失 N、P、K 约 4 000多万吨，大量肥沃的表土流失，养分总储量和有效养分含量接近土壤母质的水平。土壤有机质含量仅 0.5%～0.8%，纯氮 30～60 kg/hm^2，致使土地产出能力低下甚至发生浅薄化、贫瘠化等退化过程。

陇东地区水土流失是自然原因和人为原因的综合结果。陇东黄土高原气候属于温带、暖温带半湿润区向半干旱区过渡带，降水量为 471～638 mm，降水集中在每年的 6～10 月，且多暴雨形式，这是直接引发水土流失的动力条件。陇东地区的土壤母质主要为马兰黄土，容易受到冲刷和潜蚀，容易形成陷穴、落水洞和黄土陡坎。另外，长期受人类不合理的生产活动影响，地表植被破坏严重，加剧了水土流失过程。

（二）水土流失治理

植被是黄土高原水土保持和生态建设的关键，实施林、灌、草生态工程，稳步扩大绿色植被亦是陇东地区农业发展的基础。针对陇东黄土高原脆弱的生态环境现状，“退耕还林还草”无疑是当地生态建设的核心。应加快生态环境建设步伐，改善生态环境，使资源、环境与经济协调发展，实现本区高质量发展。

水土流失治理措施主要分为工程措施与生物措施。工程措施一般是在侵蚀沟、坡面等处设置拦泥和蓄水工程设施；生物措施是通过种草种树形成一定的植被，分散径流，减少冲刷，起到治理效果。由于地质、地貌等因素的制约，区内水土流失的类型及程度各不相同，必须因地制宜进行综合治理。总体上使坡面充分利用天然降水，就地拦蓄，配合工程措施做好坡面治理。局部可采取“草上坡、树下沟、山顶草灌、沟谷林果、阳坡草、阴坡林”的措施，建立科学的防治体系。例如，泾川县田家沟流域，从 1992 年开始，经过全面、系统的规划，开展了全方位的综合治理工作。采取坡改梯、水平沟、水窖、坡面水系、谷坊、治沟骨干工程等工程措施，乔灌草相结合的植物措施，实施山、水、田、林、路综合治理，对位配置水土保持措施，从塬面到坡脚、从沟头到沟口、从支沟到干沟、从上游到下游，形成了完整的水土流失综合防治体系。

通过近多年的努力，田家沟流域内累计完成水土保持综合治理面积 23.13 km^2，治理程度达到了 82.6%，其中兴修梯条田1 397.98 hm^2，营造水土保持林 855.1 hm^2，人工种草 42.7 hm^2，发展果园经济林 17.32 hm^2，建设各类拦蓄工程 1 800 多座（眼），基本实现了“塬面条田林网化、塬坡梯田林果化、沟壑林草郁闭化和沟底库坝川台化”，形成了黄土高原沟壑区比较典型的“三道防线”防治体系。目前，田家沟流域水土流失不仅得到了有效治理，生态环境大为改善，减少了山洪灾害的发生概率，部分水土流失防治区域还被国家有关部门命名为“国家水利风景区”“全国水土保持科技示范园区”“全国中小学水土保持教育社会实践基地”和“国家 4A 级旅游景区”，在黄土高原沟壑区具有典型的代表性，具有广泛推广借鉴的价值。

二、加强环境污染治理

能源资源开发在带动经济发展的同时，也加重了陇东地区环境污染，主要表现为水质的污染和退化，如受工业污水、生活污水影响，河谷潜水污染严重。据地方环境监测部门监测，污水中的有害物质主要有悬浮物、硫化物、石油、挥发酚、六价铬、氰化物等。此外，在石油勘探和开采过程中，由于石油开采注水的需要，建有数千口勘探井、开采井和供水井。由于石油勘探井、开采井和供水井在白垩系各层承压水间未进行止水或止水效果不好，导致这些人工管道成为白垩系各层承压水相互间转化的通道，影响了生活供水井或水源地。如位于环江河谷的庆化集团，原有供水井 3 口，开采的层位是环河组承压水及宜君洛河组上部的承压水。开采初期，水质较好，基本满足石油化工生产用水要求，但经过一段时间的开采后，宜君洛河组下部水质较差的地下水向上通过“人工管道”不断向开采目的层补给，水源地的供水水质不断变差，1997年水源地被迫放弃。

庆阳市的部分地区，可谓资源开采导致环境污染的典例。由于长期超量开采和雨水流失，庆阳市水位严重下降，农村大量机井干枯。据水利部门分析，2015年庆阳市供水缺口达到2.8×10^{8} m^{3}。甘肃省地质环境监测院对庆阳市马莲河、柔远河、环江的20处断面检测显示，调查区内地表水环境状况很差，有9处监测断面地表水受到严重污染，有8处监测断面地表水受到重污染，1处监测断面地表水受到中污染，仅有2处受到轻污染；20个监测断面有18个监测断面地表水质量已经为Ⅴ类水，占总数的90%。在地下水系统中第四系黄土含水岩组污染较严重，白垩系洛河含水岩组大多也受到中等污染。数十年的石油开发污染、企业工业污水和生活污水直接排放是造成当地水污染的主要因素。严重的水污染，给当地农业带来了巨大损失，同时，当地居民的身体健康也受到了明显影响。

陇东地区拟建成国家级的能源化工基地，由于区内气候干旱、降水稀少、水资源缺乏、生态脆弱，如果不考虑环境保护，环境污染所带来的后果将不可预料。人口、资源、生态环境的协调发展，是维护生态环境安全的前提和条件。面对严峻形势，2006年1月《甘肃省油田生态环境保护条例》正式颁布。围绕《甘肃省油田生态环境保护条例》的贯彻落实，庆阳市制定下发了《油田开发环境保护管理办法》，同时还制定了《庆阳市石油勘探开发产建项目环境保护管理要求》等几项地方性环境标准，严格落实环保第一审批权，对包括钻井井位在内的所有产建项目，必须先经市环保、国土、水务、水保等部门审查，出具书面审查意见，县（区）政府再批准用地或办理相关准建手续，对规范油区环境管理起到了积极的作用。

三、合理开发利用水资源

（一）水资源短缺问题

陇东地区水资源紧缺已威胁到人们的生存和发展。例如，华池县人均水资源占有量760 m^{3}，仅为全省平均水平的39.4%，人民群众的饮水困难问题长期没有得到解决。不仅如此，受长庆油田南梁采油区影响，这里地表水污染严重，地下水水位普遍下降40～60 m。

陇东能源化工基地是鄂尔多斯盆地能源基地、国家实施能源发展战略蒙陕甘宁能源“金三角”综合开发的重要组成部分。目前，面临的主要问题是区域水资源匮乏，可利用量不足；来水年内分配不均，水资源开发利用难度大；水土流失严重，水环境面临严峻挑战；水利工程建设滞后，制约区域经济社会发展等。根据相关部门预测，庆阳市和平凉市东部，2030年缺水量将为7.8×10^8 m^3。平凉市华亭县、崇信县分别是甘肃省的煤炭工业基地、全国13个大型煤炭基地、国家15个重点矿区及100个重点产煤县之一。丰富的资源禀赋使其成为今后甘肃经济社会发展的重要增长极，在甘肃经济总体布局中具有快速发展、率先发展的地位，而水资源短缺已成为其发展的最大制约因素。因此，必须把水资源问题的解决列到陇东能源基地建设和发展的重要位置。

（二）水资源短缺的原因

一是资源型缺水。庆阳市的地表水资源主要有泾河、马莲河、蒲河、四郎河、葫芦河5条较大的河流。境内河流多年平均径流总量为14.5×10^8 m^3，其中入境水几乎占径流总量的一半，自产水仅有7.8×10^8 m^3，人均水资源占有量是全省人均水量的25.7％，是全国人均水量的13％。每亩耕地占有水量110 m^3，是全省每亩耕地占有水量的18.3％，是全国每亩耕地占有水量的6.02％。资源型缺水使庆阳市水资源紧缺问题日益显现。

二是资源开发导致的水质型缺水。早期石油开发工艺粗放，在钻探过程中，钻井废水外泄、修井喷油、管线破裂及原油泄漏等污染事件时有发生；一些油井套管管壁老化，逐渐被腐蚀穿孔，造成地下水串层；部分废弃油井由于处理不当，深层井井水长期外泄，污染水体。1996年，原庆阳地区行署组织有关人员对庆阳、环县、华池等涉油县水源污染进行过一次调查，3县境内28条较大的沟壑支流受到不同程度的污染，污染最严重的7条支流，河水中污染物石油类的分担率为99.5％～38％。2003年，庆阳市政府对陇东油田开发环境现状进行调查。调查结果显示，华池、环县境内油区的地表水，与1996年同一断面监测结果相比，石油行业的特征污染物呈现增加趋势。

三是不断增加的农业用水。中华人民共和国成立以来，本区人口增加了近3倍，农业用水量也增加了近3倍。加之灌区普遍存在水利工程标准低、老化失修、不配套等问题，水资源利用率不高。在半干旱气候背景下，由于生态用水逐渐减少，森林覆盖率低，蓄水能力差，自然降水绝大部分以地表水形式流失。

（三）水资源合理开发利用

陇东能源基地的石油、煤炭、天然气等资源已基本探明，开发思路、开发规划、开发目标已经确定，促进陇东能源基地开发的关键是解决好水资源问题，逐步保障能源基地的用水需求。因此，在开发利用水资源的同时，陇东只有探索建立一系列合理开发利用水资源的原则和制度，才能实现区域可持续发展。

2009年，陇东能源化工基地各类水利工程总供水量约为5.1×10^8 m^3，其中庆阳市供水2.88×10^8 m^3，平凉市供水2.22×10^8 m^3。按供水类型划分：蓄水工程供水量为1.21×10^8 m^3，引水工程供水量为1.43×10^8 m^3，提水工程供水量为0.93×10^8 m^3，浅层地下水供水量为1.43×10^8 m^3，其他供水工程供水量为0.1×10^8 m^3。按用水行业划分：农业灌溉用水量为2.52×10^8 m^3，工业用水量为1.86×10^8 m^3，城镇生活用水量为0.25×10^8 m^3，农村生活用水量为0.26×10^8 m^3，生态环境用水量为0.000 9×10^8 m^3，其他用水量为0.21×10^8 m^3，其中农业生产是用水大户，其次为能源工业（含石油、煤炭、煤电等能源工业），一般工业、居民生活、城镇公共、生态用水约分别占总用水量13.5%、10.2%、4.1%、0.02%。区域水资源开发利用程度为36.9%，其中庆阳市水资源开发程度为33.2%，平凉市水资源开发程度为43.0%，区内水文水资源还有一定的开发潜力。

研究表明，陇东地区地下含水层空间结构分别为碳酸盐岩溶含水层、白垩系碎屑岩裂隙孔隙含水层和第四系孔隙含水层3大含水系统。经过钻孔抽水试验和反复计算，各类地下水天然资源量每年为7.32×10^8 m^3，总可开采资源量每年为3.24×10^8 m^3，开发潜力比较可观。但是，深层地下水是古封存水，其开发一定要遵循“统筹规划、总量控制、适当规模、分散开采”的原则。从长远来看，深层地下水的耗竭不仅可能影响到子孙后代，而且还有可能对生态环境造成不良后果。因此，不能只追求短期利益，必须要加强深层地下水的勘查研究，以达到科学规划部署和合理开发利用的目的。首先，以六盘山、子午岭等为重点，在经河、马莲河等河流源头区，实施林草植被建设等生态环境保护工程，提升支流源头的水源涵养能力。其次，进一步加大陇东西部、北部地区地下水找水勘探力度，以探索不同需水规模的工业园区集中供水的深层地下水开发方式，指导其他工业园区地下水开发利用，以解决当地群众的生产生活用水问题。最后，开展深层地下水循环更新能力研究，评价深层地下水的保障程度。同时，结合水资源需求，制定当地水资源近、中、远期解决方式和管理模式等一系列问题。

今后继续加大节水型社会建设投入力度，对现有工程进行挖潜改造。按照天上水、地表水、地下水、外调水“四水齐抓”，大、中、小工程结合，蓄、引、提、节并举，近远期统筹的思路，抓紧实施盐环定扬黄续建工程、灌区节水改造，积极推进节水型社会建设。近期，应立足本区水资源，规划兴建平凉兔里坪水库、蒲河小盘河水库、葫芦河调水、马莲河苦咸水淡化、马莲河中下游水资源利用工程、雨洪资源利用等一批重点供水水源工程，基本解决陇东能源基地近期对水资源的需求。积极开展白龙江向陇东调水工程前期论证工作，将白龙江水引至天水、平凉、庆阳地区，从根本上缓解陇东能源基地和关中—天水经济区水资源短缺矛盾。

第七章 陇南地区

章前语

陇南地区位居甘肃省境东南部。西邻甘南高原，南部向四川盆地过渡，北部向陇中黄土高原区过渡，东接陕西秦岭与汉中盆地。地质地貌属于西秦岭东西向褶皱带发育的高、中、低山山地与山间盆地，因此又被称为西秦岭山地或陇南山地。本区是甘肃省唯一具有河谷亚热带气候及丰富生物资源的森林景观区，特色农业是区域经济发展的优势所在。受地形限制，区域交通发展滞后，坡面水土流失严重，为山洪、地震、崩塌、滑坡、泥石流等自然灾害频发区。目前，本区城市化发展水平低于全国和甘肃省平均水平，缺少中等规模的区域性中心城市，社会经济发展处于甘肃省后列。随着“两江一水”综合治理规划的实施和交通条件的逐渐改善，本区将步入快速发展阶段。

关键词

区域特征；特色农业；生态旅游；灾害治理；区域性中心城市

第一节 区域特征

本区范围，北起省境的江、河分水岭（海拔 1 800～3 200 m）与陇中黄土区为邻，南止甘、川界山的摩天岭（海拔 1 500～4 000 m），东延为大巴山脉，西部大致起于舟曲县的羊布梁、迭部县的腊子沟和洮河与宕昌岷江的分水岭。在行政区划上，包括陇南市全部以及甘南藏族自治州的舟曲县全部，面积 2.98×10^4 km²，占全省面积 6.7%。全区人口约 269.08×10^4 人，占全省总人口 10.7%，全区人口密度约 90 人/km²，为仅次于陇中的人口较稠密区。人口分布极不均匀，绝大部分集中于河谷平原和盆地等农业较发达区。

一、自然地理特征

（一）复杂的地质背景，频繁的地质灾害

在地质构造上，陇南地区属昆仑—秦岭地槽褶皱区的秦岭褶皱系，处于青藏高原东部向黄土高原和四川盆地的过渡地带，是各大地貌区交接、过渡、穿插、交错的地带，在构造上和地貌上是一个复杂的地区。由于地质构造及岩性的差异，不同地段有不同的地貌，著名地质学家李四光称之为一个“宝贵的复杂地带”。

西秦岭是早古生代和中生代的一个地槽带，其南部在震旦纪到志留纪期间强烈下沉，碎屑岩厚 5 000～6 000 m。奥陶纪后期或志留纪沉降带北移。志留纪末的加里东运动中褶皱成山，但在西汉水流域又出现了一个新的沉降带，仅泥盆纪砂页岩系即厚达 5 000 m。距今 3.54 亿年前至 2.95 亿年前的石炭纪，西秦岭地区承袭了泥盆纪末的形势，接受了连续稳定的海相沉积，为层厚质纯的上古生界碳酸盐岩的形成奠定了物质基础。但石炭纪各统均有沉积间断，说明地壳曾反复上升。距今 2.95 亿年前至 2.5 亿年前的二叠纪，本区仍是一片海洋，沉积了连续稳定的碳酸盐岩。距今 2.5 亿年前至 2.05 亿年前的三叠纪，晚期的印支运动使古秦岭海槽最终消失，西秦岭褶皱带成熟定型，并逐渐隆起。距今 2.05 亿年前至 1.37 亿年前的侏罗纪，本区完全进入陆相沉积时代。距今 1.37 亿年前至 0.65 亿年前的白垩纪，地层普遍抬升，本区形成山地。距今 65～23.3 Ma 的古近纪，强烈的燕山运动使本区褶皱上升并继续遭受剥蚀，由于气候干燥，沉积了普遍的以石膏为主的盐类沉积。距今 23.3～2.4 Ma 的新近纪，接受更为广布的红层沉积，常夹有灰绿色的成分。新近纪末发生的喜马拉雅造山运动第 2 幕，使主要断裂均有不同程度的复活，并控制了局部的新近纪沉积。

本区到第四纪转为阶段性上升，在黄土继续堆积过程中，河流不断下切。由于上升具有阶段性，因而形成河谷的多级阶地。早更新世受喜马拉雅造山运动的影响，本区西部伴随青藏高原隆升，其他地区则以升降运动为主；白龙江等河谷初见形成，并堆积河谷Ⅶ、Ⅷ级阶地。中更新世（距今 730～125 ka）本区经历了两次较大的升降运动，沟谷普遍深切，白龙江进一步下切并堆积形成了河谷Ⅴ、Ⅵ级阶地。晚更新世（距今 125～10 ka）本区仍处于间歇性上升，河谷普遍堆积了Ⅲ、Ⅳ级阶地。晚更新世末期，在喀斯特夷平面和河谷地带原始地形上堆积了马兰黄土，气候逐渐变得干冷。全新世（距今 10 ka 至今）本区小幅度上升，堆积形成了Ⅰ、Ⅱ级阶地（表 7.1）。白

龙江由于植被衰败，在地震、降水、人类工程活动等因素综合影响下，滑坡、泥石流、崩塌等灾害地质现象发育，塑造了现今的地貌形态。

表 7.1　白龙江阶地发育特征

阶地	阶面宽度/m	陡坎高度/m	相对高度/m
Ⅰ级	1 000	3～5	5～6
Ⅱ级	100	10	15
Ⅲ级	300	15	30
Ⅳ级	200	20～30	50
Ⅴ级	400	40	90
Ⅵ级	300	79	160
Ⅶ级	250	90	250
Ⅷ级	250	100	350

陇南地区在大地构造上属西秦岭构造区，次级构造复杂多变，由一系列向南突出的弧形断裂和复合式背斜构造组成。这里处在南北构造带和昆仑—秦岭构造带等多组深大断裂的交会复合部位，是南北两侧的龙门山和六盘山晚新生代挤压隆起构造区之间的过渡地带，也是不同方向、不同性质活动断裂之间构造转换的关键地区。因此，该地区新构造运动极其强烈，发育有一批规模大、活动性强的活动断裂和褶皱构造。根据地震部门对甘肃省东南部地震活动层分布调查，该区域活动断裂带达 13 条之多，恰处于中国著名的南北地震带中段（即天水—武都地震带），是我国地震多发区之一。自公元前 186 年以来，影响本区的破坏性地震共发生 35 次，仅文字记载的 7 级以上地震即达 7 次。其中，1879 年 7 月 1 日发生的 8 级地震最为严重。由于此次地震震中距万象洞很近，地震对洞内景观产生了很大影响，大量的石笋、石柱被损坏，并使洞顶坍塌，将洞内的多处支洞堵塞。以至于古人记载的 81 洞景观今日难以重见。

地质灾害主要有崩塌、滑坡、泥石流等类型。陇南地处长江流域，是甘肃省水土流失最为严重的区域之一。由于山体挤压褶皱、断裂构造十分发育（白龙江沿深大断裂呈“之”形弯曲），新构造活动频繁，地势起伏大且坡度较陡、谷坡稳定性差，过半地方坡度大于 25°，不少地方甚至达到 35°～50°。调查发现，谷坡坡度大于 30°的沟谷有一半以上发生过泥石流，谷坡坡度在

20°～30°的沟谷亦有三分之一以上发生过泥石流，可见地表坡度是泥石流的重要成因之一。这些地区或覆盖黄土，或分布着板岩、灰岩、页岩、千枚岩、砂岩等比较软弱易被风化侵蚀的岩石。地表风化物和松散堆积物深厚，是滑坡、泥石流强烈发育的物质基础。区内滑坡按滑体物质成分可分为土质、土石和石质滑坡三种类型，土质滑坡分布区与北秦岭边缘和山间盆地内的黄土覆盖区吻合；而石质滑坡作为优势类型，则主要分布于南秦岭等石质山地；土石滑坡遍布全区西部。据调查，滑坡分布区主要在天水娘娘坝至文县玉垒一线以西，面积超过9 000 km^2，主要包括白龙江、洋汤河、白水江和西汉水4条河流的中游地区。本区西部和南部巨大的地势起伏和陡峭的坡度，加上坡面提供的大量固体物质来源非常有利于泥石流的发育。据统计，陇南市危害性泥石流沟道有3 000余条，滑坡约2万处。白龙江干流两河口至临江段有泥石流沟壑1 000条，平均5条/km。武都城附近6 km长的河段更是多达46条，支流宕昌小岷江阿坞至两河口段170条，北峪河安化至武都段70条。这使本区成为全国泥石流密度最大的地区之一，全国4大崩塌、滑坡、泥石流灾害多发区之一。

（二）起伏的山地，多样的地貌

陇南地处秦岭山地西段，全区山地面积占总土地面积的90%以上，丘陵盆地不足10%。境内地势西北高，东南低，平均高差约1 000 m，最高处海拔4 187 m，最低处海拔550 m。因此，本区的地貌特点是山多平地少，山地是本区生物资源、矿产资源、水资源及一切经济生产的基础与人民生活的源泉。但本区各地的山体大小，高低及地质、地貌的差别很大，土地类型和经济利用上也随地而异，因此各地景观，无论水平或垂直各方面，都有“十里不同天”，或“高一丈，不一样”的急剧变化。习惯上，以徽成盆地和西汉水上游的宕昌县中部为界，将陇南地区分为北秦岭、徽成盆地和南秦岭3个地貌单元。

1. 北秦岭

北秦岭为徽成盆地以北至渭河上游谷地间山地的总称，范围较广，山川的差别也较大。北秦岭海拔一般在1 500～2 700 m，相对高差500 m左右，为浅切割中山区，地势平缓，浅山已垦殖为农田，深山有茂密的水源涵养林，植被覆盖良好。北秦岭主脉西段为洮渭分水岭，呈北西—南东走向，包括太子山、莲花山（3 578 m）东延的白石山（3 888 m）、露骨山（3 941 m）、太白山（3 495 m）、木寨岭、岭罗山（3 346 m）、宕昌北部五个嘴（3 552 m）等一系列高峰。这些山峰上部均很陡峭，裸露岩石经强烈寒冻风化后，形成岩屑坡。由此向东，经摩折梁（3 312 m）、八盘山（3 002 m）后，山脉成为渭河与嘉陵江支流西汉水、永宁河之分水岭，海拔降至3 000 m以下，在景东梁（2 710 m）以东更降至 2 000 m 上下。至妖魔山（2 187 m）及麦积山（1 658 m）所在之天子坪山略有升高。再向东，火炎山高达2 559 m，秦岭大堡2 498 m，透马驹2 738 m，地势增高才略为显著。在平面上，主山脊线则表现为北西—南东和东西走向背景下的多曲折形态，长约300 km。作为加里东褶皱带，褶皱成山之后遭受了长期侵蚀，中新生代断裂上升时，形成了不同高度的多级夷平面。同时，山脉北仰南倾，使两翼明显不对称。主山脊偏向北侧，致使北坡短而陡，坡长一般 10～20 km；南坡缓而长，通常可长达北坡的1倍。

在天水市以南至西和县间，由于中生代的扭性断层而陷落，形成近南北向深厚的中生代地层，海拔大致在1 800 m。由于渭汉（西汉水）分水岭海拔较低，第四系晚更新世的风成黄土越过分水岭，在此区沉积，直达西和县以南、西汉水（犀牛江）支流的太石河南岸。因此，在太石河以北普遍出现低山、宽谷的地貌与农业景观，农业发展也较早。西汉水谷地自古即为南至四川盆地的交通要道，新石器时代的彩陶农业文化也曾在此地被发现。

2. 徽成盆地

徽成盆地包括两当县、徽县、成县部分地区，大致为北东东—南西西走向，长百余千米，宽10余千米，是介于南秦岭和北秦岭间经断裂而成的一个狭长的山间盆地。南缘为燕山运动所造成的逆冲大断层，主要断裂带——紫柏山断裂带自成县鸡峰山经嘉陵镇，呈东西走向横贯盆地南部，东延至陕西紫柏山，对盆地地貌发育有深刻影响。北缘与北秦岭以断层挠曲相接触。因此，由盆地内部至边缘山岭的景观差异明显。从地质构造和宏观地貌上说，这是一个东西向延长的盆地。具体言之，则以嘉陵江的3条支流——徽县河、洛河、青泥河流域为中心，其间有低矮分水岭相隔的3个盆地。盆地内部古近系固原群厚度约1 000 m，新近系甘肃群则厚达800 m。前者是一套杂色泥岩、砂质泥岩和砂砾岩，后者则是红色泥岩、含砾泥岩和砂砾岩互层。由于北秦岭中段海拔普遍偏低，因此第四纪期间有大量风成黄土越岭南下堆积于盆地内的红色地层之上。由于后来河流下切，黄土已成为高差数十至百余米的丘陵。其中的青泥河—洛河分水岭、洛河—徽县河分水岭，已使统一的徽成盆地分化为成县、伏镇—栗川和徽县3个盆地。盆底海拔不足1 000 m，低山、缓丘、宽谷相间分布成为一大地貌特征。近代冲积物分布于各河谷川地，多已辟为耕地，为盆地人文经济的精华所在。

3. 南秦岭

宕昌至太石河谷地一线以南，进入白龙江复背斜，文县复向斜及摩天岭复背斜组成的南秦岭褶皱带，渐无大片黄土分布。自西北至东南，由岷山、迭山、岷峨山（3 552 m）等高山经银洞山（2 468 m）、牛头山（2 224 m）等中山，而至断头山（1 804 m）和金子山（1 824 m）等低山。全区地形的主要特点是高峻山岭与深陷河谷对比明显，基岩裸露、石多土少、坡陡沟深，越往西北部越多峡谷峻岭，相对高度亦越大，大致在 1 000 m 以上。因而河谷的冲积平地特少，能够垦殖利用的耕地，包括山坡地，一般很少超过全区面积的 1/10，因此有"八山一水一分田"之说。如果只论河谷平原耕地，最多应属"八山一水半分田"。

南秦岭主要属长江水系的嘉陵江上游中山峡谷地，以及主流白龙江中上游的中高山与峡谷地。其中，白龙江谷地是秦岭和岷山山地的分界，谷坡高而陡峭且不稳定，为崩塌、滑坡、泥石流多发区；谷底深而狭窄，河床比降大，多急流险滩和瀑布，航行不便，但宜利用天然跌水，修建小型水电站，它是本区有很大潜力的水能资源。谷旁多狭窄的冲积平原，断续出现，其中以武都平原最大，长近 50 km，宽不过 1 km。沿岸可见高度及宽度皆不对称的基座阶地，武都城郊有四级冲积扇阶地的残迹，如一级阶地高出河面 1～2 m，二级阶地高 10～30 m，三级阶地高 50～60 m，四级阶地则高出河面 70 m、80 m、100 m 不等。阶地面多有$<10°$的倾角与冲积黄土，是当地旱地农作物及亚热带经济作物栽培的良好基地。

由于经历了多次构造运动，区内断层、裂隙、节理十分发育，为流水、重力等作用提供了充分的位能条件，加剧了流水溶蚀侵蚀和地面切割作用，从而形成各种地貌。例如，丹霞地貌、峡谷地貌、类型齐全的地上和地下喀斯特地貌等，特别是由泥石流作用形成的泥石流扇，已经成为陇南山地尤其是其南部河谷中最常见的地貌类型。滑坡活动形成的台地和滑坡地以及泥石流活动形成的堆积扇等山区相对平缓的土地资源，常被开发为农田，甚至开发为居民点（图 7-1）。古泥石流扇经过人工改造多已成为梯田和村庄，在白龙江中游谷地，这些古泥石流扇地形甚至是耕地分布的主要地貌类型，因此根除泥石流复活的隐患是一项十分艰苦的任务。泥石流出沟口后，由于地形变宽、坡度变缓、流速减小，平面上呈扇状。一般初期为椭圆状；中期扇面得以扩大，加之河流的影响而趋于不对称；晚期由于扇面冲沟下切深度增加，或因泥石流由稠变稀以及人工疏导，形成大扇套小扇的多级扇面。扇形地一般长约 1～2 km，面积 0.5～1 km^2，扇面坡度平均为 7°，每年向外扩展数米到数十米，年均淤高 0.15～0.25 m。武都城经过历史的选择即坐落在白龙江左岸、北峪河河口的冲洪积扇区（白龙江二级阶地）。1010 年，凿万寿山至卧龙岗水道，改北峪河入教场。明洪武四年（1371 年），于万寿台之东建砖城，始移县治于此。明隆庆元年（1567 年），复改北峪河入故道，在砖城之外扩建土城，这就是今日武都城。白龙江在武都城区段，河床以每年 8～12 cm 的速度抬升，由于白龙江和北峪河河床的不断抬升，城市四周地形较城市建成区高，形成“水比城高”的特殊情况，因此有“山比云高，水比城高，人比门高”的说法。

图 7-1　白龙江左岸甘家沟泥石流扇形地（武都区汉王镇）

（三）气候暖湿，径流丰富

陇南地区的气候，按纬度可分为北亚热带、暖温带、温带三大类型。北亚热带包括康县南部、武都南部、文县东部，白龙江、白水江、嘉陵江河谷浅山地区。暖温带包括本区的中部、东部及南部的广大地区，海拔在 1 100～2 000 m，≥10 ℃的积温 2 100～4 000 ℃。温带包括全区的北部和西部地区，主要是舟曲、宕昌、西和县大部，武都的金厂、马营、池坝，礼县的下四区等区域。这一区域海拔一般在 2 000 m 以上，≥10 ℃积温小于2 100 ℃，年最低气温在－20 ℃以下，为一年一熟、三年两熟农业区。全区两个热量高值区，一个是白龙江、白水江沿岸河谷及浅山区，年平均气温在 12～14 ℃，≥10 ℃

的积温 4 000～4 800 ℃，降水量在 600 mm 左右，属一年两熟农业区。另一个是嘉陵江河谷及徽成盆地，年平均气温 10～12 ℃，≥10 ℃积温 3 500～4 000 ℃，为两年三熟农业区。

除武都、文县等地的河谷背风区及北部边缘地区外，全区各地年降水量在 400～800 mm，山地降水量则在 500～800 mm，为全省最多区。其中，位居本区东南部的康县为甘肃省降水最多县，降水量高达 800 mm 以上。尤其是康县东南 33 km 的铜钱坝乡，有年降水量 1 367 mm 的最高记录。降水的 80%～87%集中于夏半年 4～9 月，年均暴雨 1.5 次，丰水年有 3～5 次。多次出现 50～100 年一遇的大暴雨和特大暴雨。如 1976 年 7 月 25 日，宕昌化马乡 3 小时降雨 330 mm；1979 年 6 月 14 日，西和县境内日降水量达 111.7 mm。在连续降水或大强度暴雨之后，极易发生滑坡、泥石流。如 1984 年 8 月 3 日，在一次 87～119 mm 的降水之后，武都、西和、礼县、康县总计发生滑坡 1 000 余处。在地貌条件极为有利的情况下，形成泥石流的临界降水量自然偏小，每小时 15～25 mm 或每 10 分钟 8～10 mm，即可发生泥石流。

受地形因素的影响，本区有一个由北向南的相对少雨带，平均年降水量在 450 mm 左右。尤其是在 33°N～35°N，降水量明显低于紧邻的东西两侧，陇南地区的西汉水、白龙江和白水江谷地因之成为“干旱河谷”。该少雨带北侧与陇西地区的相对少雨带相连接，即由陇西经武山、礼县、武都直到文县，是青藏高原外围少雨带的组成部分。白龙江谷地的武都城和白水江谷地的文县城，年降水量分别为 474.6 mm 与 442.7 mm，显然两地河谷受山地背风坡雨影区的控制，降水相对较少。附近山地虽无降水观测记录，但从土地利用上有“旱收山、涝收川，不旱不涝收半山”的农谚，可证明此区山地降水一般多于河谷川地。在本区相对少雨带的东西两侧各有一个多雨带，西边以郎木寺为中心，平均年降水量为 807.5 mm；东边以康县为中心，平均年降水量为 800 mm 左右。相邻的武都和康县是雨影效应的一个实例。两地直线距离 60 km 左右，因康县位居东南气流迎风面的山地东侧，年降水量为 799.2 mm；武都则位于山地西侧背风面的白龙江河谷中，年降水量不足 480 mm，两地相差 300 mm 左右。受地形的影响，陇南地区内部还具有明显的垂直地带气候特征。例如，白龙江、白水江海拔 1 000 m 以下的河谷区，柑橘可以过冬，水稻一年两熟；海拔 1 600 m 以上只能种植早熟、极早熟玉米；海拔 2 000 m 以上则无玉米种植。

在水文地理特征方面，陇南地区水文资源丰富，是甘肃全省唯一属长江流域的地区，水网密集，绝大部分年径流深值在 220～600 mm，自南向北递减。受季风气候影响，降水主要发生在6～9月，尤其在7月、8月，枯水期出现在11月至次年4月。境内河流常以“三江一水”来形容，“三江”指的是白龙江、白水江、岷江（非四川境内的岷江），“一水”指西汉水。其中，岷江和白水江为白龙江支流。白龙江流域在本区分布于南部，河床纵比降约为3‰，丰枯水流量比约为15∶1，可开发水力资源247.8×10^4 kW。区内主要支流为白水江、岷江和洛塘河。白水江源于四川南坪，著名的风景区九寨沟即在其上游，年径流量34×10^8 m^3，年均最大流量与枯水流量之比为16∶1。源于宕昌北部青山梁的岷江，南流至两河口入白龙江，干流长100 km；年径流量6×10^8 m^3，年均最大流量与枯水流量之比为79∶1。洛塘河源自武都、康县间，南流至甘川边界的姚渡汇入白龙江。西汉水发源于北秦岭南麓，西流至礼县后南折，至关上转而东流，最后在成、康两县分界线东端出甘肃。甘肃省内河长212 km，年径流量16.7×10^8 m^3，年均最大流量与枯水流量之比为59∶1。

需要指出，武都以西经舟曲至迭部间的白龙江谷地，近东西流向，与其东部的秦岭、淮河，同在33°N～34°N，同属1月0 ℃等温线经过区。因此，白龙江、秦岭及淮河以南的江河，皆不封冻。与省内黄河流域相比虽然植被较好，但由于地势起伏，山高坡陡，岩性松软，降雨集中，并且有黄土分布，所以水土流失的强度大，危害严重。据水文观测，该区是长江上游年输沙量最大的区域，年输沙量高达5 000多万吨，占长江流域宜昌站输沙总量的近10％。

（四）种类较多的植被与土壤

陇南地区植被类型较多，森林资源较为丰富。主要树种有云杉、冷杉、油松、落叶松、杉木、柏木、樟木、梧桐、油桐、核桃、椿、山楂、柑橘、茶树等；草木主要有针茅、黑穗苔草、点地梅及蕨类等，中药材主要有当归、党参、黄芪、黄连、大黄等。本区的植物区系成分颇富独特之处，主要表现在两个方面，一是多种区系成分相交会，二是含有许多特有种属和独有单种属。例如，这里既有油松、白皮松、辽东栎、白桦、侧柏、山杨、毛白杨等华北成分，又有连香树、红桦、漆树、杜仲等华中或亚热带成分，还有密枝杜鹃、金背枇杷、桦叶荚蒾等华西成分，更有华山松等中国喜马拉雅成分，而刺楸等单种属则为东亚成分。在两当县鹫鹰山、成县甸山，分布有我国北方特有树种白皮松，前者天然林面积达1 800多公顷（图7-2）。

图 7-2　白皮松天然林（两当县鹫鸶山）

就山地森林植被而言，本区北部和南部作为基带的森林类型有很大差别。前者为暖温带落叶阔叶林，后者则为亚热带常绿阔叶林。全区可分 3 个类型区。

1. 常绿阔叶、落叶阔叶混交林

本类型区大体分布在康县南部、武都、文县东南部，属我国常绿阔叶、落叶阔叶混交林向西延伸部分，树种有楠、樟、栲、漆和常绿栎类与落叶栎类。由于地形垂直高差大，植被的垂直变化明显。

2. 落叶阔叶林

本类型区主要分布在武都中东部、康县牛夹山以北，直至西和、礼县、成县、两当等县的林区。森林类型为以栎类、桦类、杨类占绝对优势的落叶阔叶混交林。落叶阔叶林可分布到海拔 2 600 m，其中，海拔 1 600 m 以下主要是栓皮栎林，常见落叶树有槲树、槲栎、锐齿槲栎等，常见针叶树下部为油松、上部为华山松；林下灌木多达数十种。海拔 1 100～1 800 m 为槲树和锐齿槲栎林，其他优势乔木则有栓皮栎、华山松、山杨、板栗、漆树等；林下灌木、藤本、草本较多。海拔 1 500～2 200 m 为辽东栎林，除纯林外还有少量山杨、华山松和漆树；灌木和草本植物分别达 40 和 60 种以上。海拔 2 000～2 400 m 为红桦林，2 200～2 600 m 则为牛皮桦林。

3. 针阔叶混交林

本类型区主要分布在岷江林区及白龙江以西和白水江中上游地带，以冷杉、云杉为主，此外尚有华山松、落叶松、桦树等呈小片分布。寒温性针叶林分布于海拔2 400～3 300 m，其下部（海拔2 400～3 000 m）是以冷杉为主的常绿针叶林。除作为建群种的巴山冷杉、秦岭冷杉外，还有少量云杉和牛皮桦、陕甘花楸以及大量灌木和草本植物。山地上部（海拔2 800～3 300 m）则是落叶针叶林。西秦岭东段很少有山脉超过海拔2 600 m，因此寒温性针叶林仅见于西段。亚高山灌丛草甸带同样只分布于西段海拔3 300 m以上山地，灌丛主要以杯腺柳和密枝杜鹃为建群种，草甸则以蒿草、发草、甘肃苔草等为建群种。

陇南地区的土壤类型丰富，有9个土纲、19个土类、43个亚类，主要土壤有黄棕壤、褐土、棕壤及暗棕壤、黑土、黑钙土、红松土、石质土、山地草甸土、潮土、沼泽土、水稻土等。由于此地区受气候、地貌、植被等多种因素的影响，土壤的分布有水平分布和垂直分布两种类型。例如，北秦岭南麓和南秦岭北麓为褐土，岷山东延支脉山麓为黄棕壤。从东南向西北为黄棕壤、棕壤、山地棕褐土、山地褐色土。西汉水流域以山地褐土和山地棕壤为主，徽成盆地兼有黄棕壤，白龙江上游地区以山地棕壤和山地褐土为主；河谷有少量的灌淤土和水稻土。在垂直方向上，由低到高为山地褐色土、棕褐土、棕壤、灰棕壤、高山灌丛草甸土。据土壤普查资料，本区土壤肥力较低，耕地土壤绝大多数缺磷、少氮，不能满足农作物的需要，影响了粮食产量的提高。

二、人文地理特征

(一) 土地开发较晚，政区变革较大

由于陇南全属山区，对于以农业为主的汉民族而言，一直未能深入本区。故本区在历史上多为羌、氐等兄弟民族的活动场所。除其北部的西汉水河谷阶地有新石器中期原始陶器农业文化的遗存外，其他各地多保存着完整的自然景观。距今约6 000多年，中国的先民们就已在西汉水上游地区繁衍生息，并创造了丰富多彩的文化。史料记载可追溯到夏代，大禹“嶓冢导漾”就是指流经礼县的西汉水。先秦时，从非子戍边、养马、授封，到壮大、富强、发达，再到迁都、东进、称雄，最后由秦始皇统一全国，建立了第一个封建大帝国，西汉水功不可没。因此，将西汉水上游流域称为“秦人的发祥地，秦文化的渊源，秦人最后统一全国的摇篮”并不为过。东部的嘉陵江上游，由于地处甘、川历史交通要道，受土地开发影响，原始森林多已被破坏。

从本区历史时期建县的时间论，秦代始在西汉水河谷建有西县（今盐关附近）与下辩道（今成县西北）。汉代由于农业的发展，在秦建县、道的基础上于元鼎六年（公元 111 年）设置武都郡（属益州），增置氐道、羌道（今白龙江北岸的舟曲）、武都（今洛峪）、上禄、平乐、修成诸县于西汉水南、北两岸及河池（今徽县）、故道二县于嘉陵江上游，同时在白水江谷地的今文县城建立阴平道。至东汉，迁郡治于今成县西北的下辩道（青泥河谷），改属凉州。自汉以后，本区的郡、县、道治所，随着政治、军事形势的变化，虽有多次迁移和增减，但基本上没有离开西汉水、嘉陵江上游及白龙江诸水系河谷农业文化的几个中心。自晋代以来，本区大部被羌、氐等兄弟民族占据，先后建有仇池、宕昌等小国。北魏太平真君九年（448 年），在本区设置武都镇，辖武都、武阶、修武诸郡。隋代将武都郡由西汉水河谷向南迁移至白龙江谷地的石门（今武都城西北 20 km 处），后又在今武都区城关镇与汉王镇间有二次迁移。唐代改称武都郡为阶州，明代始迁阶州至今武都城，民国初年改阶州为武都县。

1949 年 8 月，甘肃省武都分区成立，辖武都、西和、成县、文县、康县、西固、礼县 7 县区。1950—1951 年，更名为武都专区，1958 年被天水合并，1962 年又恢复，1969 年改为武都地区，1985 年更名为陇南地区，2004 年撤地设市。截至 2011 年，区内共有 10 个县区（表 7.2），其中礼县、徽县、文县、西和及舟曲（西固）县，均始建置于西汉时代，而且多非现今县名的县址。两当、成县、武都 3 县区，皆在现今县城或其附近，始建于北魏时代，除两当县外，其余也均非现今县名。现代建置的有康县（1928 年）、宕昌（1954 年）、舟曲（1961 年）3 县，反映 20 世纪，尤其 1949 年以来，为本区全面发展的阶段。

表 7.2 陇南地区各县区名称、人口及面积变化

县区名	面积/10^3 km^2		人口/10^4 人		人口增长倍数	人口密度/（人·km^{-2}）	建县时代
	1942 年	2011 年	1942 年	2011 年			
礼县	3.9	4.3	12.0	45.5	2.8	106	汉嘉陵道地，明代改名礼县
西和	1.4	1.9	8.9	39.6	3.4	208	宋西和州、明代改西和县

续表

县区名	面积/10³ km²		人口/10⁴ 人		人口增长	人口密度	建县时代
	1942 年	2011 年	1942 年	2011 年	倍数	/（人·km⁻²）	
宕昌	(2.6)	3.3	(5.2)	27.0	—	82	后赵宕昌国，清宕昌镇，1954 年西固县迁此，改名宕昌县
两当	1.5	1.4	3.7	4.5	0.2	32	北魏置两当县“东抵汴州，西抵益州，皆三十六程，故曰两当”
徽县	2.4	2.7	12.0	20.0	0.7	74	汉置河池县，元徽州，清改徽县
成县	2.1	1.7	11.9	24.3	1.0	143	北魏置同谷县。元成州，清改成县
康县	3.8	2.9	5.2	18.0	2.5	62	1928 年由武都分置
武都	7.7	4.7	15.4	55.8	2.6	118	北魏置石门县，元阶州，民初改武都县；汉武都郡，位于西汉水流域的洛峪
文县	5.4	5.4	12.1	21.4	0.8	40	汉阴平道，北魏曲水县，明代改文县
舟曲	—	3.0	3.6	13.0	2.6	43	1913 年由阶州分置西固县，1961 后改名为舟曲县，原为汉置羌道县

注：宕昌 1942 年尚未设县，括号内为今舟曲县（当时西固县）面积数，人口为 1946 年西固县人口数。

（二）山多平地少，交通条件差

陇南地区自然环境的主要特点是山地多平地少。据统计，陇南地区耕地面积除徽成盆地的成县大于全县面积的 16%外，最少的文县耕地仅占全县面积的 5%左右。而且各县耕地中，山坡地比例大于 90%，川地面积比例很少，除文县川地占 15%以外，其他各县均仅占 10%左右。山地在限制陇南地区耕地幷垦的同时，也导致陇南地区交通十分不便。嘉陵江及白龙江诸河谷是南通巴蜀（今四川）的要道，由于多峡谷陡崖，早在秦汉时代，人们就创造了依悬崖绝壁凿孔，插横梁、架木板而联成的“横道”，在本区称为“蜀栈”，以区别于由陕西越秦岭南至汉中盆地的“秦栈”。唐代诗人李白，就有“蜀道难”的乐府古题与“蜀道之难，难于上青天……天梯石栈相钩连……青泥何盘盘，百步九折萦岩峦”等名句。栈道是我国古代改善本区山地交通的伟大成就，在穿越秦岭的古道中，古人依据不同的山水形势，创造了多种形态的栈道，依据遗迹复原有五六种之多。最多也最常见的是平梁立柱式，即在临河石崖上凿孔架木，在水中立柱支撑，加上栏杆，铺上木板，便可供人马行走。

2010 年以前，本区的交通主要依靠单一的公路运输方式，从天水经江洛镇、成县到武都区的公路标准为二级，武都通往其他各县的公路基本上以三级为主，部分为四级标准。武都现有 212 国道穿城而过，205 省道以武都为终点，并有 208 省道和 206 省道与武都间接相连。尽管国道（212 国道、316 国道）、省道等在陇南地区均有线路，但线路情况极其不佳，县市之间的直线距离与实际交通距离相差甚远，且受天气与气候影响很严重。夏季降水多时，滑坡、泥石流、崩塌等地质灾害时有发生，并导致交通断线或通行不畅，冬季则由于降雪或道路结冰等降低了通行条件。2011 年，徽县至天水高速公路开工建设，2015 年 10 月十天高速公路全线投入运营，结束了本区无高速公路的历史。2020 年 1 月，渭源至武都高速公路陇南段通车试运营，宕昌哈达铺到武都的行车时间由原来的 3.5 小时缩短至 1.5 小时。铁路方面，过去仅有宝成铁路经过两当县和徽县，在陇南市境内里程为 65 km，对陇南市的发展没有多少实质性的作用。2016 年，兰渝铁路岷县至广元段建成通车，结束了陇南市政府所在地不通火车的历史。

（三）人口增长缓慢，城镇化水平低

从近 60 年来的各县区人口增长速度看，本区人口增长一般较慢，远不如陇中黄土高原区各县区，仅北部多黄土覆盖的西和、礼县的人口增长超过或接近中华人民共和国成立前的 3 倍，其余各县均不到 3 倍，这是陇南地区人地关系问题的一个重要特点。特别是位于徽成盆地东端的两当县，当地的水热条件远比陇中各县优越，虽然这里的粮食平均亩产比较高，但是两当县不仅为陇南地区人口最少县，而且也是甘肃东部各农业县中的人口最少县。20 世纪 40 年代，只有 3.7×10^4 人，至 1982 年普查人口，也仅 4.7×10^4 人，也是全甘肃人口增长最少县，与当地的气候环境不相适应。

城镇化与经济发展相互促进，城镇化水平的高低在一定程度上反映了区域的经济发展状况。以陇南市为例，近年城镇化率尽管速度在增长，但整体城镇化水平还比较低（图 7-3），远低于全国和甘肃省城镇化水平，处在城镇化的起步阶段。根据 2006 年统计资料，武都区城镇化水平低于甘肃省 10 个百分点，低于全国（43%）23 个百分点；成县城镇化水平高于甘肃省 6 个百分点，低于全国 7 个百分点。城市化滞后，从根本上束缚着本区农村人口收入水平的提高和生活方式的转变，制约了农村居民消费水平的提高和消费结构的升级，导致了农村居民与城市居民之间消费的巨大断层，制约了工业品市场的梯度拓展。

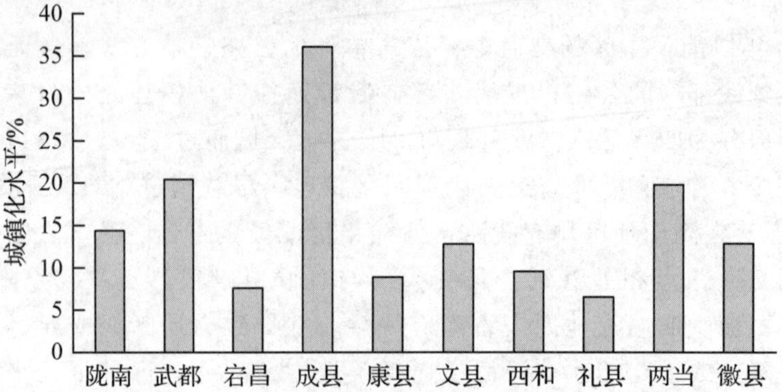

图 7-3　2009 年陇南市各区县城镇化水平

归纳起来，2008 年以前陇南地区的城镇体系有以下几个特点。一是从城镇规模来看，绝大多数属于小城镇，没有聚集优势，专业化的生产和协作水平低。陇南市驻地武都区仅有 10×10^4 人左右，其他县城都在 5×10^4 人以下，建成区面积均在 7 km^2 以下。二是从城镇数量来看，陇南市域 8 县 1 区总共只有 242 个乡镇，全市每 458 km^2 才有一个建制镇，平均每 7 742 km^2 才分布 1 个县城。区内不仅城镇数量少，布局也不合理，城镇体系不完善。三是从城市功能看，城镇基础设施建设普遍比较落后，功能不完善、产业欠发达，至今没有形成一个辐射带动能力比较强的中心城市。特别是陇南市政府驻地武都区，由于受自然条件和地理位置的限制，远离周边中心城市。这里距省会城市兰州和成都、西安等中心城市均在 500 km 以上，距最近的区域性中心城市天水也达 230 km。加之工业基础薄弱，无大企业，要素集聚能力低，经济发展滞后，进一步发展的地域、产业空间狭小，难以发挥中心城市对行政区范围内县域经济的带动和辐射作用，是典型的“小马拉大车”。这不仅不能有效地带动所辖县的经济，而且还会抑制级别低的中心城市的发展。从行政中心必须适应经济发展要求这一角度出发，建设区域性中心城市无疑是个亟待解决的现实问题。

（四）严重的自然灾害

陇南市独特的自然条件，使本区成为甘肃省地震、滑坡和泥石流分布最为集中的地区。暴雨和地震都可以诱发滑坡和泥石流，而本区地震多发生在7—8月，此时间也正值雨季，多种灾害相互作用，往往是几种灾害同时发生。如暴雨与滑坡、泥石流，地震与滑坡、泥石流等。这些灾害的同步性和继承加剧性使后果更为严重。泥石流堆积物常常掩覆农田、堵塞河流、冲毁道路、埋压村庄，并造成特殊的泥石流堆积地貌——大大小小的泥石流扇。1976年7月25日宕昌岷江化马段，3小时降水330 mm，致使附近70 km^2范围内所有沟谷全部暴发泥石流，总体积达800×10^4 m^3。其中，石燕子沟泥石流阻断小岷江，使其水位骤升22 m，冲毁耕地90 km^2，国道15 km，淹没了一个近百户居民的村庄，并造成人员死亡。此外，还有两处阻塞白龙江干流，212国道（甘川公路）被中断半年之久，其财产损失达220万元。

在武都城东边的汉王镇到西边的两水镇这一区段内，分布着东江水沟、甘家沟、大山沟、北峪河、勾坝河等7条泥石流沟。该区滑坡和泥石流的频繁活动，不但直接造成了严重的自然灾害，危害和威胁区内人民的生命财产安全，同时造成严重的水土流失，对区域内和流域下游造成一系列的环境问题。例如，位于武都区西北部的勾坝河流域，距武都城15 km，是白龙江的一级支流，流域面积239.6 km^2，是一条稀性间或发生黏性的泥石流沟，沟口冲积扇广阔，长约2 km，212国道从此穿过。勾坝河沟口由于逐年淤积而成为地上河，全靠两侧人工河堤来加以保护。沟口东侧为两水镇前村，有居民约3 000人，土地1 300亩，西侧为两水镇后村和两水镇政府所在地，有居民约6 000人，土地1 800亩。1969年5月23日，勾坝河发生泥石流，泥石流漫过堤坝淹没了前村，堵塞了白龙江，使白龙江水位上升而淹没了后村，并导致212国道中断，造成巨大损失。此外，1958年、1972年、1974年和1978年也曾因发生泥石流而漫坝，均造成不同程度的损失。

武都城区东、西、北三面受泥石流威胁，南临白龙江，河宽80～360 m，河道平均比降3‰，白龙江干流随时威胁着城区的安全，城市防洪压力逐年增大。武都城区历史上就是重要洪灾风险之地，南有白龙江淹没倒灌之虑，西有北峪河泥石流高出城市基面12 m的“天上河”之忧，北有每年发生数次的泥石流沟和不稳定斜坡的危害，东侧的东江水沟也有堵江淹没城区的威胁。

自明朝初年武都城从旧城山搬至现址后，多次发生过泥石流破堤入城，冲毁民房，淹死居民的严重灾害（表 7.3）。自公元前 30 年至 1990 年的 2 020 年间，武都城区发生洪水泥石流灾害 25 次。其中，江溢为患 16 次，占 64.0%。又其中，破堤入城 12 次。再其中，北峪河决堤致灾 6 次，白龙江翻堤倒灌 1 次，不明破堤致灾 5 次。洪水、泥石流破堤入城损失严重。例如，北宋雍熙三年七月（986 年），武都（大安庙附近）有大山飞来，白龙江帝峡壅江，水逆流，高十丈许。清道光八年（1828 年），阶州北河堤决，铺舍、田园尽成沙碛。1980 年 7 月 14 日晚，北峪河泥石流暴发堵断白龙江，江水上升，淹没钟楼滩（洪积扇右方）耕地千亩，向阳旅社、食品厂、饲养场均在水中，毁房 200 多间、损失 60 余万元。最严重的一次发生在 1984 年 8 月 2 日至 3 日，一次降水 107.2 mm，发生滑坡、坍塌、泻溜 182 处，泥石流量达 764 m^3/s，堵塞白龙江，城区三分之一的区域进水，2 000 多户居民和 121 个机关单位被淹，倒塌房屋 13 000 多间，造成危害的 3 000 多间，使 11 200 多人无家可归，北峪河河口泥沙堆满，陇南地区行署机构一度开始了迁移成县的活动。

表 7.3　历史时期武都城的洪水灾害

年代	灾情
明嘉靖二十七年	白龙江水暴涨，淹及城郭。筑堤，修桥。
清康熙八年	北峪河洪水冲毁砖城 70 余丈，土城 60 余丈。重修城垣。
康熙二十年	江水涨溢，冲堤 50 余丈，水入砖城南门三尺许，倾倒民房千余间。重修城垣，筑护城石堤及北峪河堤。
道光八年	北峪河决堤，西关铺舍、田园尽成沙碛。
道光二十三年	白龙江涨溢，冲决南城护城墙，居民荡析。重修州城，重筑南堤。
光绪五年	白龙江水涨，西南一带城堤无存。重修城垣，重筑南堤，堤外垒巨石以阻水。
光绪九年	江河暴涨，冲毁南北二堤，次年又连遭暴雨，河水冲激，城垣破损。
光绪十一年	白龙江决堤。修补城垣，增高南堤，开凿南山土阜导水南流。
民国期间	白龙江三次翻堤，北峪河破堤入城，死伤 400 余人。

第二节　优势资源及开发利用

一、矿产资源

（一）矿产资源特点

陇南地区位于西秦岭的东段，处于南秦岭碧口地块与松潘—甘孜褶皱带及摩天岭褶皱带交会部位。岩浆活动强烈，成矿条件较为有利，为全国找矿重点区之一。根据本地区的成矿、控矿条件及已知矿床的分布特征，区内矿藏分布自北向南可划分为5个成矿带：礼县—两当金（银）矿成矿带、西成矿田及其西延地区铅锌（银）矿成矿带、合作—崖湾汞锑矿成矿带（东段）、摩天岭地块北缘文县—康县金矿成矿带、康县阳坝—文县筏子坝铜矿成矿带。对国民经济建设起支柱作用的45种矿种当中，陇南地区有10种探明储量较丰富，属甘肃省矿产资源勘查、开发利用第二大潜力区，是甘肃全省乃至全国重要的有色金属和金矿集中区。铅、锌、金等金属的资源量和产量均处于全国的前列；锑、铜、银、汞、锰等矿种具有一定的资源量和产量；硅石、重晶石、水泥灰岩等非金属矿产的资源量较为可观。

据不完全统计，本区发现和探明矿产34种，矿产地445处，铅、锌、金、锑、铜、锰、汞、石灰岩、白云岩、重晶石、硅石、熔剂大理岩、冰洲石、石膏等为优势矿种。主要矿产有：铅锌45处，探明储量1 200×10^4 t；金42处，探明储量约200 t；铜5处，探明储量16.5×10^4 t；锑12处，探明储量17.9×10^4 t；锰11处，探明储量208.5×10^4 t；汞1处，探明储量513 t；煤4处，探明储量2 475.94×10^4 t；白云岩9处，探明储量1 312×10^4 t；重晶石8处，探明储量49 993.1×10^4 t；石灰岩13处，探明储量3 856×10^4 t；石膏2处，探明储量2 561.3×10^4 t；大理石4处，探明储量1×10^8 m^3。主要矿产资产价值约千亿元。

区内先后发现的主要矿床及矿种有：西成矿田中的厂坝、李家山、毕家山、邓家山等大型铅锌（银）矿床；西和县崖湾锑矿床；礼县李坝金矿集中区；徽县—两当县金（银）矿集中区；文县新关—高楼山金矿集中区和文县筏子坝—康县阳坝铜矿集中区。其中，西成铅锌矿带金属储量近期为1 200多万吨，远期为2 000万吨，黄金储量已探明348.4 t，已探明储量400 kg以上的大中型矿床20多处。这些大中型矿床的发现，不仅为陇南地区的矿业发展提供了资源基础，而且部分资源优势在甘肃省乃至全国均具有竞争力。换言之，加大本区矿产资源勘查与开发力度对发展陇南经济具有极大的推动作用。

（二）开发利用现状

从20世纪80年代开始，陇南地区先后开发铅、锌、金、铜、锑、锰、煤、石灰岩、白云岩、大理岩、硅石、重晶石12个矿种，其中铅、锌、金、铜、锑、锰、煤、石灰岩等开发已初具规模，形成了以铅、锌、锑、黄金采选冶为主的西成工业开发区，以硅铁、黄金、铜为主的碧口工业开发小区。目前正在开发的有3大成矿带：一是横亘西和、成县、徽县等县，东西长85 km、南北宽7～22 km，总面积约20 km^2的西成铅锌矿带，铅锌金属储量达1 200×10^4 t，远景储量2 000×10^4 t，储量居全国第二，属超大型铅锌矿带；二是西和崖湾锑矿带，金属储量14.9×10^4 t，储量居全国第三；三是白龙江、白水江流域的黄金矿带，黄金储量70 t以上，是甘陕川“金三角”矿带的核心地区，为甘肃省重要的采金基地。陇南市目前年铅锌采矿量150×10^4 t，选矿能力8 675 t/d，实际选矿4 500 t/d，年产锌精矿粉15×10^4 t，铅精矿粉3×10^4 t，锌锭12×10^4 t，铅锭2.4×10^4 t。黄金采选量岩金6 300 t/d，年产量突破1 t大关。硅铁年产6×10^4 t，水泥年产超过10×10^4 t。已发展成为铅锌、黄金、硅铁、建材4大产业。因此，有色金属矿种开发利用程度较高，其他矿藏则没有得到全面开发利用，矿产资源综合利用水平不高，大部分伴生矿产未得到回收利用。

矿产开发存在的问题是资源开发程度较低，资源优势没有得到很好发挥。矿产资源开发主要集中在铅锌、铜、锑、金、银及部分非金属矿种，一些储量大、开发前景好的非金属矿产受技术和交通等制约，尚未得到很好的开发。首先，中西部矿业开发相对滞后，对全区矿业经济的发展造成一定影响。其次是地勘工作滞后，勘查程度较低，后备资源不足。全市445处矿产地，约占75%的地勘程度达不到立项开采要求，给矿业开发带来盲目性和风险性。此外，铅锌资源消耗过大，累计消耗金属储量346×10^4 t，保有金属储量仅182×10^4 t，年需求量56×10^4 t，供需矛盾突出。矿业开发带来的矿山环境污染和地质灾害严重。矿区植被受到破坏，主要河流西汉水及其流经矿区的支流受到污染，地面塌陷、滑坡、裂隙、泥石流以及矿山尾矿坝崩塌泄漏等事件时有发生，加剧了地质环境恶化。

二、水热资源

陇南地区由于纬度较低，主要山脉多属东西走向而西高东低，故对冬季西北风有屏障作用，对夏季东南风有抬升作用从而形成地形雨，因而该区河谷年均温较高，山地降水量最多，热量和水分高于甘肃省其他地区（表7.4）。

表7.4 陇南地区各县区的水热资源

站名	海拔/m	年均降水量/mm	年均气温/℃	1月均温/℃	7月均温/℃	≥10℃积温/℃	日照/h	资料起讫年份
礼县	1 403.8	488.2	9.9	−3.0	21.4	3 196.4	1 968.0	1956—1980
西和	1 576.8	533.9	8.4	−4.1	19.8	2 725.5	1 731.4	1965—1980
宕昌	1 753.2	630.3	8.9	−2.9	19.3	2 674.9	2 085.1	1956—1980
两当	1 040.0	632.5	11.4	−1.2	22.8	3 654.6	1 969.0	1967—1980
徽县	930.8	745.8	12.0	−0.7	23.4	3 824.8	1 726.4	1956—1980
成县	970.0	637.0	11.9	−0.8	23.3	3 764.0	1 795.0	1960—1980
康县	1 221.2	807.5	10.9	−0.7	21.6	3 359.4	1 715.7	1958—1980
武都	1 079.1	474.6	14.5	2.8	24.8	4 548.3	1 911.7	1954—1980
文县	1 037.3	442.7	14.9	3.6	24.8	4 620.6	1 711.0	1959—1980
舟曲	1 400.0	435.8	13.0	1.5	23.0	4 072.2	1 766.3	1972—1980

武都以西经两河口至舟曲间的白龙江谷地，近东西流向，与其东部的秦岭、淮河同在33°N～34°N，同属1月0 ℃等温线经过区。因此，白龙江谷地是我国地理上南方和北方的天然分界线。位于陇南地区南部河谷的武都和文县年均气温14～15 ℃，1月平均温度在3 ℃左右，冬季河流不封冻，7月平均温度在24 ℃以上，≥10 ℃积温超过4 500 ℃。因此，一般将武都以南，文县大部以及康县的牛头山以南，划入北亚热带气候区。实际上，文县、武都和康县的北亚热带自然景观，只限于河谷内海拔低于1 000～1 200 m的山坡区。海拔高于此的地带，则属暖温带及温带生物气候区。

陇南地区的水资源、水能资源均相对丰富。相对充足的水量、良好的水质和较高的水温，不但可以满足农业、工业、城市生活用水，而且为本区的灌溉农业、水产养殖和水能发电业提供良好的条件。嘉陵江、白龙江、白水江、西汉水4大水系，共有大小河流3 760条，年径流量279×10^8 m³。水能理论蕴藏量425×10^4 kW，可开发量223×10^4 kW，约占甘肃全省的三分之一，水电能源产业有很大的发展空间，尤其小水电在巩固退耕还林、天然林保护和生态环境保护等方面可发挥很大作用。

三、生物资源

生物资源丰富是陇南地区最重要的特点之一。区内森林覆盖率42.4%，是甘肃省平均水平的几倍，森林资源优势巨大，生态环境基础较好。例如，小陇山、北秦岭、康南及白龙江中、上游森林地面积达11 340 km^2，约占全省林地面积的58.8%。本区植被属常绿阔叶、落叶阔叶混交林地带，建群种为壳斗科的落叶和常绿树种。本区是甘肃唯一出产油橄榄、茶叶等亚热带作物的地区。全区有乔木约500多种，为甘肃省树种最多且最复杂之区。有不少幸存下来的“孑遗植物”（或“活化石”），如水青树、银杏、杜仲、红豆杉、连香树、铁杉、白皮松等，植物分布上有重大科研意义。尤其在本区南部的低山河谷，海拔550 m（文县罐子沟、为本省最低点）至1 200 m地带，是甘肃省唯一具有北亚热带气候与植物的地区（图7-4）。木本粮油树种以油桐、黄连木、油茶为主；特用经济树种，则以银杏、杜仲、厚朴、樟、楠、吴茱萸、茶、桑为主；用材树种以杉木、枫香、枫杨、苦楝、水曲柳、毛白杨、斑竹、慈竹为主；同时继续引进技术栽培并试验推广油橄榄、雪松、水杉、桉树、杉木、毛竹等树种。海拔1 200～1 800 m地带的用材树种，以油松、华山松、铁杉、柏木、侧柏、锐齿栎、麻栎、中槐、刺槐、香槐，泡桐、臭椿、椴树、华榛、山榆、辽东栎为主；木本粮油树种，以核桃、柿子、板栗、文冠果为主；特用经济树种，以栓皮栎、杜仲、桑漆、花椒、构树、白蜡等为主。海拔1 800 m以上地带的用材树种，以油松、华山松、落叶松、

图7-4　康县阳坝亚热带景观

椴、桦、圆柏、侧柏、槭树等为主；其中海拔 2 000 m 以上的中山区，以云杉、冷杉、波氏落叶松、油松、桦木等为主。特别是白龙江、白水江、西汉水、嘉陵江河谷浅山区的武都区等 6 县区，是我国油橄榄的最佳适生区。

全区主要的药用植物有 600 多种，其中常用药材达 200 多种。人工栽培以当归、党参、大黄为主，野生的以红芪、黄芪为主。本区的名贵药材，有主产于文县、武都区海拔 3 000 m 以上高山的冬虫夏草，生长于文、武、康三县区深山石崖上的金耳环（又名金钗），产于文、康、宕昌等县海拔 2 800 m 以上山地的贝母，2 000～2 800 m 山地的茱苓，以及盛产于本区的动物性名贵药材的麝香、牛黄、獭肝等。中药材总产值超过 3.4 亿元。因此，本区为全国主要药材基地之一，也是本省蚕桑茶桐基地与冬季蔬菜基地。同时，武都的樱桃、无花果、枇杷，文县的橘、柑，康县的银杏等，都是全省著名的果品。此外，还有木耳、香菇、猴头菌、蕨菜等食用菌及山珍野菜 100 多种。

陇南地区是甘肃野生动物种类最多的地区。区内复杂的地形、温暖的气候、茂密的森林等得天独厚的自然生态环境，为珍贵野生动物栖息繁衍提供了优越的条件。以陇南市为例，据初步调查，全市有陆生森林动物约 28 目 91 科（亚科）430 多种。其中，有兽类动物 7 目 28 科 80 多种，鸟类 16 目 43 科 280 多种，两栖类 2 目 8 科 30 多种，爬行类 3 目（亚目）12 科（亚科）40 多种。水生动物主要有鱼类 4 目 8 科 70 多种。森林昆虫类有 24 目 230 科 2 150 多种，蜘蛛类 31 科（亚科）200 多种。属于国家重点保护的珍稀动物达 20 多种，包括世界稀有、我国独有的“国宝”“活化石”大熊猫、有“美猴王”之称的金丝猴，以及羚牛、褐马鸡和藏羚、梅花鹿、毛冠鹿、雪豹、大鲵、角雉、蓝马鸡、白马鸡、雪鸡、绿尾虹雉等。其中大熊猫数量约占全国总量的十分之一。

为更好地保护大熊猫等珍稀动物及森林生态系统，保护这些珍稀动物栖息繁衍的自然环境，经国家批准成立了多个国家级或省级自然保护区或者森林公园。例如，陇南市有国家级森林公园 3 个，国家级自然保护区 2 处，省级自然保护区 7 处，自然保护区总面积 40×10^4 hm^2，初步形成有效的野生动植物保护管理网络体系。其中，白水江国家级自然保护区面积 19.8×10^4 hm^2，主要保护大熊猫、金丝猴、羚牛等珍稀动物及其生活的自然生态系统，是我国以保护大熊猫为主的 3 个重点保护区之一。该保护区范围在 104°17′E～105°22′E 与 32°35′N～32°50′N 间，为本省唯一富有北亚热带成分的山地生物资源与自然景观区，包括文县白水江以南至岷山东段北坡与摩天岭北坡大部及武都区团鱼河流域小部分地区。东起董家山，西止石垭子梁，东西长达104 km，南止甘、川省界，毗邻川北的青川、平武、南坪3县，南北宽在6～28 km。区内地貌属岷山山脉东延部分，主峰有净各留山（3 530 m）、石垭子梁（3 534 m）、黄土梁（3 882 m）、摩天岭（2 227 m）等，一般在1 500～3 000 m，地势由西北向东南倾斜，碧口以东降至海拔1 000 m以下，山多陡崖绝壁，岩石裸露。随着生态环境保护力度加大，陇南地区的生态环境逐渐得到改善。2001年，陇南市森林覆盖率为38.9%，到2007年，随着退耕还林及封山育林、造林工作的开展，森林覆盖率上升到了42%。

四、旅游资源

陇南地区的旅游资源比较丰富，东西南北过渡的地理位置和底蕴深厚的地域文化，形成了独特的自然景观和人文景观，可谓既具南国之灵秀、又兼北国之雄奇，为发展旅游业提供了良好的条件。尤其自然旅游资源具有典型性、稀有性和多样性，完全有条件开发成甘肃乃至全国生态旅游热点地区。

（一）旅游资源的特色

陇南地处秦巴山地与岷山山脉、黄土高原与青藏高原过渡地带，属亚热带、暖温带气候区，是甘肃省唯一的长江流域地区，海拔在550～4 200 m，生态差异明显，有“一山有四季、十里不同天”之说。著名的自然景观主要有“华夏北方第一洞”武都万象洞，宕昌官鹅沟国家森林公园风景区，有“陇上版纳”之称的康县阳坝亚热带生态旅游风景区，全国四大天池之一的文县洋汤天池，成县鸡峰山国家森林公园，原生态的徽县三滩和两当云屏三峡风景区，舟曲拉尕山风景区等。其中，武都万象洞、宕昌官鹅沟国家森林公园、康县阳坝亚热带生态旅游风景区、成县西狭颂风景区和舟曲拉尕山风景区已被评为国家4A级景区。这些旅游资源品位较高，具有一定的开发潜力。例如，陇南市2008年荣获“中国最佳生态旅游城市”称号，2009年被在上海举行的“世界休闲旅游发展高层论坛”评为“中国最佳休闲旅游目的地”。

陇南人文旅游资源具有多元化的特色，拥有国家重点文物保护单位4处。这里既有古代氐族、羌族、藏族等民族文化与汉族文化的融合，又有秦陇文化与巴蜀文化的交会，形成了独特的民族民俗风情，如文县白马藏族风情和羌藏民族风情。文县白马傩舞《池哥昼》是一种带有宗教性质的“面具舞”，场面庄重热烈，体现了对“土地”的祭祀与对“火”的崇拜，具有鲜明的古老氐族文化特征，极具历史和民俗研究价值，2007年被列入第一批“国家非物质文化遗产”名录。宕昌官鹅和新城子藏族乡则生活着由宕昌羌和吐蕃长期融合而成的藏族同胞，其宗教活动“陆定意姿格”和敬山神舞蹈热烈、奔放，充满原始宗教的淳朴、神秘。本区比较著名的全国重点文物保护单位有蜚声中外的汉隶真迹成县《西狭颂》摩崖石刻，秦先皇祖陵礼县大堡子山秦西垂陵园，诸葛亮六出祁山、北伐中原的前线指挥部礼县祁山武侯祠，宕昌哈达铺红军长征纪念馆等。

（二）旅游资源的开发

根据国家旅游局（2018 年并入文化和旅游部）《旅游资源分类、调查与评价》（GB/T 18972－2003）标准，采用专家打分的方法，按照资源要素价值、资源影响力、资源附加值 3 大类一级评价因子，以及观赏使用价值、历史科学艺术价值、珍稀奇特程度、规模丰度与概率、完整性、知名度和影响力、适游期或适用范围、环境保护与生态安全等二级评价因子，以陇南市为例对主要旅游资源单体进行评价。在此基础上，将陇南市主要旅游资源分为 3 类开发等级（表 7.5）。其中，导向性旅游资源代表了陇南旅游资源的特色优势、主要旅游产品类型，是区域旅游业发展的“龙头景点”、品牌景点；重要旅游资源是旅游发展不可或缺的支撑部分；配套旅游资源主要用于与导向性旅游资源、重要旅游资源相匹配、组合，以形成综合性的旅游产品。

表 7.5 陇南市旅游资源等级评价表

评价等级	开发等级	景区、景点
Ⅰ级	导向性	武都万象洞、宕昌官鹅沟—大河坝风景区、西狭颂风景区、礼县秦—三国文化景区、鸡峰山国家森林公园
Ⅱ级	重要	哈达铺长征纪念馆、文县天池风景区、徽县三滩风景区、西和仇池国遗址、阳坝梅园沟
Ⅲ级	配套	成县杜甫草堂、礼县西垂生态风景区
Ⅳ级		两当张果老登真洞、文县碧口水库、灵官殿自然保护区、云华山风景区、两当云屏三峡

旅游开发应以资源为基础，以市场为导向，以文化为底蕴，以生态为约束。目前，陇南地区的旅游资源尚未得到有效开发利用，许多景区仍然“藏在深闺人未识”。陇南的地理区位决定了这里是我国重要的生态屏障区，如何在保护青山绿水之时，实现经济发展、人民生活水平的提高，是旅游业发展面临的路径选择问题。随着社会经济的快速发展，旅游者对旅游产品需求的差异大为增加，建议陇南地区走以特色为主导的地方旅游发展模式，以自然

资源为基础，积极发展生态旅游。生态旅游是一种正在迅速发展的新兴旅游形式，也是当前旅游界的一个热门话题。例如，世界旅游业总产值以每年4%的发展速度在增长，而生态旅游的发展速度则高达10%～30%。生态旅游在成为近年来旅游业中增长最快的一个分支的同时，也是可持续旅游的最理想方式。生态旅游产品是一种科技含量很高的产品，在其开发过程中，从旅游资源的开发、旅游景区的建设、旅游产品的设计、旅游活动内容安排、市场营销到旅游过程中导游的行为和解说以及旅游景区工作人员的行为、语言，都应在符合旅游学和经济学原则的同时符合生态原则，应与当地的自然和文化生态环境和谐一致，既要有视觉上的美感，又要与当地传统文化本底相协调。因此，陇南地区如何提升生态旅游文化内涵，如何充分利用当地的民俗风情、人文历史底蕴来加强旅游者在景区游览过程中对生态旅游基质以外的文化因素的实地体验，是突出旅游产品特色和提高产品竞争力的关键因素。

第三节　经济发展与布局

本区为甘肃省社会经济发展相对落后的地区，在全区10县1区中，除了成县和徽县以外其余各县皆为国家级贫困县，贫困覆盖率为80%。2010年，陇南市第一产业实现增加值44.5亿元，第二产业实现增加值48.5亿元，第三产业实现增加值76.4亿元，第三产业逐渐成为拉动经济增长的主要动力。2010年，陇南市人均地区生产总值为6 597元（在甘肃省14个市、州中排名12），相当于全国平均人均地区生产总值的19.21%，甘肃省平均人均地区生产总值的42.11%。三次产业比为22.8∶46.4∶30.8，第一产业仍是地区生产总值的重要组成部分，第一、第二产业占较大比例，第三产业所占的比重偏低。整体上产业结构仍处于较低层次，需要快速发展、优化产业结构。

一、农业

（一）农业发展现状

改革开放至今，陇南地区的农业发展逐渐向市场化迈进。以陇南市为例，从1978年到2008年，全市农村粮食从供不应求到全市粮食产量达到92.5×10^4 t，完成农林牧渔业增加值34.8亿元。截至2008年年底，陇南全市日光温室面积达到1 830亩，塑料大棚5×10^4亩，地膜覆盖30多万亩，建设沼气池户数达到4.5×10^4户。

陇南市土地利用形成了以林地为主，耕地和牧草地为辅的土地利用现状

(图 7-5)。根据土地利用详查结果，全市耕地共有 0.55×10^4 hm^2，垦殖率为 19.85%，森林覆盖率达到 42%，建设用地仅占 1.7%，多为居民点与工矿和交通运输用地；未利用土地占 6.1%。耕地中，水浇地 0.01×10^4 hm^2，旱地 0.54×10^4 hm^2。显然，耕地利用以旱地为主，耕地资源整体质量不高。由于山大沟深，大于 25°的土地面积占全市总面积的 53.9%，尤其是宕昌、康县大于 25°的土地面积占到各县总面积的近 70%，使得当地的耕地资源非常有限。全市人均耕地面积约 1.63 亩/人，人均耕地面积较多的是礼县、徽县及两当，其人均耕地面积高于全国、全省水平，低于全国水平的主要是文县和武都区，人均耕地面积最低的是成县。

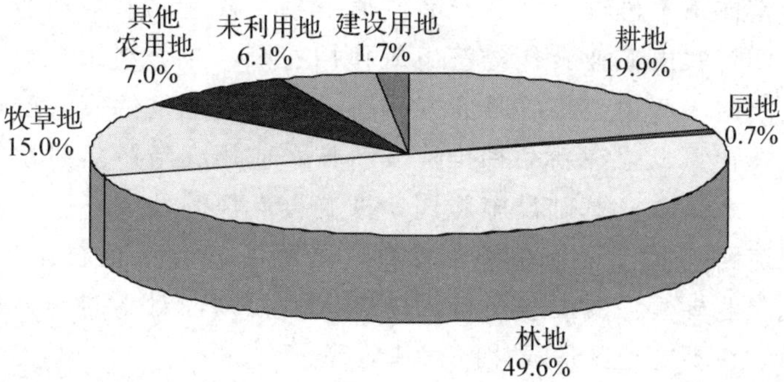

图 7-5　2005 年陇南市土地利用结构

(二) 特色产业的发展

近年来，本区农业产业化建设有了实质性进展，特色农业规模不断壮大，初步形成了以农业特色产业为主体的农业和农村经济新格局。其中，以茶叶、药材种植为代表的特色农业发展势头良好。以陇南市为例，截至 2010 年，全市实现农业增加值 44.55 亿元，农民人均纯收入 2 299 元，比 2005 年增长 69.9%，粮食总产达到 97.88×10^4 t，特色农业产业增加值达到 32.23 亿元。建成特色农业产业基地 868×10^4 亩，其中核桃 293.4×10^4 亩、花椒 182.8×10^4 亩、油橄榄 20.18×10^4 亩、中药材 89.9×10^4 亩、蔬菜 55.35×10^4 亩、茶叶 13.48×10^4 亩、苹果 53.87×10^4 亩、马铃薯 158.9×10^4 亩。

特色农业是陇南地区农业和农村经济发展的优势所在，特色农业产业则是支撑陇南特色农业发展的核心。核桃、花椒、油橄榄、中药材等优势主导产业的栽植规模位居全省前列，在全国占有较大份额；蔬菜、茶叶、苹果、食用菌等区域特色产业的基地面积持续扩张，具备了一定的产业优势。2009 年，陇南市特色农业中种植业产量达到 309×10^4 t，其中核桃 3.1×10^4 t，约占全国总产量的十分之一；花椒 2.4×10^4 t，约占全国总产量的四分之一；中药材 12.7×10^4 t，约占全国总产量的四分之一；油橄榄鲜果 2 700 t，占全国总产量的 83%，还有各类山珍野菜 100 多种。一批特色农业基地进入盛果期、丰产期，为培育和壮大特色农业产业化龙头企业创造了现实条件。

（三）特色产业布局

陇南市特色农业产业开发虽然取得了一定成效，但与产业化发展的要求相比，仍然处于较低层次。主要表现为：一是产业基地建设质量效益不高，集聚程度低，单位面积产量小，同一区域小而全、多而杂的问题很突出；二是龙头企业建设滞后，企业数量少、规模小，致使产业链条短，产品附加值低；三是营销体系不健全，大宗产品流通不畅，缺乏辐射带动能力强的大型专业市场；四是农民专业合作经济组织作用有限，专合组织数量少，且服务功能弱，在产前、产中、产后服务方面还没有很好地发挥应有的作用；五是产业开发科技含量低，在新品种推广、新技术应用、新产品研发等各方面都有一定差距；六是农业基础设施脆弱，抵御自然风险能力不强，特别是水利灌溉、田间道路等基础设施条件不完善，严重制约着特色农业产业的发展。因此，特色农业规模化发展应坚持因地制宜的原则，对不同的特色农产品进行分类指导，在不同地区形成片区、基地等。

其中，武都、文县临江、宕昌沙湾、康县平洛、西和大桥、礼县下四等地具有花椒种植基础，应努力建设成全国最大的花椒主产区；以武都为中心，结合部分适合种植油橄榄的河谷地区，发展油橄榄种植，打造油橄榄主产区；在文县、礼县和西和等中药材适生区，培养中药材，发展中药材的规模化生产基地。此外，还应结合区域特点，因地制宜建立桑蚕、食用菌、水产、烤烟、银杏、蜂蜜的生产片带，鼓励地方企业发展农产品加工和深加工。通过政策优惠、招商引资等渠道促进龙头企业的建设，建立农产品生产、销售服务链，打造名优产品，促进当地的特色农产品增加附加值，提升农民收入。

二、工业

（一）工业发展现状

以陇南市为例，2010 年全市实现工业增加值 33.6 亿元，规模以上工业实现增加值 25.3 亿元，逐步形成了以有色冶金、水电能源、特色农产品加工、医药化工、建材为主导的工业体系，具有一定的区域特色。在第一、第二、第三产业的统计中，2010 年陇南市第一、第二、第三产业对生产总值的贡献率分别为 22.8%、46.4%和 30.8%，而产业增加值占生产总值的比重分别为

26.3∶28.6∶45.1，表明工业化进程日益加快，尤其以矿业为龙头的工业发展迅速。

目前，陇南地区工业经济仍处于工业化初级阶段，工业发展尚未摆脱依赖矿产资源和初级加工的传统模式。以铅锌、硅铁为主的金属采掘、加工企业产业链短，产品附加值低，主要依靠扩大产能提高企业效益，且很多中小企业是国家强制性节能降耗改造的对象。优势特色产业方面则发展缓慢，仍未形成规模化生产，企业发展缺乏高新技术支撑，自主创新能力弱，产业结构的升级调整不易。工业经济总量小，在国民经济中的主导地位不突出，在带动城市化、农业产业化方面能力不足。

（二）产业结构调整与布局

为了推动区域工业发展，调整产业结构，实现集约发展、可持续发展，当前应积极推进工业集中区的建设。由于陇南地区目前其他各方面发展均较落后，在今后一定时期内，矿产资源开发仍将是陇南地区工业发展的主体之一。伴随着经济的发展，其他条件（如交通）的完善，陇南地区的工业经济将逐渐呈现多头齐发的态势，尤其是农产品加工工业会在一定程度上快速发展。

1. 优化重点产业结构

构建具有区域特色的陇南产业体系，必须调整工业发展思路，坚持走新型工业化道路，加快推进产业的转型升级，努力形成传统产业转型提升、特色优势产业不断壮大、战略性新兴产业加快发展的新格局。根据区情，重点产业包括有色冶金产业、水电能源产业、农特产品加工业、医药化工产业和建筑建材产业等。有色冶金产业通过资源整合、资产重组，扩大采选冶生产规模，延长产业链。水电能源产业是陇南近年快速发展的产业，也是陇南地区优化全市能源结构布局的重要举措，但要坚持“科学有序、合理开发”的原则，改造提升现有发电企业和输电线路，提升水能资源开发的综合效益。农特产品加工业，要加大优势农特产品基地建设力度，将现有的油橄榄、核桃、花椒、茶叶、苹果、银杏、羊肚菌等特色产品深加工，促进生产要素的合理流动和有效聚集。通过联合、兼并、资产重组，组建一批科技含量高、生产规模大、辐射带动力强的龙头加工企业。医药化工产业应抓住甘肃省扶持陇药产业发展的机遇，建设舟曲中藏药材、宕昌当归、文县纹党、武都黄（红）芪、礼县大黄、西和半夏等大宗道地中药材种植及板蓝根、羌活、天麻、黄连等特色中药材种植优质基地。发挥纹党、当归、黄（红）芪、大黄、半夏等药材资源优势，引进大企业开展中药材深加工，在提高现有中药制药、中药提取及饮片加工规模、档次的基础上，着力开发技术含量高、疗效好的新药品，培育新的增长点，促进陇南陇药产业稳定健康发展。

2. 合理布局矿产开发

矿产资源的开发，必须坚持“统一规划，合理布局，科学开采，提高效益，依法办矿”的方针，坚持发挥矿种优势，重点发展铅锌、黄金、锰和非金属等最具优势的矿种。在发展布局上，北以西成铅锌工业生产基地为中心，科学管理，规模经营，延长产业链条，并重视黄金资源开发，带动其他矿产及相关产业的发展。南以硅石和黄金资源为主，建成以黄金和硅石、铜深加工为主的碧口生产基地，带动中南部矿业的发展。对黄金资源的开发，要切实加强管理；对非金属矿的开发，在加大开发力度的同时，应在精细提纯、精粉加工、改型改性和制品几个方面有突破性进展。

三、旅游业

（一）发展现状

近年以来，陇南地区进入第三产业快速发展的时期。以陇南市为例，“十一五”期间，全市共创建 4 个国家 4A 级旅游景区和 3 个国家 2A 级旅游景区，整体提升了陇南市旅游产品的知名度和美誉度。2010 年全市接待游客 321.17×10^4 人次，旅游综合收入达到 8.54 亿元，旅游综合收入占地区生产总值的比重由 2005 年的 2.7%增长到 2010 年的 5.9%。2012 年，陇南接待游客 490 万人次，实现旅游综合收入 23 亿元，旅游综合收入对全市地区生产总值的贡献率达到 10.4%，旅游业已成为陇南的支柱产业（旅游业总收入达到国内生产总值的 8%以上）。2015 年，舟曲县旅游人数达 27.24 万人（次），综合收入 1.16 亿元。尽管近年来本区的旅游产业发展较快，但由于开发起步晚、发展基础差，以及其他一些主客观因素的制约，目前旅游业发展仍处在低层次、低水平的起步阶段，要把旅游业尽快培育成陇南富民强市的主导支柱产业，仍需付出巨大努力，仍面临着许多困难和问题。

1. 旅游资源开发程度低，旅游业发展不平衡

由于受区域经济总体实力较弱的影响，本区特色旅游或专题旅游开发不够，许多优质资源还处于原始状态。根据报道，陇南市旅游资源有各类景点近 400 处，但正在开发的仅 20 多处，旅游业的发展很不平衡。例如，武都万象洞的游览价值颇高，但游客却较少；西和县仇池古国遗迹文化底蕴丰富，但未形成旅游区；礼县祁山武侯祠历史价值与游览价值也很高，但游客数量极少；只有宕昌官鹅沟森林公园和文县洋汤天池游客相对较多，旅游业发展

较好。

2. 缺乏必要的区域协调与地区间联合开发

陇南各类旅游区（点）之间的距离较大，景点集聚程度较差，旅游交通成本比较高，不利于形成旅游线路。同时，资源禀赋雷同、旅游产品单调，主题定位不鲜明，缺乏多样性、新颖性、参与性、娱乐性、竞技性旅游产品，存在同质性的竞争。加之旅游业开发投入不足、基础设施建设滞后，致使景点过于单一化，不利于区域旅游业的整体发展。虽然地方政府一直把旅游产业作为优势产业在培育，但是从目前的经济结构看，旅游业占地区生产总值的比重仍然较小，远没有形成集聚效应和规模效应。

3. 旅游产品开发层次低，普遍存在“旅长游短”问题

随着旅游业的发展，旅游者的需求在不断向多样化、个性化、精细化、参与化方面拓展，要求旅游产品要适应旅游者求新、求异、求知、求乐的需求。陇南旅游景点可分为3个层面，基本层面（陈列观光型）的景点偏多，提高层面（表演欣赏型）和发展层面（主题参与型）偏少，不利于游客停留时间的延长和旅游资源的充分利用。在生态旅游方面还基本停留在传统的山水观光层面，缺乏旅游新业态。“旅长游短”说明旅游资源开发和景点建设还停留在较低层次，旅游娱乐业发展不足，同时也说明旅游资源开发潜力巨大，具备一定的后发优势。

4. 旅游宣传推介力度不够，缺乏持续有效的旅游营销策略和措施

旅游是“信息经济”，如无有效的对外推介，旅游产品很难进入消费市场，没有相当规模的稳定的外部客源市场，旅游产业很难以走上可持续发展之路。研究表明，媒介在塑造旅游目的地形象的过程中起着决定性的作用。旅游业经历了从资源导向到市场导向再到营销导向的转变，相比于其他地区，本区旅游宣传力度显然不够。此外，旅游促销宣传的市场针对性也并不明显，导致宣传效果甚为有限。

5. 基础设施建设滞后，旅游交通“瓶颈”制约问题突出

首先，由于旅游开发资金投入不足，基础设施如道路、宾馆、厕所等基本环节薄弱，接待能力不足，娱乐产品少，不能满足游客多层次、多方面的需求。资金缺乏而导致无力建设和改造旅游服务设施，相当一部分宾馆、饭店等设施陈旧，严重影响了旅游地形象和游客满意度。各区县的交通状况较差，交通工具单一，极大地影响了旅游景区和景点的发展，尤其是缺少民用机场和铁路票额实行配给制，旅游交通“瓶颈”制约问题突出。

（二）发展对策

目前，世界旅游业总产值已超过了石油、汽车、化工等行业，成为世界

第一大产业。国家实施西部大开发战略之后，旅游产业已经成为甘肃省经济发展和对外开放的重要组成部分，成为最具发展潜力的战略性支柱产业之一。伴随着国内旅游业将进入大众化全面发展阶段，带薪休假制度和国民休闲计划将逐步实施，旅游产品将从较为单一的观光型向观光游览、休闲度假、民俗节庆、商务会展、户外探险、自驾体验、康体养生等多元化产品体系升级转型，市场竞争力将不断提高，旅游产业素质将全面提升，旅游业与不同产业融合的新业态将不断出现。同时，为实现将甘肃建设成为国家生态安全屏障的战略要求，生态旅游将发展成为全省重要的旅游新业态之一。按照建设文化大省的战略部署，文化产业将进一步与旅游业融合，文化旅游将得到快速发展。在这种旅游业发展环境和趋势下，为实现本区旅游业的跨越式发展，可采取以下发展对策。

1. 打造生态文化旅游高地，实施政府引导与市场化运作相结合战略

为把旅游业培育成为现代服务业的龙头产业和国民经济的战略性支柱产业，积极建设生态文化旅游胜地和旅游目的地，各级政府应积极完善旅游基础设施，对基础条件好、发展潜力大的重点景区和特色项目进行政策、资金、技术、人力资源等多方面支持，打造旅游业发展高地。与此同时，积极依靠市场化手段和集团化运作来扩大融资规模，拓展市场空间，打造精品景区，增强企业竞争力。当前应制定相应的优惠政策，探索多种渠道筹措资金的新机制，广泛吸引国内外资金，解决开发旅游资源过程中资金投入不足的问题。

2. 优化旅游业发展空间布局，突出旅游精品线路和重点景区开发建设

根据本区自然旅游资源的优势，积极进行景区的更新升级，建设甘肃省亚热带生态宜居城镇、生态村、小体量的旅游综合体等名牌景区（点），打造推出原生态山水休闲度假旅游目的地，带动度假经济和相关产业的发展。着力开发宕昌官鹅沟、成县鸡峰山—西狭颂、武都万象洞、康县阳坝、徽县三滩、文县洋汤天池、舟曲沙滩国家森林公园和拉尕山等旅游景区，形成完备的休闲旅游产品体系，建设陇南休闲度假旅游圈。因此，本区应积极开发先秦与三国历史文化旅游成长型旅游线路，重点建设秦文化公园、祁山堡、西和“空城计”等旅游景区，深入挖掘先秦与三国历史文化、传说故事，提高旅游产品的文化品位和档次，增强景区吸引力。

3. 开发特色旅游商品，发展旅游新兴业态

旅游开发总体上可以归为两种模式，一是追求规模，二是追求特色。在竞争越来越激烈的旅游市场中，旅游开发的特色成为区域旅游成功与否的关键。特色来源于对游客心理需求的准确把握，来源于对旅游资源文化内涵的

准确分析。本区应紧密围绕旅游资源的特色开发旅游产品，发挥区内集多种自然景观、人文景观于一体的优势，培育和发展多个能代表本区形象的、地方特色鲜明、具有生长极功能、适应不同层次游客需求的系列产品，引导旅游商品向品牌化发展，鼓励特色土特产品和旅游商品产销专业村（镇）建设。同时，大力推进文化旅游产业的融合发展，支持有条件的地方发展文化旅游、节庆旅游、乡村旅游、探险旅游和主题公园旅游等旅游新业态。重点开发西秦岭山地生态游、嘉陵江漂流、山地徒步线路、秦文化探秘游、少数民族民俗深度体验游、特殊地质地貌摄影游等新型旅游产品，形成特色优势旅游新业态集群。

4. 突出区域差异，开展区域旅游协作

区域间的自然、文化差异是产生旅游动机的原动力。作为甘肃省的南大门，本区位于三省交界处，而陕西和四川均为旅游较发达的省份。地域文化的差异性，旅游内涵的多样性，使本区与周边的旅游协作蕴藏着一定的开发潜力，有着较广阔的开发前景。依托陇南与四川、陕西等省的区域联动，突出文化、地域、民族和景区景点特色，可为甘肃旅游未来发展做出贡献。本区北与本省天水市的丝绸之路旅游黄金线路相连，西接甘南藏族风情旅游区，无论自然旅游资源还是人文旅游资源，都存在一定的客源市场竞争。如何化竞争关系为有效的合作、互利共赢关系，从而取得聚集效益和规模效益，是今后本区旅游业发展的重要任务之一。

5. 创新宣传模式，提升旅游形象

区域旅游形象的建立和提升，需要良好的旅游营销。在宣传渠道上需要形成多层次、多渠道的旅游宣传促销合力，通过多层次、全方位的宣传，全方位地推广本区旅游资源，扩大优势旅游景点的知名度。加强区域合作营销，充分发挥川陕甘旅游协作区等区域合作组织的作用，开展联合制作宣传品、联合举办推介会或商务洽谈会等联合促销活动，推进实质性合作。鼓励知名旅游企业对本区旅游产品和品牌景区进行承包经营和代理营销，探索促销与分销相结合的旅游营销模式。

第四节　生态保护与可持续发展

一、加强“两江一水”流域综合治理

受自然地理条件的影响，陇南地区是甘肃省乃至全国地质灾害分布密度

最大、发生频率最高的地区之一，具有群发性，危害严重。本区地质灾害主要集中分布于白龙江中上游、西汉水中上游和白水江上游地区以及资源开采区。该区域不仅是长江上游重要的水源涵养区和补给区，而且还是长江上游及青藏高原东缘的重要生态屏障，具有十分重要的生态地位。近年来，因可能已进入地震活跃期，地质灾害的频率加大，大量地质灾害隐患成灾的可能性进一步加剧，严重威胁群众生命财产安全。根据国土资源部门“5·12”汶川特大地震灾后地质灾害排查，仅武都区地质灾害隐患点即达887处，其中特大型59处、大型365处、中型228处、小型235处，直接威胁人口32.1×10^4人。显然，本区崩塌、滑坡、山洪、泥石流等灾害具有分布广，治理难度大，投入巨大等特点。地质灾害的发生尽管具有突然性，但如果能采取合理的预防措施，仍能将损失降至最低。

（一）合理规划人类活动，减轻地质灾害破坏

本区地质灾害主要分布在白龙江流域、白水江流域和西汉水流域，简称“两江一水”流域。作为长江上游的重要生态屏障，“两江一水”流域生态环境遭到严重破坏，植被、草场退化严重，森林生态系统稳定性降低，水源涵养能力下降，水土流失严重。近年来，虽然通过实施退耕还林、天然林保护、小流域治理等工程，生态恶化趋势已经得到一定控制，但生态环境十分脆弱的局面并没有得到根本改善，水土保持形势依然严峻。

（二）加强地质灾害调查，提高预警能力

2008年5月12日汶川地震后，国家在防治地质灾害方面加大了投入，陇南地区借灾后重建的机会，加强了地质灾害的普查和防治工作，制定了相关工作制度，为灾害的预警和防治提供了较多的基础数据，并成立了国家级地质灾害防治管理及监测预警示范区。例如，在泥石流分布集中区引进3级预警装置，参照有关资料设定泥石流发生的临界降雨强度，当降雨强度达到设定的临界值时，监测房内的仪器自动发出警报；在重点河道设立监测断面，按照设防标准，推算出监测断面警戒水位和危险水位，当流量超过警戒水位时，仪器便发出警报。

（三）完善救灾系统，做到及时抢险

由于地质灾害发生的不确定性和难以预测性，为了减少地质灾害的损失，在地质灾害发生时，完备的救灾应急系统十分必要。陇南地区的应急系统应考虑不同县区地质灾害特点，加快相关应急机构的配置和设备，提升应急方案的针对性和适用性，确保能迅速、高效应对地质灾情险情。

“两江一水”流域生态保护与综合治理，不仅对促进区域经济社会可持续发展具有十分重要的支撑和保障作用，而且是建设长江上游重要生态屏障，保障国家生态安全的迫切需要。2013年8月，《甘肃“两江一水”区域综合治理规划》（以下简称《规划》）获国家发展和改革委员会批复，该《规划》的批复将对改变陇南脆弱生态环境，提升本区地质灾害生态治理综合防治能力发挥重要作用。《规划》主要建设内容为：山洪地质灾害防治，包括山洪地质灾害调查评价体系、监测预报预警体系、避让搬迁、工程治理、应急反应能力建设；中小河流治理和病险水库除险加固；生态环境综合治理，包括人工造林、封山育林、森林防火等森林生态系统保护与建设；特色农林产业发展；配套工程，包括塘坝、集雨场、蓄水池等小型水利工程以及农牧民培训工程等。所需资金通过多渠道筹集解决，国家将结合现有渠道予以积极支持。

二、大力发展现代交通

交通运输条件长期以来制约着本区经济的发展。例如，武都区长期以来是陇南市政府驻地，在发展交通方面无疑有很大的优势。但是经过统计，截至2008年，武都区的交通用地仅占总面积的0.16%。这里距省会城市兰州和成都、西安等中心城市均在500 km以上，距本省最近的天水市也达230 km。因此，交通运输建设可以将陇南市的发展潜力转化为现实生产力，把潜在市场转化为现实市场，把资源优势转化为经济优势。换言之，发展陇南市交通运输是促进本区经济发展的关键。

目前，兰渝、兰成、天水—九寨沟、阳平关—武都铁路，兰海、十天、平绵高速公路，成州机场等正在建设之中，武都还是国家规划的国家综合运输大通道（内蒙古临河至广西防城港）的控制点。兰渝铁路经过宕昌、武都、文县，兰成铁路与兰渝铁路在宕昌哈达铺镇分开。因此，陇南地区交通条件的改善指日可待，将为工业的发展和对外开放交流打开制约的瓶颈，为开发优势资源，开展多方位、多层次合作和承接产业转移提供交通保障。但对本区现代交通的发展，还要“一分为二”地看待，不宜盲目单一地修筑公路和铁路，从而加速对自然环境的破坏。正因本区在历史上交通不便，才保存了大量的生物资源和较完整的自然景观，生态环境没有受到很大破坏，这无疑是本区之幸。

三、加快建设区域性中心城市

城市发展受地理区位、交通条件、资源条件、城镇现状规模、经济发展水平、基础设施状况等多种因素影响，这些因素对城市的影响程度不尽相同，它们对各城市影响作用的叠加，共同决定了不同城市的发展条件优劣差异。受自然条件和地理位置的限制，陇南市政府驻地武都城区交通不便，工业基础薄弱，经济发展滞后，城镇体系不完善，2000 年建成区面积仅为 3.5 km^2，人口则达 7.7×10^4 人。建设用地和发展空间之小，人口密度之高，在全国地级城市中是少有的。随着社会变迁和发展，武都城区在自然地理、区位条件以及资源环境承载能力等方面的制约因素日益凸显。在城镇建设方面，武都城区目前从土地承载力分析上，可以看出已经超载。建成区由于自然的原因，在原有基础上扩展的空间很小，可以增加的土地仅为 0.4 km^2，并且建设成本较高，人口增加的容量很小，短期内难以发展成为具有中等规模的中心城市，因此，今后武都城区可以依托兰渝铁路、兰海高速公路过境条件，在控制发展规模前提下，按照陇南地区特色商贸旅游城市的基本定位，建成小而精、小而特（有特色）、城市建设科学布局、避灾空间合理配置的生态型、交通型城市。

一般来说，区域性中心城市应具备三个条件：一是附近自然资源丰富，粮食充裕，能满足中心城市的需要；二是具有便利的交通条件；三是所处的位置居中，利于发挥辐射带动作用。罗森斯坦·罗丹在印度研究十余年，提出了“大推动”理论及城市人口进入良性循环的临界点（即 20×10^4 人的临界人口概念，相当于中等城市的人口规模），作为欠发达地区规划的关键指标，已成为城市和区域规划的基础理论。在城镇体系上中等城市具有承“大”启“小”的地位与作用，在产业结构上新型中等城市是信息社会的国际新趋势。通过比选，发现本区的成县地势相对平缓，现建成区位于河流的一、二级阶地，城区及周边可用于建设的用地约 40～50 km^2，2008 年建成区约占 13%。且周边低山丘陵可用于建设用地开发，有利于城市建设和较大规模聚集人口。邻近县城的抛沙、店村、小川、陈院以及红川镇的地势都比较开阔，县城以西或以东都有条件进行新区开发建设。成县所处的地理位置较为平坦，县域拥有丰富的矿产资源、森林资源和旅游资源。按照大城市的扩展规律，城市可以把周边镇作为新经济区。把抛沙镇作为未来的新区进行发展，可以形成陇南地区城市首位度较高的城市，可容纳 30×10^4～40×10^4 人口。但成县在现有供水条件下仅能支撑 20×10^4 城镇人口，而中等城市的城镇人口规模应该在 20×10^4～50×10^4 人，因此成县还需要大力提高供水能力以适应未来发展需求。

第八章　甘南地区

章前语

甘南地区包括除舟曲县外的甘南藏族自治州全部，地处青藏高原东北边缘，位于甘肃省西南部，分属长江和黄河两大水系。土地总面积 $3.64\times10^4\ km^2$，居住着藏族、汉族、回族、蒙古族、土族、撒拉族、保安族、东乡族等 24 个民族，2010 年常住人口 69.31×10^4 人，城镇化率为 25.98%。区内海拔大致为 1 500～4 900 m，气候温凉湿润，草场广阔，矿产、水能、旅游资源较丰富。由于历史开发滞后，经济发展缓慢，农牧民收入较低。基于旅游资源的特色、规模与组合，优先发展旅游业，对于消除贫困、保护环境、发展经济，促进社会全面进步具有重要意义。近 10 年来，因气候变化和人类活动的双重影响，湿地和草场出现不同程度的退化，亟须加强保护治理。

关键词

甘南高原；天然草场；生态退化；民俗宗教文化；旅游开发

第一节　区域特征

甘南地区地处青藏高原东北边缘，位于甘肃省西南部，北倚临夏回族自治州临夏县、和政县、康乐县；东连定西市的渭源县、漳县、岷县和陇南市的宕昌县、武都区、文县；南接四川省阿坝藏族羌族自治州阿坝县、若尔盖县和九寨沟县；西邻青海省黄南藏族自治州同仁县、泽库县、河南蒙古族自治县和果洛藏族自治州玛沁县、甘德县及久治县。地理位置大致位于 100°46′E～104°03′E，33°06′30″N～35°34′N，总面积 $3.7\times10^4\ km^2$。大部分地区海拔 3 000～3 600 m，平均海拔 3 300 m 以上，最高峰措美峰海拔 4 920 m。甘南地区海拔高，气候温凉湿润，草地资源丰富，是我国 6 大草场之一。居住在本区的民族以藏族为主，因此生活习惯、民风民俗均体现了浓厚的藏族风情。

一、自然地理特征

（一）山地高原地貌

甘南地区在地质构造上，位于秦岭和松潘—甘孜两个地槽褶皱系的交接部位，大部分属秦岭地槽褶皱系，西南部属松潘—甘孜地槽褶皱系。经过各期构造运动，南秦岭东西向构造体系经历了强烈的变动。区内的构造骨架由北至南分为4个叠瓦状构造带，即北秦岭褶皱带（根部）、洮河褶冲带（后缘）、白龙江褶冲推覆带和巴西—阿尼玛卿褶冲推覆带（前缘）。从构造带的空间展布分析，处于主导地位的是东西向褶皱断裂带，北东向断裂切割次之。由此形成区内纵横交错的构造框架和较典型的5个构造区域：夏河、临潭、卓尼3县北部太子山、白石山、莲花山等高山侵蚀构造区，夏河、临潭、卓尼、碌曲诸县侵蚀构造、构造剥蚀、侵蚀堆积的低山丘陵构造区，迭部县岷山—迭山中高山侵蚀构造区，碌曲县西南部西倾山中高山侵蚀构造区，玛曲县阿尼玛卿山中高山侵蚀构造区。

本区地貌格局整体上为高原，但由于山坡浑圆和缓，谷底盆地浅宽，致地表呈波状起伏，因此有“甘南山原”之称。纵观全区地势，呈现3个地貌类型区，即山原区、高山峡谷区与中低山区。山原区地处本区西部，包括玛曲县全境、碌曲县大部及夏河县部分地区，主要分布在郎木寺（碌曲）—玛艾（碌曲）—甘加（夏河）一线以西。区内地势高亢，平均海拔在3 300 m以上。这里水源充沛，分别属“三河一江”（指黄河、洮河、大夏河和白龙江）的发源地或上游地带，水流平缓，切割微弱，大部分地表开阔平坦，起伏较小。在山体与河谷交界处形成许多缓坡和滩地，呈典型的山原地貌。除少数部分裸岩山峰、水域或居民点外，大部分地表均有良好的植被覆盖。高山峡谷区以岷—迭山系与白龙江流域为主，位于洮河与白龙江分水岭以南，积石山、西倾山以东地区。西部山峰高峻海拔多在4 000 m以上；东部山峰相对较低，海拔多在3 000 m以上。白龙江由西向东横贯岷山、迭山之间，支流呈叶脉状分布。白龙江地形切割剧烈，相对高差多在2 000 m左右，形成显著的高山峡谷地貌区域。中低山区位于积石—西倾山原区以东，岷山—迭山高山峡谷区以北，包括临潭、卓尼2县全境及碌曲、夏河县部分地域，地处甘南高原与黄土高原的过渡地带。平均海拔3 000 m左右，地势西高东低，倾斜明显。地貌特征是山岭无定向连续，山体陡峭、平缓、浑圆不一，走向纵横交错，其间被盆地、河谷及夷平滩地错割分离。区内有洮河、大夏河的上游干、支流分布，水网密集，呈树枝状伸展，干流区段多形成中高山峡谷地貌。

（二）温凉湿润的高原气候

本区太阳辐射和日照时数在甘肃省内部仅次于河西地区。区内绝大部分年太阳总辐射量在 $5\ 800\times10^6\ J/m^2$ 以上，年日照时数则大概在 2 200～2 400 h，不及河西各地，甚至比甘肃中部还略少。日照日数不多而太阳总辐射量大，这主要是由高海拔造成的。由于海拔高，除白龙江、洮河谷地外，甘南地区气温普遍较低。同时，受暖湿海洋气流影响，甘南高原年降水量与陇南地区相近且高于甘肃省其他地区。温凉湿润成为本区气候最有代表性的特征。

本区年平均气温多在 7 ℃以下，白龙江谷地纬度低、海拔低，年平均气温最高，迭部达到 7 ℃。洮河谷地的卓尼和临潭年平均气温分别达 5.1 ℃和 3.4 ℃，也是甘南地区年平均气温较高的地方。郎木寺、玛曲和合作因为海拔较高，年平均气温分别为 1.2 ℃、1.4 ℃和 2.4 ℃，是甘南地区年平均气温最低的地方。最冷月均温大部分地区在 −18～−12 ℃，≥10 ℃积温多在 500 ℃以下。极端最高气温一般低于 30 ℃。例如，合作只有 28.4 ℃，玛曲只有23.7 ℃，可见本区没有真正意义上的夏季。极端最低气温接近 −30 ℃，出现在玛曲县境内，仅高于甘肃省内的北山山地和祁连山地。气温季节分布与年平均温度变化趋势大致一致，随海拔升高而降低。冬季约为 −10～−8 ℃，春季 2～12 ℃，夏季 10～16 ℃，秋季 2～7 ℃。气温日较差多在14～15 ℃，冬季接近 20 ℃。年较差一般仅 20～23 ℃，与甘肃省其他地区比较，年较差偏小。

在暖湿气流的影响下，本区是甘肃省境内降水最多的地区。其中夏河、临潭受地形影响，年降水量不足 500 mm，其他区域则多在 500 mm 以上。西南季风暖湿气流是本区的主要水汽来源，碌曲南部尤其是郎木寺一带是甘南地区降水最多的地方，年均降水量达 773.6 mm，与陇南山地之两当、徽县、康县等多雨区相当。降水量最多月一般为 7 月，最少月为 12 月。年降水变率为 12%～14%，是甘肃年降水变率最小的地区。年降水日数 130～150 d，主要集中在夏季、春季和秋季，冬季三个月一般不足 8 d。冬季降水仅 6～11 mm，约占全年 1%～2%；春季一般可达 120 mm，占全年 20%左右；夏季为 260～320 mm，达全年一半以上；秋季降水 120～150 mm，约占全年 25%。

（三）较多的河流、湖泊与湿地

甘南地区主要河流有黄河、洮河、大夏河和白龙江（统称“三河一江”），分属黄河与长江两大水系。黄河、洮河、大夏河流域属黄河水系，白龙江流域则属长江水系。其中，洮河、大夏河又是黄河的一级支流；白龙江则是嘉陵江主流而非支流。区内玛曲、碌曲、卓尼、临潭、夏河5县境属黄河流域，迭部县全境及碌曲县的郎木寺一带则属长江流域。湖泊、湿地众多是甘南地区的一大特征，相对于甘肃省其他地区而言，这一特征尤其显著，但湖泊面积较小。

尕海位于甘南高原中部，西倾山东北的尕海盆地。湖面海拔3 470 m，湖呈椭圆形。湖水由郭尔莽梁和西倾山北坡的琼木旦曲、翁尼曲、多木旦曲等河流补给，并通过周科河外泄，最终在碌曲以西汇入洮河。尕海，藏语称“姜托措柑”，意思是“高原古湖”。当地牧民群众称其为“高原神湖”，又称“勒加秀姆”。关于其面积大小，文献曾有35 km^2的记载，目前已经不足10 km^2，但仍是甘南草原第一大淡水湖。平均水深仅1～2 m，最深处约5 m。湖周围发育大片沼泽和若干小湖，显然是大湖收缩、解体而成。每年春末夏初，成群结队的白天鹅、灰雁、斑头雁、灰鹤、棕头鸥、赤麻鸭、绿翅鸭、针尾鸭、鸬鹚等近百种候鸟，离开我国南方和东南亚、印度、尼泊尔等越冬地飞来此地安营扎寨。特别珍贵的是国家一级保护动物黑颈鹤，一群群地在这里栖息、繁殖，成为甘南高原的一大景观。1982年，尕海被评为省级候鸟自然保护区；1998年，尕海与则岔石林一起被批准为国家级自然保护区。

冶海位于临潭县冶力关镇以北，湖面海拔2 610 m，最大水深10 m左右，面积约1.2 km^2。民间传说明代开国大将常玉春西征时曾在此湖饮马，故又名“常爷池”。冶海是一个典型的山地淡水湖，右边是白石山，左边是桦树崖。湖水由石门河补给，渗漏重现后注入冶木河。关于冶海的成因，很可能是第四纪新构造运动的隆升和流水的强烈下切形成了深切河谷，后由于地震引起的山体滑坡堵塞石门河而形成滑坡堰塞湖。冶海滑坡体堆积区高低不一，呈长条状，内部有大小不一的陷坑，规模较大者如“饮马泉”凹陷。堆积区分布有大大小小的孤石，最大者16 m×10 m×8 m。滑坡体长600 m，宽200 m，厚80 m，体积约为960×10^4 m^3。滑坡后壁高约100 m，坡度大于70°，明显具有“圈椅状”地貌特点。因此，滑坡堰塞湖是冶力关景区最具代表性的地质遗迹景观，也是研究地质灾害过程与现象的极为典型的案例之一。《魏书》记载该地为水池县，因而推测早在1 500年前，冶海可能已经存在。每年的腊月初八、五月二十八是冶海的传统神会，当地群众在冶海举行祭祀常爷、唱花儿、赛马等活动。

甘肃省湿地主要分布在黄河首曲、河西走廊疏勒河下游和黑河中游，其中以黄河首曲湿地最具典型性和代表性。黄河自玛曲县西南端进入甘南，在阿尼玛卿山（大积石山）南麓东流于甘、川二省间，回绕至其北麓，又向西北流至青海省内，形成了久负盛名的“天下黄河第一弯”，即黄河首曲。甘南段黄河长约 392 km，有西科河、贾曲、娘曲、贡曲、尕曲、当庆曲等数十条支流汇入干流，但以源于川西北高原的黑河、白河为最大。由于地势平坦、河床纵比降小，此段黄河河面宽阔，多汊流、浅滩和沼泽地（图 8-1）。首曲东段的河道多曲流与沮洳地，尤以东端由四川若尔盖高原西流入黄河的黑河和白河两条支流，曲流最为发育，沼泽地也很广阔，反映此带在晚近地质时期的地壳新构造运动中属沉陷区。在黄河流经玛曲这块一万多平方千米的绿色土地时，平均补充水量占黄河出玛曲境水量的 45%。因此，玛曲草原成为黄河的一大“天然蓄水池”，区内景色优美，风景独特，湿地与湖泊辉映，雪山与黄河并存。2005 年曾被相关机构评为“中国最美的六大沼泽湿地之一”，被称为“亚洲一号”天然草场。近年来，由于全球气候变暖等因素的影响，曾被誉为“黄河蓄水池”的首曲湿地干涸面积已达十万公顷之多，沼泽低湿草甸植被逐渐向中旱生高原植被演变。目前，甘南州沙漠化面积正在以平均每年接近 300 hm^2 的速度递增，许多珍稀野生动植物濒临灭绝。

图 8-1　黄河首曲湿地

（四）以高山亚高山为主的山地植被与土壤

受地理位置和高海拔气候影响，甘南地区植物区系以中国—喜马拉雅成分和青藏高原成分为主，北部和东部边缘还有泛北极、地中海和华北成分。

植被类型以高寒草甸、高寒灌丛草甸、山地草原和山地森林、高山稀疏植被为主。适应高寒半湿润气候的草本和灌木在种类组成中居优势地位，高山灌丛和草甸是两大主要植被类型。高寒草甸分布于海拔 3 300～3 700 m 的广大高原面、山地阳坡，植物种类因地貌部位和土壤水分状况而异，典型植物是蒿草。高寒草甸群落具有结构简单，草层低矮，层次分化不明显，生长季节短且生物量低，但草层密集，盖度大，耐牧性好等特点。分布于海拔 3 300～3 700 m 的广大高原面、山地阳坡以及草地沼泽化地区。高山灌丛主要分布在海拔 3 700 m 以上的山地阴坡。草原是半干旱气候条件下发育的植被类型，甘南地区局部山地边缘有其分布，如玛曲、夏河、白龙江谷地均有分布。然而，不同地区因气候条件的差异，植被类型又有很大差别。山地森林主要分布在岷山、迭山以及东北边缘的诸多山地。大部分在白龙江流域，部分属于洮河流域和大夏河流域。

在不同气候和植被条件下，甘南地区发育的土类有褐土、灰褐土、黑土、棕壤、暗棕壤、黑钙土、栗钙土、草甸土、泥炭土、沼泽土等。与植被相适应，高山和亚高山草甸土在本区有大面积分布，并构成优势土壤类型。此外，在黄河河曲带和尕海盆地有大片草甸土、沼泽土甚至泥炭土分布。洮河、大夏河、羊沙河流域山地森林植被下发育灰褐土，岷山山地还有黑土、棕壤、暗棕壤和褐土。而洮河上游谷地以北则为黑钙土、栗钙土等草原土类。

二、人文地理特征

(一) 区域开发较晚，民族融合交流频繁

甘南地区历史悠久，早在新石器时代中晚期，马家窑文化、齐家文化、寺洼文化等相继在本区出现。如在临潭陈旗磨沟出土的玉器、陶器、铜器等大量齐家文化文物，被评为 2008 年全国十大考古发现之一，充分说明了这里人类活动历史的久远。但由于自然环境的原因，本区的历史开发在甘肃省乃至全国都是比较晚的。西汉时，本区东部属陇西郡，北部属金城郡，设白石、羌道两县。隋朝的临洮郡、枹罕郡、宕昌郡分别管辖今甘南州的西北和东南的部分地区。唐朝初年废郡置州，甘南州境内曾为洮州、芳州、迭州的全部和河州、宕州的部分，西北部属吐谷浑、吐蕃的范围。元代属宣政院管辖。明代属陕西都司管辖，清乾隆时，夏河由循化抚番厅管辖。1913 年废府设道，临潭县属兰山道，西固县（今舟曲县）属渭川道。1928 年建立夏河县，改属甘肃管辖，1937 年成立卓尼设治局。1949 年 9 月至 12 月，临潭、卓尼、夏河相继解放。1952 年 7 月设立甘南藏区委员会，1953 年 10 月甘南藏族自治

区成立，1955 年 7 月 1 日改为甘南藏族自治州。州府设在合作市，是甘南州的政治、经济、文化中心。

自古以来，本区就是多民族繁衍生息的地方，先后有羌、氐、戎等当地民族及从东北远徙陇上的吐谷浑以及来自西藏的吐蕃等民族居住。西汉之后，汉族开始迁入甘南，唐代后西藏吐蕃族军人、部落东进州域。元、明以后，逐渐有回族迁入。本区成为一个有着多民族历史渊源的地区，被民族史学家喻为中国西部南北民族交流的源头。由于本区地跨长江、黄河两大流域，是青藏高原、黄土高原和西秦岭山地的过渡地带，是中原地区通往青藏及川北的交通要道，被称为“汉藏走廊”“汉彝走廊”“藏族现代化的跳板”。

随着历史的进程，羌部最早在本区设立了自己的部落联盟。实际上，自从中华民族有了文字，甲骨片上就已刻上了“羌”字。而羌的本意就是牧羊人。羌人部族众多，或内附中原王朝，或仍居留本土，从而同内地自然有了各方面的交流。羌人从远古起就开始迁徙，有沿渭水东入中原的，有率部族西移康藏的，也有进入新疆南部的。进入康藏的与康藏吐蕃族融合，进入中原的与黄帝部族融合。早在先秦，羌人首领无弋爰剑就从中原学习并掌握了农耕技术，其子孙们在他的率领下狩猎耕牧，曾为开发甘南地区做过开拓性贡献。在羌人兴盛时期，诸羌中尤以党项羌的势力最大，它以迭部为中心，在甘青两地广大区域内活动，到 7 世纪时内附归唐。后因受吐蕃的军事威胁，时任唐西戎州都督的党项首领拓跋赤辞要求内迁，唐王朝准其徙居灵、庆、银、夏（今陇东和宁夏）诸州。经唐与五代，其部渐次强盛，到北宋时在徙居地建起了西夏王朝。

隋唐时期，吐蕃赞普松赞干布发兵北上深入吐谷浑及党项境内。唐高宗显庆五年（660 年），今甘南州玛曲及青海大部为吐蕃所占领，自此吐蕃不断向东进袭。至永隆元年（680 年），吐蕃已占有今迭部、夏河以西以南、青海湖东南部的广大地区。至 9 世纪中叶，吐蕃王室分裂，征战不休，各族人民被迫大规模流亡，许多人迁往他地。大量未撤离的吐蕃人遂居留甘南各地，加上以后来自西藏的卓尼“十六掌尕”“藏巴哇”、舟曲的“军户”等吐蕃后裔，经过与当地的长期分化融合，逐渐形成了甘南的藏族群体。中宗景龙二年（708 年），金成公主嫁于赤德祖赞，唐王朝以河源九曲赐予吐蕃，作为公主的“沐浴之地”，和亲政策在客观上进一步促进了汉、吐蕃、吐谷浑、党项等各族人民的睦邻友好关系。联姻带来的安定局面，使唐蕃之间的交往日趋频繁，这就有了历史上著名的“唐蕃古道”。甘南地区正处在这条道路的南道上，从而加速了本区经济、文化的发展。

当历史进入北宋时期，散居甘青的吐蕃部族建立起一个以吐蕃族为主体的封建地方政权，这就是唃厮啰政权。这个名噪一时的吐蕃地方政权，初创时就是在甘南州夏河县的斯柔建立起来的，“斯柔”城至今遗迹可寻。唃厮啰采取“联宋抗夏”的方略，除在军事上与宋朝密切配合外，在经济上还把唐以来就实施的“茶马交易”重新启动。尤其是在河西被西夏占领后，丝绸之路中断，西域客商都改道青海，转赴渭水而达中原。改道后，甘南州正当东西交通的要冲。这给辖区带来空前的繁荣。同时又开辟了积石山南道，并派兵护送各国商队，直达宋朝边境，从而保证了“丝绸之路”南线的畅通，沟通了中外贸易，发展了汉藏人民友好往来关系。

总之，历史上各民族共同开发造就了今天甘南地区的物质文化基础，各种文化的交流进步无疑是甘南历史发展的主流。作为西部各民族文化交流的熔炉，今天这里随处可以看到藏族文化、汉族文化友好相处、并存发展的平和景象。在这里不仅各种文化特色已经相互影响到了日常生活的方方面面，更重要的是在历久的交往中，已经形成了各民族文化间相互尊重、相互交流、共同奋斗的传统，这无疑是维护和谋求各民族根本利益和价值认同的地理基础。

（二）以藏族为主的民俗风情

甘南州有藏族、汉族、回族、蒙古族、土族等 24 个民族，总人口 69.31 $\times 10^4$ 人，其中藏族 34×10^4 人，约占总人口的 49%。藏族是生活在青藏高原及其边缘地区的古老民族，以游牧业为主，逐水草而徙。信仰以藏传佛教为主。现主要有藏传佛教格鲁派六大宗主寺之一的夏河县拉卜楞寺，碌曲县郎木寺，卓尼县禅定寺、贡巴寺等 120 余座佛教寺院。其中，夏河县拉卜楞寺是安多藏族聚居区的宗教文化中心，较完整地保存了藏族传统的游牧文化、佛教文化和民俗文化，可谓整个藏族聚居区经济文化的缩影。

藏族由于宗教信仰、生活环境等各方面的差异，民俗风情很有特点，节日也带有浓厚的宗教色彩。主要有正月十三晒佛节、正月十四跳神节、正月十五酥油灯会、七月大法会和草原香浪节、赛马会和民族运动会等宗教活动和体育运动，每年都会吸引很多中外游客前往观看。除藏族外，甘南其他民族也开展一些具有地方特色的节日活动，如黑水沟朝水节、元宵节松棚灯会、莲花山花儿会、临潭万人拔河、插箭节等新颖独特的活动。

服饰方面，因高原气候寒冷，羊皮缝制成的藏袍是最适合的服饰。它宽大、耐磨、保暖，不仅可白天穿，晚上还可以当被子盖。藏族人民还喜欢在衣服和头发上佩戴各种珍贵饰物，如珊瑚、蜜蜡、琥珀、绿松石、红玛瑙、猫眼石、银圆等。每逢重要节日，他们就会佩戴饰物，出来展示，欢度节庆。

饮食方面，甘南藏族人以酥油茶、奶茶、酸奶、糌粑等为主，简单、味美、营养丰富，适合游牧民族食用。甘南其他民族，特别是回族，饮食方面也很有讲究。

婚嫁方面，甘南藏族也有求婚、订婚、结婚三大环节。只不过方式和其他民族相差很大。一般结婚前一天，新郎和媒人就会骑马到新娘家迎亲，并在新娘家举行对歌宴会，直到第二天早晨新郎、新娘及其送亲人马才会出发。新郎家则会派人到中途迎接，给娘家人敬酒并唱祝贺歌，场面甚是热闹。

除藏族外，甘南地区还居住有汉族、回族、蒙古族、土族等民族，各民族民俗习惯都很有特点。各民族住在同一地区，长期交往，相互融合、相互影响，民俗习惯也有一定程度的渗透。如甘南地区回族受藏族的影响也吃酥油、糌粑，这种民俗相互交融的现象在甘南其他民族之间都能找到一些例子。

（三）人口稀疏，城镇化水平低

甘南地区的人口，自1949年以来经历了中华人民共和国成立初期至改革开放时的快速增长和改革开放后的平稳增长两个阶段。中华人民共和国成立初期，甘南州人口总量约29×10^4人，截至1978年年末，人口达48×10^4人，30年内净增人口约19×10^4人，年均增长率33.33‰。1978年以来，人口发展处于稳定增长时期，每年以7‰～15‰的增长速度递增，截至2010年第六次人口普查，人口达到69.31×10^4人，人口密度18.7人/km^2，远低于甘肃省55人/km^2的密度，是甘肃省人口密度较低的地区。本区内部，又以合作市人口密度最高（221人/km^2），临潭县次之（110/km^2），玛曲县和碌曲县人口密度最低，不及10人/km^2，分别为4.7人/km^2和6.1人/km^2。

受长期以来游牧经济的影响，甘南地区人口分布存在较大的游离性和明显的分散性，城镇对人口的拉力较弱，致使甘南的城镇人口规模较小，城镇化水平低，城镇体系结构不明显。2010年，全州城镇化率仅25%，合作市的城镇人口最多，为4.6×10^4人，城镇化率刚过50%。其次为夏河县和迭部县，城镇人口分别为2.3×10^4人和1.7×10^4人，城镇化率均在30%左右，其他县城镇人口均不到1.5×10^4人。由此可见甘南州城镇化水平非常低，远低于甘肃省的水平（36.1%），与全国的城镇化水平（49%）比更是相差甚远。

甘南地区的城镇体系属于比较特殊的类型，它是在其特殊的历史、宗教、文化、民族的大背景下形成的，是适应地理环境的结果。历史上，由于人口的游离性，城镇并不能像农业区一样在固定地点因聚集而形成，更多的是围绕寺庙逐渐发展成为区域中心，如拉卜楞寺、郎木寺等均是因宗教原因而发展成为区域经济中心的。1949 年以后，尤其是改革开放以来，受资源开发、交通发展等各方面的影响，部分新的区域中心开始形成，如合作市。从空间上来说，甘南地区的城镇大多位于生活条件较好的河谷地带和山麓地带，是汉民族和少数民族杂居、交流最活跃的地区，城镇呈现出北密南疏，农区、半农半牧区多，牧区少的区域特征。

在城镇体系上，尽管合作市为甘南州首府，城镇人口相对其他县的城镇人口具有倍数关系，但区域经济规模十分有限，集聚效应不明显，规模生产发展困难，难以对周围区域的城市和经济发展产生辐射和积极的带动作用。因此，甘南地区目前的城镇体系基本处于低水平均衡的状态，合作是区域政治、经济中心，夏河是区域宗教文化中心、旅游中心。为了加快地方发展，今后有必要集中发展区域经济中心，并对其他城镇进行特色规划，形成独树一帜的高原城镇体系。

第二节　优势资源及开发利用

一、草场资源

(一) 草地的类型

本区有良好的天然草场，草地面积达 $260.25\times10^4\ hm^2$，约占土地面积的 70.3%，是典型的草地放牧型区域。除合作市外，甘南州的其他县中，草地面积最大的是玛曲县，其次是夏河县，再次为碌曲和卓尼 2 县，这 4 个县以草地畜牧业为主，是甘南草地畜牧业的支柱。草地可分为 6 个类、7 个亚类，以草甸为基本类型，绝大部分为高寒草甸、山地草甸和高寒草原。

高山草甸草地。该类型草地发育在高山地带，海拔 3 800 m 以上，土壤为高山草甸土。植物以短根茎莎草、耐寒禾草及多种垫状、莲座状杂类草为主，如高山嵩草、矮生嵩草、线叶嵩草、异针茅、羊茅、短柄草、早熟禾、垂穗披碱草、珠芽蓼、委陵菜等。植被覆盖度 60%～80%。此类草地处高寒生境，适宜放牧牛马。

亚高山草甸草地。该类型草地分布在山地阳坡和高原宽谷盆地阶地，海拔 2 700～3 800 m，土壤为山地草甸土。植物以密丛禾草、短茎蒿草为优势，如异针茅、紫羊茅、垂穗披碱草、早熟禾、矮蒿草、高山蒿草、珠芽蓼、柴胡、乳白香青、风毛菊、委陵菜等。植被覆盖度 70%～95%。此类草地产草量高，是优良的天然草场。

灌丛草甸草地。该类型草地分布在林线以上的山地阴坡及河谷两岸，海拔 3 600 m 左右，土壤为山地栗钙土。垂直层次分异明显，第一层为灌木层，高 40～80 cm，主要灌木有金露梅、高山柳、绣线菊、鬼箭锦鸡儿。第二层为草本植物层，高 5～60 cm，主要有草本植物蒿草、苔草、鹿草、早熟禾、紫羊茅、珠芽蓼、风毛菊、老鹳草等。植被覆盖度约为 80%。

盐生草甸草地。该类型草地是在半干旱气候条件下发育的以耐盐禾草为优势的草地类型，主要分布在海拔 3 000 m 以下的滩地上，如芨芨草、赖草、阿尔泰狗娃花、花苜蓿等。

沼泽草甸草地。该类型草地分布很广，海拔 2 600～3 800 m，土壤为沼泽土。以湿生禾草植物为优势，如华扁穗草、甘肃蒿草、藏蒿草、委陵菜、灯芯草、金莲花等。

山地草原草地。该类型草地分布在 4 大河流干支流河谷下部及中山山地阳坡，海拔1 500～2 700 m。以黄土为母质的土壤，针茅属植物占优势，如克氏针茅、紫花针茅。在水土流失严重的沙、砾质坡地以灌木为优势，如藏锦鸡儿、鬼箭锦鸡儿等。

(二) 草地资源特点及其开发

草地生产包括植物性生产和动物性生产两个方面。作为牧草被利用的植物性生产是草地畜牧业生产发展的基础，是草食牲畜赖以生存的主要饲草料来源。草地产草量的高低，在很大程度上制约着草地畜牧业生产发展的速度和规模。甘南地区一等草地占 7.84%，二等占 54.92%，三等占 23.48%，四等占 12.77%，五等占 0.99%。各类草地的生产力可见表 8.1。

表 8.1　甘南地区各类草地生产力统计

草地类型	可利用面积 /10^4 hm^2	产草量 /kg · hm^2	每羊单位所占面积/hm^2	载畜量 /万羊单位	占载畜量总数/%
温性草原	2.97	2 439	1.43	2.07	0.48
高寒草原	31.58	5 229	0.56	56.55	13.22
高寒荒漠	1.46	300	12.16	0.12	0.03
低地草甸	0.34	7 200	0.41	0.85	0.20
山地草甸	63.51	5 381	0.55	115.32	26.96
高寒草甸	149.64	4 934	0.59	252.83	59.11

从表 8.1 可以看出，低地草甸类草地产草量最高，0.41 hm^2 天然草地就可饲养 1 个羊单位；其次是山地草甸类草地，0.55 hm^2 天然草地可饲养 1 个羊单位；再次是高寒草原和高寒草甸，每 0.56 hm^2 和 0.59 hm^2 天然草地可饲养 1 个羊单位。全国 11 个重点牧区片草地生产力理论载畜量排序中，甘南片仅次于阿坝片、伊犁片、甘孜片、松嫩片，位居第 5。由此可见，本区草地资源发展潜力巨大。

作为全国五大牧区之一，本区草地具有载畜能力强、耐牧性和耐踏性较好的特点，草场 80% 连片集中，被誉为亚洲最优质的天然牧场。畜禽品种繁多，有闻名遐迩的河曲马、欧拉羊、甘加羊等许多优良畜种。牛羊肉、鲜奶、酥油、毛绒、皮张等主要畜产品产量可观，2011 年肉类年产量达 6.02×10^4 t。本区是我国畜产品的主产区和畜产品集散的“金三角”，如出口东南亚的干酪素，占全国总量的 70%。

二、森林资源

（一）森林概况

甘南地区具有丰富的森林资源，树种以北方针叶林中的云杉、冷杉为主，是甘肃省仅次于陇南地区的重要天然用材林产区。美籍奥地利裔植物学家、人类学家约瑟夫·洛克（Joseph F. Rock，1884—1962）根据 1925 年在卓尼、迭部的见闻，撰成《卓尼生态文化》一书，指出“迭部是针叶林资源的富集区……这些横向的山谷像旺藏寺沟、麻牙沟、阿夏沟、多儿沟以及几条需要几天路程的山谷，孕育着无人知晓的广袤森林，就像伊甸园一样”。

在战国以前洮河中游就有密布的森林，汉朝时洮河中游、白龙江上游森林很多，大夏河以西与青海东北部交接一带，有森林、牧场。唐朝时，迭部森林生长茂盛，且材质很好。清乾隆时，洮州卫（包括今临潭、卓尼、碌曲、迭部广大地区）西北的石岭山“多林木”，卫东北的黑松岭“土黑而多松”，卫北“山明水秀，古松参天”，莲花山是“千岩万壑尽苍松”。古迭州（今迭部县境）“风景融合，多果木”，白龙江南北诸山大都“森林苍郁，甚少砍伐”。卓尼县城“隔岸云耸翠，烟树苍茫，沿河以西数百里，松柏森蔚”。大夏河西岸山上有云杉树，东部和碌曲东北部的整个范围内，林海苍茫。

洮河中游森林，主要集中在羊沙、冶木河及莲花山。莲花山位于林区东缘，森林面积约合 7 500 hm^2；羊沙森林面积约合 2 500 hm^2；冶木河森林面积约合 1.75×10^4 hm^2。因地势高寒，洮河流域森林植被以北温带针叶林为主，阔叶林次之。迭部林区包括白龙江上游、岷山以北区域，南接松潘，北接迭山，东起洛大，西止郎木寺，因交通条件差，伐运极为不便，所以迭部森林资源保存最为完整，民国时期森林面积约 20×10^4 hm^2。据概略估计，大夏河林区有林地面积约合 4 500 hm^2。此外，在合作南山、美武、扎油等地尚有大片森林。在黄河上游西可河地区，有数片柏木林。黄河沿岸分布有大片杜鹃、山柳、金露梅、银露梅、沙棘等树种组成的灌木林。

（二）森林的开发与保护

本区历史上森林遭受破坏最严重的时期主要有 4 次：东汉时期的屯田，隋唐时期郡县的设置，明初的军屯和民屯，民国时期的大肆采伐和木材交易。1949 年以前，洮河、白龙江、大夏河两岸的浅山森林已经消失，森林分布面积减少了 60%以上。据 1947 年甘肃森林普查，区内森林覆盖率仅为 53%。在本区森林破坏较为严重的 4 个历史时期中，民国时期是破坏最为严重的一个时期。

民国末期，政府开始对甘南森林进行保护。1941 年，民国政府农林部制定了《国有林区管理规则须知》，规定："国有林区内公私有林的采伐利用……非因特殊情形，未经核准者不得采用较大面积的采伐作业"。1942 年 8 月，甘肃省府批准印发"藏汉合璧文告"，在文告中说明了森林具有"调和气候，涵养水源"等重要性，要求民众加以保护。1943 年 5 月 7 日，洮河林场拟定《洮河流域森林管理规则二十四条》，呈农林部。1943—1944 年，卓尼设治局依甘肃森林法规，对辖区森林权属进行了调查，划定了森林保护区，并对采伐、偷运进行局部限制。

1949 年以后，区内长期实行封山育林使森林植被进行天然林更新恢复林分质量的政策。从 1953 年起，本区就开始划片封山，当年封山育林面积达到 1 133.33 hm^2，截至 1956 年，封山育林面积扩展到 11 326.67 hm^2。当时因林权大部分以村庄公众所有为主，传统的护林意识及乡规民约的护林方式还在继续履行历史使命，加之国家、省、州各级政府的政策保证，封山育林成效显著。到 1958 年人民公社化前夕大面积林权收归国有时，大部分封育的林相恢复得极为齐整，生长茂盛，封山育林面积约有 25 000 hm^2。这些得力的措施恢复了区内森林植被，改善了森林蓄积面积及林分质量，这段时间是本区森林保护成绩最为显著的时期。

三、旅游资源

甘南是极具吸引力的旅游胜地。自然景观比比皆是，人文古迹星罗棋布，风土人情独特纯朴，旅游资源丰富多彩。诸如藏传佛教格鲁派六大宗主寺之一的拉卜楞寺及其他 120 余座佛教寺院，红军长征途经的天险腊子口、俄界会议等革命遗迹，全国唯一较完整的明代古城，还有石林则岔、高原湖泊尕海、西崆峒莲花山、黄河首曲大草原等数十处自然景观。这里被中国社会科学院西部发展研究中心、西部大开发活动组织委员会评为“西部最具魅力的旅游景区”，被美国旅游杂志《视野》《探险》评为“‘让生命感受自由’的世界 50 个户外天堂”。2007 年，这里被联合国人居环境发展促进会、世界华人联合会评为“中国最具特色旅游目的地”。目前，甘南州已打出了“大香巴拉”系列旅游品牌，形成了全民大办旅游产业的良好态势。

（一）宗教文化

藏族的民风民俗和宗教文化对国内外众多游客吸引力巨大。宗教旅游以藏族文化旅游为核心，宗教文化旅游又常以较大的寺庙作为旅游目的地，以寺庙为中心的旅游目的地易形成较大的旅游圈，带动区域旅游。甘南地区具有 120 多处寺院，信徒遍布甘、藏、青、川等地，其影响可波及欧美。旅游集中在夏河的拉卜楞寺，卓尼禅定寺，碌曲郎木寺等。

1. 拉卜楞寺

拉卜楞寺坐落在夏河县城以西的大夏河之滨。该寺由第一世嘉木样活佛创建于 1709 年，经历代嘉木样的兴修、扩建，现已成为甘、青、川地区最大的藏族宗教和文化中心，是中国藏传佛教格鲁派六大宗主寺之一。该寺以其规模雄伟、收藏丰厚、历史悠久、僧人众多而驰名中外。1982 年，拉卜楞寺被国务院确定为全国重点文物保护单位，2005 年被评为国家 AAAA 级旅游景区。

拉卜楞寺占地 1 234 亩，建筑面积 $82.3\times10^4\ m^2$，有 6 座经堂，84 座佛殿，31 座藏式楼房，30 院佛宫，500 余间经轮房，千余间僧舍。其建筑风格独特，艺术精湛，堪称藏族建筑之荟萃。拉卜楞寺内藏有各类经卷 6 万余册，除佛经外，还有大量的社会科学、自然科学图书，其中不乏珍本、孤本、绝本，是一个浩瀚的知识宝库。拉卜楞寺设有显宗闻思学院、密宗续部下院及续部上院、喜金刚学院、时轮金刚学院、医学院等学院，为世界最大的喇嘛教学府，其严格的入学、考试和毕业制度为藏族聚居区培养出了大量宗教人才。

拉卜楞寺有各种各样大小不一形态独特的金箔、玉石、象牙、珍木所造的佛塔，以及各种制作精巧细腻、姿态逼真的佛像，大的高达十几米，重达数吨；小的只有两三厘米，轻不过二三两。还有悬挂在室内墙壁、方柱上的唐卡画、堆绣和彩绘，其工艺之精美，构思之巧妙，令人叹为观止。

2. 禅定寺

禅定寺位于甘肃省卓尼县城北台地上，又称“卓尼寺”，藏语称“噶丹雪珠林”（具喜请修洲）、“当增达尔吉林”（禅定兴旺洲）。相传13世纪初，这里建有一座宁玛派小寺。约1269年，八思巴赴京，途经此地，留其随行萨迦格西·希日益西弘法。后经萨迦格西·希日益西的努力，将原寺改为萨迦派寺院，并委托协地（系杨土司始祖）为寺主。明天顺三年（1459年）卓尼第二代土司之弟仁钦龙布（1439年）从西藏学成归来，改卓尼寺为格鲁派寺院，并担任了首任法台。清康熙四十九年（1710年），卓尼第十代土司罗桑敦珠（杨威）次子阿旺赤列嘉措任该寺法台，康熙五十二年（1713年），随长兄杨妆松赴京晋见康熙帝。康熙帝封他为“崇梵净觉禅师”，敕赐“禅定寺”匾额。从此，卓尼寺又称“禅定寺”。此后，于1714年建参尼扎仓（显宗学院），1729年建居巴扎仓（密宗学院），约在乾隆年间建萨里哇扎仓（天文学院）和崇巴扎仓（法舞学院），从而发展成一座正规的格鲁派大寺，寺僧最多时达3 000人。1912年，该寺毁于兵燹。1931年，在卓尼第十九代土司杨积庆主持下重建，历时6年竣工。1958年，全寺有僧众三百余人。20世纪80年代以来修葺一新。现禅定寺主要建筑有大经堂、哲学院、天文学院、密宗学院、辩经院等。寺内现藏有佛经万余部。

3. 郎木寺

郎木寺位于甘、川省界处的碌曲县郎木寺镇，白龙江穿镇而过，镇西约7 km处即嘉陵江主流白龙江的源头。实际上，位于郎木寺镇的寺庙名叫“德合仓郎木寺”。因郎木寺镇的名称远较寺庙名称为众人熟悉，因此人们一般也常以此代替寺庙本身的名称。郎木寺海拔3 480 m，占地面积55 hm^2，距省会兰州467 km，是兰州经甘南到九寨沟旅游的必经之地，素有“东方瑞士”“甘南香巴拉”的美誉。

郎木寺为藏传佛教寺院，创建于1748年，创始人即第一任赤哇嘉参格桑。他11岁受戒出家，27岁前往拉萨学法，从55岁开始任西藏噶丹寺赤哇8年，其间他广弘讲说。辩论、著书立说，功绩卓著，声名远扬，备受僧众崇敬。1747年，年届70岁时，应家乡人民再三请求，经第七世达赖喇嘛格桑嘉措的允准，他返回故里弘扬佛法，创建了郎木寺。经过历世活佛的创建、扩建，现有闻恩学院、续部学院、时轮学院、医学院、印经院。寺院内保存有多位活佛的灵塔，以及70余座大小不一、制作各异的佛塔。郎木寺辖有10座属寺和2座静修院，前后有70任赤哇。1958年时，僧人多达500余众，是安多地区闻名遐迩的大寺院之一。2005年3月，郎木寺被甘肃省政府批准为省级文化名镇和风景名胜区，2005 年 10 月被中央电视台命名为“中国魅力名镇”。

（二）民风民俗

甘南地区的藏族至今保留着反映自己民族特征的风俗习惯。多姿多彩的藏族民俗风情与这里特殊的地理环境和优美的自然风光交织融合，对追求异地风俗、异域情调的国内外游人有极大的吸引力。这些主要体现在服饰、饮食、节庆、居住、婚庆、丧葬和饮食等方面。例如，民间节日“插箭”“娘乃节”“香浪节”“莲花山花儿会”“黑水沟朝水节”等精彩纷呈，形成奇特的人文景观。“卓”“依”“谐”“则柔”“格尔”、《格萨尔王》说唱、拉卜楞地区特有的“南木特”藏戏等民族民间艺术表演，构成了甘南地区民族民间文化艺术的独特韵味，处处显露出这片土地既淳朴古老又雍容华贵的民族性格。

甘南地区的民风民俗旅游具有独特性、多样性、群众性、神秘性、乐群性几个特点。独特性表现在藏族生活习俗的独特；多样性表现在包括衣食住行在内的生活习俗、丧葬习俗、岁时节日习俗、亲族乡里习俗、生育和寿诞习俗、文艺游乐习俗、礼仪习俗、工匠习俗、商贸习俗、宗教习俗等各方面都具有丰富的历史和文化内涵；群众性表现在甘南区域内藏族均信仰佛教，各大寺院的宗教仪式、宗教活动对广大教众具有强烈的吸引力，参与兴趣浓厚；神秘性主要体现在其他区域游客的心理上，对他们来说，藏族的民俗具有难以理解的神秘氛围和原始色彩，如对神山的崇敬和敬畏，对佛教的极度虔诚，还有充满了神秘气息的宗教活动等都对外来游客充满了神秘感，从而具有吸引其前来参观或者参与的动力；乐群性体现在甘南地区的一些民俗活动具有通俗多样的大众性，如赛马会、赛牦牛、莲花山花儿会、黑水沟朝水节、玛曲县格萨尔文化旅游节等。

（三）自然风光及红色旅游资源

除宗教文化和民风民俗之外，作为青藏高原的一部分，同时又是黄河和长江的上源地区，甘南地区的自然风光也独具特色。归纳起来，可分为高原草地风光和森林峡谷风光。

高原草地是构成甘南地区景观的主体，其中黄河首曲是我国最美的高原湿地草原之一。黄河自巴颜喀拉山发源，自西向东流入甘南州玛曲县境内，沿草地曲折蜿蜒，至文保滩而北流，受西倾山阻挡又折而西流，绕了一个180°的大弯，复流入青海省境内，造就了苍茫高远、水天相接的壮丽景色，这就是黄河天下第一湾。由于黄河在我国的特殊地位，这一旅游资源潜力巨大。目前，该区已逐步开发，游客渐多，早已成为摄影爱好者的天堂。其他如桑科草原、当周草原等均具有十分诱人的高原草地风光。

甘南的森林峡谷风光包括大峪沟风景区、黄捻子—香子沟景区、车巴沟景区、翠峰山景区、康多峡景区、莲花山等。这些区域相对于甘肃的黄土高原区、河西走廊的荒漠区来说具有很大的反差，且不同景区特点不同。

此外，甘南地区还具有较出名的红色旅游资源，如天险腊子口、新城苏维埃政府旧址、泉滩、杨积庆革命烈士纪念馆等。

(四) 水能和矿产资源

甘南地区降水充沛，溪流密布，江河如网，水能资源十分丰富。黄河、大夏河、洮河、白龙江及其 120 多条支流纵横全区，而且地势陡峭，落差较大，水能理论蕴藏量 361×10^4 kW，可开发利用量 215×10^4 kW，约占甘肃省的四分之一。目前，仅开发利用 106.02×10^4 kW。因此，甘南建设大型清洁能源工业基地的潜力巨大，发展前景广阔。

本区地下矿藏储量丰富，现已探明有金、铜、铁、锑等各种矿产地 270 处，探明矿种 24 种，黄金产量居全省第一位，矿产潜在经济价值 100 多亿元。

第三节　经济发展与布局

一、产业发展现状

(一) 农业

甘南地区的农业以畜牧业为主，耕地面积仅占总面积的 2%左右，种植业主要分布在白龙江、洮河、大夏河流域，粮食作物有青稞、小麦、马铃薯等，以青稞、小麦种植面积最广。经济作物主要有油菜、蚕豆、豌豆，部分地区有胡麻、甜菜、药材等，目前已形成了青稞、马铃薯、藏药材和反季节蔬菜等特色农业。畜牧业方面，本区条件可谓得天独厚，草场面积广大，约占全省的近 1/5，是甘肃省主要的畜牧业基地，同时具有很多优良畜种，如河曲马、牦牛、甘加羊、欧拉羊、乔科羊、合作猪、河曲藏獒等。此外，甘南地区的林业在甘肃省具有重要地位，数量和质量均居甘肃省森林之冠，主要分布在白龙江、大夏河、洮河流域。森林面积占全省森林面积的 30%，蓄积量占全省的 45%。随着退耕还林还草的增加，近些年以造林为主，林业面积进一步增大。林业发展极大地改善了当地的生态环境，有效增加了农牧民的收入。

（二）工业

甘南的工业是在极其薄弱的基础上发展起来的。1949 年以前，除一些制作简单的农牧业生产工具和少数民族生活用品的小手工业外，甘南地区几乎没有现代工业。1949 年以后，地方民族工业逐步发展起来。目前，除了一些传统工业外，已建成了一批能源、电力、畜产品加工、食品、皮革、毛织、建筑材料、农牧业机械制造、木材加工、制药、制香、印刷、有色金属等企业。总体来说，甘南地区的工业发展状况仍然处于较低层次，依托地区资源，以粗加工为主，今后仍有较大的发展空间。

由于本区特殊的生态地位，今后不宜大规模发展工矿企业。为保护生态环境并提高当地居民收入，需考虑精深发展现代畜牧业，推动区域生态旅游，提高第三产业的服务水平，走新型工业化道路。

二、草产业发展与布局

草产业建设与发展是响应当地生态环境保护的要求，也是发展现代畜牧业的基础。在以生态建设和循环经济为发展目标的今天，草产业需要作为甘南今后重点建设发展的产业之一。

（一）草产业存在的问题

本区草产业建设已有多年，但发展比较缓慢，存在诸多问题。一是小而全的生产经营方式及整体经济欠发达的现状，影响到牧区群众对购草产补饲养畜的认识，使草产品基本上处于自产自用，利用率低，商品化程度低，人工草地面积小，种、养、加脱节，产、供、销脱节，草产业生产潜力和经济效益难以发挥。二是从事草产业生产的人群，知识教育水平和文化素质整体偏低，观念转变慢，接受、掌握、运用新技术的能力普遍差，草产业深层次的开发和扩大再生产的能力薄弱，尚不具备整合扩张的实力。三是由于发展初期，种植地块往往不集中，片多、带少，没有形成集中连片的规模发展，导致种草地块分布零散，单块面积不大，投入不足、产量不高。从统计数据看，甘南高原草产业整体生产规模却在逐步上升，但实际经营规模小，经营手段和生产方式落后，农区和半农半牧区除沟谷、河川地区外，大多数为半山及高山区域，地块分布零散，不便于机械操作和大批量生产。加上实用的小型专用农机具引进推广力度不足，覆盖面小，甘南进入产业带的难度较大。

（二）草产业发展布局

草产业的发展要获取较高的经济效益，必须通过农牧互补，走草畜结合的产业化道路，进而形成“种草、加工、销售、畜牧与养殖业”的良性互动，实现草产业开发的地域生产专业化、规模化和市场化。当前，应以科技服务部门为支撑，恢复草原植被、改善草原生态环境为目标，减轻草场压力为核心，优化调整畜牧业产业结构，实现人口、资源、环境和发展的协调统一。在农牧交错区可以发展种草产业，然后调到牧区，缓解牧区年缺草量约 40×10^8 kg 的现状，变季节性出栏为全年均衡出栏，减轻天然草地压力。同时，引导农牧结合区的群众，采购牧区牛、羊，易地种草养畜、育肥，促进草、畜双向流动。在种养布局上，逐步向"牧区繁殖、农区育肥，农区种草、牧区补饲"的方向发展，构筑草产业发展新格局。在纯牧区，结合退牧还草工程综合治理退化草地，并对圈窝和重度退化草地以围栏，同时采用其他技术性的防治草地退化措施，恢复草地植被，提高生产性能，从根本上遏制生态环境退化的趋势。

甘南高原是环境污染少、畜牧业具有特色的区域，可以依托畜牧业发展相关产业链，带动区域发展，增加经济上对草场的保护性投入。首先，实施高效畜牧业养殖工程，加强抗灾保畜基地建设，提高集约化经营水平和科学饲养管理水平，以建设现代高效可持续畜牧产业为发展方向，促进甘南草地畜牧业由数量效益型向质量效益型转变，实现草地畜牧业集约化、规模化和产业化发展。其次，加大宣传力度，培植本地的草、畜、户、加工、销售、生态产业链，进而形成绿色支柱产业。

三、旅游业发展与布局

(一) 旅游业发展现状

1997—2002 年，随着西部大开发战略的实施和产业结构的调整，本区旅游业进入全面开放开发阶段，旅游基础设施日臻完善，游客人数逐年增加，旅游业经济收入在甘南地区生产总值中所占比重日益增加。例如，2003—2009 年，甘南州累计接待海内外游客 888.06×10^4 人次，其中海外游客 42.92×10^4 人次，实现旅游收入 16.07 亿元，旅游人数、综合收入每年以两位数增长，甘南的影响力和知名度在国内外不断提升。其中，2009 年全州共接待游客 165×10^4 人次，实现综合收入 6.3 亿元，旅游业收入占地区生产总值和第三产业的比重分别为 9.8%、15.6%，比 2004 年提高了 1.2%、3.7%，带动第三产业发展的龙头效应日益明显。

由于旅游基础设施、旅游线路规划、旅游资源的宣传等均较落后，甘南地区的旅游开发产品单一，与其丰富的资源特色形成了较大反差。此外，甘南地区旅游资源与西藏、青海、四川部分地州的旅游资源具有相似性，都属于藏族居住区，以藏族文化、高原风光和草原为主要旅游资源。这种资源的趋同现象，使资源的被替代性较强，造成客源市场的分割。在青藏高原、大香格里拉旅游区以及丝绸之路—亚欧大陆桥旅游带强势发展形势下，本区旅游业发展既面临新的机遇，也存在被边缘化的风险。

(二) 旅游业发展布局

中国加入世界贸易组织后旅游产业逐步开放、西部大开发战略进一步实施、全世界不断增长的旅游需求，都为本区旅游提供了发展机遇。通过旅游新产品的开发和服务质量的提高，海外市场潜力将会释放。甘南地区作为21世纪的旅游热点，集生态旅游、文化旅游和体育健身旅游于一体的节庆旅游活动，将是吸引国内外游客的源泉之一。因此，甘南地区应使旅游业发展与资源保护、生态环境建设协调一致，大力开发相关的项目，策划相应的新产品，改善旅游交通等基础设施和旅游服务水平，以生态旅游来促进生活水平和生活质量的提高，促进生态环境保护和资源的永续利用。同时，大力开发以藏族文化为背景，以具有特色的藏传佛教建筑实体为主的民俗旅游。

甘南地区的旅游业由于发展较迟，目前还没有形成一个具有带动作用的旅游核心目的地。截至2009年，国家AAAA级旅游风景区仅有夏河拉卜楞寺、冶力关、大峪沟等几处。除拉卜楞寺的影响力较大外，其余的旅游吸引力尚有待提高，但拉卜楞寺的旅游带动能力并没有显现出来。在此情况下，游客对该区的旅游选择往往受到限制。培养甘南地区核心旅游目的地的关键是整合区域旅游资源，避免区域内部旅游资源的屏蔽效应和竞争。第一个方案是加强夏河拉卜楞寺旅游点的宣传力度，扩展和完善旅游接待设施，培养更多该目的地的旅游项目，规范旅游管理，使其成为甘南旅游的代名词；第二个方案是培养旅游双核心，即以拉卜楞寺为核心的宗教文化旅游和以郎木寺为核心的生态、景观旅游。郎木寺作为一个中心，应结合黄河首曲以及嘉陵江主流白龙江的源头作规划设计，应能够成为较好的旅游发展支撑点。

旅游业的发展趋势是越来越向生态旅游和深度旅游发展。本区作为后开发地区，原生态的旅游资源保存较完整，生态旅游基础较好。开发可作为生态旅游之一的深度旅游，本区可以考虑定位于一定的人群进行开发。中国传统的旅游往往偏重门票收入，深度旅游规划则偏重旅游业的乘数效应。随着网络的发展，深度旅游将会是旅游发展的一个新方向。生态旅游和深度旅游的形象策划，应突出甘南地区的人文风情和自然风光，但最重要的还是突出旅游者在此处的自身感受。旅游开发和生态之间存在微妙的关系，即开发得当会促进生态保护与恢复，反之则会进一步加大生态的破坏。目前，甘南地区的生态退化已引起国家层面的关注，因此旅游业发展在一定程度上将会受到限制。

四、建设特色生态经济城镇

生态产业是利用现代科技的积极成果，在促进可再生自然资源增值的同时，应不断开发不可再生自然资源替代品的产业。本区的传统产业链条短、技术含量低，与全国相比，基本不具备竞争优势，属弱质产业，资源优势没有转化成产业优势。为此，本区必须以现代的产业理念与科学技术改造传统产业，培育生态产业。生态产业的培育要依托市场，立足资源禀赋，以科技带动生态产业的发展，实现市场经济与生态经济的有机统一和同步发展。今后可以利用天然的草地风光、异彩纷呈的民族风情、神奇博大的藏文化，以生态旅游业作为基点，将草地资源与土地、林业、牧业、旅游业等资源相互挂钩，联动开发，建立可持续发展的生态产业体系与特色经济城镇。

牧民定居是牧区经济发展的必然趋势，也是改善牧民生产、生活条件的主要途径。同时，使牧区富余劳动力从传统的牧业生产中转移出来，发展畜产品加工业和商品贸易，提高畜产品的附加值和市场竞争力，促进第二、第三产业的发展，增加牧民收入，增强区域经济自我发展能力。牧民定居过程中，要制定牧民定居、生态移民住房、牲畜暖棚建设资金的倾斜政策，建立饲草料基地，解决牧民定居后的生产自给问题。加快牧区基础设施和服务设施建设，结合畜牧业社会化服务体系建设，加大牧区的实用增产技术示范推广和普及力度，为舍饲圈养提供技术保障。通过这些措施，牧区把牧民定居、生态移民的产业选择与小城镇建设结合起来，推进牧民定居的进程，建设特色生态小城镇。

本区生态化的常规产业，主要包括生态种植业、生态畜牧业和生态旅游业。生态种植业包括青稞、小麦、荞麦、油料、药材、水果、蔬菜，集中分布在本区东部。调整现有种植结构，兴办绿色企业和养殖场，利用粮食、油料、蚕豆、马铃薯、药材、沙棘、花椒、果类等资源，发展淀粉、混配饲料、熟化食品、豆制品、调味品、食用菌、果脯、果酱等产品。生态畜牧业分布于西部广阔草原和东部城镇商贸较发达地区，产品包括各类牲畜、牛羊肉、羊毛、牛奶。今后可以以肉、奶为主要发展方向，发展鲜冻畜肉和乳制品，并依托畜产品发展生化产业，如生产牦牛血红蛋白、羊胎素、皮革、毛绒等产品的生产加工企业。生态旅游业是建立在藏传佛教文化、自然风光和民族风情之上的特色旅游业，它将成为甘南特色经济、生态经济的主体。

根据区域特点，甘南地区构建生态产业可以从以下几个方面着手：一是构建自然资源梯次转化的支撑点，将水能、旅游、矿产、畜牧、药材及山野珍品5大资源优势，转变成经济优势；二是构建农牧业经济的结构支撑点，在完善和实施农牧优势互补试点工作基础上，确立龙头企业在农牧业产业化建设中的先导地位，进行技术改造，尽快形成“龙头企业＋基地＋农牧户”的大农业发展体系；三是构建生态型工业经济的结构支撑点，由传统农业主导向新型工业主导转变。

第四节　生态保护与可持续发展

一、生态环境退化现状

受全球气候变化和资源不合理利用的影响，特别是在人口数量增加、牲畜存栏率增高的背景下，超载过牧、乱耕乱采致使本区草地“三化”现象（草原退化、沙化、盐碱化）日益严重。由于草地植被群落结构发生明显变化，优良牧草所占比例由1982年的70％下降到1996年的45％；杂毒草由30％上升到55％。特别严重的地方牧草高度由75 cm下降至15 cm，植被盖度由95％降至75％。草地中度以上退化面积占草地面积的50％，轻度以上退化面积占草地面积的70％。严重危害草原植被的中华鼢鼠、高原鼠兔、草原毛虫等肆虐，鼠虫灾害发生面积达53.3×10^4 hm^2，约占草地面积的20％，且呈逐年扩大趋势，危害频率加快。以碌曲、玛曲、夏河3个纯牧区县为例，“三化”草地面积1998年年底已达44.25×10^4 hm^2。玛曲县黄河沿岸的沙化线不断向纵深扩展，已出现沙化草场5×10^4 hm^2，且以每年10.8％的速度扩展，受沙化影响的草场面积已超过20×10^4 hm^2，加剧了黄河上游的环境退化。

草地严重退化、沙化、盐碱化是长期演替的结果。早在20世纪80年代初，甘南草场已初显“三化”迹象，如玛曲黄河沿岸已出现零星沙丘。因当时未引起足够重视，致使沙化面积逐年扩大。卫星影像显示，以前斑点状分布的半固定、半荒漠草场已完全沙漠化。近年来，流动沙丘数量逐年增多，流动变化极为频繁，并生长着典型的沙生植物。据调查，在20世纪80年代以前草场大范围鼠害发生周期约为5年，进入20世纪90年代后，鼠灾周期缩短至3年左右，鼠虫害危害频率加快。甘南高原生态环境不断恶化，草地退化、沙化严重，草地生产力下降，严重影响到牧区的生存和可持续发展。

与此同时，区内的湿地面积也在缩小，河流来水量不断减少，水源涵养能力降低，生物多样性遭到破坏等。生态环境的退化，使大部分山谷小溪绝流，湖泊水位下降，地表径流锐减，黄河在玛曲的水源补给已由45%降到15%。草地破坏还导致了严重的水土流失。20世纪80年代初甘南全州水土流失面积为800 km^2，后来水土流失面积扩大到11 805.35 km^2。据有关资料，白龙江平均流量20世纪80年代末比60年代初减少了20.6%，而含沙量增加了12倍；洮河平均流量20世纪80年代末比60年代初减少了11.7%，而含沙量增加了73.3%；大夏河平均流量20世纪80年代末比60年代初减少了31.6%，而含沙量增加了52.4%。截至1998年年底，累计治理水土流失面积1 957.7 km^2，仅占水土流失面积16.58%。

受草地退化的影响，生物多样性遭受严重破坏，中度退化草地牧草品种的多样性由原来每平方米29种下降到22种，亚高山草甸草场中的灌丛自20世纪80年代以来减少了50%。天然草地野生物种种群数锐减，有些珍稀物种濒临灭绝，许多药用植物几乎绝迹。依赖草地生存的野生食肉、食草动物种群数量锐减，属国家保护的珍贵动物如马鹿、雪豹、白唇鹿、梅花鹿以及黑颈鹤等已濒临灭绝。草地的退化，使在长期生产实践中已成功确立的季节轮牧利用的合理放牧系统和规则以及草畜良性互动的自然生态安全机制遭到破坏。

草地退化最重要的经济影响在于草地生产力的下降。甘南天然草地自20世纪80年代以来，平均产草量由5 610 kg/hm^2下降到4 050 kg/hm^2，总生物量减少了15%。据1985年甘南草地资源调查的测算，全州天然草地理论载畜量为620×10^4个羊单位，由于人类对草地资源的掠夺式经营，到2000年年底全州年末存栏大家畜104.49×10^4头，绵、山羊172.46×10^4只，分别比1949年增长2.6倍和1.1倍。草地载畜量的大幅增长，造成草地生产力的急剧下降，导致牲畜饲养量减少310×10^4个羊单位，累计经济损失达93亿元。

二、草地生态退化的影响因素

（一）草场严重超载过牧

受人口增长和市场经济的影响，本区天然草场载畜量存在严重超载现象，年均超载率高达47%。天然草场生产能力跟不上牲畜量的增长，因而出现乱牧、抢牧、过牧的现象，加剧了天然草地退化速度。

（二）气候干旱化趋势

研究表明，全球气候增温明显，气候变化趋势对天然牧草生长产生了明显的影响。20世纪80年代以来，本区各县、市气温也在不断升高，降水量减少，蒸发量增加，年均气温升高的实际倾向为每10年0.50 ℃，年降水量减少实际倾向为每10年23.50 mm。年均气温每升高1 ℃，平均产草量将减少1.251 kg/km^2，天然牧草产量下降，草畜供求失衡，是造成天然草场退化的原因之一。

（三）人为砍挖

本地区煤炭资源缺乏，加之经济落后，农牧区群众以木材为燃料。部分县的群众甚至到天然草场砍挖灌木、半灌木，严重破坏天然草场。天然草场地带一般都盛产药材，如冬虫夏草、柴胡、秦艽等，每到春秋季大量农牧民涌入天然草场，人为破坏了天然草场。

（四）落后的经营管理体制

草原有偿承包是草地畜牧业和牧区经济体制改革的一项重要内容。多年来由于天然草场使用权限不明，界线不清，草场使用的责、权、利与管、建、用相结合的经营管理体制仍未落到实处，没有形成草与畜的良性循环发展格局，客观上造成了天然草场的退化。

三、遏制草地生态退化的建议

甘南地区广袤的草甸草原，浩瀚的绿色林海，都具有很强的水源涵养和水土保持功能，是维系长江、黄河上游地区生态安全的天然屏障，甚至是国家重要的生态安全屏障。仅黄河在甘南地区净补充水量占此段入出量的45%，有“天然蓄水池”之称。因此，遏制生态环境退化是区域可持续发展的关键。

首先，应建立健全相关的法律制度，限制牧民的养畜量，保证天然草场的生态恢复。根据草场的产草量确定单位载畜量，限量放牧，或是划分轮牧区进行轮牧，保证草地有足够时间再生或休养。改变过去以增加牲畜头数为目标的发展方式，将草场载畜量的增加建立在提高单位面积产草量的基础之上，通过畜群结构的调整与畜牧技术的改进，大力推广适用于农牧业的科技技术，缩短牲畜放养周期，提高出栏率。在限制牧民养畜量的同时，草场保护的责任应逐渐下放到每个牧民手中，充分发掘牧民本身对草场保护的热情以及增强牧民对草场破坏后带来的经济影响的认知。当地政府应起到积极的引导作用，而不是强制推行某种政策。

其次，大力发展人工草地，提高草地生产力，提高牧草产量，增加对草地畜牧业的物质和科技投入，实现集约化经营，解决草地过度放牧利用、冬季严重缺草问题。人工草场的生产力远大于自然草场，人工草场建设是草原牧区生态环境面对市场经济冲击的一种很有效的方法。为有效遏止高寒地区天然草地退化和环境恶化，减轻天然草地载畜压力和人口负荷，恢复草地生产能力，改善生态条件，维系草地资源的可持续发展，可行的办法之一就是建植和培育高产、优质、稳定的多年生人工草地。

最后，尽早实施“三化”草场综合治理的生态建设工程。由于甘南地区本身经济基础较为薄弱，生态保护资金投入有限，难以改变目前的生业方式。因此，需要更高层面的资金注入以推动区域生态保护。在这方面，需要科学论证草地水土流失防治工程、水源涵养草地工程、退化草场治理工程、沙化草场治理工程、草地鼠虫害控制工程、草地围栏封育工程等生态工程项目，加大对草地生态的治理力度，从根本上遏制住草地生态环境持续恶化的趋势，并逐步恢复草地生态系统的良性循环。对具有特殊生态价值的草地类型，实行划区保护。通过新建甘南草地自然生态保护区，扩大保护区面积，更好地保护野生动植物的栖息地和多样性。同时，建立草地生态环境动态监测系统和数据库，为草地生态系统保护、草地生态建设以及草地畜牧业的发展提供动态的翔实数据，促进制定草地生态保护与建设和草地畜牧业发展的科学决策。

第九章　河西地区

章前语

河西地区位于甘肃省西北部，是以汉族为主的多民族聚居地区，也是我国比较完整和独特的地理单元之一。走廊绿洲主要分布在源出祁连山的诸河流在山前冲积、洪积扇缘的潜水露头处，它们发育成富庶的绿洲农业区与重要城镇。本区开发历史悠久，为古代东西交通及丝绸之路必经地，现今的兰新铁路及甘新公路，亦多以走廊绿洲各城镇为重要的中途站，战略地位十分重要。中华人民共和国成立后，通过70多年的建设，这里已发展成为我国西北地区十分重要的工农业和国防基地。河西地区具有得天独厚的区位优势，特别是矿产资源、气候资源、土地资源、历史文化资源等具有地域优势，又受祁连山高、中山降水和冰雪融水之惠，开发潜力很大，是甘肃省目前及今后经济发展的重要依托。本区生态系统脆弱，面临着严重的土地退化与可持续发展问题，因此合理配置水资源、防治荒漠化、建设“两型”社会、加快产业结构调整与城市化发展是必由之路。

关键词

绿洲；优势资源；产业结构；文化旅游；荒漠化治理；可持续发展

第一节　区域特征

河西地区东起乌鞘岭，西止甘肃和新疆交界处，南以祁连山、阿尔金山分水岭为界，北至内蒙古自治区和蒙古边界，总面积 $27.4\times10^4\ km^2$，为本省最大的一个地区。行政区划上包括酒泉、嘉峪关、张掖、金昌和武威（不包括天祝藏族自治县南部）5市，2010年第六次人口普查常住人口 480.64×10^4 人，人口密度约为18人/km^2，在全省为最稀少区。人口分布极不均匀，主要集中于绿洲的灌溉农区和城镇。

一、自然地理特征

（一）轮廓清晰的地貌格局

河西地区的大地构造轮廓可分为3个单元，即南部的祁连山褶皱和阿尔金山断块，北部的阿拉善台块和北山块断带，中部的河西走廊拗陷。本区地貌基础奠定于喜马拉雅运动以前的老构造运动，新构造运动对地表地貌特征给予显著的影响，如古剥蚀面的发育、多级河流阶地的出现、镶嵌的洪积扇、河道的变迁、褶皱隆升与逆掩断层、沉积深厚的盆地等；同时，外营力对地貌的塑造也起着重要的作用，这些外力有冰川作用、雪蚀和寒冻风化作用、流水作用、风力作用、干燥剥蚀作用等。在上述内外营力的长期作用下，河西地区的地表形态多种多样，有山地、平原、沙漠、戈壁。本区的主体因其南北为山脉、中间为平地的地貌形态轮廓，故被形象地称为河西走廊。走廊南侧的山脉主要为祁连山，西端则是阿尔金山的余脉。南面的山体高大而陡峻，垂直地带性表现明显。北面自西向东由马鬃山、合黎山、龙首山不连续的山体组成，其中合黎山、龙首山因位于走廊以北，又称为走廊北山。走廊东、中、西三段自然景观有着明显的差异，但其地貌格局与其在山前的地理位置分不开，形成过程也存在相似之处。总体来说，自祁连山向北，走廊地貌轮廓明显且有规律地表现出如下分带：祁连山北麓坡积带—洪积扇带—洪积冲积平原带—冲积带—北山南麓坡积洪积带。

1. 祁连山地

祁连山褶皱和阿尔金山断块横亘于南部，二者以当金山口为界。祁连山褶皱带大致沿北西西—南东东方向延伸，经加里东运动和海西运动，岩层大多褶皱变形，阿尔卑斯期经过多次断块隆起，构造活动极其强烈，经最后的昆仑运动，开始形成今日的巍峨高山，并成为走廊地区第四纪以来沉积物质的主要来源。阿尔金山在河西地区内主要为安南坝边缘隆起带，岩石组成主要是前寒武纪片麻岩、石英岩、火山岩、大理岩及片岩等，个别地方出现震旦纪、石炭—二叠纪、侏罗纪、白垩纪地层，北坡新构造运动强烈，大部分山体呈中等切割的中山面貌，干沟发育，山体切割破碎。在行政区划上，祁连山介于甘、青二省之间，在本省主要有走廊南山、冷龙岭、乌鞘岭、毛毛山及疏勒山、疏勒南山和党河南山、吐尔根达坂山等。自东至西，可分为东、中、西三段。

（1）祁连山东段

祁连山东段指民乐县扁都口以东的冷龙岭、乌鞘岭、毛毛山等。主峰大雪山为石羊河上游支流杂木河、南营河（金塔河）和西营河的源头所在。最高峰在甘、青省界的冷龙岭中段，即肃南皇城滩西南海拔5 254 m的岗什卡冰川，为东大河上源。此段有明显的垂直自然带。

(2) 祁连山中段

祁连山中段指扁都口以西至疏勒河上游谷地间，为祁连山在本省的主要部分。其中，高峰有走廊南山位于酒泉正南的祁连山（5 564 m）、托来山（4 859 m）、托来南山（5 148 m）等，均在雪线以上，有现代冰川发育。土壤、植被都有明显的垂直变化。

(3) 祁连山西段

祁连山西段指疏勒河上游谷地以西至当金山口与吐尔根达坂山间的几条平行高山与宽谷带。自北至南，有野马山（4 758 m）、大雪山（5 483 m）与野马河宽谷带；野马南山（4 929 m）、疏勒南山（5 808 m）与党河上游宽谷带；党河南山（5 327 m）与大哈尔滕河宽谷带；察罕鄂博图岭（5 249 m）、哈克吐蒙克（5 704 m）与小哈尔滕河宽谷带。再南为甘、青省界吐尔根达坂山（5 280 m）。中以疏勒南山位于甘、青省界的团结峰，为本省的最高峰。上述高山均有大面积的现代冰川分布。

纵谷和山间盆地广泛发育，是祁连山重要的地貌特征之一。其中，适于生命繁衍的河谷地带占到了总面积的三分之一以上。甘肃境内主要的纵谷有黑河、北大河、疏勒河、野马河、党河、哈尔腾河等河流的谷地，主要的盆地有石包城盆地、昌马盆地、肃南盆地、皇城盆地、张义盆地、八宝川盆地、松山盆地等。上述纵谷多深居山地内部，海拔通常超过3 000 m，宽10～30 km，两侧多为连续的山麓洪积倾斜平原，谷底平坦，发育高山草甸草原，是良好的牧场。只有党河谷地和哈尔腾河谷地例外，这两个河谷地表呈现比较干燥的面貌，局部有小型新月形沙丘。盆地内从周围高山到湖滨平原，地貌类型具有明显的分带现象。地质构造和地貌特征决定了祁连山区的水系呈辐射—格子状分布。但其辐射中心并不在海拔最高的团结峰，而在38°N、99°E附近的所谓“五河之源”，即托来河、黑河、疏勒河、大通河和布哈河源区。这里为中国冰川分布最集中的地区之一，成为众多河流的发源地。从这里沿托来山、走廊南山、冷龙岭到毛毛山一线，将祁连山的河流分为外流与内陆两大水系。流入河西走廊的诸河，自东至西，大多穿越山岭，形成横谷，分为石羊河、黑河及疏勒河三大水系，它们同是走廊绿洲的源泉。

2. 河西走廊

河西走廊为介于南北两山间的断陷沉降带，开始于二叠纪、三叠纪，至侏罗纪大量接受沉积。渐近纪以前，从祁连山冲刷下来的砾石覆盖了河西走廊的大部分地表。由于酒泉黑山与山丹大黄山（又名焉支山）的横向断块隆起，河西走廊被分隔成3个内陆盆地，即疏勒河、党河流域盆地（玉门—瓜州—敦煌平原）、黑河流域盆地（张掖—高台—酒泉平原）、石羊河流域盆地。石羊河、黑河、疏勒河三大内陆河流域虽然所处的地理位置不同，但却有共同的地貌纵剖面，即从高山带起经过中低山带，出山口后为洪积扇、冲积扇，直到细土平原，最后为荒漠或沙漠，地貌结构呈明显的带状排列。自祁连山北麓至河流下游盆地中心，依次出现：

（1）山前倾斜平原

河流从祁连山地搬运下来的物质堆积于山前，形成山麓洪积—冲积扇。众多的扇形地相互毗连从而形成山前倾斜平原。一般而言，河流的水量越大，则山前平原的宽度也越大。洪积扇上部的组成物质以砾质为主，夹有粗砂，透水性强；加之河床深切，地下水埋藏深度一般在数十米以下。地表干燥，土层瘠薄，仅有稀疏的荒漠植被，目前大多未利用。少数地区采用引洪放淤的方法，增厚土层，并增加地面覆盖，防止土壤侵蚀，逐步发展起农牧业。洪积扇的中部，地表组成物质以亚砂土为主，但底层仍为砂与砾石夹层。洪积扇中部的地下水埋藏深度为5～10 m，排水条件良好，引用河水灌溉比较便利，成为绿洲集中分布区。扇形地下部，地表组成物质主要为亚黏土甚至夹有黏土，部分已辟为耕地，地下水埋藏深1～5 m。由于地形坡度减缓，排水不畅，耕地容易受到盐渍化的威胁。

（2）冲积平原

在山前倾斜平原以下的冲积平原，面积广阔，地势平坦，土质较细，组成物质以亚砂土、亚黏土为主，或与细砂形成夹层，组成河西走廊的平地。冲积平原河流上游段属于下切性河道，分支较少，通常有明显的河流阶地。河流中游段，由于坡度逐渐趋缓，沉积作用强烈，河床被填高，河流分叉较多，洪水期经常泛滥，形成广阔的洪泛平原。河西走廊古老的冲积平原面积很广，大部分地区已无现代水流补给，仅地面上残留一些古河道。冲积平原地形平整，特别是河流通过的地段，河水对地下水有淡化作用，土壤改良条件较好，引水灌溉也比较便利，是农业耕垦的主要区域。

（3）湖积平原

河西走廊三大河流的尾闾，地质历史上均积水成为湖泊。由于河流水量的变化，或河道的迁徙，湖泊的位置、范围也有变化，一些终端湖泊成了“孪生湖”或“游移湖”。例如，黑河下游的索果淖尔（东居延海）与嘎顺淖尔（西居延海），石羊河下游的白碱湖与青土湖等。分布很广的湖积平原，其组成物质较细，大多为积盐的中心，农牧业利用较为困难。只有在滨湖现代三角洲，土地盐渍化程度较轻，可作为农牧业用地。

由于走廊北山山势断续，中间有许多宽广的缺口，故河西走廊在一些地方向北与阿拉善高原直接相连。在我国西北地区，河西走廊自然条件较好，光热和水土资源充足，形成若干绿洲。河西诸绿洲的生成，主要依赖于来自祁连山的降水和冰雪融水。因此可以说，没有高耸在走廊南侧的祁连山地，就没有富庶而众多的走廊绿洲，也就没有作为中西交通要道的河西走廊，这就是祁连山地与河西走廊不可分割的地理原因。

3. 走廊北山

(1) 合黎、龙首山

合黎、龙首山为走廊北山的主要部分，是阿拉善高原南缘隆起的弧形构造山地，因此山地南坡陡北坡缓，矿产丰富。全国镍都——金昌市的金川镇，就兴起在龙首山东北麓。龙首山北麓有由少量泉水发育成小块的红寺湖绿洲与平山湖绿洲，现均有公路循历史要道南通走廊。龙首山与合黎山之间，有东小口子，实则地形开阔，为河西走廊中段通往阿拉善高原的又一走廊，也是巴丹吉林沙漠外溢向南侵入河西走廊的通道之一，张掖至高台间的走廊中段流沙，即由此而来。

(2) 北山（马鬃山）

山地以马鬃山（2 583 m）为中心，跨甘、新二省边界，地貌是以花岗岩为主的低山、残丘及准平原区。包括金塔北山、大马鬃山与小马鬃山，大部分海拔在1 800～2 500 m，相对高差一般低于300 m，很多地面可通行汽车。金塔北山以位居金塔县北而得名，中以大红山（1 924 m）为最高峰，东西绵长，和马鬃山不相连属，地表概属残丘和黑戈壁。大红山西北麓在老君庙、梧桐沟至西山煤窑间，有形成于侏罗纪的北山煤矿，已开采多年。大马鬃山俗名黑马鬃山，以花岗岩为主体。其南侧略与其平行的小马鬃山又名黄马鬃山、大豁落山，由白云岩及白云质大理岩等为主的震旦系大豁落群组成。两山之间有侏罗纪煤田，也已开采。由桥湾北至公婆泉与红石山（1 474 m）间，有公路相通。由于马鬃山是荒漠山地，其重要性显然不在于自然资源的经济开发，在公婆泉以北的狼娃山（1 960 m）有小型富铁矿与金矿点，可予以开发。

（二）干旱的气候与内陆河流域

河西走廊位于欧亚大陆腹地，远离海洋，气候区划上大部分地区属温带大陆性干旱气候区，具有光照丰富、热量较好、温差大、干燥少雨、多风沙的特征。南部祁连山区则属于青藏高原高寒气候区。由于深居内陆，同时受青藏高原高大山体的影响，河西地区主要受中高纬度的西风带环流控制和极地冷气团影响，降水稀少且集中。河西走廊年降水量不但稀少，而且变率很大，如敦煌日最大降水量达 27.1 mm（1971 年 7 月 9 日），占平均年降水量 74%，酒泉日最大降水量为 39 mm（1964 年 9 月 30 日），占年降水量 46%。因此，河西走廊为全国著名的极端干旱气候区之一，只有绿洲农业，自古就属“非灌不殖”地带。祁连山地年平均降水量分布特点是东段多于中段、中段多于西段，如东段的乌鞘岭，平均年降水量为 389.9 mm，中段的肃南为 257.2 mm，西段的肃北为 144.4 mm。根据干燥度指标，河西地区可划分为祁连山高寒半干旱半湿润区、河西走廊温带干旱区和西部暖温带干旱区。祁连山高寒半干旱半湿润区包括南部山区，年均气温低于 4 ℃，年降水量 100～600 mm。河西走廊温带干旱区包括除疏勒河下游谷地以外的其余地区，年均气温 5～8 ℃，年降水量 35～200 mm。西部暖温带干旱区包括疏勒河下游谷地，年均气温 8～10 ℃，年降水量低于 50 mm。

根据统计，源于祁连山进入河西走廊的大小河流共有 57 条，分属石羊河、黑河及疏勒河三大水系。在三大内流水系中黑河水系流域面积最大，长度最长，径流量最大。东段的石羊河水系，以季风降水补给为主，冰川补给水量只占 3.5%；越往西段，冰川融水补给量越大，如疏勒河冰川融水补给量约占 30%，哈尔腾河约占 45%。石羊河水系源自冷龙岭和毛毛山北麓，有大靖河、古浪河、黄羊河、杂木河、南营河、西营河、东大河、西大河等主要支流。石羊河流域总面积约 4.16×10^4 km²，多年平均河川径流量 15.91×10^8 m³，水资源总量 17.24×10^8 m³。黑河水系源自铁里干山，东南流至黄藏寺，纳八宝河，然后北穿祁连山经莺落峡进入河西走廊，接收源自走廊南山和冷龙岭北麓的梨园河、山丹河、马营河、摆浪河等支流，西北穿越正义峡进入阿拉善高原。至鼎新纳由陶勒河、洪水河汇聚而成的北大河，北流至狼心山分为东西两支，分别注入索果淖尔（东居延海）和嘎顺淖尔（西居延海）。黑河干流全长约 821 km，流域总面积约 14.29×10^4 km²。多年平均河川径流量 38.06×10^8 m³，水资源总量 41.454×10^8 m³。疏勒河水系源自疏勒南山和陶勒南山之间的沙果林那穆吉木岭。西北经音德尔达坂东北坡转北流，经昌马盆地，入河西走廊。经玉门市后，东支注入干海子，西支注入哈拉湖。疏勒河干流全长约 550 km，流域总面积约 4.13×10^4 km²。多年平均河川径流量 16.44×10^8 m³，水资源总量 17.593×10^8 m³。

（三）典型的大陆性冰川

祁连山地年均气温0 ℃等值线大致通过2 700～3 000 m高度，－10 ℃等值线通过4 100～4 700 m高度，高山地区终年寒冷。雪线高度在东部北坡为海拔4 410 m，西部为5 200 m。主要降水来源是东南季风，年降水量的70%以上集中于5—8月，并且自东南向西北递减。东南部山麓地带如湟水谷地，平均年降水量为400～500 mm，而西北部山麓地带普遍不到100 mm，但走廊南山东段的黑河口一线以及大通河上中游，却形成了两个多雨中心。降水量随着海拔增高而增加，东部高山区降水量为800～1 000 mm；西部山地海拔普遍较东部高500 m以上，降水的垂直梯度抵消了自东南向西北递减的影响，加上可截获西风气流所携带的水汽，降水可达800 mm，为高山冰川发育提供了大量的雪源。据研究，祁连山区各山脉的冰川发育系数与冰川区的年降水量成良好的正相关关系，而与山脉的高程无关。冷龙岭一般山脊海拔4 700～4 800 m，在季风环流和地形抬升影响下成为多雨中心，年降水量在500 mm以上，冰川发育系数为2.66，为祁连山冰川分布区之最。

根据中国科学院原冰川冻土研究所的统计，祁连山共有冰川3 306条，面积达2 060 km^2，约占全国冰川总面积的3.65%。现代冰川的下限，北坡为4 100～4 300 m，南坡4 300～4 500 m，且西部较东部高200～300 m。冰川总储水量约为1 145×10^8 m^3，大体相当于河西地区年径流量的15倍，冰雪融水主要补给山北的河西走廊和山南的大通河。冰川沿山脊成羽状分布，其分布特征是：99°E以东的走廊南山、冷龙岭降水条件较好，冰川数量多、规模小，多数是悬冰川和冰斗冰川；99°E以西地区冰川数量少但规模大，多数是山谷冰川，有大雪山、斑赛尔山、疏勒南山、吐尔根达坂山和党河南山5个较大的冰川区。山系内最长的山脉—走廊南山冰川数目数多，最高的山脉—疏勒南山冰川面积最大。按流域统计，则以北大河冰川条数居首位。

由于祁连山特殊的气候和地貌条件的综合影响，突破雪线的山体体积有限，且地形比较破碎，不利于发育大型的年轻冰川，悬冰川和冰斗冰川等小型冰川占绝对优势。所以，尽管祁连山的冰川数量比较多，但其中的71.4%是面积比较小的悬冰川，这里每条悬冰川的平均面积只有0.23 km^2。祁连山的山谷冰川的数量比较少，但面积却占冰川总面积的33.1%。其中，最长的山谷冰川是大雪山北坡老虎沟12号冰川，该冰川长10.1 km，面积约21.5 km^2。面积最大的冰川是位于哈尔腾河上游吐尔根达坂山北坡的伊克夏哈楞郭勒平顶冰川，面积为55.6 km^2。位于肃南裕固族自治县西部陶赖山北坡、距嘉峪关市约116 km的“七一”冰川，则属冰斗山谷冰川（图9-1），全长 3 km。该冰川的冰舌部海拔 4 302 m，冰峰海拔 5 145 m，冰川面积约 5 km^2。冰层平均厚度为 78 m 左右，最厚处达 120 m，储水量约为 1.6×10^8 m^3，年融水量 $70\times10^4\sim80\times10^4$ m^3，是一个大固体淡水水库。“七一”冰川系中国科学院兰州分院的科学家和苏联专家于 1958 年 7 月 1 日发现，并以登上冰川的日期命名的。它的发现，标志着中国冰川研究的起步，所以有着特殊的地位。

图 9-1 祁连山“七一”冰川

祁连山是典型的大陆性冰川分布区，近百年来冰川基本处于退缩阶段。2008 年，中国科学院原寒区旱区环境与工程研究所开展的“中国冰川资源及其变化调查”项目研究表明：祁连山无表碛覆盖冰川总体处于面积缩小状态，萎缩比例在 10%以上。通过野外调查数据初步分析表明，一些冰川厚度减薄十分明显，如祁连山老虎沟 12 号冰川虽然面积缩小不明显，但海拔 4 400 m 以下区域冰面高程降低了 20～25 m，海拔 4 400～4 600 m 冰面高程下降 10～20 m，海拔 4 600～4 800 m 冰面高程下降约 5 m，4 800 m 以上区域变化不明显。通过对“七一”冰川进行雷达测厚发现，与 1984 年该冰川厚度测量结果比较，发现 23 年来该冰川总体平均减薄了 19.6 m，而且在末端区域减薄程度最大，超过了 50 m。有迹象表明，受全球气候变暖的影响，近期冰川有加快消退的现象。

冰川是河西地区特有的自然景观，也是水资源的重要组成部分，在自然生态环境演变与干旱区绿洲文明发展史上有着举足轻重的地位。祁连山冰川如同一座座高山固体水库，暖季融化，哺育着河西走廊荒漠戈壁中的绿洲，成为工农业和人畜用水的基本来源。

（四）类型较多的土壤与植被

河西地区的土壤分布受经度地带性和垂直地带性影响十分显著。走廊平地自山前地带起依次分布灰钙土、灰漠土、灰棕漠土和棕漠土。地势高峻的山区则有着较为完整的垂直带谱。但由于受东南季风的影响，东部山地和西部山地的土壤垂直带谱有较大差异。祁连山东部山地海拔 1 900～2 300 m 为山地灰钙土；海拔 2 300～2 600 m 为山地栗钙土；海拔 2 600～3 200 m 的阴坡为灰褐土，阳坡为山地暗栗钙土；海拔 3 200～3 400 m 阴坡为灰褐土，阳坡为山地黑钙土；海拔 3 400～3 600 m 阴坡为亚高山灌丛草甸土，阳坡为亚高山草甸土；海拔 3 600～3 900 m 为高山草甸土；海拔 3 900～4 200 m 为高山寒漠土；海拔 4 200 m 以上为冰川和永久积雪带。祁连山西部山地和阿尔金山山地海拔 2 300～2 600 m 为山地灰棕漠土，海拔 2 600～2 900 m 为山地灰漠土，海拔 2 900～3 600 m 为山地草原土，海拔 3 600～4 000 m 为亚高山灌丛草原土，海拔 4 000～4 500 m 为高山寒漠土，海拔 4 500 m 以上为冰川和永久积雪带。在高山寒漠土和亚高山灌丛草原土之间有很窄的高山草甸草原土。非地带性土壤有草甸土、沼泽土、盐土、风沙土以及人工绿洲灌淤土等。河西绿洲耕作历史悠久，由于长期灌溉、施肥、培土的影响，在原有土壤上层形成了一层厚 1～2.5 m 的“灌溉堆积层”，土质细腻肥沃，适于农耕，被称为灌淤土。

河西走廊植物大多属于亚洲荒漠植物区，区系组成约 65 科、146 属、250 多种，主要是旱生、超旱生植物。植被类型具有中纬度带山地和平地荒漠植被的特征，属温带荒漠植被带东部和荒漠草原带西部相衔接的地带。走廊平地荒漠植被从东到西可分为温带荒漠和暖温带荒漠两个植被类型。前者地带性植被以旱生和超旱生的灌木、半灌木为主，分布最广的是红砂和珍珠荒漠；其东部气候稍微湿润，荒漠植被具有明显的草原化特征，群落中伴生有针茅、闭穗、早熟禾、多根葱等少量草本植物。后者地带性植被为典型的超旱生灌木、小半灌木，分布最广的是合头草、红砂、膜果麻黄荒漠。

（五）呈串珠状分布的绿洲

绿洲是一种独特的地理景观，指在干旱荒漠中有水源，适于植物生长和人类居住，可供人类进行农牧业和工业生产等社会经济活动的土质平地，又名沃野或漠境水草田，为河西地区的精华所在。一般呈带状或点状分布在大河附近、洪积扇边缘地带、井泉附近及有高山冰雪融水灌溉的山麓地带。这些地方植物生长良好，林木葱郁，流水潺潺，与周围沙漠、戈壁景色迥然不同，犹如散布在广袤沙漠中的绿色岛屿。绿洲位于有利的地貌部位，土层深厚，既有灌溉之利，又少土壤盐渍化之虑（特别是老绿洲），加上日照丰富，农业常可获得稳产高产，成为“荒漠中的明珠”。河西荒漠绿洲的发育，决定于地表水、土条件的有机结合，因此地表水量（包括近地面的潜水）的多少、水质的好坏、土层的深浅和土壤盐碱度的高低等，均为决定绿洲质量的重要条件。绿洲的水源大致有两个。一是高山降水、冰雪融水及相应形成的地表径流和地下水。在西北内陆干旱区，冰川融水的重要性尤其突出，如塔里木河各源流区，冰川融水补给比例为30%～80%。正是由于冰川的存在，我国深居内陆腹地的干旱区形成了许多人类赖以生存的绿洲，也使得我国干旱区有别于世界上其他地带性干旱区。二是流量较大、水量较稳定的常年性河流，我国以银川平原、河套平原为代表，世界上北非的尼罗河谷地亦属此例。河西走廊张掖以东地区有黄土分布，且越往东越厚，绿洲面积越大；张掖以西分布着戈壁、沙漠，面积逐渐增大，还有盐沼分布，绿洲面积相对变小。石羊河中下游至疏勒河中下游，共计有较大绿洲18块，面积19 350 km^2，占河西走廊面积的17.4%，仅占全河西地区面积的7.1%。各绿洲由东越向西北部，面积越小，其中武威、古浪绿洲最大（3 320 km^2），张掖、高台绿洲次之（3 230 km^2），走廊最西端的南湖绿洲最小（仅30 km^2）。上述绿洲依水源分布和农牧业经济生产与利用的程度，可分为泉水区和山水区两亚类。

泉水区绿洲，主要分布在祁连山北麓的洪积冲积扇前缘潜水大量出露区，为河西绿洲中最早发展起来的农灌区。河西地区的主要城镇聚落，一概发育在此诸泉水带上。敦煌西南的南湖乡（古阳关）为河西走廊最西端且最典型的泉水区绿洲，南湖以西的崔木沟和多坝沟两小块绿洲，也属泉水灌区。由于泉水流量稳定，水质良好，故泉水区的垦殖历史悠久且土地利用率高，一向为农作物稳产高产区。如武威城北的金羊、永昌堡等泉水灌区及民勤昌宁堡的自流井灌区，都是土质良好、水量充足的稳产高产区。河西北山区的公婆泉和明水，也属泉水形成的小块绿洲，唯无农业，仅作为马鬃山北麓牧区居民点及牧畜供水地。

山水区绿洲，是河西现今的主要产粮区，多分布在各河中、下游土层较厚而引渠灌溉区。依各河道及水量，可分为水量充足、灌溉条件较好的中上游，如凉州区、永昌县等泉水区以南的山水灌区；水量不稳定的中下游，如民勤县坝区等。水热资源丰足的金塔、瓜州西湖和敦煌等绿洲，形成了甘肃省重要的棉花产地。河西山水区绿洲如能合理规范、节约用水，尚有很大的发展潜力。近期因无计划地扩大山区耕地且发展井灌，泉水灌区面积缩小，出现了不少生态环境问题。

二、人文地理特征

（一）交通咽喉与战略要地

河西走廊自古为中西交通要道，是贯通丝绸之路的主动脉，也是我国西北的交叉路口。这条东西通道上分布着众多绿洲平原，相对于北部的沙漠、南部的高原雪山，有着更优越的自然和通行条件，始终是丝绸之路重要的路段。史称武威为“河西都会，襟带西蕃，葱右诸国，商旅往来，无有停绝”，敦煌为“华戎所交一都会”。

由于形成走廊的南北两山属青藏高原北缘的祁连山和阿拉善高原南缘的龙首、合黎等中低山地，且有不少山地隘口，历史时期本区就属南北要道。例如，走廊南山中段扁都口（古名大斗拔谷），在民乐县南的童子坝河上游，为609年隋炀帝亲征吐谷浑后至张掖的行军路线；南山西段的当金山口，在敦煌南的长草沟脑，今为由兰新铁路柳园站通往青藏高原的主干公路所经；走廊北山的人宗口，在张掖以北的东大山和北大山之间，为通往弱水下游与漠北匈奴王庭的“龙城古道”必经之地，13世纪元太祖铁木真灭西夏后曾从阿拉善高原取此道至张掖，在河西建立了最早的甘肃省；东西介于北大山和合黎山之间的东小口子，也是蒙古游牧民族及巴丹吉林流沙进入河西走廊的通道之一；走廊西端的玉门关和阳关，同为我国汉、唐二代“昆山之玉”运至内地，东土丝绸输出西域及欧洲的主要关隘；明代万里长城西端的嘉峪关，也是走廊内部关隘之一。

（二）多次的移民屯田与工业性移民

河西走廊在历史上一直是生活在周围地域以至更大区域范围内的各民族频繁往来、迁徙、交流、斗争、融合的地区。农耕民族和诸多游牧民族在本区的生活与竞争，无疑影响着这里的自然环境和人文地理面貌。北方蒙古高原来的匈奴、鲜卑、突厥、回鹘、蒙古等族，南方青藏高原来的羌、吐谷浑、吐蕃等族，西方来的昭武九姓和其他胡人、回族，以及从这里西去的塞种、乌孙、月氏等族，都曾在这个十字路口上或同台或轮番地演出过异彩纷呈的历史剧。直到今天河西走廊仍是众多民族的聚居区。

河西在汉代以前，分别由匈奴（东部）、月氏（中部）及乌孙（西部）长期占领，后来匈奴赶走月氏、乌孙而独霸河西，汉武帝刘彻为“张中国之掖，断匈奴右臂”以通西域，从汉元狩二年（公元前121年）令霍去病为骠骑将军，将万骑出陇西，击匈奴，……过焉支山千余里，至元鼎六年（公元前111年）仅10年间，收复河西，先后建置了武威、酒泉、张掖、敦煌等郡，号称“河西四郡”。并两次从内地大量移民到河西，史称“徙民以实之”，还在主要交通线上新开辟的绿洲农区先后建立了35个县。河西自西汉收复，建立郡县以来，由于当地农民太少，为我国多次从内地移民的屯田区。正因河西地区是各兄弟农牧民族争夺之地，割据分裂的时期多于统一稳定的时期。凡是牧业民族占领期，绿洲农田多半荒废而人口减少，汉族占领期，则相反。

河西的人口密度、城市密度和市区人口密度分别是甘肃的31%、41%和64%，说明人口的生存空间潜力大，而耕地农业产值密度为甘肃的1.84倍，人口农业产值密度仅为甘肃的62%，证明农业收益高，对移民吸引力大。从1958年至今，国家和甘肃省对河西地区先后进行过5次重点开发，主要是解决甘肃的粮食自给问题，即“兴河西之利，济中部之贫”的农业开发。对城市发展起重大作用的移民，是优势矿产资源开发的工业性移民，如龙首山铜镍矿的开采，移来了超过3×10^4名职工，形成了非农业人口达16.4×10^4人的金昌市；镜铁山铁矿的开采，建成了拥有超过3×10^4名职工的酒泉钢铁公司，形成了9.1×10^4人的嘉峪关市；老君庙石油的开采，形成了12.3×10^4人的玉门市，404厂也形成了3×10^4多名职工规模的大企业和可观的非农性居民聚落。这种工业性移民对促进本区现代化建设和城市化进程起着关键性作用。

（三）沿交通线分布的城镇

城市地理分布特点和所在区域自然、社会经济环境密切相关。河西地区大部分地方为戈壁、沙漠，只在河流沿线形成大小不等的绿洲，绿洲地区农业经济发达，相应产生各自政治、经济、文化中心城镇。自汉武帝设郡以来，本区具有开发加深、人口增加的趋势，如汉代人口有28×10^4人，唐代19×10^4人，明代30×10^4人，清嘉庆年间更达285×10^4人。但是，城市数量不仅没增，反而有所减少。根据《汉书·地理志》《元和郡县志》《嘉庆重修大清一统志》的统计，河西城市数汉代为35个，唐代为14个，清嘉庆年间为11个。河西城市数量减少的历史趋势直到清朝后期才结束。世界上城市沿河流呈串珠状分布的现象很普遍，不同的是，沿河流分布的城市规模在湿润地区越往下游越大，而在河西这种典型的干旱区却越往下游越小。

除沿河流呈串珠状分布外，河西地区城市无论古代还是现代，大都沿交通线分布。在古代丝绸之路畅通时，武威、张掖、酒泉、敦煌就分布在交通线沿线；随着兰新铁路的建通，沿线又兴起了一些新城镇，如古浪、黄羊、武南、河西堡、金昌、嘉峪关、玉门、柳园等。这些主要城市伴随着纵向沿河绿洲向横向绿洲带的转变，形成了以各级城镇为重点，以各级交通网络为轴线的“点—轴”结构系统。同时，在各城镇经济区内，中心城市—县城—小集镇在行政力量促使下，呈现出以各级交通线为支撑的网络状发展趋势，空间上则表现为“小市镇，多中心”的空间格局。其中，一级发展轴的“点—轴”结构系统主要由兰新铁路和312国道、313国道、215国道以及沿线各城镇组成。这条轴线横贯河西走廊，集中了本区54%的城镇和83%的人口，是区域城镇发展的重点地带。此外，部分国道、省道、县道与一级发展轴相交，并沿重要城镇延伸开来，形成河西的二级发展轴。

河西地区城镇等级规模结构的特点是：城镇总体规模水平较低，以小城镇为主；规模等级不完善，缺少中等中心城市；不同等级规模的城镇个数呈现两头大、中间小，非农业人口主要集中在小城市；城市首位度小，同一规模等级的城镇分布较为均衡。从表9.1（来自杨永春、赵鹏军《绿洲城镇体系研究——以甘肃河西走廊为例》）可知，河西地区73.2%的城镇非农业人口居住在7个小城市中，而其余小城镇中却只有26.8%的非农业人口。而且，小城镇中人口在1×10^4人以下的城镇占城镇总数的65.2%。7个小城市中人口规模最大的是资源型城市金昌市，只有20×10^4人。城镇规模等级体系残缺不全，$3\times10^4\sim5\times10^4$人和$5\times10^4\sim10\times10^4$人的城镇各只有一个，出现了断裂。

表9.1 河西地区城镇等级规模结构表

城镇等级	成镇规模级别/10^4人	城镇数目/个	城镇数目所占百分比/%	城镇非农业人口/10^4人	城镇非农业人口所占百分比/%
1	15～20	2	4.3	37.3	33.1
2	10～15	3	6.5	32.9	29.2
3	5～10	1	2.2	9.1	8.1
4	3～5	1	2.2	3.1	2.8
5	1～3	9	29.6	19.7	17.5
6	0～1	30	65.2	10.5	9.3

第二节 优势资源及开发利用

河西地区既是我国经济欠发达的地区，又是面积广阔、市场潜力巨大、自然资源丰富的地区，为工业的发展提供了所需要的矿产资源和动力资源。而且河西地区日照丰富，热量充足，农业生产较稳定；气温日较差大，有利于营养物质的积累；土地资源丰富，有大面积可供开垦的土地。

一、矿产资源

河西地区地质构造复杂，成矿条件优越，是甘肃矿产资源的重要富集区。全区已发现的矿种约占全省发现矿种数量的60%，其中非金属矿种略多于金属矿种，探明储量的矿种约占全省探明矿种数的70%。各类矿床约占全省矿床总量的50%，其中大、中型矿床约占全省同类矿床总量的一半以上。主要矿产保有储量潜在价值占全省总量的44%。河西地区原料型矿产如有色金属、黑色金属、化工及建材矿产在省内具有明显优势。有色金属及铸型黏土保有储量居全国首位，黑色金属、化工及建材矿产、铁、铬、钡、钨、金、铍、菱镁矿、萤石、钾盐、芒硝、石棉、石膏、膨润土等近30种矿产的保有储量约占甘肃省总量的70%以上。北祁连山西段地勘已被列为国家的跨世纪勘查工程，主攻矿种为金、铜、铅锌、钨、铬等。财源型矿产，如金、银、铂族、宝石有很大的发展潜力。在北祁连山西段，金矿地质工作取得重大突破，瓜州县已成为甘肃首批产黄金万两县之一。能源石油、煤、铀等品种齐全，但总量相对不足，尤其是煤炭，资源短缺，在一定程度上制约了本区地方经济的发展。在矿产资源的分布上，矿产地呈聚集成带（片）分布的格局，优势矿产资源空间分布相对集中，不少矿种探明储量集中分布在一到两个重要矿床之中。如金川铜镍矿集中了全国近70%、甘肃100%的镍矿储量和甘肃80%的铜矿储量。河西地区铁矿资源占甘肃铁矿保有储量的76.14%，其中镜铁山铁矿占甘肃铁矿保有储量的52.9%。铬铁矿主要分布在肃北大道尔吉和民乐童子坝。小型矿床及产地分布广泛，便于地方进行开发。此外，大多数金属矿床，特别是大、中型金属矿床均存有多种有益的共伴生成分，构成复杂的综合矿床，使矿床具有较高的经济和开发价值。但是，大宗矿产贫矿多，富矿少，如铁、锰、铬、钡等基本无富矿，存在结构性缺陷。

（一）金川铜镍矿

金川铜镍矿在金昌市境内，中国三大多金属共生矿之一，以镍矿为主，硫化镍储量居世界第二位。伴生有铜、铂、钴等18种有色和稀有金属。已探明的矿石储量为5.2×10^{8} t，镍金属储量550×10^{4} t，列世界同类矿床第三位，铜金属储量343×10^{4} t，居中国第二位。其中，镍保有储量约占全国的67.4%，铂约占71.3%。近年来的地质勘探成果表明，金川铜镍矿的深部、边部及外围具有良好的找矿前景。金川矿石还伴生有钴、铂、钯、金、银、锇、铱、钌、铑、硒、碲、硫、铬、铁、镓、铟、锗、铊、镉等元素，其中可供回收利用的有价元素有14种。矿床之大、矿体之集中、可供利用金属之多，在国内外都是罕见的。金川铜镍矿发现于1958年，由祁连山地质队（甘肃省地质局第六地质队）分区勘察后，提出最终地质报告，确认金川铜镍矿是以镍为主的大型多金属硫化矿床。

金川铜镍矿的伴生铂族金属分为5个矿区，甘肃省地质局第六地质队在1968—1974年提交了这5个矿区的勘探报告。20世纪60年代，金川铜镍矿建成投产，在生产铜镍的同时回收铂族金属。金川铜镍矿主要生成于超基性岩下盘，中间为富矿，周围为贫矿，除超基性岩型硫化铜镍矿床外，还有贯入型和接触交代型矿床。全矿床长约6.5 km，自西向东分为三、一、二、四共4个矿区。矿体呈似层状或透镜状。其中，最大的二矿区一号矿体长1 600 m，厚30～200 m，延深230～900 m，矿石类型主要有：含镍1%～3%的海绵晶体结构富矿石；含镍0.5%～0.8%的星点浸染状结构贫矿石；含镍6%以上的致密块状结构特富矿石。矿石矿物组合主要为磁黄铁矿、镍黄铁矿、黄铜矿、紫硫镍铁矿、黄铁矿等。

金川集团有限公司（以下简称金川公司）是世界知名的采、选、冶、化配套的大型有色冶金、化工联合企业，生产镍、铜、钴等稀有贵金属和硫酸、烧碱、液氯、盐酸、亚硫酸钠等化工产品以及有色金属深加工产品，镍和铂族金属产量占国内生产总量的90%以上，是中国最大的镍钴生产基地。公司已形成年产镍15×10^{4} t、铜40×10^{4} t、钴1×10^{4} t、铂族金属3 500 kg、金8 t、银150 t、硒50 t及250×10^{4} t无机化工产品的综合生产能力。镍产量居全球第四位，钴产量居全球第二位，国际地位和竞争力显著提升。金川公司已经拥有了近40项具有世界先进水平的技术，其综合技术实力位于世界同行前列，并同全球24个国家或地区开展有色金属矿产资源开发与合作。

（二）镜铁山铁矿

镜铁山铁矿发现于1955年，位于嘉峪关市西南部祁连山、肃南裕固族县境内。铁矿床属震旦纪变质沉积铁矿床，是我国西北地区发现和勘探最早的大型铁矿床之一，拥有探明储量4.84×10^{8} t，构成酒泉钢铁公司的骨干矿山。

该矿床包括桦树沟和黑沟矿区，二者直线距离 3 km，一东一西，位于北大河两岸。矿区平均海拔 2 640 m，外围有头道沟、西柳沟、金儿泉、夹皮沟、小柳沟、九个青羊、古浪峡等一批同类型中小型铁矿床。它们集中分布于祁连山山脉中西段，沿北祁连加里东褶皱带作北西—南东向分布，长约 40 km，宽约 8 km，组成镜铁山铁矿田，已探明的铁矿储量近 6×10^8 t。

桦树沟和黑沟矿区为一北西西向的向斜构造，出露地层为震旦系镜铁山群，主要为一套石英岩、大理岩、千枚岩及含碧玉条带的镜铁—菱铁矿层组成的轻变质岩系。其中，桦树沟矿体因次级褶皱重复出露，形成 7 个矿带。矿体呈层状、似层状，一般厚 20 m。主矿体长 1 600 m，厚 50～150 m。矿石为镜铁矿和菱铁矿混合矿石，多与重晶石、碧玉等组成条带状构造。平均品位（全铁）37.86%，易选；有害组分均低于工业指标限量。主要铁矿层产于黑色千枚岩和灰绿色千枚岩之间，呈厚层状，厚 10～150 m。矿层与围岩产状一致，界线明显。矿区内有 7 个矿体，最长的可达 2 000 余米。与铁矿共生的有铜矿和重晶石等矿产，矿石由菱铁矿、镜铁矿、碧玉、重晶石和铁白云石组成，具有综合开发利用的巨大潜力。重晶石赋存状态有 3 种，一是夹于铁矿层中的重晶石透镜体，二是铁矿石中的重晶石条带，三是细、微粒状重晶石混杂在菱铁矿或镜铁矿之间。重晶石透镜体常与地层层理斜交，与围岩界线不明显，规模太小，无单独开采意义。矿区铁矿石中 $BaSO_4$ 平均含量 7.32%，只能综合利用回收。选矿试验表明，原矿重晶石回收率一般在 70% 以上，精矿品位在 95%以上。

镜铁山铁矿矿山设计总能力为 800×10^4 t/年，其中桦树沟 500×10^4 t/年，黑沟 300×10^4 t/年，1976 年建成投产。镜铁山铁矿床从发现到勘探结束历时两年多，为发展我国西北地区的钢铁工业提供了可靠的矿石资源，由此出现了酒泉钢铁公司和“钢城”嘉峪关市。酒泉钢铁公司始建于 1958 年，是国家“一五”期间重点建设项目之一，我国西北地区最大的碳钢和不锈钢生产基地，现已形成多元化产业格局。1985 年起，酒泉钢铁公司一直处在中国 500 家最大工业企业行列，2010 年位列中国最大工业企业 500 强第 155 位，中国制造业 500 强第 70 位。但酒泉钢铁公司的铁煤都需要长途运输，对其进一步发展较为不利。其中镜铁山的铁矿石储量正在减少，且采掘难度加大，采掘成本上升，现在主要从哈密调入铁矿；煤主要来源于宁夏石嘴山和山西大同等地。长途运输使成本增大，限制了酒泉钢铁公司的进一步发展。

（三）其他矿产资源

河西地区的其他矿产资源包括煤、石油和其他金属等。玉门油矿是我国第一个石油基地，自开采以来，已累计开采石油 3 011×10^4 t 以上，加工原油 3 843×10^4 t，向国家上缴税金 120 多亿元，为中华人民共和国的诞生、建设和发展做出了巨大贡献。目前，玉门油田已基本采空，玉门市因此面临着资源型城市的转型问题。此外，祁连山地和走廊北山蕴藏着丰富的铁矿和有色金属矿，如甘肃省有色金属地质勘查院发现了世纪、祁宝和贵山 3 个钨多金属矿床，在小柳沟北、头道沟、恰勒孟等地发现了强度高、梯度大的多元素综合异常，预计钨资源量超过 100×10^4 t。甘肃省地矿局第二地质矿产勘查院还在祁连山发现了北、中、南三条含矿带，确定矿石类型为易选的磁铁矿。初步估算，其资源量超过 1×10^8 t。

二、气候资源

（一）风能资源

风能状况的直观描述就是风速。河西地区年平均风速的地域分布趋势是西北部大、东南部小，除河西中部和东部的部分地区外，其余各地年平均风速超过 3 m/s。乌鞘岭虽处在东南部，但由于其海拔较高，年平均风速达 5.1 m/s，是河西年平均风速最大的地方；凉州区年平均风速只有 1.8 m/s，是河西走廊年平均风速最小的地方。区内风速年际年内变化均小，年平均风速的变差系数为 0.020～0.025，各地风向相对比较稳定。大部分地方的极大风速超过 20 m/s，极大风速的最大值出现在张掖（28 m/s），次大值出现在乌鞘岭（26 m/s）；极大风速的最小值出现在肃南（15 m/s），次小值出现在山丹（15.7 m/s）。出现超过 6 级（13.8 m/s）的大风总次数大部分地区在 150 d 以上，本区西部大于 200 d，敦煌大风出现的日数最多共 1 054 d，年平均 35.1 d，其次为乌鞘岭 723 d，年平均 24.1 次。风速季节分布为：春季＞冬季＞秋季＞夏季。

由于独特的地势、地形，河西地区形成了我国乃至世界特有的风能资源富集带，风能资源居我国第二位，风能资源优势得天独厚。根据测算，河西走廊风能理论储量超过 1×10^8 kW，占全国风能资源的 5.8%，可开发利用总量在 1 477×10^8 kW 以上。一年内日平均风速超过 3 m/s（风力机的启动风速）的大风日数有 150 d 之多，3～20 m/s 风速的累计小时数在 3 000～5 000 h，发电利用小时数可超过 2 000 小时。位于走廊西端的酒泉市是中国风能资源最丰富的地区之一，境内的瓜州县被称为“世界风库”，玉门市被称为“风口”。气象部门最新风能评估结果表明，酒泉风能资源总储量为 1.5×10^8 kW，可开发量在 4 000×10^4 kW 以上，可利用面积近 1×10^4 km^2。根据酒泉区域的6个测风塔资料的分析（表9.2）计算，酒泉区域各塔的有效风能密度在156.0～660.1 W/m^2，有效风速全年累计小时数在4 228～9 021 h。其中鸳鸯池地区属于风能较丰富地区，其他对应的地区属于风能丰富区。

表9.2　酒泉区域6个测风塔风能参数表

塔序号	测风高度/m	3～25 m/s时数百分率/%	平均风速/(m·s^{-1})	最大风速/(m·s^{-1})	极大风速/(m·s^{-1})	平均风功率密度/(W·m^{-2})	有效风能时数/h	有效风功率密度/(W·m^{-2})	风能密度/(kW·h·m^{-2})
1	10	74	6.4	24.9	30.2	292.8	6 998	395.6	2 779.1
1	30	62	6.4	26.7	31.3	366.5	5 892	586.0	3 478.5
1	50	61	6.6	26.9	31.7	406.0	5 801	660.1	3 854.2
2	10	63	4.1	19.9	26.0	99.8	5 713	156.0	904.9
2	20	63	4.2	20.5	26.7	112.4	5 750	175.2	1 019.0
3	10	81	7.0	21.7	37.2	256.9	7 483	317.3	2 385.0
3	40	84	7.4	24.7	36.4	405.0	7 792	481.4	3 759.7
3	70	82	5.2	26.9	37.6	499.2	7 629	600.2	4 634.0
4	10	74	5.2	22.5	28.7	176.7	7 058	236.0	1 677.4
4	20	79	5.8	24.3	29.4	230.4	7 456	292.0	2 187.4
5	10	79	5.4	24.6	31.0	197.5	8 070	248.9	2 018.6
5	30	41	3.4	27.5	32.9	152.3	4 228	355.8	1 556.4
5	40	80	6.5	28.0	32.9	313.0	8 216	381.2	3 199.3
5	50	81	6.8	28.7	33.2	356.9	8 273	432.3	3 647.6
5	70	82	7.1	29.2	34.4	402.7	8 364	481.9	4 115.5
6	10	88	6.9	25.1	29.4	322.8	9 021	366.1	3 308.0
6	30	65	4.9	22.4	32.5	211.4	6 668	324.3	2 166.1
6	50	82	5.5	22.3	31.3	180.2	8 358	219.7	1 846.4

河西走廊是长达1 000 km的狭长地带，具有规划和建设大型风能产业带

的有利条件。例如，甘肃洁源公司玉门风力发电场自 1997 年投入运行以来，对有效利用风能和当地经济发展起到了积极的示范作用。地方政府和相关的电力公司已确定了瓜州、玉门昌马、肃北马鬃山 3 个特大型风电场场址，并在天祝县松山滩、玉门低窝铺、玉门东、红山窑、金塔县鸳鸯池、永昌县南山坡、青山滩等地确定了 8 个大型风电场选址，目的是最大限度地开发和利用本区的风能资源。经过数年发展，截至 2005 年年底，甘肃已建成装机 5.22×10^4 kW 的风力发电机组并投入使用。2006 年，甘肃省提出了“建设河西‘风电走廊’、再造西部‘陆上三峡’”的战略构想，计划分三步实现 $3\ 000\times10^4$ kW 装机容量的长远目标：第一步，到 2015 年，装机容量达到 $1\ 000\times10^4$ kW；第二步，到 2020 年，装机容量增加到 $2\ 000\times10^4$ kW；第三步，2020 年以后，装机容量继续扩大到 $3\ 000\times10^4$ kW 以上。

（二）光能资源

光能资源主要指来自太阳的辐射和日照时数。河西地区海拔高，干燥少云，空气透明度高，日照时间长，太阳光能资源极其丰富。太阳辐射和日照时数总的地域分布为由西北向东南逐渐减少，大部分地区年太阳总辐射量在 $5\ 505\times10^6\sim6\ 412\times10^6$ J/m^2，在全国仅次于青藏高原（$7\ 000\times10^6$ J/m^{2}以上）。年日照时数除古浪和肃南二站不足 2 600 h 外，其余各站均在 2 600 h 以上，中西部超过 3 000 h，最大可达 3 347 h，为全省年日照时数最多区。年日照百分率大于 59%，最大达 76%。2 900～3 200 h 全年日照百分率达 74%以上，亦为全省之冠。年太阳总辐射量最大的地方在本区西部玉门镇，年日照时数最大的地方在本区西部马鬃山，年太阳总辐射量和年日照时数最小的地方均处在本区东部的乌鞘岭。季节分布上表现为：夏季辐射强、日照时数长，冬季辐射弱、日照时数短，春秋两季居中。同时，太阳光质好，光谱中蓝、紫光成分较多。由此可知，河西地区是我国辐射量丰富、日照时数较多的地区，这也是河西地区农作物籽粒饱满、糖分丰富，盛产优质瓜果的原因。

河西地区光能资源丰富，具有极高的利用价值和很大的开发潜力。主要是通过植物的光合作用转换为有机物，从而被人们利用，如日光温室蔬菜种植。据统计，河西走廊城郊利用光能资源建起的冬季蔬菜温室大棚超过1 000 hm^2，仅冬季就可生产多种新鲜蔬菜 60 余吨。太阳能热水器和太阳能灶在本区的应用尚处于起步阶段。据估计河西地区太阳能光合生产能力在55 500 kg/hm^{2}左右，目前本区的太阳光能利用率还不到三分之一，光合潜力只发挥了7%～13%，远没有对光能资源进行充分的利用和开发。因此，可以在河西地区推广普及太阳能热水器和太阳能灶，引进喜温喜光作物，扩大蔬菜温室大棚的种植面积，加快当地传统型农业向现代化农业的转变。

(三) 热量资源

河西地区除风能资源、光能资源外，热量资源也很丰富。热量资源是指某一地区在特定的气候条件下，能够为人类生产活动和生活所利用的热量条件。进行农业气候资源分析时，常用的衡量热量资源多寡和可利用程度的指标有：稳定通过一定界限的日平均温度（0 ℃、5 ℃、10 ℃、15 ℃、20 ℃）的初终日期、持续日数和积温以及年平均温度、最热月平均温度、最冷月平均温度、极端最低温度、无霜期等。

河西走廊年平均气温在0～9.5 ℃，海拔较高的山区年平均气温在0～5 ℃，海拔较低的川区年平均气温在5～9.5 ℃。区内各地最冷月为1月，除南、北山区外，平均气温在－11.8～－7.2 ℃。最热月为7月，平均气温在11.4～24.6 ℃，尤其瓜州和敦煌，两县（市）均超过24 ℃。年平均气温日较差大部地区在14 ℃以上，西部气温日较差在16 ℃以上，气温日较差夏季大于冬季；平均气温年较差大都在26℃以上，本区中、西部超过30 ℃；极端气温年较差大部分都在65 ℃以上，敦煌最大达72.8 ℃，是河西极端气温年较差最大的地方。由于气候干旱，地面空气湿度很小，除张掖、武威等较大绿洲年有霜期在200 d左右外，越往西部有霜期越短，均在100 d以内，瓜州县年有霜期不到40 d，肃北的党城湾年仅有霜期10 d。有霜期之短，不但在省内各地绝无仅有，即使在我国北方各地也少见。大部分地区生长季较长，白天气温高，≥10 ℃活动积温为3 000～4000 ℃，适宜种植小麦、玉米、谷子、糜子、棉花、杂粮及瓜类等喜凉和喜温作物。敦煌、瓜州两县（市）≥10 ℃积温均超过3 500 ℃，高于本区以东的同纬度各地，属暖温带气候，为甘肃省唯一盛产优质棉花区。瓜州以东的走廊各县，≥10 ℃积温在2 500～3 100 ℃，也高于省内除陇南南部以外各地区。

热量是农作物生存和生长发育所需的外界环境因子和能量，一个地区热量状况的好坏直接决定其作物种植类型、生长状况和产量。河西地区热量资源地域分布不均匀，川区比较丰富，山区相对较少，昼夜温差大，且夏季大于冬季，能满足喜凉和喜温作物生长发育的需求，有利于光合作用的积累。为加快当地传统型农业向现代化农业的转变，一是应将同一作物由原来的早熟品种向中晚熟品种发展，延长作物的生长期，提高作物品质；二是提高田间作物套种、复种和绿肥种植指数，扩大其种植面积；三是引进大量喜温作物，并大面积推广种植；四是推广种植经济价值高的林果，形成当地的主导产业；五是延长放牧期，推动当地畜牧业发展。

总之，河西地区具有温带大陆性季风气候共有的特征，光、温、水、风等资源的匹配比较合理。夏秋季节太阳辐射强、日照时数多、气温高、降水相对较多、风速小，是利用太阳能的最好季节，又是农作物生长发育成熟期，非常有利于农作物的生长发育以及农牧业产量和农产品品质的提高。在作物品种和种植方式的选择上，应选择喜光喜温长日照耐旱的作物品种和适宜的种植方式，如温室大棚、白色地膜、套种间作、复种等，这将会极大地提高光能、热能、水分等气候资源的利用率。冬春季节与之相反，太阳辐射弱、日照时数少、气温低、年降水量较小、风速大、大风日数多、风向稳定，是开发利用风能的最好季节。因此，河西地区可以全天候地利用气候资源，在不同的季节发挥不同的资源优势。

三、土地资源

作为土地后备资源，我国现有宜农荒地数量少，质量较差。据《中国 1：1 000 000 土地资源图》测算，我国约有宜农荒地 5.2×10^8 亩，主要分布在北方，三江平原、松嫩平原、大小兴安岭的山间谷地和山前平原、呼伦贝尔草原、河西走廊、准噶尔盆地、塔里木盆地、伊犁河流域等地分布最为集中。河西走廊土地资源丰富，人均土地面积 100.38 亩（其中人均耕地 3.2 亩、草地 49.8 亩），另有宜农荒地 $2\,019.7\times10^4$ 亩，集中分布在洪积扇和冲积平原地区。

石羊河流域以西、兰新铁路以北、走廊北山和巴丹吉林沙漠以南及疏勒河以东的黑河干流地区，总面积约 2 986 km^2，其中约有宜农荒地 41.7×10^4 hm^2。这里地处温带干旱荒漠气候区，海拔一般为 1 100～1 800 m，山地海拔在 2 500～3 000 m。宜农荒地资源海拔都在 1 800 m 以下，年平均气温 3～8 ℃，最热月平均气温 15～22 ℃，最冷月平均气温－33～－26 ℃。在黑河流域中游的 41.7×10^4 hm^2 荒地中，质量较好的一、二、三等地 25×10^4 hm^2，占 60%左右，有较大的开发利用价值。黑河流域中游，特别是黑河干流以西的冲积平原，荒地面积大（约占总面积的 2/3），但质量差，地面多覆沙和风蚀残丘，土壤盐碱化普遍较重。开垦利用这样的荒地，防风固沙植树造林需要水，改良土壤洗盐需要水，而黑河干流地区的水资源有限，把沙荒地改变成宜农荒地存在很大的困难。

东部的石羊河流域，降水较多，这里土质好，农业开发历史悠久，人口密集，经济发达，农业生产基本条件优越，绿洲距水源近且比较集中，水资源开发利用水平高，是农业发展的重点地区。但这里是一个缺水比较严重的流域，上、下游用水、工农业用水矛盾十分突出。西部疏勒河流域干旱少雨，但流域热量最为丰富，瓜州、敦煌≥10 ℃积温超过 3 400 ℃，有发展棉花及其他喜温经济作物的条件，但绿洲距水源远，输水损失大，水资源开发利用率难以提高。由于自然条件恶劣，地广人稀，土壤盐碱重，土质差，风大沙多，这里虽具有开发潜力，但难度大、问题多。黑河流域在地理位置和自然条件上都介于二者之间，山区降水多，黑河水量居河西之冠，灌溉用水条件较为优越，但自然水量分布不均匀，农业生产发展不平衡，有一定发展潜力，但要考虑上、下游和邻近省区水资源的合理分配。

四、旅游资源

河西地区旅游资源丰富，类型多样，品位较高，是甘肃省最早发展旅游业的地区，拥有相对成熟的旅游市场与旅游业经营经验。在已经形成的甘肃旅游总体规划中，河西走廊已成为“丝绸之路历史文化精品旅游带”最重要的一段。根据不完全统计，在 320 处旅游资源中，自然景观共计 58 处，占资源总量的 18.13%，其中地文景观 7 处，水域风光 16 处，动植物（生物）景观 35 处；人文景观共计 262 处，其中遗址遗迹 93 处、场所与基地 21 处、建筑与设施 119 处、园林与广场 8 处、特别区域 11 处、工具与产品类 10 处。旅游资源中有世界文化遗产 2 处、国家历史文化名城 3 座、国家级重点文物保护单位 49 处、国家重点风景名胜区 1 处、国家级自然保护区 8 处、国家级地质公园 2 处。从景观级别来看，国家级共有 35 处，其中自然景观有 9 处，人文景观有 26 处。因此，河西地区的历史文化资源具有明显优势，且以“建筑与设施”和“遗址遗迹”为主，石窟与寺庙是主要景观。

（一）以石窟、长城为特色的人文旅游资源

武威、张掖和敦煌 3 个城市，早在 1986 年就已入选国家历史文化名城，足见河西地区历史文化底蕴深厚。首先，以石窟、寺庙为主的建筑与设施类旅游资源具有垄断性，保存均较为完好，资源体量大，历史延续久远。我国旅游标志“马踏飞燕”便出土于武威市的雷台汉墓，被誉为“古典艺术品的最高峰”。其次，长城、墩台、古城遗址等古建筑相对保存完好，有的距今已有 2 000 多年的历史。长城遗迹在走廊内分布广，规模大，且保存完好。如汉长城有阳关、玉门关等遗址，明长城有嘉峪关、第一墩等。它们与石窟、丝

绸之路共同构成河西走廊的亮点旅游资源。最后，走廊内有多处国家重工业基地和军事基地。现在这些大企业逐渐对外开放，积极开展工业旅游，成为河西走廊旅游业的新亮点，如武威的葡萄酒文化旅游、嘉峪关的滑翔基地、酒泉的卫星发射基地、风电场参观旅游等。

（二）以大漠、冰川为特色的自然旅游资源

特殊的地貌、气候条件，形成了河西地区独具魅力的自然风光。本区拥有亚洲距离城市最近的冰川景观。对于祁连山的雪山冰川，古人在《重修肃州新志》中即有记载："南山积雪，冬日不消，倚天则玉笋嶙峋，映晶则琼光璀璨，万里一色，照耀华夷。举目遥看，恍如清辉。"目前，甘肃境内已开发的冰川旅游资源主要有"七一"冰川和老虎沟冰川群，皆位于河西地区。荒漠景观则构成河西地区土地类型的主体背景，其中又镶嵌着绿洲型城市，景观独特。河西地区目前已开发且知名度较大的旅游景点有张掖的丹霞地貌和红山湾地貌以及酒泉敦煌的雅丹地貌、鸣沙山与月牙泉（图 9-2）等。

图 9-2　鸣沙山与月牙泉

（三）以民俗风情为特色的民族旅游资源

河西地区的民俗风情旅游，虽然没有形成如云南一些少数民族地区的开发规模和知名度，但具有一定的挖掘潜力。例如，裕固族是甘肃河西地区特有的少数民族，且民族习俗保存较好，受商业化的影响较小，对那些喜欢生态旅游的游客来说吸引力很大。其他少数民族如藏族、蒙古族、哈萨克族等的民族旅游资源，也可与本区知名的历史文化、自然景观景点联动开发。此外，河西自古以来就是多民族聚居的地区，具有独特的民族风情，有天祝藏族自治县、肃南裕固族自治县、阿克塞哈萨克族自治县、肃北蒙古族自治县，回族、撒拉族等少数民族在河西走廊内也均有一定数量分布，形成了具有浓郁地域特色的民族民俗风情。

总之，绚丽多彩的丝路文化、边塞文化和民族文化是河西走廊旅游资源的优势所在。目前，河西地区旅游空间结构属于比较典型的点—轴式布局，即以312国道、安敦公路和兰新铁路为主轴，以敦煌为核心旅游城市，嘉峪关、酒泉市、张掖市、武威市为一级旅游节点城市，旅游空间布局呈现西强东弱、单一核心的特点。由于区位条件的制约，许多具有较大市场价值的旅游资源没有得到开发或开发规模普遍偏小，这对本区旅游业的发展极为不利。加之以人文古迹类景点为主，本区面临旅游产品结构单一、资源整合开发程度低、核心景区缺乏支撑，配套景区的配置和生态环境差以及周边地区的竞争加剧等问题。河西走廊是一条长达1 000多千米的长条形地带，核心旅游城市敦煌位于这一旅游区域的最西端，拥有较高的知名度和较为发达的旅游服务业。但作为核心旅游城市，敦煌的影响力远不能辐射整个河西走廊地区，高知名度在带来当地旅游业发展的同时也产生了强大的屏蔽效应，在一定程度上制约了本区其他市、县旅游业的发展。要改变这一状况，需要从优化河西地区旅游空间布局入手，培育有吸引力和竞争力的自然类景点与民俗参与型项目，促进区域旅游合作，增强本区旅游的整体竞争力，带动甘肃旅游业的进一步发展。

第三节　经济发展与布局

河西地区经济虽有一定规模与基础，但“二元结构”明显，产业结构松散，关联度差，限制了整体功能的发挥。全区第二、第三产业的比重低于甘肃和全国平均水平，致使第二、第三产业集聚的城镇发展缓慢，制约着农业剩余劳动力的转移和城市化水平的提高。

一、农业发展与布局

（一）产业结构

河西地区目前已成为全国十大商品粮基地之一，以约占全省18%的农业人口、19%的耕地，生产出了甘肃全省32.3%的粮食，提供了70%的商品粮、43%的商品油、28%的肉类、98%的棉花和97%的甜菜，为保障全省、全国的粮食安全做出了重大贡献。其中，武威、张掖和酒泉3市的农林牧渔业总产值占各自地区生产总值的比例相当高，分别为46.4%、55.5%和32.7%，凸显出张掖、武威及酒泉市的农业经济发展在区域经济发展中的重要战略地位，以粮食为主导的种植业比较发达。种植业在农业总产值中的比例（76%）高出全省、全国同期水平1.6和18.7个百分点。而种植业又以粮食作物为主，经济作物与其他作物的种植面积偏小。目前，河西农作物播种面积为$63.1\times10^4\ hm^2$，其中粮食作物、经济作物和其他作物的种植面积分别为$40.7\times10^4\ hm^2$、$14.3\times10^4\ hm^2$和$8.1\times10^4\ hm^2$。

相对本区丰富的光热资源和农业地域比较优势，区内特色种植业、绿洲生态农业的培育还不够，具有全国意义的农业竞争产品数量少、规模小。而且，长期以来在农业商品基地的建设方针指导下，林业、草产业发展不足，过分追求土地利用的外延规模扩大和不计水资源成本，导致了农业增产不增收的“高产穷队、穷县”现象。近年来，河西地区农业产业化经营发展较快，初步形成了以市场为导向、以企业为依托、企业外连基地、基地带农户的农业发展格局。但农业产业化开发经营规模还较小，具有区域发展比较优势的葡萄、红枣、蔬菜、优质瓜果、棉花、种子繁育及农区舍饲业等的规模经营效益还未充分发挥。因此，河西地区农业产业结构仍需要进一步优化，积极转变资源开发和利用方式。在河西走廊星火产业带规划中，曾确定优质牧草产业、优质肉牛产业、优质肉用羔羊产业、瘦肉型猪产业、优质马铃薯产业、无公害优质蔬菜产业、制种产业、优质中药材产业、百合产业、酿造葡萄及葡萄制酒产业、啤酒原料产业、优质专用小麦及玉米加工产业、优质鲜果产业和花卉产业14个产业为河西地区发展农业的特色支柱产业。因此，本区未来农业不再可能以扩大农业种植面积、单纯提高粮食单产的经济发展模式作为其发展的主要方向，而应该是充分挖掘区域农业发展的资源优势，向技术应用和管理集约化、农产品优质化、产业效益化的方向发展，以有效提高农业的比较效益和发展水平。

1. 种植业

以粮食商品生产为主导的第一产业，需要稳定发展粮食作物，相对稳定粮田面积、提高单产，保证区域总目标的实现；粮食作物内部调整小麦、玉米比例，发展饲料工业和食品加工业。适当恢复发展豆类作物，积极发展以油料、甜菜、蔬菜、瓜果、花卉为主的经济作物。利用走廊地带光热资源一季有余而两季不足的条件，适应农区养殖迅速发展的形势，大力发展反季节蔬菜种植及其加工、销售业，酿酒葡萄栽培及葡萄酒酿造业，草畜业及畜产品加工业，形成种植、饲料、养殖、加工相结合的节水型农业结构。

2. 林业

在保护、培育森林的基础上，发展经济林、用材林、薪炭林，发挥其综合效益。首先，加强祁连山区水源涵养林的管护和建设，以管为主，以封为辅。其次，加强农田林网建设。绿洲—荒漠过渡带燃料缺乏，应积极发展薪炭林，防风固沙、兼作燃料，扭转掠夺性采伐造成的“沙进人退”的被动局面。

3. 牧业

牧区以养羊为主，利用牧民收入较高的有利条件，引导他们扩大投入，添置牧业机械，做好草原建设，扩大人工种草面积，将自然放牧逐步转向集约经营。农区重点发展耕地牧草，广开饲草资源，以猪、牛、禽为主，利用不同的生态条件，实行牧区繁育、绿洲育肥，加快畜群周转，提高商品畜牧业的水平。

(二) 农业地域生产专业化布局

河西地区农业主要分布于走廊内部断断续续的绿洲之上。受自然地理条件及其农业开发历史的影响，河西农业地域分异结构十分明显，大致可分为3个农业开发区。

1. 中部走廊平原灌溉农业区

该区位于石羊河、黑河、疏勒河三大水系中游，是全国十大商品粮基地，且该区畜牧业比较发达。区内光照充足、日温差大，有较丰富的水资源，灌溉条件便利，现已发展有效灌溉面积 49.82×10^4 hm^2。走廊中西部内陆河流域，水源充足，充分发挥水面宽广，塘、坝、库多的特点，适度发展渔业。

2. 西部、北部干旱牧业区

该区大部分为马鬃山、合黎山、龙首山等中低山地，以及戈壁、沙漠，部分为水系尾闾形成的滩涂、沼泽。植被多为干旱荒漠，部分为水生植物及少量沙生灌丛，生态系统脆弱，农业多为粗放牧业和采集业。

3. 南中部祁连山—阿尔金山畜牧水源涵养林区

该区包括天祝、肃南、阿克塞、肃北等县的全部或大部分，以及古浪、凉州、山丹、民乐、玉门等县市的部分地区，东西绵延千余千米。该区是河西地区的水源地和重要生态屏障，农业以山地畜牧业、旱地农业和林果业为主。

二、工业发展与布局

(一) 产业结构

1949年以前，河西地区基本没有较大的工业企业。1958年，先后在现在的金昌市金川区和嘉峪关市设置了金川公司和酒泉钢铁公司，从而开启了河西地区工业大发展的序幕。经过多年的发展，本区的工业已取得了很大进步，其他相关工业企业也逐步兴起。但工业主体依然是几个大型企业，仅金川公司、酒泉钢铁公司、玉门油矿和404厂4个公司的产值就占全区工业总产值的50%左右。这些企业与地方的关系属“单株移植型”；其生产协作和技术联系主要在区外，与地方工业存在严重断裂，二元特征突出。同时，地方企业对这些“孤岛”“飞地”式的工业也不宜进行协作和配套服务。因此，要促进工业形成群落，必须要大力发展地方工业。使产业链相互衔接，整个工业形成以大企业为依托，地方工业为骨干，各种基础设施配套共享的工业群体。同时，河西地区工业畸重，轻工业中以农产品为原料的轻工业比例过大，虽然有其资源基础和历史的必然，但今后必须进行重工业轻化和轻工业重化的调整，注意发展以非农产品为原料的轻工业。

目前，河西地区的工业可分为传统的矿产资源依托型产业、新能源产业和农副产品加工产业，其中矿产资源依托型产业仍为本区工业发展的龙头。根据2009年河西五市的社会经济统计资料，武威工业经济发展以轻工业为主体，金昌市的工业仍以金川集团为主导，并发展了大量相关行业。张掖的工业组成以化工、轻工机械、食品加工工业为主，其中食品加工工业数量居多，但规模以上企业仍以能源化工行业为主。酒泉的工业经济以石油化工、食品加工、生物制药、轻工纺织、电力工业为支柱产业，规划中因千万千瓦级风电站正在建设，工业结构正在调整。嘉峪关市形成了以冶金工业为主体，化工、电力、建材、机械、轻纺、食品为辅的工业体系。五市除在农产品加工上能够互补、分工合作外，其他资源型产业，如矿产资源开采、冶炼、加工等都具有很大的区域局限性。此外，如何为具有区域特色的农产品寻找出路是第二产业需要重点考虑的问题。

(二) 发展方向

1. 积极发展新能源产业

目前，河西地区矿产资源的大型开发主要还是集中在金昌的铜镍矿和嘉峪关的镜铁山铁矿。由于矿产资源的有限性，开采时间存在限制，且达到开采极限后经济情况难以为继，本区已有资源型城市面临资源枯竭的问题。解决这种问题的方法一是增加矿产资源勘探力度，二是培养新兴产业。在河西地区，由于长期以来历史发展的原因，新型、高技术产业不可能在短时间内出现，与我国中、东部相比没有竞争优势。此外，承接中、东部的产业转移也存在较大的局限性，传统的工业开发潜力有限。但这里丰富的风能、太阳能资源开发具有很大潜力，随着人们对全球变暖、环境污染等问题越来越关注，清洁能源是全球能源开发的大趋势。在利用清洁能源资源建设新能源基地的同时，需要加强新能源开发相关的科技研发与创新，争取获得一些新能源技术的专利，培养与新能源相关的产业，起到新能源基地的作用，拓展区域经济的发展空间。

2. 加强农产品加工工业

除金昌和嘉峪关两个因矿产资源发展起来的工业城市外，河西地区的其他三个市农业产值均占总产值较大部分，2015 年第一产业增加值占地区生产总值的 20.5%。受独特的气候影响，本区种植对热能、太阳照射要求较高的农作物具有优势，目前仅体现在农产品的输出上，附加值不高，农民收入较少，农产品加工市场极大。

今后，本区需要提高农产品的质量、附加值、市场份额，增加农民收入，引进和利用现有农产品加工设备，开展农产品增值技术和产后加工、贮藏保鲜及食品多样化技术的开发，大幅度提高农业的综合经济效益，推动乡镇企业的发展。技术开发的重点领域是小麦专用粉、玉米淀粉、啤酒大麦、葡萄酿酒、马铃薯加工、蔬菜加工、畜禽分级屠宰和保鲜，技术途径则是提高加工档次、完善农产品的质量标准、发展优质绿色食品，力争形成一批享誉国内外市场的农业类“陇货精品”龙头企业，使农业产业化经营走上一个新台阶。农产品加工产品的宣传推介应注重其生态性（绿色、阳光）、独特性，并体现河西走廊的历史文化、地理元素。

三、第三产业发展与布局

2015 年，河西地区的第三产业在地区生产总值中占 42.9%，比重已超过了第一产业和第二产业。因此，在第三产业的发展中既要加强第一层次（包括交通、邮电、商饮、物资供销、仓储等）和第二层次（包括金融、保险、房地产、公用事业等）的发展，又要加强第三、第四层次，尤其是第三层次（包括教育、文化、广播电视、科学研究、卫生等）的发展，这是本区第三产业结构调整的重点。此外在布局上，目前第三产业多集中在城镇，城市越大第三产业的密度越大，广大农村仍缺乏第三产业的服务，因此农村应是今后本区第三产业布局调整的重点。

河西地区旅游资源密度之大、品种之多、品位之高为国内少有，在世界亦颇有名气，因此选择旅游业作为第三产业的龙头无疑是十分合适的。早在1993年，本区接待境外旅游者54 917人，旅游收入2 004万元，分别占甘肃的54%和36%，在区内经济发展中起着举足轻重的作用。目前，旅游业的效益仍不甚理想，开发适宜的多种游乐项目，生产具有区域文化特征、乡土味浓郁、宜购易带的各式旅游产品，成为提高旅游业收益的重要环节。此外，由于温带大陆性气候的原因，河西地区客源的季节差异很突出，一年中几乎80%的游客成行于旺季，造成旺季时接待紧张，淡季时旅游设施和接待人员赋闲。研究开发淡季客源，除进行价格费用调整外，可增设适于淡季、富有当地文化特色的游乐项目引导游客。

在第三产业布局上，本区应结合华夏文明传承创新区的建设，打造以敦煌文化为核心的河西走廊文化旅游区。充分挖掘悠久厚重的历史文化资源和丰富多彩的自然生态资源，发挥沿线城市群落辐射带动作用，围绕敦煌文化、长城文化、丝路文化、石窟文化、简牍文化、五凉文化、西夏文化、边塞军旅文化以及现代工业和科技文化等，以促进文化与旅游融合发展、保护文化景观多样性为重点，实施综合开发，整体推进，沿铁路、公路向周边辐射，以大型节庆活动、会展旅游和体育赛事为载体积聚人气，形成集遗产保护、景观旅游、事业服务、产业发展、产品交易、文化交流为一体的文化展示研究基地和文化园区。

第四节　生态保护与可持续发展

一、水资源短缺与土地退化问题

（一）水资源现状与供需矛盾

河西地区属内陆河流域，水资源有大气降水、冰川融水、地表水和地下水4种。其中，大气降水量不多，蒸发量大，但是在祁连山区仍然有一部分大气降水转化为地表径流，成为水资源的重要补充来源之一。因此，地表水和冰川融水是河西地区的主要水资源。冰川是可重复循环利用的水源，它们像一座座固体水库一样，周而复始地补给和调节着河川径流。分布在祁连山北坡河西内陆河源头的冰川有2 194条，面积为1 334.75 km^2，储量615.5×10^8 m^3。河西地区水资源总量为68.65×10^8 m^3，其中地表水资源量为63.93×

$10^8\ m^3$，地下水资源量为 $4.72\times10^8\ m^3$（表 9.3）。河西走廊地表水与地下水有着密切的相互转换关系。例如，黑河在祁连山北部有三级构造盆地，地表水与地下水的转化过程可重复 3 次，这十分有利于水资源的重复利用。但水资源总量明显不足，现状缺水约 $3\times10^8\ m^3$。

表 9.3　河西地区的水资源量

水系	地表水资源/$10^8\ m^3$	地下水资源/$10^8\ m^3$	水资源总量/$10^8\ m^3$
石羊河水系	15.74	2.02	17.76
黑河水系	34.94	2.26	37.20
疏勒河水系	13.25	0.44	13.69

有学者认为，西北地区人口少，人均水资源拥有量将近 2 000 m^3，所以是不缺水的地区。这种从大范围宏观所得出的结论，其实际意义是非常有限的，因为河西地区存在严重的水土资源不平衡以及水资源分布不平衡现象。这两个不平衡对本区的社会经济发展起着至关重要的作用，已经成为区域可持续发展的制约因素。例如，石羊河流域净耗用水量 $17.5\times10^8\ m^3$，无效蒸发损耗 $2.7\times10^8\ m^3$，缺水 $3.2\times10^8\ m^3$，供需矛盾突出；黑河流域净耗用水量 $19.6\times10^8\ m^3$，无效蒸发损耗 $13.6\times10^8\ m^3$，已进入水资源临界利用状态，中、下游分水矛盾日益突出；疏勒河流域净耗用水量 $6.23\times10^8\ m^3$，无效蒸发损耗 $8.4\times10^8\ m^3$，余水约 $2.2\times10^8\ m^3$。全区总净耗用水量 $43.3\times10^8\ m^3$，水资源总利用率为 59%，供需比 0.96∶1，已无开源的潜力。在全国缺水城市的名单中，河西地区的许多城市赫然在目，如嘉峪关、金昌等。根据对 2010 年水资源供需关系的分析，在全国中等干旱年的情况下，全国缺水量为 $318\times10^8\ m^3$，缺水率为 4.5%。其中，河西走廊的缺水率达到 8.0%。

河西走廊水资源大规模开发，是在中华人民共和国成立之后进行的。1995 年，河西地区总人口为 440.76×10^4 人，平均人口密度 16.0 人/km^2，低于全省平均人口密度。但是，河西走廊人口大多数集中在资源禀赋条件较好的绿洲区，这里平均人口密度高达 355 人/km^2，这无疑是大规模开发利用水资源和牺牲生态用水的结果。河西走廊自 20 世纪 50 年代以来，由于地表水利用率不断提高，地下水的总补给量由原来的每年 $65\times10^8\ m^3$，减少到 80 年代的 $60\times10^8\ m^3$。其中，石羊河流域地下水约削减 40%，使泉水灌区减少 77%，迫使原有的泉灌区改为井灌区。1978—1995 年，河西走廊耕地减少了 39.41%，人口增加了 24.01%，人均耕地减少了 35.97%。从这个趋势可以看出人口增加对河西地区生态环境的压力。以石羊河下游民勤为例，20世纪50年代河流来水量为 $5.46\times10^8\ m^3$，60年代为 $3.23\times10^8\ m^3$，80年代为 $2.22\times10^8\ m^3$，90年代减少为 $1.48\times10^8\ m^3$。来水量锐减的原因除气候水文因素外，主要是中游农业用水增加。在用水结构中，除嘉峪关市的工业用水较多，占比接近一半外，其余城市都以农业用水为主，特别是武威、张掖和酒泉，农业用水所占比重均超过90%，是典型的农业发展主导区域。

河西地区水资源的短缺、时空分布不均，尤其一些地区水资源开发利用过度，导致内陆河下游河水减少甚至断流，造成区域性地下水位下降、内陆湖泊干涸、土地干旱、植被枯死、草地退化、土地沙漠化等许多生态环境退化问题，直接威胁着绿洲的生态安全，已成为制约区域可持续发展的最大瓶颈。在供需矛盾日益突出的背景下，部分缺水城市却打着“宜居城市”等旗号大规模“圈水造景”，不惜投入巨资，或用橡胶坝“拦河造景”，或挖地成湖，或巨型喷泉林立，甚至不切实际地大量种植耗水型树种草皮。

（二）水资源短缺导致的土地退化问题

1. 石羊河流域

石羊河下游终端湖泊猪野泽，距今20 ka前最高湖面海拔约1 317 m，水域面积达1 680 km^2。但在汉代及其以后数百年间古猪野泽逐渐分为互不连续的西海和东海两个湖泊。《水经注》卷四十记载：都野泽在武威县东北。都野县在姑臧城北三百里，东北即休屠泽也……谷水出姑臧南山，北至武威入海。届此水流两分，一水北入休屠泽，俗谓之西海；一水又东迳百五十里入猪野，世谓之东海。唐代以来东海名白亭海、白碱湖，西海则名柳林湖、青土湖。在康熙三十九年（1700年）尚有“镇番白亭海水潮涨余，井水泛滥”的记载。但到乾隆二十六年（1761年），白亭海仅“池周六十余里”（《水道提纲》卷五），估算湖水面积已不足70 km^2（表9.4）。1840年以后，石羊河下游的终端湖开始全面退化和干涸，造成荒漠化土地的迅速扩大。

表9.4　河西地区内陆河终端湖泊的变化　　单位：km^2

湖泊名称	20 kaBP	6 kaBP	清代前期	1950年	目前状况	所在水系
猪野泽	1 680	610	210	—	干涸	石羊河
居延海	7 370	2 084	695	352	35	黑河
花海	445	—	49	3	干涸	疏勒河

注：kaBP表示距今多少千年。

1950年以前，石羊河下泄余水分二支注入青土湖和白碱湖。青土湖植被相当茂盛，原是芦苇丛生、野鸭成群的湖泊景观。由于中游灌溉农业的发展、耕地的扩大，早已无余水下泄，于20世纪50年代前期干涸，水生生态系统瓦解，并呈现荒漠景观，湖滨覆有流沙。目前，白碱湖因接纳北山暴雨洪水，时干时湿，成为季节性湖泊，使这一地区延续了数千年的生态环境不复存在。位于黄羊河冲积扇前缘的黑马湖（《元和郡县志》称为"文车泽"），1956年水域面积尚有3.3 km^2，在航空相片上明显呈现出黑色，可判读为水体。20世纪60年代以后，由于黄羊河水库建成，输水渠道渗漏减少，不仅无地面水补给，地下水位也不断降低，黑马湖完全失去了水源补给，1988年全部干涸。湖泊萎缩干涸的同时，河流下游湿地植被明显衰退，生物多样性趋于降低。20世纪50年代以前，民勤绿洲地下水埋深多在1～3 m，北部湖区小于1 m，土壤常处于湿润甚至渍水状态，形成依赖地下水生活的草甸草本及中生、旱中生的小乔木、灌木、半灌木疏林、灌丛草地。20世纪六七十年代以来，高强度开发地下水造成的水位下降，导致湿生系列的草甸植被生长衰退，青土湖2 m多高的芦苇消失，萎缩成适应土壤干旱、只数厘米高的鸡爪芦苇。马兰、拂子茅几乎绝迹，已被盐生的盐爪爪、花柴所取代；弃耕地上的湿生植被为旱生的白刺灌丛所取代。总之，由于地下水储量减少，水位下降，植被演替趋势是由湿生系列向旱生、盐生、沙生系列演替。

2000年，石羊河流域水资源总量为16.76×10^8 m^3，其中地表水资源量14.90×10^8 m^3，地下水资源量1.86×10^8 m^3，实际已利用水量20.23×10^8 m^3，已经超过本流域的水资源总量3.47×10^8 m^3，水资源总量实际利用率已高达121%，远远超过国际公认的地表水合理开发标准（30%）和极限标准（40%）。目前，全流域灌溉面积约29×10^4 hm^2，人口约223×10^4人，分别是河西内陆河地区总灌溉面积、总人口的约1/2。流域人均水资源占有量不足500 m^3，耕地亩均水资源占有量仅298 m^3，年超采地下水4.3×10^8 m^3。国际上，一般认为每人每年再生水资源拥有量少于1 700 m^3，就有水资源压力，少于1 000 m^3则"水资源稀缺"，少于500 m^3则该地区注定生活在"水贫困线以下"。因此，石羊河流域成为我国内陆河流域人口最密集、水资源开发利用程度最高、用水矛盾最突出、生态环境问题最严重的流域之一，有些地方甚至已危及人类生存，引起社会各界的广泛关注。

2. 黑河流域

位于黑河尾闾的居延海（包括古居延泽、索果淖尔和嘎顺淖尔）距今20 ka前最高湖面海拔约933 m，最大水域面积曾达7 370 km^2。居延是匈奴语，《水经注》中将其译为弱水流沙，唐代起称之为居延海。其湖面因额济纳河的改道而时有变动，自元代以后开始解体，清代以来又分成了东部的索果淖尔和西部的嘎顺淖尔。两湖之间相距约 30 km，平均水深 1.5 m，湖面上碧波荡漾，湖畔芦苇丛生，湖中生长着鲤鱼、鲫鱼、大头鱼、草鱼等鱼类，天鹅、大雁、鹤、水鸭等常来此栖息。历史上的居延海水量充足，湖畔是美丽的草原，有着肥沃的土地，丰美的水草，是我国最早的农垦区之一。居延海还是穿越巴丹吉林沙漠和大戈壁通往漠北的重要通道，是兵家必争必守之地。《史记·匈奴列传》中记载："（汉）使强弩都尉路博德筑城居延泽上。"1930—1931 年，中国和瑞典联合组织的西北科学考察团在居延发现东汉以前木简 1 万余枚，1973 年，又出土 2 万余枚。这些汉简大多是公元前 73 年至公元前 48 年间的屯戍文书，是中国现存最早的官方文献，极为珍贵。唐代，著名诗人王维曾在湖畔驻足，写下了著名的《出塞》一诗："居延城外猎天骄，白草连天野火烧。暮云空碛时驱马，秋日平原好射雕"。宋代，这里在西夏国的统治之下，是当时西夏政治、经济、文化中心之一。

元代及明中叶，经济活动主要集中在河西走廊，黑河中游大规模兴修水利使下游地表径流相应减少，加之泥沙淤积，古居延泽首先趋于缩小干涸。20 世纪以来，河水主要汇入东、西居延海，至 1958 年西居延海水面仍达 262 km^2。东居延海距西居延海东部约 30 km，1958 年水面面积达 35.5 km^2、蓄水量 $0.364\times10^8\ m^3$。据计算，当时居延海的水面蒸发量约 $3\times10^8\sim4\times10^8\ m^3$，因此，20 世纪 50 年代流入东、西居延海的水量应在 $4\times10^8\ m^3$ 以上。据统计，处于黑河中游的张掖地区 1949—1984 年灌溉面积扩大了 100×10^4 亩以上，毛灌溉定额以每亩 580 m^3 计，增加农业灌溉用水就达 $5.8\times10^8\ m^3$（张掖地区下游灌溉面积扩大尚未计在内）。额济纳河以上农田灌溉面积和弱水三角洲草场灌溉面积扩大，用水量已远远超过 $4\times10^8\ m^3$，无疑是近 50 年来入湖水量不断减少（约减少 $7\times10^8\ m^3$）乃至湖泊最后干涸的主要原因。据正义峡水文站资料，20 世纪 40 年代额济纳河径流量为 $10.57\times10^8\sim13.3\times10^8\ m^3$，90 年代中期减少到 $1.8\times10^8\sim2\times10^8\ m^3$，而且来水季节错位，春夏无水，河水断流，使这里变成干涸的沙质干河床。湖泊因得不到地表水的补充，水位持续下降，水质逐渐恶化，东、西居延海分别于 1961 年、1992 年相继干涸，造成居延绿洲大面积退化萎缩。历史上水域面积曾达数千平方千米的古居延泽，现只剩东居延海和尽素图海子（天鹅湖）两个湖泊。居延海的干涸使得附近地下水位持续下降，根据计算西居延海附近的地下水位平均每年下降 20 cm，东居延海附近地下水位每年下降 10 cm，说明湖区周边的生态环境退化程度十分严重。西居延海自1961年干涸以来，一直被白茫茫的盐漠和黄沙覆盖，成为飞扬沙尘的发源地之一。与20世纪50年代相比，额济纳河沿岸胡杨、沙枣林在20世纪90年代减少了54.6%，柽柳林减少了33%，导致荒漠化土地迅速扩张。

3. 疏勒河流域

疏勒河流域生态系统与水资源的开发利用状况有着密切的关系。在流域未被开发以前，水资源主要消耗于天然的生态环境系统。疏勒河东支和石油河下游尾闾的花海，距今20 ka前湖泊面积曾达445 km^2。清代徐松《西域水道记》卷三记载：查华（花）海子逼近赤靖等处营汛，南通青海，北接北路卡伦，留牧未便。盖海滨广斥，故饶水草，海子长一百六十里，北与湃带湖相连，其西为布鲁湖。后因疏勒河在大坝洪积扇摆动的自然改道与人工筑坝开渠，入湖水量大减，湖面迅速缩小。花海因遍地红柳似海而得名，但由于水源大量减少，土地已经沙化。在地下水位较浅处，尚有高5～10 m的红柳沙包，而地下水位较深处，则一片风蚀流沙。1999年前，除北石河下游终端、花海湖泊的残余干海子（海拔1 204 m）外，再无地表水形成荒漠化的干湖沼与沙丘景观。干海子湖面约300 hm^2，水深0.1～1.5 m。湖内植物主要为宽叶芦苇，湖泊周围植物主要为红柳灌丛，湖内栖息着26种候鸟和留鸟，其中有白天鹅、大白鹭、灰鹭、灰鹤、赤麻鸭等，1982年4月干海子被辟为甘肃省鸟类自然保护区。因多年前在北石河南岸的三墩滩、比家滩一带移民开垦耕地，干海子上游水源被截引，至1999年6月河湖系统彻底退化，鸟类自然保护区也名存实亡。偌大的花海湖泊，2 000年来，竟消失于20世纪末倡导生态保护的今日，令人痛惜。

历史时期疏勒河河湖沿岸疏林灌丛较为茂盛，加之野生动物时常出没于此，不乏景观优美的地方。据《安西县志》记载，清雍正年间，布隆基古城有“古木参天”之说，布隆基至现今饮马、蘑菇滩一带曾是一片完整的草原。西湖等地有胸围数米的大榆树和大杨树，原有灌木林约3.3×10^4 hm^2，到20世纪80年代只剩下约0.7×10^4 hm^2，灌木的生长发育明显衰退。由于水资源分布格局发生变化，下游地区地下水位下降，减少甚至切断了地下水对天然林木的水分补给。流域内，林草茂盛的景观大部分已不复存在。锁阳城镇（原踏实乡）桥子村的草湖（古冥泽遗存）面积1995年比20世纪50年代减少90%，芦草沟的芦苇50年代高达2 m，到1993年已全部枯死。踏实黄水桥以东的草原，覆盖度由20世纪50年代的61%下降为1993年的40%，平均草高由70 cm降为30 cm，草产量降为50年代的1/3，而且草场中盐碱化面积占 60%以上。

过去疏勒河干流、党河经常有水流入下游的终端湖哈喇淖尔。《沙洲都督府图经》载："兴胡泊（即哈喇淖尔）东西十九里，南北九里，深五尺。右在州西北一百一十里。其水咸苦，唯泉堪食，商胡从玉门关道往还居止，因以为号。"清乾隆年间，哈喇淖尔东西长约 12.5 km，南北宽约 2.5 km，总面积约有 60 km^2。自 20 世纪 60 年代以后已无水流入，造成了哈喇淖尔完全干涸，成为一片盐碱滩。敦煌玉门关到马迷兔一带，由于地下水位下降，原来的芦苇草甸大部分已经退化为盐生和沙生植物群落。敦煌市人口已由中华人民共和国成立初期的 3.6×10^4 人增加到现在的 17.5×10^4 人，灌溉面积由 13.4×10^4 亩增加到 35.1×10^4 亩。由于人口和耕地的增加，地表水源明显不足，超载利用地下水已导致地下水补给锐减，引起地下水水位大面积下降，地表植被退化，地下水矿化度提高，致使月牙泉湖泊水位大幅度下降，湖水面积持续萎缩。近年来，党河上游阿克塞县实施"引党济红"工程分水 500×10^4 m^3，月牙泉治理回灌年用水 600×10^4 m^3，以及人口和耕地面积的急剧增加，已造成党河断流，水资源供需矛盾十分突出。据测算，现在敦煌全市各类用水年需3.62×10^8 m^3，党河实际来水量不足 3×10^8 m^3，缺口甚大，成为制约敦煌市可持续发展的重要因素。为此，不少地方人士提出"引哈入党"工程设想，计划每年从大哈尔腾河引水 1.2×10^8 m^3进入党河，以保持敦煌生态平衡。

河西地区是以农业为主要发展模式的地区，加上农业灌溉技术相对落后，计划用水和节约用水的观念不强，节水宣传的措施也不够得力，存在用水结构不尽合理的现象，水资源优化配置格局尚未形成。目前，河西地区总耕地面积 $1\,281.04\times10^4$ 亩，总灌溉面积 $1\,094.96\times10^4$ 亩，其中农田有效灌溉面积 968.24×10^4 亩，灌溉林果地 114.10×10^4 亩，灌溉草场 12.62×10^4 亩，人均灌溉面积 2.34 亩。农田实灌面积为 918.22×10^4 亩。粮食总产 217.54×10^4 t，平均亩产 225 kg，人均粮食占有量 465 kg，大小牲畜 891.45×10^4 头。在现状用水结构中，农业是用水大户，用水量达到 68.66×10^8 m^3，工业用水 3.26×10^8 m^3，生活用水 1.13×10^8 m^3。

二、区域可持续发展对策

（一）合理配置水资源，建设节水型社会

河西地区气候干旱，地下水绝大部分来自地面河水渗漏，而各河中下游的径流量，又以地下水为其主要组成部分，河水与地下水之间，有规律地大量反复转化。正因地下水由地表水渗漏补给，河流上游修建蓄水工程和灌区

改建后，必将引起地下水动储量和泉水溢出量的减少。因此，环境整治的途径是按流域成立有权威的、统一的水资源分配和管理机构，优化配置和合理利用水土资源。例如，为了缓解黑河流域下游的生态用水，按照国家的甘蒙分水方案，自2001年开始，张掖市在三年内必须达到平均下泄 $9.5\times10^{8}\ m^{3}$ 水的目标，这就意味着张掖市每年减少相当于 $4.8\times10^{4}\ hm^{2}$ 耕地的用水量。如此大的节水任务，仅仅依靠技术的进步和管理水平的提高是不可能实现的，因为随着技术的进步和管理水平的提高，水资源利用虽然会不断趋向集约化，水资源承载力会得到提高，但是集约利用程度要受成本比较利益和生态安全的限制。从长远来看主要应通过产业结构调整特别是农业结构的大规模调整来实现。

本区农业以种植业和养殖业为主，种植业以玉米制种，生产小麦、大麦和马铃薯为主，这些作物耗水多，效益低。由于以单纯的绿洲农业开发为主，地方工业发展缓慢、基础差，“高产穷队、穷县”现象非常普遍。有研究表明，玉米制种的生产效益只有生产蔬菜的1/49，生产蘑菇的1/87，加之粗放型的大水漫灌，不仅严重浪费水资源，反而会加速土地的沙化与盐碱化。因此，农业欲走高产、稳产、优质、高效的可持续发展之路，需要转变传统的农业生产观念，大力发展生态农业，加强农业科技攻关，优化产业结构，发展适应当地气候条件的低耗水作物，降低粮食作物种植比例，培育“节水型、高效益”的新型农业体系。目前，河西地区农业用水比例依然过高，难以满足工业与城市发展及生态安全需水要求，严重制约了区域可持续发展。为此，必须改进河西走廊的灌溉技术与灌溉制度，调整农业结构，提高水生产效率和经济效益、生态效益。

实践表明，常规的节水灌溉技术（改大水串灌、漫灌为沟畦、小块灌溉）节水率达到10%左右，以地膜覆盖为主的保护地栽培节水率为20%～30%，间混套种植比单作节水20%以上，喷灌在河西走廊节水可达30%，滴灌、渗灌节水更能高达60%～80%。但是，在家庭小规模经营下，管道灌溉、喷灌和滴灌等灌溉技术成本高，农民难以承受，现阶段节水灌溉技术应仍以大田作物应用为主。本区从20世纪70年代末就开始了春小麦和玉米等农作物的灌溉试验研究，基本上得出不同地区、不同农作物的最佳灌溉定额的灌溉制度。根据多年试验，常规灌溉技术条件下，黑河地区春小麦最佳灌溉定额在300～353.3 m^{3}/亩，玉米最佳灌溉定额在420 m^{3}/亩左右，油料、甜菜最佳灌溉定额在353.3 m^{3}/亩，蔬菜的灌溉定额在453.3～473 m^{3}/亩。根据讨赖河灌溉试验站春小麦灌溉试验资料，发现产量并不是随灌水量呈线性增加的，而是增加到一定值后随灌水量增加而减少，其最佳灌溉定额在 353.3 m^3/亩。但是，在实际灌溉过程中，由于大水漫灌、串灌，河西走廊的现状灌溉定额往往超过上述最佳灌溉定额，致使紧缺的水资源不仅没有充分发挥其应有的生产效率和经济效益、生态效益，反而加剧了土壤盐渍化。因此，对比现状灌溉定额与最佳灌溉定额以及不同农产品单方水的经济效益，河西走廊农业节水潜力还十分可观。

本区紧密围绕内陆河流域综合治理，大力实施城乡融合、工业强区、生态立区战略，坚定不移地推进"设施农牧业＋特色林果业"的主体生产模式，加快节水型社会建设步伐，加大农业结构调整力度，加强生态文明建设，增强可持续发展能力，逐步构建起与水资源相适应的发展模式。本区通过建立节水自律、内涵集约的发展模式，把高效节水作为解决水资源短缺及水环境问题的主要手段，促进经济发展方式转变，使经济、资源、环境得到协调发展。

（二）加强内陆河流域综合治理，防止荒漠化

河西地区植被以荒漠植被为主，植被稀疏，结构简单，种类较少，虽有可供开发的绿洲农业，但生态系统还是比较脆弱的。荒漠化一般是在生态系统脆弱、不稳定的基础上，由不合理的生产活动触发和加速的结果。研究表明，导致土地荒漠化的原因是复杂的、多方面的，既有自然的原因，又有人为的原因，且二者相互交叉。但在一定时期内，自然因素和人为因素在土地沙漠化过程中所居的地位或影响量级会有变化。根据古城废弃、湖泊退缩、频降尘期等发生时代的相对一致性，基本可以确定历史时期河西走廊荒漠化过程存在三次大发展时期，即南北朝、唐末五代和明清两朝，它们均对应近 2 000 年来的气候干冷阶段。清代中期河西走廊东段人口密度突破了干旱地带人口压力的"临界指标"，水资源利用率超过 40%，是湖沼湿地干涸、荒漠化土地迅速扩大的主要原因。

河西地区是我国荒漠化最严重的地区之一，其荒漠化主要类型有风蚀荒漠化、水蚀荒漠化和土壤盐渍化。全区现有各类荒漠化土地 21.3×10^4 km^2，其中分布最广泛的沙质荒漠化土地有 17.59×10^4 km^2。根据研究，1949—1995 年，河西地区的景观要素变化主要为耕地、草地、林地、固定沙地和半固定沙地，主要的转化形式有流动沙地与固定沙地、半固定沙地间的相互转化，盐碱地、耕地、草地、固定沙地、水域等向半固定沙地的转化，草地和水域向固定沙地的转化，各种不同土地类型向潜在荒漠化土地转化，以及耕地、林地、草地三者之间的相互转化。河西地区的荒漠化主要发生在三大内陆河流域的尾闾地区，其中黑河流域的下游地区主要位于内蒙古自治区境内。因此，加强内陆河流域综合治理是防止荒漠化的基本途径。

例如，针对中国第二大内陆河——黑河水资源供需严重失衡、流域生态急剧恶化的状况，中央机构编制委员会于1999年批准成立黄河水利委员会黑河流域管理局，负责对黑河流域实行水资源统一管理。2000年7月，经水利部和黄河水利委员会授权，黑河流域管理局正式对黑河干流的水量实施统一调度。2002年7月17日，河水首次流入东居延海；2003年9月24日，首次流入干涸42年的西居延海。随着连年补水，东居延海在2004年8月20日以来，已连续多年没有出现干涸现象。至此，东居延海水面面积达到38.5 km^2，蓄水量达到4 720×10^4 m^3。经过多年的努力，黑河水量统一调度取得显著生态效益和社会效益，东居延海基本恢复到20世纪50年代的水平，遏制了下游生态日益恶化的趋势。

同样的事例，还有石羊河流域综合治理取得的成效。石羊河全流域坚持“南护水源、中调结构、北治风沙”的方针，围绕“节水、治沙、造林、防污”四项重点，大力实施生态立区战略，加大防沙治沙和造林绿化力度，探索建立“国家有投入、科技做支撑、农民有收入”的生态建设长效机制，着力推进生态环境持续改善。自2006年石羊河流域重点治理应急项目启动、2007年12月《石羊河流域重点治理规划》批复实施，干涸51年之久的青土湖出现了10 km^2的季节性水面。截至2012年年底，全区用水总量由2006年的12.53×10^8 m^3减少到现在的10.22×10^8 m^3，蔡旗断面过水量超过3.47×10^8 m^3，地下水开采量由4.58×10^8 m^3减少到3.53×10^8 m^3，地下水水位下降趋势得到有效遏制，石羊河流域重点治理两大约束性指标提前8年完成。

（三）加快城市化发展与城镇体系建设

河西地区现已形成3种不同类型的城市。高度专业化的原材料工业城市，包括金昌、嘉峪关和玉门，是分别伴随着龙首山镍矿、镜铁山铁矿、玉门油矿及附近主要矿产资源开发形成的以有色金属、钢铁、石油采炼和化学工业为主导的工业城市，金昌已成全国的镍都，嘉峪关市已成为西北最大的钢铁工业基地。以绿洲经济为特色的区域综合性中心城市主要有武威、张掖和酒泉，因其地理位置而成为历史文化名城，是地区性政治、文化、贸易中心、农产品集散地和以当地农副产品、土牧产品为主要原料的加工业城市。旅游业城市以敦煌最为典型，嘉峪关、武威、张掖、酒泉等城市旅游业也很发达，它们是因闻名遐迩的名胜古迹而发展起来的。显然，上述城镇的职能以综合性居多，专业性城镇较少。综合性城镇占总城镇的93.5%，专业性城镇仅占

6.5%。同时，综合性城镇产业结构层次较低，趋同性严重，影响了其职能的发挥。4个区域性中心城市，除敦煌旅游业较为发达外，酒泉、武威、张掖均以制造业、建筑业、批发零售餐饮业、交通运输业等地方性产业为主，同质化严重，缺乏带动城市腹地发展的新兴产业，导致城镇处于低水平的中心地综合服务职能阶段上。各城镇间经济互补性差，在物资、人员、资金、信息等方面的交流有限。金昌、嘉峪关、玉门3个专业性矿业城市的职能影响范围已超出河西，具有大区级、全国性意义，发挥了其自身的资源优势。但由于产业结构单一，优势资源开发难以转化为地方经济优势，严重的“二元结构”不能带动地方经济和城市化的长足发展。

高翔曾采用阈值模型计算表明，未来30年在不跨区调水的条件下，河西走廊总需水量的上限阈值为78.10×10^8 m^3，对应的地区生产总值阈值为1 807.5亿元，历年平均增长速度最快可达到6.91%，第一、第二、第三产业结构调整优化阈值为18.99∶47.20∶33.81。在总需水量阈值、经济总量阈值、经济增长阈值、用水结构与产业结构调整优化阈值和经济增长速度不低于7%、农业用水按0.61%的速度退水、生态用水比例不低于13%等多重条件约束下，求得河西走廊未来30年能够达到的总人口阈值为582.45×10^4人，城镇非农业人口阈值为204.69×10^4人，城市化水平阈值为35.14%，这一水平仅相当于中国2001年的平均城市化水平，可保证约有87万农民进入城市或城镇居住，其中约有75万农民进入城市，约12万人进入建制镇居住。按照城市发展的阶段性规律，在不考虑政策和户籍制度变化、跨区调水13×10^8 m^3等因素的前提下，河西走廊未来城市化水平最高可望达到47%。为了确保城市化水平达到这样的阈值水平，确保干旱区城市在水资源约束下实现可持续发展，最经济、最节水的城市化发展方针为：禁止发展特大城市，有选择地培育一个大城市，积极发展中小城市，科学发展小城镇。城市竞争与扩张坚持以人为本，以水为生命线，以经济发展为动力，以城市规划为法定依据。

目前，河西走廊城镇体系呈不规则“丰”字形排列，但城市规模普遍较小，分布散，缺少能带动全区的经济增长极。金昌、嘉峪关两个工业城市独自经营，武威、张掖、酒泉的带动能力不够，其他的小县城更不具备此能力。河西地区作为比较完整和独特的地理单元，理应形成一个首位度高的区域性中心大城市。但狭长的走廊地形，辐射余地太小，很难形成一个带动全区的中心大城市。应沿走廊逐步形成4个区段城市群落：武威—金昌、张掖、酒泉—嘉峪关—玉门、敦煌—瓜州。根据“控制大城市的规模，合理发展中等城市，积极发展小城市”的城市建设方针，本区应优先发展中等区域性中心城市。中等城市在人口、空间、经济、技术 4 大要素上易组合而较有活力。武威、金昌、酒泉、嘉峪关、张掖、敦煌等具有发展成中等城市的基础条件，应加强城市基础设施建设，充分发挥主导产业的作用，通过主导产业链的延伸来增强城市的内聚力，从而不断增强其辐射力和吸引力，使之及早达到中等城市规模。小城镇是乡镇企业布局的最好地方，宜吸纳农村剩余劳动力，融合城乡经济，在中等城市与农村之间起桥梁和中介的作用。

酒泉—嘉峪关是甘肃省地理位置很近、发展基础条件较好、产业互补性较强、人文风俗相近的城市区域，是河西地区经济发展的重要增长极，在全省乃至全国的发展中占有举足轻重的地位。考虑到河西地区目前没有一个大城市带动，实施酒嘉区域经济一体化，可为西陇海—兰新经济带的兰州—乌鲁木齐“低谷段”提供重要支撑点和为西部开发提供次级中心城市。其中，嘉峪关市将依托酒泉钢铁公司，继续发挥其作为西北地区最大的钢铁工业基地的作用，经济以发展黑色冶金业和旅游业为主；酒泉市将建设成为以商贸、旅游为中心的河西走廊区域性中心城市、航天城和核工业城，以及具有古城风貌的旅游服务基地。在河西地区的城镇体系建设中，还应积极发展县域城市经济和小城镇，增加辐射力，逐步形成农村经济发展的辐射中心；利用资源、产品优势，配置第二、第三产业增长极，加快非农业发展；利用区域经济环境，引进资金、技术、人才，发展同大工业相关的第二、第三产业；利用亚欧大陆口岸的开通，发展创汇农业。考虑到河西地区巨大的农业生产量需要很好的信息平台以使其转变成较高的经济收入，农村信息化建设也亟待加强。

第三篇　专　论

第十章 史前文化及人地关系演变

章前语

中华文明的起源，一直是国内外考古学界、文化地理学界的热点问题。关于中华文明的起源，有中原中心说和多元说之争。“中华文明探源工程”根据第一阶段研究成果提出：中华文明并不是只在一个地方起源然后辐射四周。甘肃南北介于青藏高原北缘及其东延的西秦岭（陇南山地）和内蒙古高原之间，西有水热、土层条件组合好的河西走廊绿洲，东有黄土层厚、雨热同季的黄土高原和黄河中上游诸河谷，是中华文明的重要发源地之一。甘肃作为中国旧石器的最早发现地，中国已知最早的新石器时代遗址和青铜器发现地，中国彩陶起源最早、发展时间最长、分布范围最广、艺术成就最高的省区，在全国具有独特的重要地位。探求中国文化地理的一系列核心问题，诸如中华文明起源的时间和地点、文明起源的地理环境、农业、文字和早期城址的出现地域，都必须求诸甘肃。研究表明，省境史前时代的族群迁徙相当频繁，人地关系演变具有阶段性的特点，气温、降水量和河流高度等自然地理环境是史前文化分布、人类活动规模以及生业方式变化的基本原因。

关键词

文化序列；源头文化；空间分布；人地关系演变；环境背景

人类文明的起源问题主要依靠考古发现来论证，这是当今世界通用的研究方法。在现代语境中，“文明”与“文化”这两个词通常被互换，本书采用较为狭义的解释，即将文明放在文化之上。在时间上，还未进入文明门槛的史前文化称为“文化”。关于文明开始的标志，国内外学者曾提出了许多看法，但以“三要素”类最具代表性。1968 年，英国学者丹尼尔在其《最初的文明：关于文明的起源的考古学研究》中提出了“文字、城市、复杂的礼仪中心”三要素，且认为一个社会只要具备其中两项，即可判定为文明。1977

年，日本学者贝冢茂树在《中国古代史学的发展》中提出了“青铜器、文字、宫殿基址”三要素。1985年，夏鼐提出了“青铜器、文字和城堡”三要素。次年，苏秉琦又提出了“古文化、古城、古国”三要素的说法。这种“博物馆清单式”或要素综合论的文明观，虽然对于人们理解世界文明的起源和产生具有一定的指导意义，但也难以适应各地文明起源的多样性和区域性。就目前的考古发现而言，如果以农业的起源作为文明的起点和基础，则甘肃最早的文明社会大约起源于距今8 000年前；如果以中心聚落演进为初城和礼仪中心等为依据，则甘肃约在仰韶晚期至龙山时代早期（公元前3000—前2500年）进入文明社会阶段。

第一节　史前文化序列与源头文化类型

一、史前文化序列

省境中部的泾、渭二河上游诸河谷，是中华文明的摇篮，也是中国农业起源地，旧石器时代（原始社会早期）就有人类在这里活动。从20世纪20年代至今，中外地质、地理与考古学者，先后在本省的黄河与长江流域以及河西内陆河流域，发现过较多的史前人类文化遗址。1920年，法国人桑志华（Pere E. Licent）在庆阳市华池县王嘴子乡银坪村的杨集沟东岸，距县城45 km处赵家岔洞沟的黄土层下的阶地砾石层中，发现了一块人工打击的石核和两件石片。这是中国第一批有正式记录的旧石器。1976年，在泾川县泾明乡牛角沟，首次发现人类头骨化石，经鉴定可能属于晚期智人阶段的人类遗骸，时代属于旧石器时代晚期。上诸泾河各支流谷地黄土层下砾石层中先后发现的数百件旧石器，均可说明史前人类在陇东广泛分布。1986年在武山县鸳鸯镇榜沙河北入渭河处，又发现早期人类头骨化石，据^{14}C年代测定距今38 ka左右，属旧石器时代晚期。这是甘肃中部首次发现人类化石，可称为“武山人”，与陇东区泾川牛角沟的人类头骨化石属于同期。

1923—1924年，当时被中国北洋政府聘为农商部矿政司顾问的瑞典学者安特生（J. G. Andersson）在洮河流域进行地质考察时，发现了马家窑、齐家坪等多处史前文化遗址，揭开了本省新石器时代至青铜时代考古的序幕。近一个世纪的甘肃考古研究表明，省境最早的新石器考古学文化可追溯到全新世早期。一般说来，距今4 000年以前的新石器时代，发育在黄河中下游地区的有仰韶文化和龙山文化两个系统。与黄河中下游相比，甘肃省的史前文化具有显著的特征和不同的类型，因此有人将之突出列为黄河上游的史前文化类型——甘肃仰韶文化（或彩陶文化）。秦安大地湾遗址包括数期文化堆积，其中一期文化的年代在公元前5800—前5300年，被考古学界视为前仰韶文化遗存，此后的数期文化分别具有仰韶文化早、中、晚期的特点。马家窑文化是由甘肃东部延伸到青海东部及四川西北部的重要新石器时代文化遗存，根据文化特征的变化从早到晚可将其分为马家窑类型、半山类型和马厂类型。

近一个世纪的甘肃考古研究表明，省境最早的新石器考古学文化可追溯到全新世早期。如果把研究时段的上限定在大地湾一期文化（老官台文化），下限定在春秋战国时期，根据现有的考古资料，甘肃省的考古学文化序列大致为：大地湾一期文化，仰韶文化（包括早、中、晚期），常山下层文化，马家窑文化（包括马家窑、半山和马厂三种类型），齐家文化，四坝文化，辛店文化，寺洼文化，沙井文化，周文化，春秋战国、秦文化。各考古学文化的^{14}C测年及文化的延续时间和平均年代见表10.1。

表10.1　甘肃及毗邻地区考古文化年代表

遗址发现地点	相对年代	绝对年代范围/aBP	绝对年代均值/aBP
甘肃秦安大地湾	大地湾一期	8 000～7 500	7 750
陕西宝鸡北首岭	仰韶早期	7 000～6 000	6 500
甘肃秦安大地湾	仰韶中期	5 900～5 500	5 800
甘肃秦安大地湾	仰韶晚期	5 800～4 900	5 000
甘肃临洮马家窑	马家窑文化马家窑期	5 000～4 700	4 850
甘肃广河半山	马家窑文化半山期	4 700～4 300	4 500
青海民和马厂塬	马家窑文化马厂期	4 300～4 000	4 150
甘肃镇原常山	常山下层	4 600～4 200	4 400
甘肃广河齐家坪	齐家文化	4 200～3 700	3 950
甘肃山丹四坝滩	四坝文化	3 900～3 400	3 650
甘肃临洮辛店	辛店文化	3 400～2 800	3 100
甘肃临洮寺洼山	寺洼文化	3 400～1 100	3 250
甘肃民勤沙井	沙井文化	3 000～2 600	2 800
	周	3 015～2 721	
	春秋战国、秦	2 720～2 156	2 430

二、大地湾文化

大地湾遗址位于天水市秦安县城东北 45 km 处的五营乡邵店村东之清水河南岸阶地以及与其相连的缓坡山地，海拔 1 458～1 673 m。遗址所在的清水河流域属温带半湿润气候，年平均气温 8.8 ℃，降水量 550 mm，无霜期 161 d。从 1978 年至 1982 年，经过 5 年的挖掘，清理出新石器时代早、中期的大量房址、灰坑、窑址和墓葬，生产工具数以千计，还有大批生活用具、武器和装饰品。在这个遗址中，有距今 7 350～7 800 年的一批房址和墓葬，遗迹和遗物揭示出新石器时代早期渭水流域的经济发展状况和原始氏族的生活、丧葬习俗。它是我国目前发现的年代最早的新石器时代遗址之一，比广为人们所知的河南渑池仰韶村和陕西西安的半坡村遗址都要早。1988 年，国务院将其公布为全国重点文物保护单位，2001 年被评为 20 世纪中国百项考古大发现之一。大地湾文化是我国黄河中上游地区最具代表性的史前考古学文化，因其属于新石器时代早期，遂成为华夏多个起源中心之一。

(一) 初城式的大型环壕聚落

大地湾遗址分为河流阶地和缓坡山地两部分，总面积约 110×10^4 m^2。其中，河流阶地位于西北部，平坦宽阔，面积约 35×10^4 m^2；缓坡山地多为水平梯田，暴露出丰富的文化层及各类遗址，面积约 75×10^4 m^2。目前，这里已清理房址 240 座、灶址 98 个、灰坑和窖穴 352 个、墓葬 69 座、窑址 35 座以及沟渠 12 段，出土陶器 4 000 余件，石器（包括玉器）近 2 000 件，为一超大型聚落所在。晚期（公元前 3500—前 2800 年）遗址由数个独立小区组成，其核心都有中央功能区，在夯土台基上建有大型建筑。这里发现有平地起建、居住面多以白灰面涂抹或青灰色料礓石渣和细沙混合筑成的房屋，屋前有与住室相通的“凸”字形门斗，标志着人类的居住方式从半穴居向地面建筑迈进。

在整个遗址中部，编号为 F901 的房址，是迄今为止年代最早、规模最大、最具中国建筑风格（布局规整、平衡对称）的“宫殿式建筑”，建造时间为距今 5 000 多年（仰韶文化中期）。它由主室、东西两侧室和后室、门前附属物构成，总面积 420 m^2，并在墙壁、门、灶台的设计布局上增加了防火保护层。这个特殊而又超大的“大房子”的前半部分是一个由两根直径 0.9 m 的大柱撑起的大殿，殿中设有一个直径达 2.5 m 的火盆。大殿的地板涂有一层由碎陶和碎骨制成的光亮保护层，疑似水泥磨面。殿外的前庭似乎是一个有顶盖的会议场地，其顶盖有两列巨柱支撑，而它的正面排列着有装饰性质的青石块。大殿向南，内中出土了一些象征权力的器物，包括一个祭祀用的巨大三角陶鼎、一把巨型石斧和一个巨大的长方形石盘，后二者也可能是祭器。该宫殿式建筑的功能包括了作为氏族联盟领袖的行政中心和官邸，同时也是一个重大的区域性政治和宗教集会的场所。在F901的旁边，是另一个大型建筑F405。这是一个南向、方形、面积约150 m^2 的复杂建筑，四面有围墙，其北、东及西墙在中部开门，其内也发现一个巨大石壁。它似乎是用以祭天的社坛建筑。值得一提的是，考古工作者还在F405大房址挖掘到一件象征权力的权杖，这是当时氏族首领使用的，它表明氏族首领具有至高无上的权力。

在大地湾一期遗存，聚落内的房址、灰坑和墓葬呈现插花式分布，显示出十分原始的特点。而到了距今约6 000年的二期遗存，因特点不同大致可分为前后两个阶段。前段的村庄四周有壕沟，壕沟将村庄围成椭圆形。在大地湾二期后段，聚落内却出现了多个中心，表明最初的向心式格局已被社会组织结构的发展所打破。到距今约5 000年的大地湾四期，聚落面积分布巨大，巨型建筑物密集，可见当时聚居的人口众多，初步显示出了城乡分化的特征。香港大学薛凤旋教授指出，大地湾二期体现了由新石器晚期以氏族为基础、拥有“大房子”的大型聚落（中心聚落）向中国传统国都（即紫禁城式的宫殿—庙宇—行政中心三元功能的国都）的核心的过渡。它可能是《周礼·考工记》中有关传统国都规划的准则“前朝后寝”的先行者，是已发现的黄河中游当时最大的行政中心，亦可能发展出古城古国的雏形。可见，从一般聚落遗址发展为聚落群以及某些中心遗址，其规模、工艺和布局无疑显露了城乡最初分化的特点，亦即大地湾遗址已具有初城的性质。

（二）最早的彩陶和绘画

大地湾一期遗址中出土的三足钵等200多件彩陶，是我国迄今为止发现的时间最早的一批彩陶，由此证明中国的彩陶是由本土发展起来的。大地湾一期遗址的^{14}C年龄为距今8 170年至7 370年前（经校正），因此，大地湾文化的彩陶是迄今所知中国最早的彩陶。世界上最早的彩陶是古巴比伦底格里斯河和幼发拉底河流域出土的耶莫有和哈孙纳彩陶。大地湾一期彩陶，年代接近两河流域，同属世界上最古老、最原始的彩陶文化。大地湾遗址出土的陶器，不仅是发现最早的陶器，而且陶器口沿上多绘有红色宽彩带，是中国最原始的彩绘图案之一。这些陶器以生产、生活用器为主，形状有圆底钵、三足钵、三足罐、圈足碗、小口瓶、尖底瓶、口足鼎、平底釜、条形盘、深腹罐等。大量早期彩陶制品以绘有变体鱼纹和鸟纹相结合的花纹为主。庙底沟时期（距今5 500年左右）的甘肃彩陶已逐渐显出地域性的特点，变体鱼纹成为主要的彩陶纹样。在大地湾的一座庙底沟类型早期房基中，出土了一对变体鱼纹彩陶大盆，口径为51 cm。器形规整，陶器胎壁厚薄均匀，描绘鱼身的线条长达尺余，表现出很高的绘画技艺。

大地湾晚期F411房屋遗址内出土的地画，长约1.2 m、宽约1.1 m，用炭黑作颜料绘制而成。地画绘有2个人物、1个内有动物纹饰的长方形方框，以及其他零星笔画。这幅地画距今约5 000年，是迄今所知我国最早且保存完整的绘画作品之一，对研究中国绘画的起源和原始社会的绘画艺术有极其重要的价值。

（三）文字的萌芽地

文字是人类进入文明时代的重要标志。中国文字的产生和形成，经历了漫长的历史时期，是我们祖先在长期的社会实践中创造的。中国的文字，到商朝时期的甲骨文、金文已是成熟的文字，但产生的年代不可考。规范汉字是以象形字为基础的，而象形字的前身便是各种较为简单的图形符号。大地湾一期出土的陶器上共发现了十几种彩绘符号，有类似水波纹状的，有类似植物生长的，还有以直线和曲线相交的形纹等。例如，一些彩陶钵内绘着红色的独体符号。彩陶符号到刻画符号是遵循着由少到多，由简到繁的规律发展的。当时散居渭河流域的部落、民族，可能共同使用着一些属于指示系统的符号。这些介于图画和文字之间的彩绘符号，在年代上早于半坡时期的刻画符号达千年之久，又与仰韶时代种类逐渐增多的刻画符号有着非常密切的联系，有些刻画符号甚至与半坡的完全一致。郭沫若曾说：“彩陶上的那些刻画符号，可以肯定地说是中国文字的起源，或是中国原始文字的孑遗。”按此评判标准，大地湾遗址无疑为我国的文字起源提供了极为重要的资料和线索。

（四）农耕文明的诞生地

在大地湾一期编号为H398的灰坑中，采集到已炭化的禾本科的黍（俗称糜子）和十字花科的油菜，距今已经有7 800年左右，较半坡时期早1 500多年，是中国同类作物中时代最早的标本。它与国外发现最早的希腊阿尔基萨前陶器地层出土的标本年代相近。黍，也称黍、稷。卜辞中屡见黍字，在《诗经》中黍稷并提，泛指一般粮食作物。黍的发现表明当时居民已种植粮食作物黍，另外还种植十字花科的油菜作为副食品。出土的磨石、磨盘、陶刀、石刀等农业生产工具进一步证实了农业已经产生，并且超越了刀耕火种的最初阶段。由此说明，以大地湾遗址为中心的陇西黄土高原是中国旱作农业黍、稷的发祥地之一。

至仰韶晚期，大地湾遗址中发现的不少灰坑和用作储物品的窨穴，其建造形制由小变大，反映了这一时期农业产品的增多。兽骨在仰韶晚期地层中的普遍发现，反映了当时饲养业开始兴起。农业和畜牧业是人类社会发展到一定阶段的产物，它是人们的生产技术和经验积累到一定阶段才逐渐产生的。大地湾遗址的发现，无疑为“农业革命”的起源提供了早期的考古学资料。

三、马家窑文化

1923 年于临洮县洮河西岸马家窑村麻峪沟口发现的马家窑文化，反映了距今 5 000 到 4 000 年前甘肃地区母系氏族社会向父系氏族社会过渡的发展阶段，证明以农业为主兼及畜牧、渔猎和采集的多种经营已是当时社会经济的重要特色。1988 年，马家窑遗址被国务院认定为第三批全国重点文物保护单位，2001 年，被评为 20 世纪中国百项考古大发现之一。马家窑文化在一千多年的发展过程中，形成了自己的文化特征，重要遗址有东乡林家、临洮马家窑、广河地巴坪，以及兰州的青岗岔、花寨子、土谷台、白道沟坪与永昌鸳鸯池和青海乐都柳湾等 20 多处，分属马家窑、半山和马厂三种类型。马家窑类型的特点是灰层很厚，磨制石器比例较高，制作较精，如穿孔石刀、陶刀、石斧、石锛等与农业生产关系密切的工具数量较多，显示出农业经济的比重较大。半山类型分布范围基本与马家窑类型相同，但已逐渐西移，马厂类型的分布则更为向西。半山类型的殉葬物多精细花纹的彩罐，是彩陶文化高度发展的产品，男性墓的随葬品多石刀、石斧，女性墓多陶纺轮，反映了男耕女织的社会分工。晚期的马厂类型陶器以纹饰粗糙为特色，遗址曾发掘出套间房子，房内多储藏窖穴，反映出畜养业的成分逐步加大，具体表现在细石器数量的增加及制作奶制品器皿的出现上。

(一) 发达的彩陶

彩陶是人类社会从旧石器时代进入新石器时代的重要标志。在甘肃境内，曾发现了我国最早的彩陶，距今约 8 000 年。它历经大地湾文化、仰韶文化、马家窑文化、齐家文化、四坝文化、辛店文化、沙井文化，一直延续了 5 000 多年，形成了一部完整的彩陶发展史。其中，马家窑文化的彩陶，达到了彩陶艺术的巅峰，代表着中国彩陶艺术灿烂辉煌的成就。马家窑类型的主体是继承黄河流域的庙底沟类型发展而来的，后者的彩陶器形以盆、钵、碗等饮食器为主，但马家窑类型彩陶盆、钵、碗的装饰艺术有了进一步的发展，曾出现了越来越多的内彩花纹，图案由简单变为繁复。马家窑早期类型，主题纹样常饰于盆、钵内底部的圆形中。晚期的彩陶盆、钵内圆形底部和腹部一周的花纹联成整体，形成统一而又有变化的图案。

马家窑文化出土的陶器分泥质和夹砂两类，主要采用泥条盘筑和捏塑法制作，并利用转轮绘制同心圆纹、弦纹和平行线等纹饰，表现出了娴熟的绘画技巧。根据地层堆积，分早、中、晚三期。早期的陶器数量较少，主要有瓶、罐、盆、钵等，瓶多为喇叭口，罐为敞口，盆的口沿外卷，钵为圆唇。彩绘为黑色，纹饰以旋纹和弧线纹为主，线条粗健古朴。中期的瓶口沿向外翻转，颈部变长，罐的颈部变短，纹饰以弧形并列条纹为主，线条均匀细密，活泼流畅。晚期陶器数量最多，陶质较粗，主要器形有盆、钵、碗、壶、瓶、罐等。色彩也发生变化，出现了白彩，纹饰简化，以旋纹、平行条纹为主，黑白分明，对比强烈，是晚期的突出特点。彩陶纹饰艺术地再现了原始社会生活，如水波纹、旋涡纹、网格纹、草叶纹等，即反映了原始农业和渔猎的生活。

马家窑文化的彩陶不仅继承了仰韶文化庙底沟类型爽朗的风格，而且出土数量庞大、造型精美、色彩鲜艳，使甘肃赢得了“彩陶之乡”的美称。1954年，在积石山三坪发现的彩陶瓮，其造型优美，花纹精细，被称为“彩陶王”并保存在中国国家博物馆内。在我国发现的所有彩陶中，马家窑文化彩陶所占比例是最高的，而且它的内彩也特别发达，图案的时代特点十分鲜明。从大地湾一期和师赵村一期的条带纹，到马家窑文化时期的动植物纹饰，形象地描绘了彩陶由早期写实到后期写意的变迁，表现了自现实到抽象、从象生到象征的最早起源。马家窑彩陶绘制以毛笔作为工具，以线条作为造型手段，以黑色作为主要基调，无疑为中国绘画史拉开了序幕，堪称中国艺术的源头。

（二）以农为本的经济形态

马家窑文化作为中华文明的源头之一，其原始先民已经进入农业种植时代，大田作物主要种植粟和黍。这两种谷物的遗存曾分别于东乡林家遗址的窖穴和兰州青岗岔的房址中被发现。此外，在邻近的青海柳湾遗址马厂类型墓葬中，也发现有装在粗陶瓮中的粟，说明这种作物是当时人们的主要粮食。依托于原始农业，马家窑文化诸遗址都出现颇具规模的聚落和房址，其中属于马厂类型的永登蒋家坪遗址出土的房址不但有单间，而且出现双套间、多套间结构。这一切均显示了马家窑文化所代表的是一个高度发达的农业文明。

作为农业生产工具的石器，一般打磨精细，常有穿孔。有一种镰刀形制很特殊，也是长方形，但在一端刻成锯齿，为马家窑文化居民所独创。谷物加工工具则有石磨盘、石磨棒、石杵和石臼等。马家窑文化的氏族先民在日常生活中还饲养猪、狗、羊等家畜，有些氏族墓地的墓葬中用整只的猪、狗或羊随葬。这一现象是家畜饲养业比较发达的证明，其经济发展水平、丧葬习俗与黄河下游的大汶口文化有些类似。虽然农业经济比较进步，采集和狩猎活动仍是马家窑文化经济生活的重要方面，如发现的野生动物骨骼较多的是鹿、野猪的骨骼等。出土的骨镞、石镞和石弹丸，则表明了当时的狩猎水平。

（三）文字和青铜器的出现

已如上述，早在甲骨文之前，最接近成熟文字、数量最多的刻画符号应该是陶文。马家窑先民在绘制大量灿烂的彩陶图案的同时，也留下了丰富庞杂的彩绘符号，只是这为数众多的图案和符号今天已难以解读。例如，仅青海乐都柳湾一地就有50多种符号，比较常见的有“＋”“－”“×”“o”“｜”等形式。它们上承仰韶文化中的刻画符号，可能用于记事。文字起源与陶器符号有关的情形，在其他古代文明中也有实例。据外国学者研究，古埃及文字的起源可追溯到公元前4000—前3000年的陶器上绘写、浮雕或刻画的符号。这个年代和大地湾、马家窑文化陶器符号的年代是差不多的。探索汉字起源是中国学术界尚待完成的艰巨任务，从大地湾到马家窑文化，几十种不同种类且极具象征意义的刻画符号，不仅被使用了4 000年之久，而且一直处于不断的发展与变化之中，可能是我国象形文字和数字的雏形。

1974—1975年，发掘永登蒋家坪遗址，不仅发现马厂类型打破马家窑类型的地层关系，同时出土铜刀1件，为马家窑文化的研究提供了新材料。1977—1978年，发掘东乡林家遗址，文化遗物中发现了1把铜刀和3块铜渣，经鉴定属于青铜。此外，在酒泉丰乐照壁滩、高苜蓿地、张掖西城驿等马厂文化遗址内，亦发现少量早期铜器，包括铜锥和冶炼红铜块。

四、齐家文化

距今约4 000年前后，甘肃步入青铜时代。我国其他地区的彩陶此时已基本消亡，而甘肃境内的彩陶依然独具魅力，先后出现了齐家、四坝、辛店、沙井等含有彩陶的地域文化。其中，齐家文化主要分布在甘、青境内的黄河沿岸及其支流、陕西北部、内蒙古西部和宁夏部分地区，因1924年首先发现于甘肃广河齐家坪遗址而得名。齐家坪遗址位于广河县齐家镇园子坪村（35°29′56″N，103°49′5″E），海拔1 923 m，保护区范围$150\times10^4\ m^2$，重点保护区$32\times10^4\ m^2$。安特生发现齐家文化时，曾认为它是该地最早的新石器时代文化，甘肃和河南的仰韶文化均源自齐家文化。但是，后来的考古发现，证明其在仰韶文化之后，在公元前2200—前1700年，属于新石器时代晚期文化，已经进入铜石并用阶段（相当于新石器时代晚期到中原文化的夏王朝和商代早期）。此后的数十年中，陆续有重大发现，其中我国最早的铜镜即出自齐家坪，该遗址因此成为我国赫赫有名的古文化遗址。1996年，国务院公布其为第四批全国重点文物保护单位。除齐家坪遗址之外，较著名的还有甘肃永靖大何庄遗址、秦魏家遗址、武威皇娘娘台遗址、临潭磨沟遗址、青海乐都柳湾遗址、民和喇家遗址等。

（一）多样性的生业方式

出土遗物显示齐家文化的经济形态仍以农业为主，各民族都过着比较稳定的定居生活。据喇家遗址发现的面条和人工培育的苜蓿来分析，他们以种植业（粟）为主要经济来源，有发达的制陶、制石、制骨等手工业，更有制作精美玉器的作坊。根据鉴定分析，喇家遗址出土的面条状遗存是小米做成的面条，是迄今最早的面条遗存。在临潭磨沟遗址墓穴中获取了3颗成年人牙齿，采取多种方法对古人牙齿中的淀粉粒进行了提取和分析。研究结果表明当时人类植物性食物具有多样化特征。牙结石中包括了来自小麦、大麦和青稞当中的一种或者多种以及狗尾草属粟、荞麦属荞麦、豆类和坚果类等植物的淀粉粒。其中，麦类植物、荞麦和粟的淀粉粒数量占到了淀粉粒总量的70%，可能为当时人类的主要植食来源；坚果类、豆类植物也是当时人类的主要食物之一。坚果类栎属、疑似银杏淀粉粒的出现，说明采集仍是农业的补充方式之一。除了自己种植一部分食物之外，还可能采集一些植物的果实或者种子作为食物。学术界一直对小麦进入中国后的传播轨迹存在异议，甘肃省多地都发现了大麦、小麦等农作物，这些发现无疑为研究小麦农业的传播提供了证据。

齐家文化生产工具以石器为主，其次为骨角器。农业生产工具主要是石铲和骨铲，有些石铲已经用硬度很高的玉石来制作，器形规整，刃口十分锋利。骨铲系用动物的肩胛骨或下颚骨制成，刃宽而实用；收割谷物用的石刀、石镰多磨光穿孔，石磨盘、石磨棒、石杵等用于加工谷物。但石斧、石铲、石锛的数量却很少，或许反映农业生产并不十分发达。作为农业生产的重要补充，畜牧业的比重骤增成为齐家文化又一突出特点。从出土的动物骨骼可知，家畜以猪为主，仅皇娘娘台、大何庄、秦魏家3处遗址统计，即发现猪下颚骨800多件，表明当时养猪业已成为经济生活的重要内容。齐家文化遗址不仅出土大量猪骨，还出土了不少完整的羊骨、牛骨和部分马骨。目前，中国最早的较完整的羊骨架就出现于甘肃永靖大何庄齐家文化遗址。与饲养业同时，采集和渔猎经济仍继续存在，一些遗址中发现了氏族先民捕获的鼬、鹿、狍等动物的骨骼。

（二）红铜器与青铜器的大量出现

冶铜业的迅猛发展是齐家文化的一个重要特征。铜器主要有红铜和青铜两类，早期以红铜为主，晚期多为青铜。齐家文化的冶铜业经历了从红铜发展为青铜的历程，出土青铜的遗址多于出土红铜的遗址。出土铜器的遗址有武威皇娘娘台，永靖大何庄、秦魏家，广河齐家坪，积石山新庄坪和青海贵南尕马台等，已出土铜器100余件。出土的铜器多为小件工具和装饰品，表明当时铜器是由小规模的、简单的家庭作坊生产的。最大的铜器是齐家坪出土的15 cm长的铜斧，器身厚重，刃部锋利。20世纪70年代，齐家坪遗址发现距今年代最早的铜镜，现存于甘肃省文物考古研究所。青铜器的制作多采用冷锻法，有的也采用单范铸造与简单的合范铸造，表明黄河上游地区的冶铜业已居各氏族的前列。甘肃省博物馆对新庄坪遗址出土的铜器进行了电子显微镜分析，发现有的铜器中含有砷。从世界范围来看，含这种元素的铜器多出在中亚地区。

齐家文化是迄今为止集中出土早期铜器的考古学文化中年代最早的，是早期铜器数量与种类显著增加的时期，对研究中国冶金起源与早期发展意义重大。冶铜业的出现，表现出西北地区这一氏族先民的杰出智慧与才能，是齐家文化对中华民族早期青铜器铸造和生产力发展的一项突出贡献。至于齐家文化中是否存在“土生土长”的冶金技术或冶金技术创新，需要在更加广阔的考古背景下进行更加深入的研究，重新思考中国冶金技术起源这一重大问题。其实，齐家先民们不仅冶炼青铜，而且也逐步摸索冶铁技术。临潭陈旗磨沟遗址，不仅有仰韶、马家窑、齐家、寺洼等多个文化类型，而且发现公元前14世纪的铁块，成为目前我国境内出土的人工冶铁最早的证据。

（三）种类繁多的玉器

玉器是齐家文化的典型器物。在齐家文化分布范围内，尤其甘肃、青海境内，曾出土数量众多、制作精美的古玉器。例如，在武威皇娘娘台齐家墓葬中，玉璧少的只有1件，多者达83件。其器类在30种以上，内涵之丰富，工艺之精美，被列为中国三大古玉之一。除了常见的品种之外，发现有许多新的品种，如礼器玉琮，除形制各异、大小不等的素面纹琮外，还有竹节纹琮、弦纹琮、兽面纹琮、人面纹琮等器。璧、琮等礼仪、宗教性玉器的大量出现，表明了其社会发展所处的文明阶段。反映社会等级和礼仪制度的“黄河磬王”、玉璧、玉环、大玉刀、玉斧、玉锛等玉器，对研究黄河中上游的文明进程和社会发展变化具有重要意义。

齐家文化具有产生大量精美玉器的背景和条件。首先，在齐家文化前面有丰富多彩、极富特色且历经 1 000 多年发展的马家窑文化。马家窑文化先民的原始手工业不仅有制陶、木作、纺织和石器制造，而且生产了中国最早的青铜器。同时，还创造了陶祖、人形和动物形陶塑、陶制房屋模型和成组人物舞蹈绘画以及用墨笔书写的符号等。其次，在齐家文化的分布区内外均有十分丰富的玉矿。由于当时交通及地理方面的影响，齐家文化玉器所用的玉材基本上是就地或就近取材。其中有甘肃马衔山玉料、甘肃武山鸳鸯玉、祁连山岫玉、青海玉料和少量的新疆和田玉等。其颜色有青色、豆青色、豆绿色、墨绿色、深绿色、黄绿色、浅绿色、淡黄色、灰色、黑色和白色等。在这样的历史文化背景和自然条件下，齐家文化先民创造出丰富多彩的玉器，可谓水到渠成。近年来，考古调查和发掘的齐家玉器数量和品种的增多，不仅丰富了人们对齐家文化玉器的认识，而且为中国原始玉文化提供了新的元素，为中国古玉文化史的研究提供了十分重要的新资料。

（四）颜色与器形特征鲜明的陶器

齐家文化的手工业生产与马家窑文化相比有很大发展，制陶技术和纺织业进步明显。各遗址都出土了大量的陶器，种类繁多，有泥质红陶、橙黄陶、灰陶和夹砂红陶。制陶技术仍以泥条盘筑法手制为主，部分陶器经慢轮修整，有一些陶罐的口、颈尚留有清楚的轮旋痕。器表除素面外，主要是蓝纹和绳纹。齐家文化受龙山文化的影响较大，陶质细腻，器型较小，多素陶，器型丰富，有罐、盆、碗、豆、鬲和动物形器物。彩陶极少，种类也很少，彩陶已趋于式微。所出现的彩陶，以红褐色为主，纹饰简单，以菱形网纹和三角纹及其变化纹样为主，图案简单疏朗。

20 世纪 60 年代以来，随着对武威皇娘娘台、永靖秦魏家、大何庄等重要遗址进行考古发掘，人们对齐家文化的内涵、面貌和性质有了更加深入的了解。齐家文化的典型器物组合，基本确定为双大耳罐、高领折肩篮纹壶、夹砂侈口绳纹罐、镂空豆及少量的空三足器等。双大耳罐是齐家文化最常见的一种器物，它从早期到晚期的变化趋势是颈部由短变长，底径和颈径的比例缩小，腹部由鼓腹发展为折腹。

（五）中心聚落和多样式的墓葬

齐家文化的聚落遗址一般都在便于人们生活的河谷阶地上，住房多是方形或长方形的半地穴式建筑，屋内多有白灰面构筑的居住面，房址中间有一圆形灶址，门道大多向南。这种房屋结构，是黄河流域龙山文化时期最普遍的一种形式。在喇家遗址还发现了结构相当完整的窑洞式建筑遗迹，这对于黄土地带窑洞式建筑的发展历史和聚落类型研究具有重要意义。喇家遗址史前灾难现场的发现，揭示出距今 4 000 年前后黄河上游大洪水史前灾变事件，为古史中的洪水传说找到了一定的印证。喇家遗址还具有中心聚落的性质。遗址中心区外围有一条壕沟，沟宽 10 m、深 3～4 m，沟环绕成长方形，长 600 m、宽 200 m，其内有成排的半地穴房址。齐家文化遗址内还发现有圆圈状列石遗迹、土台祭坛，联系附近出土的卜骨等遗物，表明占卜、牲祭已有一定规范化的复杂程序，显示了文化的发达。占卜之俗的出现，也意味着卜者可能掌握了文字和天文历法知识。

齐家文化的墓地往往与村庄在一起，大多数墓葬为单人，但亦有一男一女或一男二女的成年男女合葬墓，其葬式是男性仰身直肢，女性侧身屈肢面向男子。在皇娘娘台的三人合葬墓里，男性仰身直肢位于中间，二女分列左右，屈附其旁。这些合葬墓表明齐家文化中的婚姻状况已由多偶婚制过渡到一夫一妻制，只有少数富裕的人家中过着一夫多妻制的生活。齐家文化中还存在以人殉葬的习俗，殉葬者可能是奴隶和部落战争中的失败者。例如，皇娘娘台墓葬的随葬器物中，陶器少者一两件，多者达 37 件。这种情况首先表明，齐家文化中以冶金业为主导的手工业在不断增长，促进了生产力的发展，其次也说明社会内部发生了深刻的变化，阶级出现、私有制产生，原始社会已经开始逐渐过渡到奴隶社会。

近年在临潭磨沟遗址发掘的齐家文化末期墓地，被中国社会科学院评为 2008 年度中国六项重大考古新发现之一。该块墓地东西宽约 50 m、南北长约 150 m，面积近 8 000 m^2，是迄今为止在甘肃境内发现保存最完整、墓地面积最大、墓葬数量最多的一处史前时期墓地，其文化性质和埋葬方式相当复杂。该墓地内发现有多种埋葬方式，其中比例最高的是竖穴偏洞室墓，葬俗奇特。偏洞内有单人葬，也有合葬和叠压埋葬，一座墓内往往多次埋葬，墓道里还有殉人。这种埋葬方式或家庭合葬，在中国甚至世界范围内迄今为止都是第一次发现。除此之外，还第一次在齐家文化的墓葬中发现了火葬。这些多样的葬俗，为研究齐家文化的埋葬习俗和社会性质提供了非常重要的考古资料。磨沟墓地还是齐家文化中出土青铜器最多的墓地，并在该处首次发现了工艺先进的金器、铁器。此外，属于齐家文化末期的墓葬中，有的陶罐与寺洼文化同类器物十分接近，明显有向寺洼文化转变的迹象，为了解齐家文化的去向，探索寺洼文化的渊源与发展过程提供了重要线索。

第二节　史前文化的空间分布与迁移

一、史前文化的空间分布

仰韶文化是我国黄河中上游地区最具代表性的史前考古学文化。根据现有的资料，该文化地理分布的西界止于黄河上游甘青段和一级支流湟水下游一带。甘肃仰韶早期文化一般分为前后两个阶段。仰韶早期文化前段主要分布在泾河支流马莲河流域的合水、宁县、正宁等县，正式发掘的有宁县董庄、合水孟桥等遗址。仰韶早期文化后段普遍分布在甘肃东部和南部地区，最南端已到白龙江流域，最西端可达陇西一带。仰韶中期文化集中分布在天水、平凉、庆阳以及陇南的东半部，洮河流域也有少量发现。如洮河马家窑遗址以及临潭陈旗等地。在同一地区，中期遗址明显增多，但东部地区分布密度远大于中部地区。与早期相比，中期分布范围明显扩大，呈西进态势，早期到达渭河上游陇西一带，中期则越过洮渭分水岭直抵洮河流域及青海东部。从逻辑上分析，既然仰韶文化中晚期已扩展到河湟地带，也应该有可能进入河西走廊，但目前在考古上发现的线索极其有限，这仍是值得深入研究的问题。

作为黄河上游地区最主要的一支新石器时代文化，马家窑文化可能是仰韶文化向西发展的一种地方类型或者是由大地湾四期遗存发展而来的，主要分布在甘肃中南部地区，以陇西黄土高原为中心，东起渭河上游，西到河西走廊东段和青海省东北部，北达宁夏回族自治区南部，南抵四川省北部。分布区内主要河流为黄河及其支流洮河、大夏河、湟水等。马家窑文化依其类型不同，分布范围略有伸缩。其中，马家窑类型的分布范围较广，东起泾、渭河上游，西至黄河上游的龙羊峡四周，北入宁夏清水河流域和河西走廊东端，南达四川岷江流域；半山类型主要分布在黄河上游及其支流湟水、洮河、庄浪河流域，还见于渭河上游的天水、武山一带以及宁夏南部等地。马厂类型的分布区域基本上与半山类型相同，只是在西北部延伸至玉门一带。现有考古发现表明，随着时间推移，马厂文化在不断向西发展，而造成这一现象的原因可能与齐家文化进入河西走廊有关。

甘青地区继马家窑文化之后发展起来的齐家文化，有学者认为它是地处关中的客省庄文化向西北寻求发展空间过程中形成的。现已发现齐家文化遗址 1 100 多处，其遗址分布很广。主要分布地区，东起泾河、渭河流域，西至河西走廊东部、湟水流域及青海湖畔，南抵白龙江流域，北达宁夏南部、陕西北部和内蒙古西南部。文化区面积达几十万平方千米，其中心区域在甘肃中西部及青海东部。20世纪80年代，进行河西走廊史前考古调查时，有人曾提出齐家文化的分布西界未逾永昌。2003—2004年，在酒泉西河滩遗址发现施蓝纹的陶片，2007年，在张掖西城驿遗址采集到的高领蓝纹罐、绳纹罐残片，具有典型的齐家文化特征，证实齐家文化已西进至黑河流域。值得注意的是，齐家文化在河西走廊中西段的遗物地点，陶片数量并不多，且因与所谓的“过渡类型”并存，至今未见一处单独的齐家文化遗址，故其分布的最西界目前尚不清晰。尽管如此，齐家文化无疑展现了这一地区原始氏族公社解体和文明诞生的历史进程，以及社会经济形态急剧变化的状况，并反映了东西方文化交流的早期情况。因处于东西方文化的接合部，文化内涵十分丰富。从出土的器物中可看出，陶器中的细泥红陶双大耳器受黄河下游龙山文化的影响较大，而夹砂圜底器又流露出游牧生活的气息。从出土铜器的造型和合金成分看，又与中亚地区有较密切的联系。随着齐家文化西进至洮河流域和湟水河谷，当地的马厂文化被挤压到更为偏远的黄河上游、河西走廊。目前，关于齐家文化的渊源，还存在着不同的看法。但喇家遗址、石峁遗址等的发现，无疑提升了对齐家文化的重要地位和发展水平的认识。研究齐家文化迈向文明的发展模式，对于中华文明起源的研究有着极其重要的参考价值。

西汉水干流及支流两岸是甘肃史前文化的又一集中分布区。它发源于齐寿乡嶓冢山（现名齐寿山，海拔约1 940 m），自东北向西南流经天水、礼县、西和3地，最后汇入嘉陵江。西汉水上游（礼县江口乡以上）河段沿途容纳了5条常年河和1条季节河，它们既为干流提供了丰沛的水源，又成为沟通南北的天然通道。这里河谷阶地发育，两岸地形开阔，黄土分布广泛，因此开发较早。新石器时代人类活动的遗址，遍布在盐官、长道、永坪、城关、石桥等乡镇的50多个村庄，充分说明当时的社会生产已达到相当高的水平。2004年，考古工作者在西汉水上游发现并调查了98处文化遗址。从遗址的分布上看，98处遗址集中分布在西汉水干流和支流红河的两岸（其他支流虽也有分布，但数量不多），杨家寺、红河镇、草坝村及盐官镇境内古遗址分布十分密集。商末周初，秦人举族西迁，“在西戎，保西垂”（《史记·秦本纪》），以犬丘为根据地开始了在西汉水上游长达300年的崛起过程。20世纪90年代，在甘肃省礼县城东10 km大堡子山发掘出的四座规模宏大的秦公墓，考古工作者初步认定是秦仲、秦庄公陵墓。秦公墓的开掘，证实了《史记》记载的准确无误，也说明西汉水上游是中国第一个统一王朝——秦朝的发祥地。

二、史前人类活动范围的变迁

考古发现和研究表明，甘青地区新石器时代的族群迁徙相当频繁，并呈现出不断向西、北和南部地区迁移的趋势。这一趋势延续到公元前3000年以降的马家窑文化时期，其迁徙范围向西已经深入到黄河上游的同德盆地及河西走廊。大约从公元前4000年开始，居住在葫芦河流域的仰韶文化族群开始向西移居到河湟地区，并沿洮河谷地南下到四川西北部的岷江上游地区。现有的考古发现证实，在河西走廊未见任何早于马家窑文化的遗址，该地区是否存在更早的人类活动，是今后需要探索的问题。

李非等（1993）根据搜集的葫芦河流域考古遗址资料，以北纬最大值、东经最小值表示考古学文化分布的北界和西界，并用北纬均值、拔河高度和海拔高度考察史前文化活动中心的空间分布，得出了十分有意义的结果（表10.2）。在史前文化北界逐渐向北移动时，其西界也在大幅度向西移动。就各考古学文化活动中心的拔河高度而言，大地湾一期和仰韶早期文化遗迹的拔河高度相差无几，从仰韶早期开始，文化中心的拔河高度开始上升，到齐家文化时期达到顶峰，寺洼、西周时期有大幅度的下降，春秋战国时期则有所回升。例如，大地湾遗址中的二期文化属于仰韶文化半坡类型，聚落由河谷二级阶地扩展到三级阶地。三期文化遗存则从二期的河谷阶地扩展到阶地后缘乃至山地，聚落面积比二期增大一倍，进入一个大发展时期。显然，文化中心的纬度移动和拔河高度移动的趋势具有成因上的一致性。

表10.2　葫芦河流域史前文化的空间分布

考古学文化序列	绝对年代/aBP	北界纬度	西界经度	北纬均值	海拔/m	拔河高度/m
大地湾一期	7 300	35.02°	107°	34.69°	1 480	32
仰韶早期	6 400	35.37°	105°	35.14°	1 580	34
仰韶中期	5 800	35.53°	102°	35.18°	1 590	46
仰韶晚期	5 000	35.52°	101°	35.18°	1 598	53
常山下层	4 400	35.57°	98°	36.00°	1 888	70
齐家文化	4 100	35.55°	—	35.21°	1 682	82

续表

考古学文化序列	绝对年代/aBP	北界纬度	西界经度	北纬均值	海拔/m	拔河高度/m
寺洼、西周	2 834	35.38°	—	35.16°	1 600	55
春秋战国	2 438	35.23°	—	35.13°	1 591	67

人类在一个遗址上停留时间的长短和活动规模的大小，可以反映局部环境的稳定性与资源的丰富程度。从大地湾一期到仰韶文化晚期，人类活动规模逐步加大；从仰韶文化晚期到齐家文化时期，遗址个数和遗址面积均迅速增加，但遗址埋藏量有减少迹象。以泾河上游为例，仰韶早期文化仅在河谷地带发现30多处遗址，中期却多达100多处，一直延伸到梁峁高地以及塬面沟壑地带。特别是仰韶文化晚期到齐家文化的繁荣阶段，人类有比较频繁的移居，形成遗址个数较多而面积、厚度较小的状况。齐家文化以后则有大幅度的下降。值得指出的是，人类活动规模的消长和史前文化的空间分布变化十分吻合，它揭示了人类活动与其所在地理环境的密切关系。

三、史前生业方式的阶段性变化

甘青地区的地理环境复杂、类型多样，不同区域间的资源条件差异甚大，加之气候多变，故考古学文化的经济形态表现出较复杂的区域特征和阶段性的变化特点。特别是河西走廊土壤贫瘠、水资源相对缺乏的荒漠地带，畜牧业、狩猎经济的成分无疑更多。例如，马家窑文化是以农业为主要生业的，具有种植粟、黍一类旱地作物的传统。河西走廊民乐东灰山遗址发现有距今4 500年左右的炭化小麦和大麦，因此推测当时已开始麦类作物的种植。但到马厂时期，河西地区的主要家畜有猪、羊和牛，同时使用细石器现象比较普遍，暗示畜养业的进一步发展和新的食物结构出现。

齐家文化是甘青地区乃至黄河中上游文明发展的关键阶段，反映了农耕文明与游牧文明相互影响、相互融合的社会状况，自此之后农业经济开始向畜牧经济转变或半农半牧的特点更加突出。例如，距今3 900～3 400年的四坝文化，豢养的家畜主要为羊和牛，与中原地区明显不同。此外，狩猎也是当时重要的经济补充，猎取的动物主要是鹿、麝、黄羊、羚羊等。彩陶中描绘有羊、犬、鹿、兔、羚羊等兽类即明证，生动地再现了当时的家畜饲养与狩猎活动。

上述生业方式的变化从各个阶段生产工具的形态和种类也能看出端倪。马家窑文化到马厂文化时期，磨制石器工艺较高，制作较精，如穿孔石刀、陶刀、石斧、石锛等与农业生产关系密切的工具数量较多，显示出农业经济的比重较大。从马厂文化开始，反映草原文明的细石器数量不仅增加，而且流行诸如单把深腹陶杯一类奶制品器皿，证实畜养业的成分逐步加大。反映在彩陶上，齐家文化小型带耳器大量增加，像生性纹饰也由水族纹转换为以草原、荒漠常见动物纹为主，传递出气候干旱化的信息。主要分布在河西走廊中西段的四坝文化延续了马厂文化以来的生业体系，尽管在冲积洪积扇地、河流尾闾仍保留一定比例的农业，但石器做工普遍粗糙，打制手斧和盘状器占到生产工具的很大比例。沙井文化时期，农业比重进一步削弱，畜牧业强化，这种趋势一直延续到铁器时代和先秦时期。

总之，甘肃的史前文化和社会发展进程与中原地区有着很大的差异，特别是在齐家文化之后，史前文化发展表现出逐渐分化，族群规模不断萎缩，各自割据一方的局面，这为日后本省多民族杂处，各种经济形态并举，文化景观具有多元性的地理格局奠定了基础。这与中原地区自公元前 4000 年开始出现大规模的扩张融合，整合不同的群体文化，向着集中强化的演进历程形成巨大的反差。这一地域性、阶段性均极其鲜明的人地关系演进历程，有学者称之为“西北模式”，从而引申出一系列值得探索的地理学、考古学理论问题。

第三节　中华文明在甘肃起源与发展的地理环境分析

地理环境对中华文明在甘肃的起源与发展有着重要作用，主要表现为对文化发展历程、发展速度、文化特征、文化格局和文明早期发生发展的影响等多个方面。特别是深厚黄土层、河谷基座阶地、广泛分布的红层及雨热同期的大陆性季风气候，既是甘肃成为中国最早旧石器发现地之一的地理原因，也是甘肃成为中华文明多个起源中心之一的历史必然。以农业和陶器出现为主要标志的新石器文化，其发展、变迁的外部原因一般认为是气候变化及由此带来的植被变化。下面就甘肃农耕文明、彩陶文化的形成以及史前文化序列与气候变化阶段的耦合加以分析。

一、史前文化形成与传播的地理环境背景

(一) 适宜的自然环境是甘肃旱作农业起源的有利条件

农业的起源是一个颇有争议的复杂问题，气候变化的影响，人口增长的压力，以及动植物形态、动植物作为食物供给的重要性均在讨论之列。就适度的自然条件是人类早期文明发生、发展所必需的环境背景而言。温带、亚热带无疑是农业起源的主要地带，这一共同的本质性农业起源条件，在甘肃秦安大地湾等遗址有很好的体现。

大地湾遗址出土的动物数量很多，包括无脊椎和脊椎动物。经鉴定，在该动物群中哺乳动物就有 7 目 15 科 28 个属种（表 10.3），此外还有软体动物、爬行类和鸟类，与我国北方发现的磁山、半坡、姜寨、北首岭等遗址比较，物种的多样性高。就动物组合看，大地湾遗址不仅与我国北方发现的新石器时代遗址动物群的组合有所不同，而且由淡水双壳类中的短褶矛蚌、劳斯珍珠蚌、圆顶珠蚌以及中华田园螺所形成的组合与广西桂林洞穴遗址中的软体动物组合极为相似。凡此均说明大地湾遗址所在地域具有温暖适宜的气候和多种多样的生态环境。在哺乳动物中，还有一些目前完全生活在南方，而在历史上也极少越过秦岭以北的种类，如红白鼯鼠、苏门犀和苏门羚，说明当时的气候温暖程度至少与我国目前秦岭以南的情况相似。

表 10.3 大地湾遗址文化分期及哺乳动物群组合

文化类型	绝对年代/kaBP	主要属种
大地湾一期	8.0～7.5	中华鼢鼠、狗、豺、貉、棕熊、苏门犀、家猪、野猪、麝、獐、狍、梅花鹿、马鹿、黄牛、盘羊（15 种）
大地湾二期	6.5～6.0	猕猴、中华鼢鼠、中华竹鼠、白腹鼠、狗、棕熊、虎、豹、豹猫、象、苏门犀、家猪、野猪、麝、獐、狍、梅花鹿、马鹿、黄牛、苏门羚、盘羊（21 种）
大地湾三期	6.0～5.5	红白鼯鼠、中华竹鼠、狗、棕熊、马、家猪、野猪、麝、獐、狍、梅花鹿、马鹿、黄牛（13 种）
大地湾四期	5.5～5.0	仓鼠、中华鼢鼠、白腹鼠、狗、棕熊、豹猫、苏门犀、家猪、野猪、麝、獐、狍、梅花鹿、马鹿、黄牛、苏门羚、羚羊（17 种）

大地湾遗址现今年平均气温为 8.8 ℃，降水量为 500～550 mm，属半湿润的森林草原环境。在全新世气候适宜期，当地河流湖沼交错，水源充足，有森林、灌丛、草地，也有芦苇等水生植被，为野犀牛栖息提供了有利的自然条件。野犀牛现为热带、亚热带种，适应温暖湿润的森林、草地及河湖沼泽的环境。以野犀牛现生环境推算，大地湾一、二期年平均气温较今至少高 2～3 ℃，1 月平均气温高 5 ℃以上，年降水量比现代多 200 mm 左右。大地湾遗址有人工种植的黍、十字花科的油菜，粟和黍均从野生植物驯化而来，可能是我国北方农业文明的肇始之地。

大地湾自然环境优越，接近亚热带的气候，还可由天水西山坪遗址发现水稻遗存得以证实。西山坪遗址水稻遗存的植物硅酸体记录和炭屑以及碳化种子^{14}C 测年显示，渭河上游 5 000 年前已开始种植水稻，是我国甘肃有精确定年的最古老的稻作遗存，也是我国北方当时水稻种植的最西北端。西山坪遗址种植有粟、黍、水稻、小麦、燕麦、青稞、大豆和荞麦 8 种粮食作物，囊括了东、西亚两个农业起源中心的主要作物类型，不仅证实小麦和燕麦早在距今 5 000 年前已传播到西北地区，而且证实甘肃是中国最早的农业多样化地区。

后来迁移至河西地区的马家窑文化先民，仍延续着种植粟、黍一类旱地作物的传统，在民乐东灰山遗址即发现有距今 4 500 年左右的炭化小麦、大麦、燕麦、黑麦、粟和黍等作物籽粒。2013 年，在张掖西城驿遗址出土的炭化作物有小麦、大麦等，这是河西走廊继民乐东灰山遗址发现此类作物之后出土层位清晰、数量较大的一次。驯化地理学及植物栽培学的研究证明，小麦原产于西亚一带。小麦的发现，再次证明作为东西文化交流孔道的河西走廊地区，至少在距今 4 000 年前，已与西方地区发生了频繁的接触。

（二）河谷厚层黄土基座阶地适于农耕聚落发展，且遗址得以保存

文明的起源都和资源有密切关系，世界的大江大河流域往往是古人类文明的发祥地。发源于青海巴颜喀拉山的黄河，是中华民族的摇篮。考古学的研究表明，我国北方人类的出现，文明的萌芽，最初大都发生在黄河的各个支流流域。发源于甘肃或者流经甘肃境内、最终大都汇入黄河的支流，现存的就有数十条之多，诸如渭河、泾河、洮河、大夏河、湟水、马莲河、大通河、庄浪河、祖厉河等。这些河流在乌鞘岭以东，西秦岭以北，切割不少近东西向或南北向的河谷，经第四纪以来新构造运动的大面积间歇性上升，形成多级阶地的河谷，上部普遍覆盖有上更新统以来的风成黄土（多在三级至五级阶地上）与冲积黄土（多在一、二级阶地上）。

黄河在陇中盆地先是在兰州段由西向东，然后转向东北方向流出该区。除黄河主流外，其支流大夏河、洮河及祖厉河分别由黄河南岸汇入黄河，湟水、大通河及庄浪河分别由北岸在兰州汇入黄河，这些大大小小河流的阶地皆成为黄土稳定堆积的地貌部位。兰州段黄河河谷盆地便是一个极好的例子，黄河由西向东穿过盆地，在地壳上升的背景下形成了至少7级基座阶地（表10.4），各级阶地面上黄土厚度为2 m至300 m不等，黄土地层内发育多层古土壤，这又构成了独特的黄土—古土壤—阶地序列。史前人类主要集中在较高阶地上或各干支流与黄河交汇处，因为这里既近水源又少洪水之虞，而且便于发展农牧业生产，奠定了“河谷农业文化”的基础。

表10.4　兰州黄河阶地特征

阶地	阶面海拔/m		基座高度/m		砾石层厚/m	冲积层厚/m	黄土层厚/m	下切年代/ka
	前缘	后缘	海拔	拔河				
T_1	1 520	1 530	—	—	—	0.4	2	10
T_2	1 560	1 570	1 535	25	5	10～15	20	53
T_3	1 620	1 640	1 580	70	5～7	10	40	140
T_4	1 760	1 760	1 650	140	5	15	100	560
T_5	1 920	1 920	1 720	200	6	12.5	200	1 200
T_6	2 066	2 066	1 740	230	2～3	21	297	1 500
T_7	1 997	1 997	1 840	330	10	21	126	1 600

农耕起源的比较研究表明，定居生活的村落可能起源于雨养农业的山间丘陵地带，也可以是山前河谷或荒漠绿洲地带。例如，大地湾文化已形成定居的村落，许多原始村落遗址大多坐落在河谷阶地或依山傍水之处。之后是仰韶文化，此期遗址数量增多，分布范围大为扩展。兴起于仰韶文化晚期的马家窑文化遗址分布更为广泛，村落遗址一般位于黄河及其支流两岸的阶地上，接近水源、土壤发育良好。这种对生活环境的选择标准一致的现象，特别是大地湾、马家窑文化遗址的房屋多为半地穴式建筑，无疑是利用与改造厚层黄土的结果。反之，分布广阔、堆积深厚的黄土层也适于保存古文化遗址。由于全新世继续堆积的黄土广泛覆盖在各级阶地上，因而埋没了不少史前的文化遗址，文化遗址在一定的黄土层位中被保存至今，这应是省境黄土

分布区史前文化遗存较多的又一地理原因。

长江流域的西汉水上游，属于西秦岭北支山间断陷盆地，白垩纪之后，这里沉积了大量的紫红色砂砾岩。第四纪时期，在陇中黄土高原的形成过程中，来自北方的风成黄土，覆盖在红层之上，黄土层自南向北逐渐增厚，薄者几十厘米，厚者超过百米。全新世以来，经河流搬运，在河谷两岸沉积了大量次生黄土。西汉水上游由于盆地底部下切作用弱、沉积作用强烈，形成较为宽阔的川坝平原，其宽度一般大于 500 m。川坝河谷平原区主要地貌类型有河床、河漫滩、一级阶地和平缓斜坡，海拔为 1 400～1 500 m，相对高差 100 m 左右，地势平坦，水资源丰富，土壤肥沃，遂成为秦人的发祥地。

(三) 广泛分布的红层，为彩陶文化的发达提供了物质基础

陶器的功能主要是炊煮、饮食和储存，它的出现是生活稳定、生活方式发生变化的结果。特别是彩陶，是代表人类文明起源时期最重要的物质创造，也是判断人类文明起源最重要的标志之一。在史前时期，中国大多数省区都曾经出现过彩陶，但甘肃彩陶与各地相比，具有独树一帜的鲜明特征。本省不仅是世界上最早出现彩陶的地区之一，也是中国彩陶最为发达的地区，素有“彩陶之乡”的美称。生产彩陶的关键在于认知天然矿物或岩石，主要有黏土、石英、长石 3 大类。经过科学检测和试验，可知红彩是赤铁矿的风化物赭石（Fe_2O_3），主要来自红色碎屑岩颗粒之间的填充物或胶结物氧化铁。

甘肃境内的红色碎屑岩地层，南起西秦岭、北至马鬃山，东起子午岭西至祁连山西段，是全国该类岩石分布面积最大的省区。中生代至新生代，当山地隆起时，下陷地区形成山间盆地。周围山坡上的泥沙碎石被流水带到盆地内部沉积下来，形成了现在悬崖上可以看到的粗细相间的沉积层理及砾岩、砂岩、粉砂岩。由于当时地球上的温度比较高，盆地内部降水较少，形成一种高温、干湿季节分明的气候环境，Fe_2O_3 在沉积物中大量富集，成为赤红色。它们是一套以河床相为主的洪积、冲积红色碎屑堆积地层，或以湖盆相为主的河湖相红色碎屑堆积地层，厚度可超过 1 000 m，俗称红层。甘肃红层主要为三叠系上、中统，侏罗系上统，白垩系和第三系的红色碎屑岩，且以白垩系和第三系为主。白垩系、第三系红层主要出露于第四纪以来上升强烈的陇中黄土高原地区，在陇南山区的徽成盆地、甘南高原、祁连山等地也有少量出露。陇东黄土高原区则以白垩系为主，仅在平凉、环县一带分布有小面积第三系地层。甘肃红层一般上覆第四系黄土，是甘肃红层区别于其他地区红层的显著特点。这里形成的深厚冲积土，不仅为农耕提供了肥沃的土壤，也提供了纯净细腻的优质陶土。

甘肃彩陶固然有其本土强势的传统，但也是东西南北文化交融的结晶，对周边地区产生了强烈的影响。青海东部分布有仰韶文化、马家窑文化、齐家文化和辛店文化，四川北部汶川、茂县一带近年来不断有马家窑类型的发现，半山、马厂类型已发展到宁夏南部，内蒙古西部、新疆哈密东部附近出土四坝文化遗物，这些文化均是以黄河上游的甘肃为中心向外发展而成的。甘肃中南部作为彩陶文化的中心区域，加上影响范围所及，大约有 70×10^4 km^2，这是其他各地彩陶的影响无法比拟的。

二、史前文化发展与气候变化的耦合

气候因素作为文明发展的一个重要条件，具有两面性。没有适宜的气候条件，就不可能发展农业，但是如果气候条件非常好，食物资源丰富度高，则无须种植谷物。人口压力增加，或一旦气候条件变坏，才会促使人类开始种植而不仅仅是采集谷物。近年来古气候和古文明演变研究的大量科学积累显示，中国的地理环境及其演变与中华文明的产生和发展之间存在着多样且复杂的相互影响关系。从已有的研究成果可以概括出以下认识：一是中华文明具有多元一体结构，其连续性得益于与巨大的生存空间相联系的多样的环境类型与环境演变的区域差异；二是尽管并非所有的暖期中华文明都繁盛，但文明繁盛的阶段往往是各种时间尺度上的暖期；三是气候突变事件对中华文明产生严重冲击，同时也促使文明发生重大变革，中华民族在对不利环境的适应过程中不断开拓创造、不断积累经验，从而促进社会的更大进步。因此，理解气候变化对史前文化影响的过程与机制，我们应以重大气候变化事件的识别为基础，以环境演变引起的资源变化为切入点，通过文明发展对气候变化的适应来深化对史前文化发展的理解。

在史前时期甘肃中部产生过发达的农耕经济文化并具有明显的阶段性变化，现在看来这是先民为适应新环境、应对各类挑战，在文化上进行必要的调整使然。在全新世高温期或气候适宜期，气候暖湿，长江流域温度比现今高 2 ℃，华北、东北以及西北可能高 3 ℃，青藏高原南部比现今高 4～5 ℃，冬季升温幅度更大于年平均气温的增幅。当时夏季风增强，冬季风减弱，甘青地区有反映该时段气候温暖、降水量增加的古土壤普遍发育。与此同时，森林扩大，草地面积减少，食草动物的密度下降，人类捕捉野兽变得困难，不得不改良工具，制造矛、箭和细石器等。正因为当时自然环境优越，有助于大地湾文化的发展，其聚落变大、数量增多。青海湖畔云杉木材的发现，二郎剑阶地钻孔孢粉的分析均表明，该时段湖区周围分布着温性针叶林和针阔叶混交林。当时年降水量较现今多，湖面升高，在暖期鼎盛阶段，良好的环境促使中华文明发展。

距今 4 000 年前后的气候突变事件在我国北方有普遍表现，气候波动导致洪水泛滥、干旱频繁，对齐家文化的经济形态造成了明显的影响，人口和社会发展迅速，农业工具的多样化标志着生产技术的提高。大量国内外环境变迁研究成果表明，在距今 3 500～3 000 年，全球范围有一次明显的降温期。有人估计，此次降温，幅度为年平均气温降低 3 ℃左右。这样大幅度的降温，导致气候带南移和资源量减少，引起文化格局的重大变动。生活在北方高纬度地区的游牧民族南下，致使这里也产生了典型的畜牧经济文化。例如，继齐家文化之后出现在甘肃中部的寺洼、辛店文化的聚落规模很小，经济类型都是以畜牧业为主，兼营小规模的农业，陶器制作粗糙，无法与在此之前的齐家文化的数量和规模进行比较，使得齐家文化和辛店、寺洼文化之间出现了断层。对于这些互有渊源关系的文化类型的内涵，俞伟超（1985）曾指出，甘青地区的新石器至青铜时代诸文化，自大地湾至齐家，除与齐家同时的火烧沟遗址畜牧经济的成分可能较多外，其他的虽有许多狩猎、畜养动物、捕鱼等经济成分，但都是以锄耕农业为其经济主体；而卡约、寺洼、辛店等遗存，虽然仍有相当的农业经济成分，则显然以畜牧经济为主。20 世纪 90 年代后期，在考古新发现的基础上，学术界再次肯定了这一观点。自马厂晚期和齐家文化之后，甘青地区出现的四坝文化、卡约文化、辛店文化以及再晚一些时间的寺洼文化、沙井文化等，其经济形态都以畜牧经济为主要特点。

第十一章　丝绸之路与多元文化景观

章前语

甘肃地处亚洲东部与中部的接合部，是我国东、中部通往西北地区乃至中亚、西方各国的天然走廊和必经通道。西部有南北介于青藏高原与阿拉善高原沙漠、戈壁之间的河西走廊，东部则有近东西走向的河湟谷地及泾渭诸河谷，均属天然通道。东西方文明在这里交融汇聚，西传东渐，形成甘肃文化的包容性、民族性、开放性和多元性等特征。独特的区域位置和自然环境使甘肃在中华文明发展的历史进程中具有十分重要的地位，尤其在保存我国古代传统文化、传播西域文化方面起到很重要的作用。甘肃作为“丝绸之路”最重要的通道，留下了大量各类宝贵的文化遗产，从东到西分布着古长城、石窟寺、城址、驿站等反映中西文化交流的景观。2013 年 2 月，国务院正式批复了甘肃省建设华夏文明传承创新区，这是全国第一个国家级文化发展战略平台。

关键词

丝绸之路；文化景观；古长城；石窟群；民族文化

第一节　丝绸之路

“丝绸之路”一词最早出现于德国地理学家李希霍芬 1877 年出版的《中国——亲身旅行和据此所作研究的成果》一书中，李希霍芬首次将连接古代中国长安、中亚、非洲和欧洲的贸易交通线称为“丝绸之路”。因在这条交通线上，以中国输出的商品丝绸最具代表性，故而得名“丝绸之路”。1910 年，赫尔曼在其所撰著的《中国和叙利亚之间的古代丝路》一书里，进一步确立了“丝绸之路”的概念和内涵。由于这一名称真实、形象地反映了当时的历史，所以被中外普遍接受。它对中国乃至整个人类世界的物质文明和精神文明做出过巨大贡献，被誉为“世界文化的大运河”“世界文化的母胎”“推动古代世界历史车轮前进的主轴”。

从宏观上看，“丝绸之路”可分为北（草原路）、中（绿洲路）、南（海路）三道。北道草原之路从中原地区向北越长城，经蒙古高原西逾阿尔泰山、准噶尔盆地进入哈萨克草原，再经里海、黑海北岸到达多瑙河流域，中间经过许多大河、戈壁、草原，这是古代游牧民族借以生存立国之地，也是他们往来迁徙，并在世界历史上几度引起民族大迁徙浪潮的通道。从阿尔泰地区向西南延伸，草原丝绸之路便可与传统的绿洲丝绸之路相连。中道绿洲之路，东起关中长安，逾陇山隘道，经陇西高原渡黄河，穿越祁连山再经河西走廊，出玉门关、阳关经西域南北道逾葱岭，可西抵波斯湾与地中海。在亚洲中部，人们主要靠联络各个绿洲的道路通行，故中道被称为“绿洲之路”。南道海路是指从中国东南沿海到日本、东南亚、南亚、东非和地中海东岸的全部航程，人们通常称之为“海上丝绸之路”。

但就“丝绸之路”一词传统的、公认的含义来说，主要是指从长安出发，横贯亚洲进而联络非洲、欧洲的“绿洲丝绸之路”，全长 7 000 余千米。其中，在甘肃境内的东段被称为关陇河西道，东西绵延 1 600 多千米，约占“丝绸之路”全程总长度的五分之一（图 11-1）。丝绸之路贯穿甘肃全境，丝路主干道遗留下了丰富多彩的世界文化遗产，其中以敦煌莫高窟与天水麦积山石窟为代表的众多佛教石窟享誉中外，因此甘肃被称为石窟之乡。

一、丝绸之路在甘肃的分布

在古代，我国西北地区与中亚地区曾存在过广泛的文化交流，其证据是两地的一些彩陶和粗陶器有着共同性。裴文中在 1948 年调查甘肃河西走廊和青海地区后就提出：“我们相信在张骞之前，东西方的联系是必然存在的。”丝绸之路的基本走向形成于两汉时期，但随着地理环境的变迁和政治、宗教形势的演变，不断有新的道路被开辟，也有一些道路的走向有所变化，甚至被废弃。丝绸之路穿越甘肃的主要线路显然不会仅由一条笔直的大道构成，实际上，它是由若干条线路东西相连、南北交错而形成的交通网络。但地貌、水系等地理因素制约着丝路的走向，加上沿线联结着若干个长期以来形成的著名城镇，使它具有很大的稳定性，即存在着几条主要的干线。

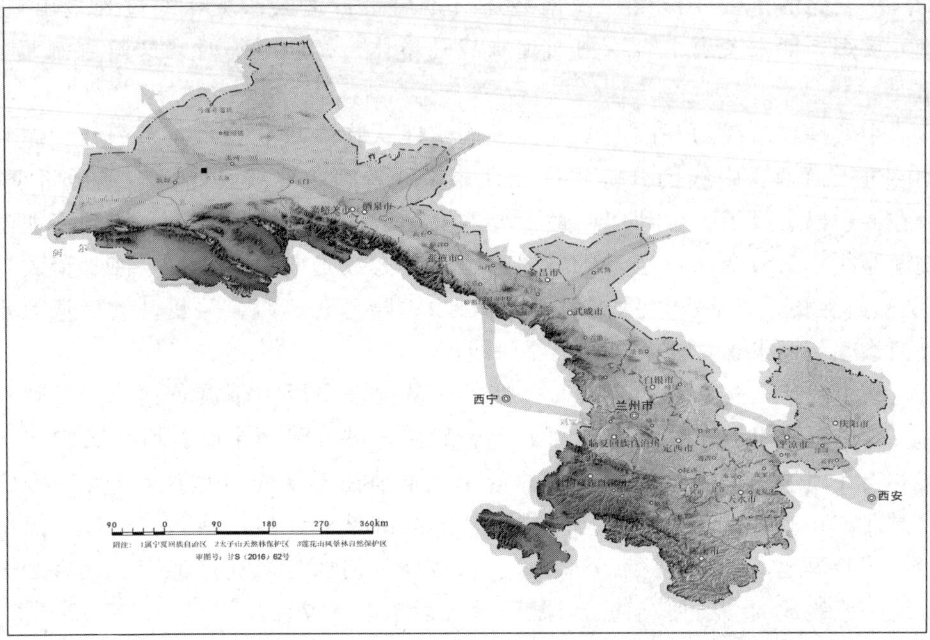

图 11-1　丝绸之路甘肃段线路示意图

（一）关陇段

该段路线从长安出发到河西走廊东端，主要穿行于黄土高原河谷地带，陇山、黄河是必经之地，走向取决于陇山山口和黄河渡口的分布。汉唐时期，这一段主要有 3 条（北、中、南）道路。北线从长安沿泾河谷地至平凉，越陇山（萧关）经固原，向西沿祖厉河而下，最后在靖远一带渡黄河，经景泰（卢阳镇）沿腾格里沙漠南缘进入河西走廊。这条道路开辟较早，自河西郡、县设立伊始即当开通，但沿程自然条件稍差，地理景观较荒凉，人烟稀少。此线路基本上是一条直线，由长安径取西北方向，大体溯泾河河谷而上，经高平、媪围等地，可直抵河西走廊东端的姑臧（武威）。全程长约 720 km。

南线是沿渭河溯源而上，从宝鸡越陇山（陇关、大震关），经秦安、天水、甘谷、通渭、陇西过洮渭分水岭。之后在临洮（古狄道）渡洮河，过康乐县虎关、流川到广河县城，渡过广通河（古大夏水）至阿里麻土（古大夏城），越分水岭，经和政县陈家集，出牛津河口，渡过大夏河（古漓水）至临夏（古枹罕城）。再经北塬至寺沟峡一带峡渡黄河，至青海民和、乐都，由西宁逾祁连山（扁都口）达于张掖。这条路较北线距离远，但因所经地区补给方便，仍不失为一条重要干线，特别是从北朝晚期至中唐时期，此条线路为丝绸之路的重要干线之一。南线还可走唐蕃古道去印度，或过当金山口，进入敦煌，同阳关道汇合。河西走廊战乱不休，交通阻隔时，这条道就尤为重要。

中线是在南线的基础上演变而成的，即从临洮北上兰州渡黄河，翻越乌鞘岭进入河西。中线的开辟略晚于北、南线，它较北线易走，较南线近便，故在盛唐以后成了关中到河西最重要的交通线。明清时期，从长安到河西的交通路线，又演变出一条新的重要通道，其大致走向为长安、平凉、萧关口（又称金佛峡，与秦汉时的萧关不是一地）、隆德、定西、兰州，然后从兰州渡河进入河西走廊，即今西兰公路一线。

与上述几条路并行的还有一条路，它从河套平原一带渡黄河，翻越贺兰山，穿越腾格里沙漠，沿石羊河而上到武威，进入河西走廊。后晋天福三年（938 年）张匡邺、高居诲一行即是经由此道前往于阗的，他们从灵州（今宁夏灵武市）渡过黄河西行，经腾格里沙漠之细腰沙、神点沙、三公沙、黑堡沙、沙岭等地，“渡白亭河至凉州”。该线路为河西走廊通往河套、北京乃至华北平原等地的一条便利通道，唐五代以后依然兴盛。

（二）河西段

丝绸之路关中陇右各线西渡黄河后，基本上会集于河西走廊，遂形成河西路。河西走廊的南边非常有名的一个祁连山，山峦重叠，终年积雪，不易翻越。例如，冷龙岭、大坂山、大通山、宗务隆山等高大山脉，道路均极其艰险。北边是龙首山、合黎山等山脉，在山的外面则是腾格里沙漠和巴丹吉林沙漠。古代人走马行的条件下，在走廊南北以外行走是非常困难的。反观走廊内部，绿洲呈串珠状分布，是一个可耕可牧的地区。因此，在海路未通之前，东来西往的僧人、商队及军队，大都通过河西走廊。从汉置河西四郡起，走廊地带就成为中西交通的重要通道。

与河西以东的关陇段相比，河西段的走向比较稳定，基本上是沿走廊中的南山北麓泉水溢出带西行。即经武威、永昌、山丹、张掖、酒泉、高台、嘉峪关、瓜州、敦煌，然后由敦煌分两路，西北行出玉门关或至罗布泊、吐鲁番，或至伊吾（今哈密），西南行出阳关至鄯善（今若羌），均与西域南北道接通。与丝绸之路河西段平行的还有一条道即“青海道”，它从青海西宁向西，经柴达木盆地从当金山口和阿尔金山口分别进入河西和西域。青海道在不同时期有不同称呼，汉代称“羌中道”，南北朝时称“吐谷浑道”。在青海境内还有一条直接经过西藏到达印度的道路，其走向大体是青海湖、格尔木、昆仑山、唐古拉山口、那曲、拉萨和日喀则，俗称“唐蕃古道”。

河西段北部还有一条可称作“居延道”的支路，即从河套平原出发，沿巴丹吉林沙漠北缘西行至居延海，或经走廊北山马鬃山北麓到哈密、吐鲁番等地，或沿额济纳河南上达河西走廊。后者即为从张掖北出人峻口（大盘道口），循弱水河谷经居延海至匈奴王庭的“龙城古道”，为丝路通向漠北的主要支线。人峻口地处龙首山西段山间干沟谷南口，东南距张掖市 20 km。谷地海拔 1 600 m，两侧山地海拔 2 000～2 100 m。气候干旱少雨，植被稀疏。山口南北宽仅 3 km，地势平缓，是河西走廊通往内蒙古阿拉善右旗的捷径。

自丝绸之路开通之后，各国沿着这条道路进行了极其频繁的政治、经济和文化交流，除互派使节友好访问、赠送礼物外，还彼此输送各自的物产和技术。横贯整个甘肃的丝绸之路，对甘肃的政治、经济、文化等方面都起到了极大的促进作用。汉唐之际丝绸之路畅通，甘肃社会经济发展迅速，成为全国最富庶的地区之一。《资治通鉴》卷二百一十六记载，天宝十二年（753年），“是时中国盛强，自安远门西尽唐境万二千里，闾阎相望，桑麻翳野，天下称富庶者无如陇右”。宋元以后，传统的丝绸之路由于受到来自草原丝绸之路的冲击，其在中西交通中的地位已有所下降。随着中国经济中心南移和海上交通的发达，对外贸易由陆路转向海运，甘肃在交通、商贸经济上的优越地位已大不如前。

二、丝绸之路甘肃段的山口和黄河渡口

（一）重要山隘

甘肃古代关隘的设置除和山川险胜有关外，还与古代道路的开辟有关，二者互相依存。省境因处青藏高原、黄土高原和内蒙古高原，地面崎岖不平起伏大，有不少高山阻碍东西交通。古人在道路的选择与修建过程中，总是要求两地之间的地面既平且直，便于人们往返和廉价运输。每遇高山，必选择两河溯源侵蚀形成较低分水岭的山口隘道。经过古人长期筛选出来的可以通行并与丝绸之路关联且重要的山口有下面这些。

1. 陇山隘道

陇山古称陇坂、陇坻、陇首，是六盘山南段的别称，呈南北走向，延伸于陕、甘边境（平凉至宝鸡间），全长约 100 km。山势陡峻，海拔在 2 100～2 600 m，为渭河平原与陇西黄土高原的分界。陇山横阻在我国东西交通的主要线路上，古时欲越陇山，只有少数山道可通，沿途各设关隘，控扼交通，故当地人多称陇山为“关山”。因山脉东坡陡、西坡缓，山以西地势高寒，与山以东地势较低的关中相比，景物迥异。《元和郡县志》记载当时“陇阪九

回，不知高几里，每山东人西役，升此瞻望，莫不悲思。陇上有水，东西分流，因号驿为分水驿。行人歌曰：'陇头流水，鸣声幽咽，遥望秦川，肝肠断绝'。”历代由关中平原翻越陇山至陇西的垭口，有南、中、北三道关卡。

（1）南道大震关

从今陕西陇县固关镇（即陇关）溯千河南源谷地越定戎关分水岭（2 100 m）至甘肃张家川马鹿镇（通关河上游）而达恭门镇（牛头河上游）一线；另溯千河正源（即北源）经甘肃华亭麻庵乡西过分水岭（2 256 m）也可至恭门关（旧志称秦昭王所筑）。这条道的重要关卡汉代称陇关，北周天和元年（566年）改名大震关。唐大中六年（852年），陇州防御使薛逵又徙关于距今陕西陇县30 km处，更名定戎关，今遗址犹存。之后称大震关为“故关”，定戎为“新关”，两关相去约15 km。此外，在大震关南今陕西境内还有一关口，称咸宜关。

（2）中道陇城关

由陇东泾河支流汭河上游谷地的华亭经马峡口，逾关山梁分水岭（2 595 m）至庄浪县水洛南河谷地的石桥，再逾南玉梁即清水河（古名略阳川）谷地的张棉驿与陇城关。此路亦为秦汉以来关中至陇西的要道。陇城关为历史上重要关隘，进可攻关中，退可守陇右。著名的东汉略阳之战、蜀汉失街亭，即发生于此。

（3）北道萧关

丝绸之路出长安进入泾水河谷，循河谷而上至平凉西入弹筝峡（元代名萧关）、瓦亭关、六盘关（2 633 m），此路为唐宋以来由关中西至陇右的要道。1875年左宗棠西征时曾走此道，现由西兰公路代替。因这里是进入河陇的要隘，故沿途关卡甚多。早在秦代即在高平（今宁夏固原）东南15 km处修筑萧关。为扼守这处关隘，在萧关西南的瓦亭山，汉时还筑有瓦亭关；后来在六盘山西葫芦河上游又筑起一座关，称西瓦亭关。

2. 祁连山口

祁连山为我国西北名山，汉唐西北边疆战事，多沿祁连山一线展开。丝绸之路在甘肃境内渡黄河至河西走廊，首先要经过祁连山东段的几个重要山口。

（1）乌鞘岭

乌鞘岭古称洪池岭，位于天祝藏族自治县中北部，为中国东部季风农业区与西部灌溉农业区及牧区的天然分界，亦为庄浪河与古浪河内外流域的分水岭。它是祁连山系冷龙岭（4 843 m）山脉的支脉，为雷公山（4 326 m）

和毛毛山（4 070 m）间较低部分，垭口海拔 3 562 m。乌鞘岭北坡陡峻，在 15 km 直线距离内，高差可达 2 500 m，南面比较和缓。附近保存有古安远驿和明长城遗址，现在兰新铁路和甘新公路均经此山口。为避免人畜货运翻高山分水岭的艰辛，早期丝路由兰州渡黄河后，经岔口驿绕道毛毛山坪城和松山滩，北出甘沟口（或直沟两岔口）进入河西走廊经东大滩黄羊川以达古浪。由于路线相对较平，且沿途多水草与居民点，为陇右至河西最早的商道之一，明代以后才多经乌鞘岭直趋武威。

（2）大坂山口与扁都口

由西宁至张掖，需越过湟水与大通河分水岭的大坂山口，大通河与八宝河（黑河上源东支）分水岭景阳岭以及八宝河与童子坝河分水岭（俄博）以北的扁都口（古名大斗拔谷），海拔为 3 300～3 600 m 的三个山口。其中，最著名的是扁都口，位于甘肃民乐县城南偏东 35 km 处，是拦腰切断北祁连山脉的峡口，谷宽 10 余米，长 28 km，地势险峻。扁都口距西宁约 221 km，距张掖约 93 km。自汉至唐，扁都口一直是河湟地区与河西地区联系的重要通道。此道从隋、唐二代开始，亦为行军要道，但沿途受恶劣气候及居民点较少的限制，一般人员难以通过。1931 年，在此修通了张（掖）青（海）公路，关隘成通途。

3. 祁连山中西段山口

该段山口主要有雪水达坂、二只哈拉达坂和当金山口。雪水达坂道，由张掖西循梨园河谷经肃南县治红湾寺，再溯白泉河谷越走廊南山（主峰素珠链海拔 5 564 m）的雪水达坂，可与黑河上游谷地的祁连县至西宁间公路相连。二只哈拉达坂道，由甘肃嘉峪关溯讨赖河（北大河）谷及其支流朱龙关河而上，至二只哈拉达坂（4 293 m）进入青海省，再经讨赖河与黑河上游分水岭间的热水达坂（4 129 m）到达黑河上游谷地，现也有公路可通。当金山口，在阿克塞哈萨克族自治县博罗转井镇南 10 km。该山口为祁连山西段与阿尔金山间的垭口，由震旦系变质岩和上古生界花岗岩组成，经长期风化剥蚀，垭口低平宽缓，海拔 3 500～3 600 m，与柴达木盆地高差 200 m。东西两侧山岭海拔多在 4 000 m 以上，基岩裸露，山坡平缓，属高寒荒漠景观。山口北通河西走廊，南接柴达木盆地孔道。现有由瓜州县红柳园经敦煌、阿克塞县至当金山口的红当公路，南与青藏公路相连，为纵贯青藏高原的主要运输干线。

（二）黄河渡口

丝绸之路在进入河西走廊与亚洲腹地之前，必须渡过黄河天堑。在现今的青海、甘肃、宁夏境内，黄河切穿坚硬岩石与新生代红层，形成一束一放的葫芦状峡谷与宽谷盆地各达十几个，为黄土高原西部地貌上的显著特点之一。省境自西南向东北，依次有11个峡谷与10个河谷盆地，如积石峡—大河家盆地、寺沟峡—永靖（或莲花城）盆地（现为刘家峡水库）、刘家峡—大川（或半个川）盆地、盐锅峡—达家川盆地、八盘峡—兰州盆地、小峡（又名桑园峡）—什川盆地、大峡—水川（又名青城）盆地、乌金峡—靖远盆地、红山峡—老龙湾（坝滩）盆地、米家峡—五佛寺盆地和黑山峡。上诸盆地中，兰州盆地面积最大，约320 km^2，靖远盆地次之，约290 km^2，什川盆地最小，仅16 km^2（表11.1）。除盐锅峡与红山峡由较疏松的甘肃群红层组成外，其余各峡谷由坚硬的火成岩与变质岩组成。诸峡谷以黑山峡最长，达65 km；八盘峡最短，仅6 km。

表11.1　黄河兰州段峡谷、盆地一览表

名称	长度/km	水面高程/m	落差/m	纵比降/‰
达川	3.3	1 575～1 570	5	1.52
八盘峡	3.9	1 570～1 560	10	2.56
新城川	13.8	1 560～1 543	17	1.23
柴家峡	5.2	1 543～1 538	5	0.96
西固—七里河川	27.5	1 538～1 513	25	0.91
白马浪	0.7	1 513～1 512	1	1.43
城关川	14.5	1 512～1 503	9	0.62
小峡	21.8	1 503～1 483	20	0.92
什川	7.7	1 483～1 476	7	0.91
大峡	21.2	1 476～1 450	26	1.23
青城川	22.2	1 450～1 433	17	0.77
乌金峡	8.9	1 433～1 424	9	1.01

黄河多急流陡岸，非到处可渡。渡口是人们为了达到彼岸而选择的安全和便捷的过河处，一般选择在峡谷下口或上口与宽谷盆地相接处，河面较宽而流速较缓且河岸稳定平坦之地，或在盆地中段一侧有较大支流入河的冲积扇缘，河面较窄、河水较深且无沙洲处。历史上重要的丝绸之路渡口，自西南到东北，至少有16处，其中甘肃境内的渡口最多，现择其要者说明如下。

1. 临津关渡（包括积石关、白土津渡）

临津一名，见于《水经注·河水》：“河水又东，临津溪水注之，水自南山，北经临津城西，而北流注于河”。在今临夏回族自治州西缘、积石峡以东的大河家盆地（官亭盆地），现有公路经官亭、胡拉城、白古城沿巴州沟进入湟水谷地的民和、乐都和西宁。隋代在临津设关戍守，大业五年（609年），炀帝一行西征吐谷浑，在此“出临津关，渡黄河”。之后经民和县的官亭镇、古鄯镇，北渡湟水，西“至西平”（今乐都），再北“入长宁谷”“度星岭”，经“大都拔谷”“次张掖”。这是由长安经今甘肃、青海通往河西、西域的主要道路。此渡口西南岸接近积石关门的大墩城，有人怀疑为汉河关城或后来的临津城。明清之际，临津关渡仍然是黄河上游的重要渡口。

2. 凤林关渡（包括野城口、左南城渡）

东西介于刘家峡和寺沟峡间，为银川河、大夏河北入黄河的冲积扇西缘，是历史名关之一，为东晋、隋、唐以来由枹罕渡河，北经宋家城、川城、白古城，通往河西、青藏要道之一。早期在唐河州府枹罕县西北50 km的银川河口，元、明之际移至旧永靖县莲花城（今为刘家峡水库所淹没）西2 km处。《水经注·河水》曰：“河水又东历凤林北。凤林，山名也，五峦俱峙。耆彦云：昔有凤鸟，飞游五峰，故山有斯目矣。《秦州记》曰：枹罕原北有凤林关，川中则黄河东流也。”晋法显西去印度、唐张籍北取凉州、崔琳出使吐蕃，都经此道。北宋绍圣年间（1094—1098年），这里曾建过安乡关浮桥。北宋元符二年（1099年）炳灵寺桥（或安乡关浮桥）毁于战火，据说河岸崖壁尚存架桥凿孔的遗迹。

3. 石城津渡（又名青石关、京玉关）

石城津渡位于兰州西固区八盘峡东口、庄浪河南入黄河河口处，历史名关之一。出露地层为白垩系河口群紫红色和灰绿色砂岩、砾岩及泥岩。关口两侧山势陡峻，岩层壁立，难以攀登。《水经注·河水》记载：“湟水又东流，注于金城河即积石之黄河也。……河水又东流迳石城南，谓之石城津”。另据《新唐书》卷一百一十六记载，唐代在此建有“广武梁”，故当时河口是丝绸之路由兰州通往河西走廊与新疆等地的必经要道。古桥旧基地在河口西南的喀罗川口至青石间，废址尚存。现有兰新铁路桥横跨黄河之上。后来，在河口正东3 km，咸水河南入黄河的沿河村与下川村之间又建有新城渡，旧时甘、青、新的车路与骑路均由此渡河，现今甘新、甘青两公路同建公路大桥于此。此桥西北的岗镇村或古城子村，可能是《水经注》中的石城所在。

4. 金城关渡（又名金城津）

今兰州城关区西界阿干河北入黄河的冲积扇东缘，汉置金城关于北岸，南岸的渡口聚落发展成金城县治故名。汉赵充国伐羌至金城渡河前，有“治桥道”的方略，此应为金城建桥的最早记载。《元和郡县图志》兰州五泉县条记载：“金城关，在州城西。周武帝置金城津，隋开皇十八年改津为关。”《宋史》卷三百四十八有绍圣中（1094—1098 年）“造河梁以济师，遂作金城关”的记载。明洪武十七年（1384 年），由七里河东移镇远浮桥于金城关。历时 500 多年，此浮桥为中原与新、青、藏边疆间的交通要津，至宣统元年（1909 年），耗银 30 余万两于此建成兰州铁桥代之。金城关渡口在今中山桥北岸西侧 1 km 许，今已辟为金城关文化园区。

5. 河包口渡（又名虎豹口）

祖厉河北入黄河冲积扇西缘的河包坪西麓，东北距靖远城 5 km，汉祖厉县故城可能位于此地。《汉书·武帝纪》记载：元鼎五年（前 112 年）冬十月“行幸雍，祠五畤。遂逾陇，登崆峒，西临祖厉河而还。”武帝于此行幸，说明其沿途所经必为交通大道。祖厉河为黄河一级支流，河口入黄河处为今靖远县城。这里西魏时置会州，隋改名为会宁镇，唐宋时亦置会州。史载，西晋泰始六年（270 年）秦州刺史胡烈讨河西鲜卑秃发树机能，东晋义熙三年（407 年）南凉拒赫连夏，北魏太延五年（439 年）拓跋焘伐北凉均在此渡河。1936 年，红四方面军二万余人组成西路军，在此渡河。现今由白银区至平川区的白宝（积山）铁路与公路桥，均在河包口以北的红嘴子渡河，遂代替了河包口渡。

6. 黄沙湾渡（会州索桥渡）

黄沙湾渡位于靖远城北 38 km 许，为靖远盆地北端、红山峡南口的虎头嘴渡口。西夏时曾于县北 35 km 的迭烈逊堡附近建过会州索桥，以通凉庄路，今崖岸留有船缆岩孔遗迹。

7. 石门索桥渡（会宁关渡）

石门索桥渡位于米家峡北口进入五佛寺盆地南端、哈思街以西 5 km 处。此渡口为明末清初的军事商业要道，黄河左岸的索桥堡建于明万历四十二年（1614 年），堡北为明长城的起点。明隆庆至万历间，先后在小口子以西建造铁索船桥两次，至清乾隆时索桥已废，改为船只摆渡。现今已无渡船，只留索桥堡于河西岸 2 km 处。

8. 乌兰桥渡（乌兰关渡）

乌兰桥是唐代由长安西经原州（今固原），陇山（今六盘山）北麓至会州的乌兰县（汉祖厉县地，属安定郡，后汉属武威郡），过乌兰关与乌兰桥至河西走廊的主要桥梁。

9. 五佛古渡

在甘肃景泰县五佛乡境内，近年仍有钢索机动渡船摆渡过河的车辆和行人。这里地处甘肃、宁夏、内蒙古三省区交界的腾格里沙漠边缘的黄河峡谷，自古以来就是西去河西走廊的水上交通枢纽。明清时期在黄河北岸，倚山建有五佛寺。

第二节　长城之省

在中国古代，长城是作为保证边防安全的军事工程而出现的。人们对它最通俗的解释是绵亘不绝的城墙，或是以土、石、砖垒筑的连续性高城墙。长城以黄土夯筑为主，因地制宜，就地取材，有红柳夹沙、芦苇夹沙、石块夹沙和石块堆砌等形式。墙体有的高 3～5 m，有的仅存地面遗迹。长城作为人为构筑的疆域界线和边防屏障，以其独特的建筑形式担负着昔日御敌和守望的重任。二十五史中，有很多关于“长城”的记载，而且名称众多，诸如“长城”“方城”“堑堑”“长城亭障”“长城障塞”“长城塞”“塞”“塞垣”“塞围”“界壕”“边垣”“边墙”等。一般说来，先秦称“长城”，汉代称“塞”，明代称“边墙”。甘肃长期以来处于游牧民族与中原农耕民族之间，自周、秦、汉诸王朝立国以来，就是其疆域西界。后来中原王朝的疆域虽曾扩展到今新疆以西，但甘肃军事战略地位的重要性并未下降，特别是河西走廊一带，除沙漠戈壁的阻隔外，南北两山的屏障地势和其交通作用，都使其历来成为一道至关重要的军事防线。因此，省境保留的长城景观不仅丰富多样，而且非常有特点。秦、汉、明三个朝代的长城遗址西端，都位于甘肃境内，但是却在甘肃的不同地域。长城资源调查数据显示，甘肃有明长城约 1 700 km，居全国第一，战国、秦、汉长城等超过 2 000 km，居全国第二。长城分布在省内 11 个市州、34 个县市区，蜿蜒超过 3 700 km，是名副其实的长城大省。

一、秦战国长城

最初在甘肃境内修筑长城的是秦国，为防范西北以匈奴为主的游牧民族的侵扰，秦昭王时期秦国开始修筑长城。与此同时，还征调戍卒守御边塞，并开展移民实边屯田。据《史记·匈奴列传》记载：“秦昭王时，义渠戎王与宣太后乱，有二子。宣太后诈而杀义渠戎王于甘泉，遂起兵伐残义渠，于是秦有陇西、北地、上郡，筑长城以拒胡”。从这段记载来看，秦国在义渠境内设置了陇西、北地、上郡 3 个郡，并修筑长城加强对新开拓疆域的守卫。

始筑于公元前279年的长城，西起今临洮（旧名狄道，为陇西郡治）城北15 km的卅里墩（唐置长城堡），东经渭源、陇西、通渭、静宁、固原、环县、华池等县北境，进入陕北后达内蒙古自治区准格尔旗黄河右岸。它全长约1 250 km，在甘肃境内达800多千米。秦战国长城的年代远早于秦始皇时期，至今该长城有多段遗址保存，被列为省级文物保护单位。

二、秦长城

秦始皇统一六国之后，着手整治西部和北部边界。为了防止西北游牧部族的侵扰，他倾全国之力，对西北边界长城进行了整修和补充建造，构成了西起临洮、东至辽东，长万余里的长城。《史记·蒙恬列传》记载："乃使蒙恬将三十万众北逐戎狄，收河南。筑长城，因地形，用险制塞，起临洮，至辽东，延袤万余里。"《史记·匈奴列传》还说："因河为塞，筑四十四县城临河，徙谪戍以充之。"这里的"临洮""辽东"均是泛指，前者指濒临洮河的地区。

秦长城的最西端现存遗址，在甘肃临洮县北15 km的新添乡南坪村杀王坡（《乾隆狄道州志》有"长城在州北三十五里"的记载）。在杀王坡的三级台地山梁头望儿嘴的北坡，现仍有部分清晰可见的秦长城遗址。这些遗址上的城墙、城障、烽燧全由黄土或砾石混合黄土夯筑而成，夯层清晰可见。城墙下宽4.2 m，上宽2.5 m，现存高度平均在3 m左右。从秦长城遗址的走向看，可知秦始皇长城基本沿用秦战国长城旧址，以黄河天堑为凭据补充修缮而成。有些地段不一定筑有墙垣，"因河为塞"主要是因险乘便、扼制津要，筑城以守之，故关隘城障设置基本沿黄河一线展布。

三、汉长城

甘肃境内的汉长城始建于汉武帝时期，是国内建筑最有特色、保存最好的长城。在甘肃省境东起令居塞（今永登西北）或古浪，西止汉玉门关以西，绵延千余千米，大部分已遭破坏。从永登、古浪、武威、民勤、永昌、山丹、张掖、临泽、高台至金塔的汉长城，后来多被明长城利用，只有乌鞘岭一段和少数烽燧为汉代遗迹。在今民勤境内汉长城形迹不清，但在大比例尺航空照片上，可见汉塞残迹。大体在连城、古城一线以西2～5 km处，残垣断续隐现，由东北伸向西南，长10余千米。残垣位于西沙窝古绿洲西缘，远在明代所筑长城之北，为汉塞遗址。城障烽燧则有红沙梁乡的三角城汉代城障遗址（图11-2）。金塔以西，从玉门市花海盆地北缘西至敦煌羊圈湾间的遗址，仍保存不少。

图 11-2　民勤三角城汉代城障遗址

汉初基本利用秦长城和直道以防御匈奴，但因连年争战国力衰弱，遂致匈奴屡犯边境，不得不采取和亲的方式以换取暂时的安宁。经“文景之治”渐趋富足后，汉武帝开始了对匈奴的反击。元朔二年（公元前 127 年），车骑将军卫青“击胡之楼烦、白羊王于河南，得胡首虏数千，牛羊百余万。于是汉遂取河南地，筑朔方，复缮故秦时蒙恬所为塞，因河而为固”。元狩二年（公元前 121 年）骠骑将军霍去病两次深入河西，奔袭匈奴，大胜而归。《史记·大宛列传》记载：“浑邪王率其民降汉，而金城、河西西并南山至盐泽空无匈奴。”为经营河西，汉王朝不仅将长城修到了大漠以北的居延泽，而且一直延伸到了新疆的罗布泊地区，将河西走廊及阿拉善高原的绿洲圈在了长城之内，巩固了边境防御，维护了丝绸之路的畅通。河西地区的汉代长城是一个工程浩大、组织严密、行之有效的军事防御体系。汉长城的建筑方法是根据所在地的地势、地貌和生态环境因地制宜建造的，由墙、烽火燧、坞障和城组合而成。大体上是先设亭障，再视地势之需要筑墙垣，故有些地方有亭障而无墙垣，时断时续，但总体上仍能连成一线，形成一个整体的军事防御体系。建造时则就地取材，起沙土夯墙，并夹杂红柳、胡杨、芦苇和罗布麻等物。外侧取土处即成护壕，壕内平铺细沙，以检查过境者足迹，称作“天田”。内侧高峻处，燧、墩、堡、城连属相望。虽经历两千年风沙侵蚀，有些地方仍坚固如磐，屹立于戈壁沙漠之中。目前，在甘肃境内保存较为完整的汉长城遗址（图 11-3），主要有玉门关段、敦煌西湖段和黑河下游段。

图 11-3　敦煌玉门关附近的汉长城

四、明长城

明长城是我国历史上修筑的最后一道长城，也是修建规模最大、历时最长、工程最坚固、设备最为完善的长城。但是，明代长城的地理位置大规模地向东、向南退缩，有“明代西疆止酒泉”之说。甘肃境内的明长城遗址，西起嘉峪关，经酒泉、高台、临泽、张掖、山丹、永昌、民勤、武威、古浪、景泰等县，从五佛寺南过黄河，在靖远县内沿黄河南岸延伸，一路向东绵延至宁夏中卫市。

甘肃境内的明长城是在不同时期逐渐修成的。从现有遗址来看，在武威以东，边墙分为南、北两道。南道边墙（旧边墙）沿着庄浪河谷到达兰州一带，沿黄河南岸向东进入靖远县界。在兰州黄河北岸的边墙，东起盐场堡，西至乌鞘岭间，长约 120 km，筑于 1506—1521 年（明正德年间）；盐场堡以东，沿黄河南岸，经桑园城、什川堡、一条城至靖远平滩堡，长 100 km。其中，在什川堡一段名“皇城”，已无遗存，仅山崖高处尚有部分残迹。北道边墙（新边墙）筑于明万历二十七年（1599 年），途经古浪、景泰直达五佛寺盆地南端黄河岸边，基本上是沿着腾格里沙漠的南部边缘修筑的。东起景泰县索桥以北的黄河西岸，西至古浪县土门，长175 km。这段长城有的被沙丘所掩埋，在茫茫沙漠中时隐时现。武威以西的明边墙，先循红水河谷向北至民勤，围绕明代的镇番卫绿洲，西经永昌、张掖、酒泉诸绿洲北缘而终止于嘉峪关。此段长城的兴筑，早于上述的新旧边墙，开始于洪武五年（1372年）的“以嘉峪关为巨防，而筑城置戍”，重修于嘉靖十年（1531年）的“增筑边墙墩台”，均以保护东西交通与绿洲农业为主旨。其中，山丹明长城的走向、长度都与境内的汉长城相同，明长城在汉塞南侧，两者相距10～80 m，呈平行延伸。这种不同历史时期修筑而同时并行且迄今保存较为完整的长城遗址实属罕见，原因是这里地势较高、降水量少，远离村落从而较少受到人为破坏。在整个河西走廊，山丹新河驿的长城口是距公路最近、城墙较完整的地点（图11-4），被称为“长城露天博物馆”。

图11-4　山丹新河驿明长城遗址

长城作为人类历史上的一项伟大创造，不仅为古丝绸之路的畅通提供了安全保障，而且也是各民族进行经济、文化交流的纽带，给甘肃留下了大量的历史文化遗产。除了城墙、烽火台等本身的建筑布局、造型、雕饰、绘画等建筑艺术之外，许多文学家、艺术家还用诗词歌赋、书法绘画讴歌长城。例如，唐代的边塞诗近2 000首，其中1 500首与河陇有关。总之，长城是古代保卫边疆和丝绸之路畅通的历史见证，是中华民族艰苦奋斗、开疆拓土的重要标志，也是今天重要的旅游资源，需要加以珍惜和保护。

第三节 石窟之乡

石窟是依山岩或河谷砾石层崖壁凿成的佛龛建筑，一般有造像和壁画，又称“石窟寺”。据不完全统计，甘肃境内现存石窟寺60余处（表11.2），散布在丝绸古道所经之处。除敦煌莫高窟、天水麦积山等著名石窟外，河西走廊、黄河中上游、渭河流域及陇东的广大地区都分布着数量众多的石窟。这些石窟以其开创年代之久远、延续时间之长、内容之丰富和形式之多样等诸多优势，居全国石窟寺之冠。因此，甘肃被人们誉为“中国石窟艺术之乡”。

表11.2 甘肃石窟表

地域	石窟名称	所在县市	建造时代	窟数/个	造像/身	壁画/m^2
河西走廊	莫高窟	敦煌市	十六国至元	492	3 000	45 000
	西千佛洞	敦煌市	北魏至元	16	55	910
	南湖店石窟	敦煌市	北魏晚期	2	—	—
	五个庙石窟	肃北县	北朝晚期（宋、元重建）	6	—	150
	榆林窟	瓜州县	隋唐至清	41	272	5 650
	下洞子石窟	瓜州县	唐五代宋	8	—	150
	东千佛洞	瓜州县	西夏、元、清	8	56	486
	旱峡石窟	瓜州县	北魏（西夏重建）	2	3	12
	碱泉河石窟	瓜州县	残窟21个	—	—	—
	昌马石窟	玉门市	北魏（五代、宋重建）	4	6	100
	大坝石窟	玉门市	残窟4个	—	—	—
	文殊山石窟	肃南县	北魏（西夏、元重建）	1	15	120
	闪佛寺石窟	肃南县	清	4	—	—
	金塔寺石窟	肃南县	北魏	2	200	200
	上、中、下观音洞	肃南县	北魏、元、明、清	4	—	100

续表 1

地域	石窟名称	所在县市	建造时代	窟数/个	造像/身	壁画/m^2
河西走廊	千佛洞石窟	肃南县	北魏至唐	8	30	10
	马蹄寺石窟	肃南县	元、明	9	20	6
	皇城石佛崖	肃南县	北朝晚期、唐、元	11	4	—
	童子寺石窟	民乐县	北朝晚期	8	—	—
	上天乐石窟	民乐县	清	36	—	—
	圣容寺石窟	永昌县	北魏、北周	1	1	—
	石佛崖石窟	永昌县	—	1	1	1
	云庄寺石窟	永昌县	—	—	—	—
	亥母寺石窟	武威市	西夏	4	—	—
	天梯山石窟	武威市	十六国北朝至明	13	142	300
陇中	炳灵寺石窟	永靖县	十六国北朝至唐	184	800	900
	罗家洞石窟	永靖县	元代皆残	—	—	—
	五佛寺石窟	景泰县	北魏（西夏重修）	1	6	—
	法泉寺石窟	靖远县	北魏、宋	4	10	—
	接引寺石窟	靖远县	北魏	1	3	—
	寺儿湾石窟	靖远县	唐	1	40	—
陇东南	麦积山石窟	天水市	十六国、北朝至宋	194	7 200	2 000
	豆积山石窟	天水市	宋	1	3	—
	仙人崖石窟	天水市	宋	1	10	—
	法镜寺石窟	西和县	北魏至唐	31	3	—
	八峰寺石窟	西和县	明、清	12	—	—
	佛爷崖石窟	徽县	北魏至西魏	1	7	—
	广佛寺石窟	徽县	唐	3	—	—
	罗汉洞石窟	徽县	宋、明	1	—	—
	大云寺石窟	成县	唐（皆毁）	—	—	—
	拉梢寺石窟	武山县	北周（五代、宋重建）	1	100	—
	木梯寺石窟	武山县	唐、五代、宋	5	30	2 000
	大像山石窟	甘谷县	唐	1	1	—
	华盖寺石窟	甘谷县	元	2	1	—

续表 2

地域	石窟名称	所在县市	建造时代	窟数/个	造像/身	壁画/m²
陇东	北石窟寺	西峰区	北魏至唐	295	2 126	—
	南石窟寺	泾川县	北魏、唐	5	20	—
	王母宫石窟	泾川县	北魏	1	30	—
	罗汉洞石窟	泾川县	北朝、唐、宋	3	5	—
	千佛寺石窟	泾川县	北朝、唐（皆残）	—	—	—
	太山寺石窟	泾川县	宋	3	—	—
	石空寺石龛	镇原县	宋、明	2	13	—
	万佛洞石窟	镇原县	明、清	8	—	—
	玉山寺石窟	镇原县	明、清	3	20	—
	万山寺石窟	庆阳市	宋、明	3	28	—
	石拱寺石窟	华亭县	北魏、西魏	14	50	—
	云崖寺石窟	庄浪县	北魏、西魏、北周	16	30	—
	朱林寺石窟	庄浪县	宋、元	4	5	—
	红崖寺石窟	庄浪县	—	2	—	—
	西寺石窟	庄浪县	—	2	—	—
	大寺石窟	庄浪县	—	1	—	—
	佛爷崖石龛	庄浪县	北魏	1	3	—
	陈家洞石龛	庄浪县	北魏	1	3	—
	保全寺石窟	合水县	北魏、西魏	25	50	—
	张家沟门石窟	合水县	北魏	8	15	—
	莲花寺石窟	合水县	唐、宋	18	50	—
	安平寺石窟	合水县	金代	1	5	—
	千佛砭石龛	合水县	北魏	2	—	—

一、石窟群的形成

甘肃石窟开凿约始于 4 世纪，以北魏至隋唐最盛，唐以后逐渐减少。在全国，甘肃是佛教石窟艺术最为繁荣和发达的地区之一，亦是全国石窟最集中之地。敦煌莫高窟、天水麦积山石窟与山西大同云冈石窟、河南洛阳龙门石窟，并称为中国四大石窟艺术宝库。这是特定的社会历史和自然地理环境共同作用的结果。

首先，中国的石窟起初是仿印度石窟的制度开凿的，多建在中国北方的黄河流域。这个时期，黄河流域是中国政治、文化、经济的中心。佛教从印度经中亚向中国内地传播时，陇原首先受其影响，甘肃遂成为全国佛教石窟文化最为繁荣的地区之一。十六国时期的河西走廊，由于中原连年战乱，人们渴望和平与安宁，以慈悲济世为主旨的佛教因此得到了社会各阶层的普遍认同，这里成为佛教传播、石窟广布的中心。当时在河西走廊建立“五凉”（前凉、后凉、西凉、南凉、北凉）政权的统治者们大力提倡佛教，凿窟建寺成为社会时尚。甘肃境内至今留存的大部分早期开创的石窟寺，就是当时佛教兴盛的生动体现和具体反映。例如，武威天梯山石窟作为中国最早见诸史册记载的石窟代表，在石窟艺术向全国传播、发展中做出了重要贡献。北魏占领凉州后，高僧昙曜将河西石窟的艺术风格付诸云冈石窟，而云冈石窟又直接影响了龙门石窟。因此，考古学家宿白将凉州石窟誉为“凉州模式”，甚至有人把他称为“中国石窟之父”。

其次，丝绸之路两侧，尤其在关隘附近，多开凿修建有石窟寺庙，是甘肃历史文化地理中的一个突出特色。究其原因，一是关隘扼守交通要道，是往来行客必须通过逗留之地。佛教东渐，僧侣往来，无不叩关而驻足，其近旁自然就成为最便捷的修持场所。二是关隘作为驻军守卫之地，具有水源等生活供给条件，较他处更具生存安全保障，是开凿石窟或修造寺庙的最佳位置。三是关隘近旁往往是关内外部族民众互市贸易之地，多发展成为人口相对密集的城镇，从而为吸纳信徒、就近凿建寺窟庙宇提供了最重要的人口条件。例如，敦煌之于莫高窟、肃南之于文殊山石窟、武威之于天梯山石窟等，莫不如是。

最后，自然地理环境有利于石窟的开凿和保存。甘肃境内中生代、新生代砂砾岩地层分布广泛，受区域断裂作用和间歇式的振荡抬升影响，往往形成网格状断裂构造。尤其在地壳相对抬升的地区，新构造运动活动频繁，流水沿节理下切并不断扩大，在流水和重力作用下，可形成高数十米至数百米的赤壁丹崖。加之软硬岩层的差别侵蚀，往往形成槽、穴、洞、坑及鼻状、柱状等微地貌形态，为开凿洞窟、降低修建成本提供了可能。

甘肃各地的石窟群，因所在地的岩性、气候条件差异较大，显得更为丰富多彩和富丽堂皇。河西走廊、渭河上游地区，多属砂岩，这种岩石结构较为松散，颗粒粗糙，不宜进行雕刻，故石窟中的造像，绝大多数为泥塑或石胎泥塑。陇东高原和黄河上游的诸石窟，石质虽为砂岩，但颗粒较小，可以进行雕刻，故绝大部分造像为石雕。例如，著名的莫高窟即开凿在玉门系砾岩构成的崖壁上。玉门砾岩由碳酸钙胶结在一起的无数小砾石组成，质地较松，容易凿窟而不任雕镌，所以莫高窟造像的雕塑工艺和云冈、龙门的花岗岩石刻不同，多是以石木为胎的彩绘泥塑。正因为雕塑受到自然条件的限制，更特别发展了壁画，形成富有特色的莫高窟艺术。同时，受益于气候干燥等自然条件，这一艺术瑰宝得以避免虫害霉变和朽烂，有很大一部分相当完好地保存了千年以上。

二、石窟群的分布和保护

甘肃各地的石窟，由于地域、时代、民族、宗教流派的不同，多因地制宜采用不同的制作方法和不同的艺术风格，可谓千窟千面、各具异彩。石窟寺的时空分布基本上遵循佛教传播的路线轨迹，自西向东所反映的时代特征逐渐由远及近，在石窟文化艺术特色上自西向东外来元素逐渐淡化，中原色彩逐渐浓烈，乃至本土化现象逐渐加深。

（一）莫高窟与河西走廊石窟群

河西走廊是古丝绸之路的黄金地段，独特的地理环境使这里开凿的石窟虽受到西域等石窟的影响，但在雕刻技术和佛像形态上都突出表现了地方风格。由西向东，敦煌附近有莫高窟、西千佛洞及南湖店石窟；肃北一带有五个庙石窟；瓜州一带有榆林窟、下洞子石窟、东千佛洞；玉门一带有昌马石窟等；肃南一带有文殊山石窟，马蹄寺石窟，金塔寺石窟，上、中、下观音洞等；民乐一带有童子寺石窟等；武威一带有天梯山、圣容寺、云庄寺等多处石窟。

莫高窟位于敦煌市东南 25 km 处。始凿于公元 366 年，距今 1 600 多年。后经十六国至元朝十几个朝代的开凿，形成一座内容丰富、规模宏大的石窟群。莫高窟在明代一度荒废，清康熙五十四年（1715 年）以后，又受到人们的注意。光绪二十六年（1900 年）道士王圆箓发现“藏经洞”，洞内藏有写经、文书和文物四万多件。现存洞窟 492 个，壁画 45 000 m^2，泥质彩塑

2 415 尊，飞天 4 000 余身，唐宋木结构建筑 5 座。莫高窟是一处由建筑、壁画、雕塑组成的博大精深的综合艺术殿堂，是世界上现存规模最宏大、保存最完好的佛教艺术宝库，被誉为“东方艺术明珠”。1961 年，莫高窟被公布为第一批全国重点文物保护单位。1987 年，莫高窟被列为世界文化遗产。

莫高窟开凿在大泉河（古称宕泉）西岸、鸣沙山东麓的崖壁上，南北长 1 618 m，高 10～40 m 不等。从崖下至上，分层开凿石窟，最多处达 4 层。大泉河源出南山，流过莫高窟后，在不远处潜入地下。古时泉水较大，所以早期开凿的石窟都在崖面的中层以上。唐以后水势减小，才在下层开窟。第 148 窟中有一通《唐陇西李府君修功德碑》，根据碑文可知此窟是唐大历十一年（776 年）凿建的，碑也是此年所立的。碑文记载当时莫高窟的风景，说是“碧波映阁”，而现在大泉河虽然没有完全断流，但仅剩下一条细流，被引用成为一条灌溉渠。唐大历年间迄今 1 200 余年，大泉河从“碧波映阁”发展到河床几近干涸，可见古今环境变化之大。目前，莫高窟四周被沙山戈壁环抱，风沙曾掩埋了许多洞窟，损毁了许多珍藏。对于莫高窟这一特殊的文化遗产及其所依存环境景观的科学保护，是当前乃至今后相当长时间面临的重大任务。

（二）炳灵寺石窟与陇中石窟群

炳灵寺石窟与陇中石窟群位于甘肃中部，亦即黄河上游甘肃段。石窟群以永靖炳灵寺为主体，包括靖远的寺尔湾石窟、法泉寺石窟以及景泰县的五佛寺石窟等。炳灵寺石窟位于永靖县城西南 40 km、刘家峡水库西端的黄河北岸与唐述谷水汇流处，由上寺、下寺和洞沟三部分组成，现存主要窟龛集中在下寺沟西岸南北长 350 m、高 30 m 的白垩系褐红色砂岩峭壁上。炳灵寺最早称“唐述窟”，唐代称“龙兴寺”，北宋称“灵岩寺”，明永乐年后称“炳灵寺”，又名“冰灵寺”。炳灵藏语“十万佛”之意。《水经注》卷二记载：“河峡崖傍有二窟。一曰唐述窟，高四十五丈。西二里，有时亮窟，高百丈、广二十丈、深三十丈，藏古书五笥。”此地千峰壁立，为典型的丹霞地貌。《法苑珠林》对其景观描述云：“晋初河州唐述谷寺者，在今河州西北五十里，渡凤林津，登长夷岭，南望名积石山，即禹贡导河之极地也。群峰竞出，各有异势，或如宝塔，或如层楼，松柏映岩，丹青饰岫，自非造化奇功，何因绮丽若此。”

炳灵寺石窟有建于西秦乞伏建弘元年（420 年）的造像题记，为中国石窟纪年题记最早者。现存石窟自西秦至元、明 1 400 年间，计有窟龛 216 个，石雕泥塑造像 800 余尊，浮雕佛塔 56 座，壁画约 1 000 m^2，与敦煌莫高窟、云冈石窟、龙门石窟、麦积山石窟和新疆龟兹石窟并称为中国六大石窟。炳灵寺石窟处于丝绸之路起始段由中原地区进入河西走廊、连接青藏高原的重要交通节点上，其佛教艺术受到了西方、南方和中原的多重影响，呈现出不同年代和不同区域艺术风格并存的特征。这里保存有最早期、中期和最晚期的壁画和石雕，见证了佛教在中国发展兴衰的全过程，以及汉传佛教和藏传佛教两种艺术形式的更替繁荣，被誉为中国“石窟百科全书”。1961 年，炳灵寺石窟被列为第一批全国重点文物保护单位，1995 年被列为甘肃省爱国主义教育基地，2007 年被列为丝绸之路整体申遗重要备选点。炳灵寺石窟存在的主要环境地质问题是石窟崖壁渗水、石窟崖体裂隙与危岩危石、底层窟龛潮湿、酥碱及窟前泥沙淤积等，这些环境地质问题对石窟文物有着直接或间接的危害，对其进行治理是炳灵寺石窟保护的重要任务。

（三）麦积山石窟与陇东南石窟群

今甘肃天水、甘谷、武山等渭河上游地区，古属秦州统辖，为中原通西域的“关会之地”，是关中越陇山西去陇西、临洮、河州的丝路古道。故自魏晋以来，沿途城镇关隘附近多有石窟寺开凿营建。除著名的麦积山石窟外，还有武山一带的鲁班峡山中所密布的水帘洞、拉梢寺、千佛洞和显圣池 4 处石窟，及位于该地西南方向的木梯寺石窟，毗邻武山的甘谷县大像山石窟、朝阳洞石窟等。陇南自古即是秦陇入川蜀必经之地，关隘附近多建有石窟寺庙，如西和县境内的法镜寺和八峰崖石窟，成县大云寺石窟和徽县广佛寺石窟、佛爷台石龛、罗汉洞石窟等。

麦积山位于天水市，是西秦岭山脉北支小陇山中的一座孤峰，海拔 1 648 m，相对高差 142 m。《太平广记》云：“麦积山者，北跨清渭，南渐两当，五百里岗峦，麦积处其半，崛起一块石，高百万寻，望之团团，如民间积麦之状，故有此名……峭壁之间，镌石成佛，万龛千室，虽自人力，疑是神功。”麦积山石窟是随着丝绸之路的开通，从十六国后秦（384—417 年）时期开始营造的。南北朝、隋、唐、宋、元、明、清都曾开凿或重修。麦积山建筑与雕像大多凌空开凿于距地面 20～80 m 的悬崖峭壁上（图 11-5）。《玉堂闲话》记载：“古记云，六国共修，自平地积薪，至于岩巅，从上镌凿其龛室佛像。功毕，旋旋折薪而下，然后梯空架险而上。”说明当地劳动人民和历代能工巧匠，利用麦积山置身“秦地林泉之冠”的便利条件，伐木积薪，层层开凿了这座密似蜂房的巧夺天工的石窟群。附近群众中还流传着“砍完南山柴，修起麦积崖”“先有万丈柴，后有麦积崖”的谚语，可见当时开凿洞窟、修建栈道工程之艰巨、宏大。山峰的西南面为悬崖峭壁，开凿有大小洞窟 194

个，各窟间以栈道勾连相通，层层叠叠，横悬崖壁，其惊险陡峻为世界所罕见。杜甫有诗赞曰："野寺残僧少，山园细路高。麝香眠石竹，鹦鹉啄金桃。乱水通人过，悬崖置屋牢。上方重阁晚，百里见秋毫。"因此，麦积山石窟曾被美国学者誉为"世界文化第八大工程"。

图 11-5　麦积山及石窟群

麦积山石窟艺术之所以独具一格，其特殊的地质条件也有一定作用。构成麦积山体的岩石，虽系砂砾岩而不塌，水流侵蚀而不毁，很适于凿建洞窟，故有学者称这种地层为"洞窟地层"。由于麦积山山体为砂砾岩，其中富含钙质、砂泥质结核的半胶结岩层结构松散，加之节理相当发育，不宜精雕细刻，故石窟以泥塑和壁画艺术为主，被誉为"东方雕塑陈列馆"。现存造像中以北朝造像原作居多，塑像有两大明显的特点：强烈的民族意识和世俗化的趋向。除早期作品外，从北魏塑像开始，差不多所有的佛像都是俯首下视的体态，都有和蔼可亲的面容，成为人们美好愿望的化身。从塑像的体形和服饰来看，逐渐在摆脱外来艺术的影响，体现出汉民族的特点来。

大约在唐开元二十二年（734 年），天水一带发生强烈地震，崖壁中间洞窟塌毁后，整个石窟群开始分为东崖和西崖两部分。东崖现存洞窟 54 个，西崖 145 个。历史上虽遭多次地震、火灾的破坏，仍保存窟龛 194 个，泥塑、石刻 7 800 多件，壁画千余平方米。由于多雨潮湿，壁画大多脱落，但泥塑基本完好，有的泥质如新，坚如烧陶。在全国著名的石窟中，以麦积山周围的风景最为秀丽。在我国四大石窟景区中，也以麦积山石窟景区的自然景观和人文景观结合最为完美。1961 年，麦积山石窟被国务院列为第一批全国重点文物保护单位，1982 年被国务院列为国家级重点风景名胜区，2006 年被列入首批中国自然与文化双遗产预备名录。

（四）陇东石窟群

陇东地区的泾河上游，自古就是中原通往宁夏、内蒙古、河西走廊的古丝绸之路北线途经之地，是与河西走廊、渭河、黄河上游其他路段同时受佛教文化影响的区域。本区山体为质地细腻便于雕刻的砂岩地层，故石窟艺术多为石刻造像。这里自北魏以来先后开凿的石窟寺至少 20 处，主要有庆阳的北石窟寺、泾川南石窟寺及周围的王母宫、罗汉洞、千佛寺、太山寺等石窟，镇原的石空寺、玉山寺、万佛洞等石窟，平凉一带的禅佛寺、陈家洞石窟，庄浪与华亭之间的竹林寺、云崖寺、大寺、西寺、红崖寺、石拱寺以及子午岭中的保全寺、莲花寺等石窟。

第四节　民族文化

甘肃为我国多民族省区之一。本省可能是古代多民族的发源地，后来成为多民族争逐进退而消长之地。氐、羌、戎、月氏、乌孙、吐谷浑、突厥、回鹘、吐蕃、党项等民族与农耕民族在这里密切接触，甘肃及周边地区成为中华民族融合发展的重要场所。这些不同的民族，在不同的时代里，往往占有着不同的地域，由于长期与各种不同的自然环境相适应，便发展出不同的文化类型。多民族特点决定了甘肃是一个多宗教的省份，伊斯兰教、佛教(包括汉传佛教和藏传佛教)、道教、天主教、基督教，甘肃皆有分布。多民族、多宗教的历史，使甘肃民族文化与享誉世界的石窟文化、丝路文化，并称为甘肃省的三大文化体系。因此，甘肃文化地理的中心内容之一就是民族关系。其中，以花儿、伊斯兰教与河州文化、藏传佛教文化最为典型。

一、花儿的类型与空间分布

花儿是流传在甘肃、青海、宁夏、新疆等地的民歌，是民族变迁与融合的产物，具有“汉语藏风回调”的生态文化特点。它用汉语演唱，音乐上受羌族、藏族、汉族、土族、回族等多民族传统音乐的影响，具有浓郁的生活气息和乡土特色，深受回族、汉族、藏族、东乡族、土族、撒拉族等民族群众的喜爱。人们除了平常在田间劳动、山野放牧和旅途中即兴漫唱之外，每年还要在特定的时间和地点，举行规模盛大的民歌竞唱活动——“花儿会”，其中规模较大者有“康乐县莲花山花儿会”“岷县二郎山花儿会”“和政县松鸣岩花儿会”等。例如，莲花山花儿会从农历六月初一至初六会期6天，规模宏大、程序完整，分拦路、游山、对歌、敬酒、告别等过程。花儿的产生、传播、保留离不开当地特定的自然地理环境条件，它所含的艺术情趣也不能离开当地特殊的人文和社会环境而独立存在，因此具有显著的地域性。由于音乐特点、歌词格律和流传地区的不同，花儿流行地区可分为甘、青、宁毗连区和新疆“飞区”两个部分，前者是基本流行区，后者是基本流行区的扩展。花儿一般分为两大派别，即“河州花儿”和“洮岷花儿”。

(一) 河州花儿

河州花儿发源于古河州地区，大致相当于今甘肃南部和青海东南部。这个地区，处于青藏高原和黄土高原的过渡地带，是牧业和农业的交错地。南北朝时期，原居辽东一带的鲜卑族大量内徙来到这里。元代以后，回族、撒拉族、东乡族、保安族陆续进入此地，这个地区成为中国最早形成且持续时间最长的多民族杂居区，汉族文化、羌族文化、匈奴文化、鲜卑族文化、吐蕃文化等民族文化在这里交相辉映，形成并发展了这种具有多民族文化色彩的，内容、曲调都极其丰富的，具有独特高原风格和浓郁乡土气息的民歌——“河州花儿”。

“河州花儿”与其他民歌的最大区别和显著特点是一三句单字结尾、二四句双字结尾的特殊句式，这是由演唱“花儿”的宾语在前、主谓语在后的特殊倒装语序的河州方言决定的。明代成化年间曾任河州儒学教授的高弘在其《古鄯行吟》中写道：“青柳垂丝夹野塘，农夫村女锄田忙。轻鞭一挥芳径去，漫闻花儿断续长”。其中提到的“花儿”，亦即“河州花儿”。第一次在报刊上介绍“花儿”的地质学家袁复礼，于1925年在北京大学《歌谣周刊》上发表《甘肃的歌谣——话（花）儿》一文，其中介绍的“花儿”就是“河州花儿”。“河州花儿”流行的地区，主要有甘肃的大夏河流域、甘青境内的黄河流域、青海湟水流域、大通河流城、宁夏境内的黄河流域和六盘山地区以及新疆等地区。由于流行地域广，传唱人数众多，曲令有三四百个，影响深远。

(二) 洮岷花儿

“洮岷花儿”流行的地区主要是洮河流域和小岷江流域，即现在的临潭（古称洮州）、临洮、康乐、岷县（古称岷州）、渭源、宕昌一带。这种“花儿”只有三四个曲令，从句式、音调和唱法来说，完全不同于“河州花儿”，比较独立。它又分为两个传唱中心。一个是以康乐、临潭交界处的莲花山为中心，主要包括临潭、康乐、临洮、渭源、卓尼5县，以及岷县北部、夏河与迭部部分地区，被称为"洮岷花儿"的北路派；另一个是以岷县的二郎山为中心，主要包括岷县、宕昌2县，以及漳县、舟曲、武都和文县的部分地区，被称为"洮岷花儿"的南路派。

莲花山花儿（即"洮岷花儿"北路派），是以莲花山地区的汉族为主，在藏族（吐蕃）参与下，糅合了吐蕃的"踏歌"及汉族碾场、进山的劳动号子"牛拉拉""烟雾拉"等多种民间文艺样式，在长期渐进演化过程中逐步成熟、定型，并传唱在洮河中上游地区汉族、藏族、回族、土族等各族群众中的一种山歌。这里地处青藏高原与西秦岭交会过渡地带，属高寒半湿润气候，是农区与牧区的接合部。受山地气候的影响，莲花山花儿具有曲调高亢悠长，气质粗犷淳朴的特点。花儿唱家单手捂耳，伸长脖子、用尽力气"挣劲红"般的唱法，颇有驱赶寒冷、荒凉、寂寞等实用文化功能的意蕴。这里自明代以来就是民族经济交流的通道，拥有独特的地理区位，从而形成了汉族文化、藏族文化和伊斯兰文化三花齐放、竞相灿烂的局面。经济上的交流与互动不可避免地加强了生活上的联系，民族间的通婚嫁娶世代不绝。汉族村落遍布着藏式民居，而藏族村户的服饰礼俗无不渗透着汉族传统；回族家庭中，汉族母亲或藏族儿媳也不鲜见。从语言的使用情况看，居住在这里的藏族群众一般都会说汉语，而经常往返于藏族群众聚居区的商人或匠人，大都操着一口流利的安多藏语。这种半农半牧、大杂居小聚居的生存特点，多民族宗教文化的兼收并蓄，造化出一种特有的生态文化氛围。

花儿在当地有着广泛的群众基础，但是随着旅游开发和现代文明的冲击、渗透，最有利于花儿成长的田园牧歌式的农村生活逐渐被打破，原始古朴的花儿生存空间正逐渐缩小。甘肃花儿体现的是民间大规模的歌唱传统和集体的口头传承，2009年9月，花儿被联合国教科文组织保护非物质文化遗产政府间委员会批准列入《人类非物质文化遗产代表作名录》。

二、伊斯兰教与河州文化

临夏市（河州）自古有"河湟重镇""西部旱码头"之称，现在也是商贸发达、商贾云集的地区。作为临夏回族自治州的州府所在地，临夏市在全州的宗教、政治、经济、社会中均起着核心作用，其伊斯兰教文化既具有自身的特点，又汇集了临夏州的精华。河州是中国的一个典型的穆斯林相对聚居地区。临夏作为中国伊斯兰教门宦的发源地，凡古典建筑，大都饰有精美的砖雕（图 11-6）。其中，红园和坐落在市区八坊东南面的东公馆是临夏砖雕艺术保存最集中的地方，显示了临夏砖雕艺术的独特风采和精湛技艺。2006 年，临夏砖雕被列入第一批国家非物质文化遗产名录。

图 11-6　临夏砖雕

三、藏传佛教文化

在甘肃，藏传佛教主要传播于甘南藏族自治州及天祝、肃北、肃南等自治县内，其中甘南藏族自治州夏河县的拉卜楞寺是甘肃境内藏传佛教文化的代表。目前，拉卜楞寺保留有全国最完整的藏传佛教教学体系，为格鲁派的六大寺院之一。

除格鲁派外，在甘肃还有觉囊派、宁玛派、萨迦派三个分支。甘肃现有宁玛派寺院 5 座，分别是夏河县的阿木去乎寺和久甲宁玛寺、玛曲县的阿万仓宁玛寺和木西合宁玛寺、卓尼县完昌乡康木车宁玛寺。萨迦藏语意为“灰白土”，因该派的主寺——萨迦寺建寺所在地土色呈灰白色而得名。甘肃现存的藏传萨迦派寺院，只有迭部县的白古寺（图 11-7）和夏河县的作海寺。

图 11-7　甘南藏族自治州迭部县白古寺

第十二章　兰州的城区变迁与城市发展

章前语

兰州位于甘肃省中部及我国陆域版图的地理中心，青藏高原与黄土高原过渡带的黄河上游，城区变迁、城市发展与黄河的关系密切。兰州处在“丝绸之路”几条线路的交叉点，与交通线相联系的是渡口位置，随着交通线和渡口、桥址的变迁，兰州城区由西向东、从南向北逐步靠近黄河河滨，并最终扩展至黄河北岸，兰州遂由渡口城镇逐渐发展成“多桥城”。黄河自西向东横贯市区 38 km，河谷盆地及一级、二级河流阶地是城区主体所在，地域结构具有典型的带状组团特征和独特的山水城景观。兰州是一座历史悠久的文化名城，自古就是民族交流融合的中心场所，是东西方进行物质、文化交流的桥梁，亦是控制西北、屏障内陆的重镇，孙中山曾称兰州为我国未来之“陆都”，对它的交通和经济地位给予了极高的评价。中华人民共和国成立以后，兰州经济飞速发展，逐渐成为西北地区重要的工业城市和经济中心，现为甘肃省的政治、经济、文化和科教中心。随着工业化和城市化进程的加快，兰州市可持续发展面临一系列与环境有关的问题。

关键词

黄河；城区变迁；经济发展；环境污染；城市可持续发展

第一节　兰州城的起源与变迁

兰州市区年平均气温 10.3 ℃，全年降水量 330 mm，属于暖温带大陆性半干旱气候。南面皋兰山海拔 2 129 m，北部九州台海拔 2 067 m，市中心海拔 1 520 m，相对高差 500～600 m。所处的河谷盆地东西狭长，地层岩性比较松软，河水侧蚀形成基座阶地多达 6 级。兰州盆地内的大部分河流阶地土质肥沃、日照充足，便于灌溉，既是原始聚落产生的良好环境，也是原始农业发展的优良场所。目前从市区各级河流阶地上，已先后发现数十处史前文化遗址。其中，兰州黄河北岸距河水面60多米的白道坪新石器时代文化遗址规模甚大，仅发掘的制陶窑场就达十几个。在西固城、钟家河、十里店、土门墩、中山林等低阶地，还发现有零星分布的小规模古代聚落。

一、汉晋南北朝时期的金城

兰州古属雍州，春秋战国时期为羌人驻牧之地。秦统一中国后，曾在今兰州地区的黄河以南修建长城，置榆中县，属陇西郡。至于秦榆中县治所在，多数学者认为即今兰州市城关区东岗镇一带。据此，兰州市区最早的行政设置是约秦始皇三十三年（公元前214年）的榆中县，县治的设置，则意味着兰州建城之始。

秦汉之际，匈奴趁机占据了河西走廊地区，今兰州地区落在匈奴控制之下。汉武帝于元狩二年（公元前121年）收复河西走廊，并设立河西四郡（武威、张掖、酒泉、敦煌）。后汉昭帝于始元六年（公元前81年）取天水、陇西、张掖三郡各二县增设金城郡，与武威、张掖、酒泉、敦煌合称河西五郡。金城郡共辖六县，郡治允吾县，其中的金城县就设在今兰州市区内。汉朝开通河西走廊以后，兰州就成了“丝绸之路”上的重要渡口和交通枢纽。

据《史记·卫将军骠骑列传》记载，元狩二年（公元前121年）大行李息在今兰州盆地“将城河上”，筑成一个军事要塞——金城。这是兰州盆地筑城的最早记载。金城之名，《汉书·地理志》注说它的取义有三：一说初筑城得金，故名；二说取“金城汤池”之义；三说“金”乃西方之“行”，以郡位于京城之西得名。这个名称，郡、县两级，都曾正式使用，自秦、汉至唐、宋，使用时间前后达1 250年之久。

关于两汉时期金城的具体位置，以往曾有多种说法。一说城址在今兰州市城关；二说在今兰州市西固附近；三说在今兰州市七里河华林坪北端及阿干河西岸的阶地。这些结论都是基于对《汉书·地理志》《水经注·河水》《元和郡县志》《嘉庆重修一统志》等书中有关记载进行对比论证而得出的。新编兰州市志，采汉金城县治在今西固区钟家河渡口以南之西固城附近说。其理由是这里具备凭水设关、临河筑城的地理条件，较符合《水经注》所说“榆中在金城东五十许里”的记载。诚然，这是基于榆中县治在兰州东盆地的合理推测，否则当别论。《水经注》还记载：“逆水出允吾，东至枝阳入湟。湟水又东流，注于金城河，即积石之黄河也。阚骃曰：河至金城县，谓之金城河，随地为名也……《十三州志》曰：大河在金城北门。东流，有梁泉注之。出县之南山……其水自县北流注于河也。”金城河应系黄河流经今兰州盆地的河段，其西有湟水、大通河、庄浪河相继来汇。这段河面较窄，河床较深，地形平坦，早在汉代就有石城津（今新城）、青石津（今八盘峡）、钟家河、小寺沟等渡口。从四渡口过黄河，北溯庄浪河谷，可达河西走廊，亦可溯湟水直趋西宁。此外，从军事角度来看，汉金城县的设置主要是为了防御羌人。今青海湖以东至兰州以西，祁连山以南，黄河以北的湟水流域，是汉代羌人的驻牧地。汉朝为了加强对羌人的控制，设置金城郡，在今兰州盆地修筑金城，具有非常重要的战略意义。从此，金城成了屏中原、援河西、控西域和青藏的一把有牵制作用的“锁钥”。正如明末清初顾祖禹《读史方舆纪要》卷六十所说：“控河为险，隔阂羌戎，自汉以来，河西雄郡，金城为最……河西、陇右安危之机，常以金城为消息哉。”

汉代曾向金城一带大量移民，同时鼓励军民开荒种田。大批的移民和戍边士兵，带来了中原地区先进的生产工具和耕作技术，也带来了引水修渠和灌溉技术，将原来大片的河谷平原、草原开垦为农田，大大促进了兰州地区农业生产的发展。据《汉书·赵充国传》记载，汉宣帝时，金城每斛粮食的价格是八钱。粮价便宜，说明了当地农业生产的发展。但到东汉末年，由于地方官吏豪强对金城一带的羌人侵夺奴役，激起了羌族人民反抗东汉统治者的斗争。连年不断的战争，加之“金城、陇西地震，二郡山岸崩、地陷”，“金城河水溢”等自然灾害，金城遭到了极大的破坏。西汉时，金城郡所辖的13县，有38 000多户，约15×10^4人；到了东汉顺帝时，金城郡所辖10县中，仅有3 800多户，约1.8×10^4人。前后对比，东汉金城郡的县城减少了3个，而户口、人数仅有西汉时的十分之一左右。

建安年间，曹操平定了金城一带，并任命苏则担任金城太守。据《三国志·苏则传》记载，由于多年战乱，苏则到任时，金城全郡经济凋敝，百姓“死丧流亡，或窜戎狄，或陷寇乱，户不满五百”，是一片荒凉残破的景象。苏则到任以后，号召流民回乡生产，并注意安抚当地少数民族，先后返回金城郡的羌族就达“三千余落”。至此，金城得到了一定的恢复和发展。东晋时期，金城郡前凉初治榆中，后凉、南凉迁治允吾，所辖之金城县仍在今兰州市西固城一带。太元十三年（388年），西秦乞伏乾归将国都由苑川（今榆中县境）迁至金城，并称“金城王”。十六国至南北朝的大分裂时期，金城一带作为战场长达一二百年之久。其间，劳动力的损失和生产的破坏十分严重。北魏统一北方后，废西秦金城县（即汉金城县）以其地入勇田县（属武始郡）。据《魏书·地形志》记载，孝明帝复置金城郡，领县二，榆中和大夏

（疑领县三，脱漏子城）。

二、隋唐宋元时期的兰州城

隋唐两代都把确保“丝绸之路”畅通、密切同西域的关系，作为当时的重要国策之一。因此，兰州在政治、经济、军事和交通上的地位变得更加重要。隋文帝统一全国后，于开皇元年（581年）废金城郡置兰州总管府，并开始在皋兰山西翼的五泉山麓、黄河南岸筑城。自此，兰州一名便沿用下来。

由于兰州东盆地黄河南岸汉道、河滩陆续淤塞，河道逐渐北移，交通口线也随之转换，金城关渡口（今兰州中山铁桥西，周武帝时称“金城津”）遂成为最重要的渡口。《重修皋兰县志》记载隋唐兰州城（简称“隋城”）：“城在皋兰山北少西，濒河，西魏建，隋唐因之。”这次筑城，除适应政治斗争形势需要和交通道路变迁外，主要还是为了把城池建在兰州盆地的中心渡口附近。从出土文物和文献记载来看，隋城应在今南城巷以北、中山路以南、上沟以东、酒泉路以西。1983年，在中山路南侧修建胜利饭店东楼时，曾开挖了一个深6 m的地基大坑。在地基周围剖面、距地面2.5～3 m深处有一层约半米厚的大片废城遗物，内有砖、瓦、石条、盆、罐、木料、骨头等物品，经鉴定为隋唐之物。更早在20世纪70年代修建胜利饭店西楼时，不仅同样发现了这些废城遗物，而且在地下3 m处还发现有古城门遗址。据《续资治通鉴长编》卷三百一十六记载，李宪收复兰州后向朝廷奏称，“兰州古城东西约六百余步，南北约三百余步”，所谓“兰州古城”，应是隋唐兰州城。隋城北距黄河2里许（《元和郡县志》误为20里），按唐制“三百六十步为里”计，东西六百步折合今里约0.9 km，南北则不足0.5 km。由此估算出隋城面积大致为0.45 km^2。

隋唐时期，兰州是中原地区和西域经济、文化交流的必经之地。当时著名的僧人玄奘，边塞诗人高适、岑参以及唐朝派往吐蕃的使者刘元鼎等，都是经由兰州西行的。当时的金城关在兰州城之西，与宋人始于兰州城北黄河北岸所筑金城关，可能不是同一地点。高适在《金城北楼》诗中描写了当时兰州的风光：“北楼西望满晴空，积水连山胜画中。湍上急流声若箭，城头残月势如弓。”直到唐穆宗长庆元年（821年），“旧时城郭未堕，兰州地皆粳稻，桃李柳榆岑蔚，户皆唐人”（《新唐书·吐蕃传》卷二百一十六）。兰州一带还是唐朝的监牧地，即官办的养马场。古时，东南各地军马、役马需求量大，以畜牧业为主的西北少数民族“茶为食物，无异米盐”，这使兰州围绕茶马进行的互市越来越大。唐代，“茶马互市”的地点最初在兰州附近的洮（今甘肃临洮县新城）、宁（今青海西宁）、河（今甘肃临夏）、庄（今兰州市辖县永登）等接近游牧民族聚居的地方。后来，兰州城区也成了互市的场所。

安史之乱后，唐朝衰落。广德元年（763 年），兰州一度成为吐蕃的属地。到五代时，吐蕃势力逐渐衰落，回鹘势力又深入兰州，并控制了由内地通往西域的这一通道。11 世纪 60 年代，兰州又为西夏控制，直到宋神宗元丰四年（1081 年）才被收复。元丰四年（1081 年）八月，兰州正式籍入北宋王朝的版图。其时，西夏与宋争夺兰州，双方在黄河沿线激战颇酣。宋朝为确保兰州城安全，在今兰州黄河铁桥北岸修建了金城关，使之成为“长千步以上”的关城。同时，在金城关与兰州城之间的黄河上开始架设浮桥。这是兰州历史上最早的浮桥，比明代浮桥早 300 年。自修筑金城关后，西夏军队再不敢进窥兰州。宋代所建兰州城池（简称“宋城”），据《元丰九域志》卷三陕西路金城郡条下记载，宋城“南至皋兰山四里，北至黄河一里……东北至黄河三里。西北至黄河三里。户，主四百一十九，客二百二十四。”两相比较，可知宋城是在唐城（唐代所建兰州城池）的基址上向北展拓 1 里，但仍未濒临黄河。城区东至今酒泉路，西至下沟，南与唐城相接，北至张掖路、西关什字以南之地。宋城大小与唐城大体一致，即南北宽 0.5 km、东西长 1 km，呈长方形。自南宋以后，兰州又成宋、金争战的地方，直到元朝建立。宋城历经元代，至明初仍保存较好。

三、明清时期的兰州城

明朝时期，兰州城不仅是一州的首府，还是兰州卫的驻地。为了使黄河两岸交通畅通，洪武八年（1375 年）卫国公邓愈在兰县城西 10 里（今兰州市七里河区）黄河上架设浮桥，命名“镇远桥”。明朝把“高筑墙”作为重要国策，十分注重城池建设。鉴于兰州城小而不固，洪武十年（1377 年），兰州卫指挥同知王得对兰州城进行了一次大规模的增筑改建。《兰州府志》卷三《建置志·城池》记载新建的明城，东西一里二百八十步，南北一里八十二步，周六里二百步，高三丈五尺，阔二丈六尺，东西南池深三丈，北因河为池。门四，东曰承恩、南曰崇文、西曰永宁、北曰广源，上各建层楼。护城河北面由黄河代替，东、西、南三面皆由人工开挖。明兰州城东西较宋城大四十余步，南北较宋城大一百四十二步。洪武十八年（1385 年），兰州卫指挥佥事杨廉东移浮桥于今白塔山麓、通济门外之黄河上，并设兰州都司专管桥务。这座浮桥历时长达 500 多年，直到清宣统元年（1909 年）兰州中山铁桥建成才被拆除。

明惠帝建文元年（1399 年），朱元璋的十四子——肃王朱瑛移驻兰州，兴建了府第、花园、道路、桥梁等，奠定了今兰州中心城区的范围。正统十二年（1447 年）都指挥佥事李进增筑乘恩门外郭。正统十四年（1449 年），李进又在广武门外增修大教场，占地 524 亩。弘治十年（1497 年），都指挥梁暄筑东郭外墙 366 丈。嘉靖二十一年（1542 年）兵备副使朱旒重修，万历八年（1580 年）副使李尧德“筑北城砖石，城堞俱易以砖”。至此，兰州城的形制与规模便基本固定下来了。明兰州城历清代、民国，直到中华人民共和国成立初期依然存在，后因大规模城市建设才被逐步拆除。

清朝时期，由于兰州城垣系黄土夯筑，加之北墙下临黄河侵蚀严重，所以进行过十多次的重修和增补工程。其中规模较大的有两次。第一次是乾隆三年（1738 年）甘肃巡抚元展成重修兰州城，这次重修的原因是城北靠黄河的城墙“被水冲啮，年深倾圮，故城垣残剥尤甚”。第二次是那彦成在嘉庆十六年（1811 年）天大旱、民不得食的情况下重修兰州城，重修规模比元展成那次更大一些，时间也更长一些，用了一年多的时间。这次重修的结果是“垣墉高坚，雉堞鳞次，楼橹翼然。临于其上……与古金城名实相副”。据《重修皋兰县志》记载：光绪十六年（1890 年），兰州旧城进行了最后一次修葺。此时，内城周长仍为六里二百步，外郭周长十八里一百二十步。由此可见，从明初到清末的四百多年间，兰州城郭基本维持原样，没有大的扩展。城区大致东至广武门、东稍门（今中心广场东口），西至西稍门（今临夏路西端解放门），东西长约 3.25 km；南至南稍门（今酒泉路卷烟厂附近），北临黄河，南北宽约 1.6 km。清末兰州城不仅有明显的内外城之分，并且城市布局有了明显的功能分区。内城集中分布着庙、观、署衙、会馆等，外城被内城分割为东西两部分，内城以西为学堂、书局、工厂、试验厂集中区，以东为骡马市场、仓储及军营集中区。城内道路达 60 条之多，且主要道路为石板路或碎石路，旧城路网格局基本定型。

光绪三十三年（1907 年），在兰州道彭英甲的建议和甘肃总督升允的支持下，拨国库银三十六万六千余两，聘请天津德人泰来洋行于宣统元年（1909 年）在兰州城北建成铁桥。“所有修桥材料由德国”经天津运至兰州，可“保固八十年”。桥长 258 m，宽 8 m，中间车道 6 m，两旁人行道各 1 m。全桥五孔、四墩，载重 8 t，名曰“兰州黄河铁桥”。旧时它和 1905 年建成的郑州黄河大桥、1912 年建成的济南黄河大桥，并称为“黄河三大铁桥”，也是 1949 年以前黄河上游仅有的一座桥梁。兰州黄河铁桥的建成，使兰州成为连接中原、青海、新疆和西藏的交通枢纽，有力地促进了中原与西北、西南等地的贸易往来。从中国国家图书馆所存“甘肃兰州省金城关铁桥码路仿照最新地理影画图说”，我们可以看到当时黄河两岸兰州城的旧貌。画面近景有占全图1/4面积的是横贯城区的黄河。在这一部分，作者详细地描绘了横卧在黄河之上的铁桥，河面上顺流而下的帆船，以及两岸的码头及水车。中、远景依次绘出了兰州的城墙、门楼、金城关和皋兰山景色。这幅真实可信的历史图画，为我们今天研究兰州历史提供了不可多得的形象资料。1942年，为纪念孙中山先生，将此桥改名为“中山桥”。据宣统元年（1909年）《甘肃省兰州府皋兰县地理调查表》统计，兰州内城有户数2 988，人口9 163；关厢（包括东关、南关、西关、新关、附城、官邑后、拱兰门外）有户数8 473，丁数32 849（丁为赋税单位）。据此推测兰州城的人口规模，当时至少有4.2×10^4人。

总之，隋唐、宋、明兰州城形制均是比较规则的长方形，清代将兰州城郭向西、南、东三方向扩展后，使兰州城区成为不规则形态。明初所筑兰州城，内城区范围约为0.99 km^2，比宋代所筑兰州城扩大一倍，清代所筑兰州外城又比内城扩大两倍。至此，兰州城形成城小郭大的格局，直至中华人民共和国成立后，才发生大的变化。

第二节　现代城市发展与空间结构

一、近百年来的城市发展

（一）民国时期

清光绪二年（1876年）陕甘正式分省，始以兰州为省会，直至民国。民国初年兰州废府制后，皋兰县为甘肃省会所在地。当时皋兰县城区（包括内外城）为明清时期所建城郭，内城外郭均有高大城楼巍然耸立，分置五个区署。中华民国元年（1912年）冬，孙中山议筑全国铁路，即以兰州为中心。之后，兰州不仅是甘肃省的政治、经济和文化中心，而且日益发展成为“客商骈集，阛回四达，肩摩毂击”的商业都市。民国三年（1914年）重开甘肃公立法政专门学校，后几度易名，1946年正式定名国立兰州大学。清末时期内城的镇远门、皋兰门、来煦门到民国十三年（1924年）已分别改名为西门、南门和东门，外郭的袖川门、拱兰门、通远门、广武门、庆安门、广源门、通济门改名为西稍门、南稍门、小稍门、新关门、小水门、北门、桥门等。

兰州建市在民国初年即有筹议，但限于客观条件一直未有实施。民国十五年（1926年），由国民军驻兰部队翻修东大街、西大街、南大街，路面以碎石灌浆；并开辟省政府花园为中山东园，民政厅后院为中山西园，定期开放，供人游览。据民国十八年（1929年）统计，甘肃全省有300×10^4人，兰州仅有8.6×10^4多人。抗日战争开始后，沿海各省相继沦陷，铁路交通多数中断，海路交通被封锁，西北成为抗战大后方。其间，内地人士纷纷来到兰州，国际友邦人士往来于此者亦络绎不绝，兰州遂成为国际贸易和军事物资转运的必经之地。当时日机不断轰炸兰州，房屋、道路等多遭破坏。为利于抗战和疏散人口，市政当局先后在外郭上开挖豁口四处，分别叫东南门（今小稍门）、西南门（今永昌路南端双城门）、东北门（在庆安门西）、中山门（今中山路北端）。之后又将几个瓮城的重门拆除，并在内城的西墙和南墙上增开了两个豁口，通行汽车。

由于兰州已成为西北地区的交通中心和物资转运站，其经济、军事地位日显重要，甘肃省政府倡议建立兰州市。但因时局多变，加之财力匮乏，筹备工作屡屡停顿。民国二十九年（1940年），鉴于日机轰炸、兰州遭受严重破坏，省政府举行会议决定修建城区街道，并规定街道宽度为甲（宽18 m）、乙（宽12 m）、丙（宽8 m）、丁（宽6 m）四等。同时成立兰州市区设计委员会，专门负责该项街道扩建工程。为开发西北和抗战之需要，民国三十年（1941年），正式设立兰州市。兰州设市之初，行政管理范围是在旧城关基础上，仅限于原皋兰县属省会警察局辖区。其四至是：黄河以南，东至东稍门外，南至五泉山，西至七里河；黄河以北，北至白塔山，东至玉垒关，西至金城关。土地面积仅16平方千米。民国三十一年（1942年）兰州市首次拓界，黄河南岸以东至东岗镇桥头，南至皋兰山，西至十门墩墩台；黄河北岸以北至罗锅山九州台顶，西至十里店孔家崖头，东至盐场堡枣树沟为界。市区面积增至146 km^2，较之原有市区，超出6倍以上。

市区确定后，由工务局就新市区范围分区设立市郊办事处，主持该区行政事宜。今兰州城区的旧大路、民主西路、白银路原为一条便道，不能通汽车，抗战中为便于军事运输，重庆国民政府令甘肃省政府增辟此道，民国三十一年（1942年）以后，以左宗棠名字命名为左公东西路。兰州建市后主要完成6条街道的改建，即宗棠路（今临夏路）、中山路、中华路（今张掖路）、中正路（今酒泉路）、益民路（今庆阳路）、民国路（今武都路）。改建街道宽度扩大（25～30 m），两旁加修3 m青砖人行道，并普遍种植行道树，街道两旁的商铺一律改建成两层楼房。除改建城区街道外，还规划了兰州市的建设区域：商业区、工业区、学校区、公园公共场所区、住宅区。1947年后，第二次扩大市区面积达169.57 km^2。至此，兰州市政建设初具规模，市容大为改观。此时，内城的南门、东门又改名为大南门、广武门，外郭的西稍门、南稍门、迎恩门、新关门、小水门、北门、桥门则改为宗棠门、中正门、东稍门、广武门、庆安门、水北门、中山门等。最明显的变化是，在黄河北岸的盐场堡一带，开办了化工材料、纺织、制革、造纸等工厂。

该阶段兰州经济发展缓慢，工业企业很少，基本上以手工业和小作坊为主，1949年，仅有16家工业企业，工业用地不足1.3×10^4 m^2，产值1 004万元，产业工人约4 000人，各种商业点2 798家，很多已处于倒闭状态。城市布局以城关旧城为中心：工业区分散布局在当时的土门墩、郑家庄、庙滩子等地；居住区主要集中在城关旧城区，其他居住区在庙滩子、盐场堡、小西湖、十里店等处；文教卫生设施布局相对合理，中小学均匀布局在居住区中，西关什字萃英门设立兰州大学，十里店设西北师范学院，小西湖布置了中央医院、西北兽医院；文化娱乐设施主要在兰园、文化会堂、西北大厦等地。

（二）计划经济时期

1949—1978年，中国实行集中计划经济体制，政府投资是经济资源配置的最主要手段。在当时国际政治经济背景下，为了维护国家安全、缩小地区之间社会经济发展水平差距，国家的区域政策促进了包括兰州在内的西部地区的快速发展。独特的地理位置和战略地位，以及丰富的水能、矿产资源，使得兰州成为国家在西部地区重点建设和投资的几个城市之一。国家主要采用建设工业、交通等重点项目的方式，奠定了兰州城市发展格局和结构。

1952年，经中央批复，将皋兰县邻近市区的安宁、西固、果园、阿干等区的29个半乡划归兰州市，市区面积扩大到450 km^2，为兰州规划建设准备了充足的土地资源。1953年，兰州被列为国内首批重点建设城市之一，大批移民迁入及大型重点工业企业的建设，使兰州城市规模迅速扩大，原有的旧城已经不能适应经济发展的需求，为此编制了第一版兰州城市总体规划（1954—1972年）。该版规划根据当时国家建设的需要，将兰州城市性质定义为“建设成为一个社会主义的现代化的工业城市，并以石油工业、化学工业、机器制造工业构成城市的骨干”。“一五”“二五”时期，作为国家重点建设的城市，兰州兴建了137个项目，“一五”时期兴建了兰炼、兰化、兰石、西固热电厂、兰通等8个大型骨干企业，又从沿海迁来了一批企业，工业基础初步形成。经济调整时期，新建了兰州机车厂、504 厂等 33 个企业。通过“一五”“二五”时期的投资建设，兰州逐步成为石油机械工业基地。之后新建和扩建了兰州铝厂、连城铝厂、西北铁合金厂、长风机器厂等 20 多个骨干企业，扩大了生产规模。截至 1976 年，工业总产值达 44.46 亿元，职工人数 39.6×10^4 多人。由于工业化的迅速发展，兰州各城市规模扩大，城市化水平有较大的提高。1953 年，全市人口 26.44×10^4 人，全市住宅面积 $90.51\times10^4\ m^2$，全市实有道路总长 92 km，交通用地 $90.51\times10^4\ m^2$。至 1976 年，城市人口增至 81.4×10^4 人，人均生活用地 33.8 m^2，其中人均居住面积达 17.6 m^2、人均公共建筑面积达 10.6 m^2、人均公共绿化及道路面积 5.6 m^2。

该阶段兰州逐渐发展成一个以石油化工、器械、毛纺工业为主的工业城市，兰州主城区迅速扩展，形成兰州城的轮廓。

（三）改革开放以来

1980—1990 年，随着改革开放和社会主义市场经济体制的逐步建立，我国的经济发展倾向东南沿海，资金、人力、技术等都向沿海开放城市集聚，西部地区的经济发展速度趋缓，与中部、东部经济差异逐渐拉大。尤其是国家在调整区域工业布局，强调发挥中央、地方两级政府的积极性后，西部地区投资减少，只是在西部重点发展能源、原材料工业，兰州的工业发展速度明显减慢。

“六五”和“七五”时期（1981—1990 年）是改革开放和现代化建设时期，产业结构经历重大调整。第一、第二、第三产业比重从 1981 年的 3.66∶73.21∶23.13 调整到 1990 年的 5.4∶57.9∶36.7。其中，第一产业比重略有上升，第二产业年均下降 1.53 个百分点，第三产业上升了 1.36 个百分点。“八五”期间（1991—1995 年）三次产业发展相对稳定，除第三产业年均下降了 0.46 个百分点之外，第一、第二产业各自都上升 0.4 个百分点。截至 1996 年，兰州市城市人口 144.15×10^4 人，城市用地总面积 159 km^2，建设用地总面积 113.6 km^2。“九五”（1996—2000 年）以后第三产业有了较大发展，产值不断增加，在地区生产总值中的地位日渐上升。2009 年全市地区生产总值达 925.98 亿元，当年甘肃省地区生产总值为 3 380 亿元，约占甘肃省地区生产总值的 27.4%，人均地区生产总值 28 060 元，远高于全省人均水平。产业产值结构在“一五”之后也由原来的“三、二、一”格局逐步转向“二、三、一”的发展格局（图 12-1）。

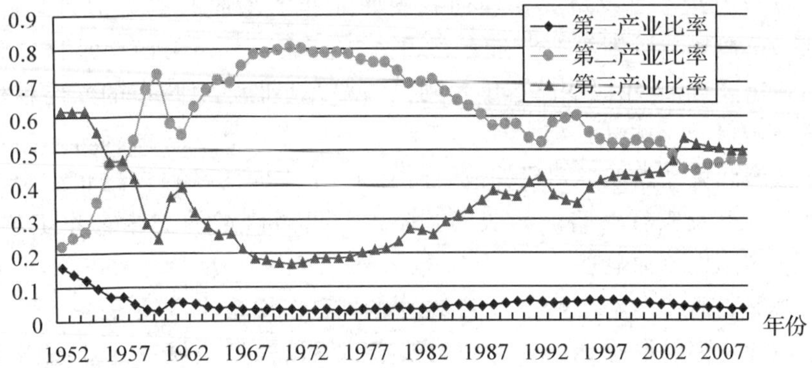

图 12-1　1952—2009 年兰州市三次产业比率变动

该阶段初期受到 20 世纪 80 年代“多搞小城镇”的思想主导，城市规模控制严格，如市区人口规模仅仅从 1978 年的 80×10^4 人规划到 2000 年的 90×10^4 人，土地安排上也只是在早先的组团内或组团之间稍做填充，较少有急剧扩张或者拉伸。传统产业在地区生产总值中所占的份额很大，三产不足，高新技术改造难度较大，高新技术产业发展迟缓。石油、化工、机械、冶金行业为兰州市的四大支柱产业，兼有毛纺、食品、制药等具有地方特色的轻工业和电力、煤炭、建材行业。企业创新意识不强，技术进步动力不足，机制不健全，技术骨干流失严重，产品技术含量较低，没有形成市场竞争优势。

2000 年以后是兰州市经济快速发展的时期，这与国家实施西部大开发政策相关。兰州凭借其独特的地理区位优势又一次得到了跨越式的发展，从而形成以石油、化工、机械、冶金四大行业等为主体，门类比较齐全的工业体系，成为我国主要的重化工、能源和原材料生产基地之一。2000—2009 年，全市地区生产总值由 300.32 亿元增加到 925.98 亿元。从产业构成来看，2009 年第一产业实现增加值 30.55 亿元，第二产业实现增加值 433.62 亿元，第三产业增加值为 461.81 亿元。第一、第二、第三产业增加值占地区生产总值的比例逐年调整，2009 年调整为 3.30％、46.8％和 49.9％。基本趋势是第一产业在国内生产总值中的比重逐年下降，第三产业的比重先升后降，在 2003 年比例最高达到 55.25，随后开始下降，而第二产业所占比重变化不大。

兰州不但是甘肃省的省会所在，而且其交通地位在西北地区同样十分重要。作为全国 9 大综合性交通枢纽之一，兰州是全国 12 个主干交通枢纽之一，是铁道部规划的 10 大区域性客运中心之一，是大西北铁路、公路、航空的综合交通枢纽和物流中心。铁路建设初期，陇海线、包兰线、兰新线、兰青线就交会于此，使兰州成为沟通我国西北和中东部的重要枢纽。近年来，兰渝线、兰成线、兰新第二双线已经开建，打通了兰州与西南地区，将原先铁路运输需要近20小时的路程缩短到只需要几小时，兰州市的铁路枢纽地位因此进一步提升。此外，随着徐兰高铁宝鸡至兰州段、兰合铁路、兰州经中川至张掖城际等铁路相继建设完成，将有12个方向的铁路在兰州交会。随着新的铁路开通及原有铁路的升级，兰州市与周边区域的交流合作更趋紧密，其中心地作用也更加显著。

与铁路交通一样，兰州市公路交通的节点作用也十分明显。兰州公路交通四通八达，辐射周边地区，兰州至西宁、银川等周边城市的5条高速公路已建成通车。G6（北京—拉萨）、G30（连云港—霍尔果斯）、G75（兰州—海口）、G22（青岛—兰州）、G3001（南山北环兰州绕城）、G109（丹东—拉萨）、G212（兰州—重庆）、G213（兰州—云南磨憨）、G309（山东荣成—兰州）、G312（上海—霍尔果斯）、G316（福州—兰州）等多条国家级高速公路和过道干线使兰州成为国家高速公路网中的重要节点。

航空方面，兰州中川国际机场是西北省会城市飞行区干线机场，开通到国内各大城市的航线50多条，为海南航空公司基地机场，为东方航空公司西北基地。兰州中川国际机场始建于20世纪60年代末，于1970年7月26日正式建成通航，定名兰州中川机场；2001年完成一期扩建工程；2013年正式提升为国际航空口岸，更名为兰州中川国际机场；2015年年初完成二期扩建工程。截至2019年12月25日，兰州中川国际机场年旅客吞吐量首次突破1 500万人次，年中转旅客量突破100万人次。

二、空间结构及其演变

中华人民共和国成立后至2000年，兰州先后掀起了5次大规模建设高潮。按照城市建设总体规划，城市建设突破了旧城区范围，从近郊向远郊的七里河、西固、安宁推移，从城区向农村推移。现在，兰州已由昔日的渡口城镇、古丝茶运输站，成长为一个科技文化发达、工业集中、商业繁荣的特大城市。随着城市总体规划的介入，兰州城市空间结构在民国时期的基础上，借鉴国外一些城市的规划理念，开始有目标地规划引导。迄今为止，一共出台了四版城市总体规划，城市空间结构开始有序发展。总体来说，其变化脉络大致为单中心结构（1949年前后）、“一主多次”为特征的多中心组团结构（1954—1972年）、城市内部组团之间及组团内部的填充（1978—2000年）和2000年以后有机分散理念下的带状城市结构及空间拓展阶段。

计划经济时期，根据其具体区划及土地使用，空间结构上主要布局了西固工业区，七里河工业区、市中心区、东部计划工业区、安宁堡计划工业区、庙滩子工业区和高坪居住区几个大区，兰州市的空间结构蓝图基本确定，奠定了此后兰州市的空间发展方向。在工业化的推动下，兰州初步形成了“一主多次”为特征的多中心组团式的结构，即城关主城区组团、西固工业组团、七里河工业组团、安宁工业组团、庙滩子工业组团等，市中心区位于大洪沟以西、雷坛河以东地区，包括了兰州的老城区，该区是兰州的政治、文化、教育、科研、商业中心和主要的居住区，城市在原老城区的基础上由内向外依次是城市零售商业中心—中心边缘过渡地带（即生活居住、行政、文教、轻工批发的混合功能区）—内层近邻工业区及外层跳跃式布局的工业组团—郊区农业带。由于在规划实施过程中，存在一些违反规划的做法及规划考虑不周等问题，城市规模存在无序蔓延的情况，导致兰州核心区与周边地区的城乡“二元结构”，以及“大核心、众多小城镇”的空间格局。同时，工业用地布局混乱，一些不适宜的工业设在市区，严重影响了城市生活环境，商业网点也存在不合理之处。

20 世纪 80 年代初期，以农用地为主的安宁区、七里河区，建立了大批的乡镇企业和合资企业，兰州市建成区不断向外扩展。20 世纪 90 年代以来，随着改革开放的进一步深入，一批工商业开发区在兰州城市边缘区迅速建设，建成区面积迅速增加，城市内缘区农用地迅速减少。原先各组团之间大片为城市快速增长时期所忽略或规划禁止的用地陆续被征为城市建设用地，一批新建居住区、工业小区悄然兴起，填补了原先的空间，尤其是安宁区西部水挂庄以西、沙井驿和庙滩子的部分土地都已转化为非农用地，黄河岸边原来十八块大小不一、互不相连的河心滩地也整合成一个大的“雁滩”。在地价较高的城关中心区，原来位于城市中心地段的工业企业，通过“退二进三”的用地置换过程，逐渐退到兰州城区外围，商业用地、高级办公楼在中心聚集，兰州城市中央商务区（Central Business District，CBD）在这个阶段慢慢形成。在兰州城区外围，除了从城市内部转移出来的传统企业之外，大量新建居住小区也在城市外围迅速兴起。兰州城区沿河谷地形，向东西方向延伸的趋势越来越明显，逐渐形成了由多核心组团组成的带状城市。至 2000 年，兰州市区（城关区、安宁区、七里河区和西固区）人口达到 194×10^4 人，远远超过 1978 年的规划建议控制人口。这与改革开放后我国经济快速发展有关，经济发展促使城市化进程加快，人口向城市集中，建设用地面积大幅扩大。在用地布局上，城关区仍然是全市政治、经济、文化和科研中心，七里河区是以机械、轻工、铁路交通枢纽为主的工业区，安宁区是以机械、精密仪表工业为主，全省高等院校和科研单位集中的地区，西固区是石油、化工综合基地。

兰州中心城市功能区布局由内向外呈现为如下3个层次。CBD中心：西到萃英门，东至铁路局、皋兰路一带，南北分别以白银路和黄河为界，由西关什字等市级商业服务业中心、张掖路带状商业街和零散布局的商店组成，是全市最为繁华的地带和交通枢纽。中心边缘过渡地带：东到一支路、二支路、渭源路，南北分别以铁路局和黄河为界，是全市最为集中的生活居住区域，大部分行政、文化、体育、医疗保险设施、金融机构以及西站、盘旋路、东方红广场等区级商服、批发业中心均分布于此。外层组团工业带：包括东岗、盐场堡、七里河、安宁、西固等内层工业组团，它们之间以生产蔬菜、瓜果的近郊农用地和绿化带相隔开，并且各个组团内部都有相应级别较为完备的商服、文教、医疗等配套设施。从整个市区空间范围来看，第一、第二层主要以圈层结构依次向外伸展，第二层以后往往根据地形发展，大致呈现为不连续带状形态分布。

2000—2010年是兰州市快速发展的十年，经济的快速发展和城市化进程的加快导致城市发展和建设面临许多新形势、新环境、新问题，如兰州盆地建设用地受到严重局限，产业结构亟待升级等。随着国内外形势的变化和对外开放新形势的发展，亚欧大陆桥的贯通以及中国对外实行多层次、全方位开放格局形势的出现，特别是“丝绸之路经济带”构想突出明确了兰州的地位，兰州可谓迎来了千载难逢的发展契机。随着兰州城市的发展，河谷盆地土地总量有限，跨出河谷，寻找新的发展空间，成为兰州城市的发展趋势。兰州市政府于2009年起着手进行兰州市第四版城市总体规划。该版城市总体规划对兰州的城市性质定义为：甘肃省省会，西部地区重要的中心城市，国家重要的工业基地和综合枢纽，历史悠久的黄河文化名城。空间范围上，突破了前三版规划区范围，规划区总面积5 810 km^2。其中，永登县的秦川镇和中川镇的全部行政区划范围，永登县的树屏镇、龙泉寺镇和上川镇、皋兰县的西岔镇和水阜乡的部分地区为兰州新区规划范围。空间布局上，形成“一心两城五带五片区”的城镇体系空间结构。一心，即城关核心组团，传统服务业的主要聚集地；两城，即主城兰州中心城区和副城兰州新区（秦川镇、中川镇地区）；一心两城是甘肃省高端服务业、高端制造业的主要聚集地，是提升甘肃省产业结构转型升级的主要孵化器，是实现省域“中心带动”战略的核心推动器。五带，即中心城区—红古—西宁西向城镇发展带、中心城区—榆中—定西东向城镇发展带、中心城区—皋兰—白银黄河城镇发展带、中心城区—中川—永登西北向城镇发展带、中心城区—临洮南向城镇发展带；五片区，榆中片区（榆中县城、夏官营和三角城地区），红古片区（海石湾镇和窑街地区），永登片区（永登县城），皋兰片区（皋兰县城）和什川片区（什川镇）。此外，依托5条城镇发展带，形成武胜驿镇、河桥镇、红城镇、黑石川镇、青城镇、平安镇、甘草店镇等重点城镇，带动周边地区发展。规划到2020年，兰州市域总人口为500×10^4人。

第三节　城市环境与可持续发展

工业化和城市化进程的加快，兰州市人口的不断增长和向市区的日益聚集以及城市基础设施的滞后发展，加上地形对城市建设规模的限制，使庞大的人口群、企业群与城市基础设施之间的矛盾日益尖锐，环境污染、交通拥挤、住房紧张、供水不足等问题的压力日益加剧。2013年5月19日，中国社会科学院财经战略研究院、社会科学文献出版社与中国社会科学院城市与竞争力研究中心联合发布“2013年城市竞争力蓝皮书”，通过客观数据对2012年中国293个城市的综合经济竞争力和287个城市可持续竞争力进行了实证研究。在这份显示全国各城市综合实力的榜单中，兰州市综合经济竞争力和城市可持续发展竞争力两项排名只排在133位（较2011年下降了35个位次）和100位，分析表明，兰州“宜居”和“生态”这两项与“环境”有关的指标过于落后，拖了兰州城市可持续发展竞争力的“后腿”。

一、城市发展面临的问题

（一）受地形条件的限制，城市的空间拓展有限

兰州市以黄河为轴线，城市功能区呈“带状”分布。城市中心区海拔为1 520 m，与南北两山相对高差500～700 m，东西长约35 km，南北宽约2～8 km。受“两山夹一川”的狭长地形制约，其城市后备发展用地受到很大限制，适宜城市发展的建设用地已十分有限，成为制约其发展的重要因素之一。兰州城市建设用地密度在80 m^2/人左右，处于国家标准的第二级别（75.1～90.0 m^2/人），为全国各大城市所少见。人均工业用地为17.8 m^2，接近国家标准上限（22 m^2），造成兰州工业用地所占比例过高，占地面积大，而且重型工业偏多，产业转换困难。改革开放以来，工业用地比例已经从20世纪70年代末期的31.8%下降到2001年的20.1%，工业用地逐渐接近国家标准1，但还是靠近国家标准上限。在城市地域构成中，居住区的占地面积一般应在

45%～60%，而兰州城区居住用地占城市建设用地的比重仅为23.2%，尚达不到理论的最低要求；人均居住面积18.25 m^2，和国家标准（18～28 m^2）相比处于最低水平，并且居住区与工业区和交通枢纽区、商业区等地域的合理组接性差，社区公共设施配套不完备。

兰州市建成区面积为113.6 km^2，不及全市土地面积的1%，却聚集着全市一半以上的人口，人口密度达12 483人/km^2。城关区的人口密度最大，为14 533人/km^2，其中城关中心分区人口高度密集，人口密度达26 589人/km^2，已严重超载，成为住宅紧张、交通拥堵等“城市病”的高发区。目前，建成区人口已达145.65×10^4人，人均用地面积仅78 m^2，城关区只有69 m^2，达不到国家规定的人均75 m^2的最低标准。城关中心区问题更突出，人均用地面积更低，仅有38 m^2。建成区人均供住宅建设的用地为16 m^2，达不到国家标准的最低限18 m^2。道路广场的人均面积也只有5.6 m^2，城关中心区仅有3.6 m^2，不及国家最低标准的1/2。这些因素造成了城市空间狭小、住房紧张、交通拥堵等问题。按目前的人口与城市发展状况，建成区人口已超载29%，城关区人口超载39%，城关中心区人口超载56%。可见，兰州市建成区的人口发展与城市社会经济发展及基础设施建设不协调，严重制约着城市的可持续发展。因此，要严格控制人口的迁入，尤其是城关区、七里河区应合理疏导分流人口。

（二）交通拥堵问题

兰州城市形态属于一种不紧凑带状结构，易形成交通阻力相对较大的道路网络系统。兰州市所处盆地面积为320 km^2，长约45 km，宽约7.1 km，城市紧凑度（城市面积/最小外接圆面积）仅0.196，路网网络直径为45.6 km（远大于同等规模下的方形、圆形城市）。受河谷型地形限制，城市道路建设用地严重不足，城区“南北受阻、东西不畅”的交通现状十分突出。市区道路规划总长度864.7 km，面积26.2 km^2，已建成规划道路335.6 km，面积10.3 km^2，仅占规划总长度的39%；人均道路面积为6.2 m^2，道路用地率为7.8%，与国家《城市道路交通规划设计规范》200×10^4人口以上的大城市道路建设用地率15%～20%的规定有很大差距。由于地形的限制，城市道路建设难度大，且路面窄、路网密度小，加上人流量大，给主城区的交通带来了很大的压力。

截至2013年11月，兰州市机动车保有量达58.3×10^4辆。由于城市道路建设严重滞后、机动车数量急速增长、非交通占道现象严重、城区道路重复挖掘等，兰州市东西交通流量过大，交通阻塞屡见不鲜，在上下班高峰时间尤甚。同时，中心城区公交线网密集，而城区新建主干道路少，公共停车泊位不足，公共交通利用率不高。这些问题的产生，与兰州特殊的地形条件、“重工业优先”的城市产业发展政策以及城市空间布局紧密相关。

（三）大气污染严重

兰州市的大气污染始于20世纪60年代中期，到20世纪80年代初时已非常严重，以致兰州市成为全国环境保护重点城市之一。尽管甘肃省和兰州市政府为控制大气污染做出了坚持不懈的努力，尤其是20世纪90年代初开始实施的“蓝天计划”工程，在很大程度上遏制了大气质量加速恶化的趋势，但大气污染严重的局面仍未得到根本改观，兰州市也成为世界上大气污染最严重的城市之一。兰州是发展迅速的新兴工业城市，20世纪70年代后发展特别迅速。城市发展对气候的影响主要是城市热岛、城市干岛和大气污染。1998年在全球城市环境污染的评估中兰州居第四位，全国城市环境污染程度评比中，兰州也居第四位，1999年跃居第一位。严重的大气污染成为影响兰州市民健康和困扰城市发展的首要问题。

兰州大气污染，首先是特殊的地理、气象以及污染源的排放条件造成的。首先，兰州城区坐落于黄河谷地狭长的地带内，受南北两山限制，城市用地基本分布于长45 km、宽2～8 km、相对高差500 m以下的河谷盆地中，使得黄河谷地成为兰州城大气污染物的唯一通道。这里纬度高、地势狭长、太阳光照偏多、风速低、大气静止条件和逆温层出现频繁等，都为这一地区污染物的累积和发生积极的化学反应提供了有利条件。常年平均风速为0.94 m/s，其中1月平均风速0.4 m/s，静风频率为79%。一年中约有310 d出现逆温，从而使大气污染物极不易扩散和稀释。逆温层厚度冬季为400～800 m，逆温强度为0.30 ℃/100 m～1.09 ℃/100 m。逆温是加剧城市大气污染的主要气象条件，故研究城市低空（指离地1 000 m以下）逆温层的气候规律、不仅对城市气候，而且对揭示城市大气污染的变化规律、制定环境容量及超高烟囱的设计都有实用价值。

其次，兰州是一座以石油化工、冶金等工业为主的新兴工业城市。市区包括有商业居民区（城关区）、石化工业区（西固区）和工业居民混合区（七里河、安宁区）。在2007年20家重点企业能源结构中，燃煤、燃气、燃油分别占能耗总量的70.24%、28.74%、10.2%。兰州的工业用地主要集中在西固区、七里河区和安宁区，这里既处于上风口，又是河流的上游（城区段），因此城市的大气污染特别严重。采暖期的4个月（11月至次年2月），市区90%的测点总悬浮颗粒物浓度超二级标准率达100%，最大日均浓度超标8.3倍，采暖期二氧化硫日均值超二级标准。平均每年约有两个月时间，市区几乎都是烟雾弥漫、遮天蔽日。生活源排放高度主要集中在30 m以下，冬季烟雾层厚达600 m。此外，广泛散布在城区的居民日常生活用炉灶，因其排放高度低、面广、量大且无任何处理，因而对大气的污染作用也不小。2010年兰州市城区环境空气三项主要污染物浓度平均值为：可吸入颗粒物0.149 mg/m^3，二氧化硫0.054 mg/m^3，二氧化氮0.046 mg/m^3。其中，可吸入颗粒物污染最为严重。

和其他许多城市一样，兰州市的空气质量也深受机动车数量增长的影响。由于机动车数量增加、城市公共交通和路网建设不够发达，造成道路拥堵现象严重；机动车怠速行驶造成汽车尾气排放量增加，氮氧化物升高，市区主要交通干道形成了明显的污染带。过去兰州市冬季污染主要是煤烟聚集不散造成的，由于近年来兰州的能源结构发生变化，工业消耗中原油的比重日益增加，原油的消耗量已与原煤持平，因此兰州的大气污染不再是单纯的煤烟型，而是逐渐向燃油型转变。也就是说，构成兰州污染的元凶已经由“煤烟型”渐渐转变为“尾气型”。目前，兰州市城区空气污染主要呈扬尘、煤烟和机动车尾气混合型污染特征。

（四）水资源短缺问题

在干旱、半干旱地区，水资源条件是一个城市发展过程中各种自然资源承载力的重要组成部分，是限制作用最强的城市发展制约因素。兰州市的水资源主要由地表水、地下水、降水三部分构成，目前合计约326.79×10^8 m^3。本市自产地表水和地下水资源约为3.54×10^8 m^3，过境外来水主要指来自黄河、湟水河、庄浪河、大通河等的河流水，约为323.25×10^8 m^3（表12.1）。根据兰州市国民经济和社会发展规划资料，兰州市多年平均可利用水资源量为23.3×10^8 m^3（包括本地和外来可利用水资源量）。其中，地表水为20.7×10^8 m^3，地下水2.5×10^8 m^3。但由于降水量不均、蒸发量大，局部地区严重缺水，如秦王川、榆中地区，限制了城镇发展。

表12.1 兰州市入境水资源量

河流	多年平均/10^8 m^3	不同保证率水资源量/10^8 m^3		
		50%	75%	95%
黄河干流	278.00	268.00	224.00	177.00
湟水河	16.40	15.45	12.41	9.09
大通河	27.04	26.99	22.69	17.30
庄浪河	1.81	1.69	1.36	1.05

兰州市地表自产水及地下水较少，但过境水资源丰富，是城市生产与生活用水的重要来源，为城市的发展提供了一定的保证。作为市区唯一的地表水源，黄河成为兰州市经济发展和人民生活的生命线，供给着市区年耗水量的 80%，其水质的好坏极为重要。城市规模及工业水平迅速发展，随之带来了兰州市黄河干流段水质的严重污染。黄河兰州段的污染源主要是工业废水和生活污水，前者主要来源于河段上游的西固工业区，后者主要来源于人口密集的城关区、七里河区以及安宁区。西固工业区的兰州化学工业公司（兰化）、兰州炼油厂（兰炼）含酚废水的年排放量占全市总排放量的 93.2%，含油废水的年排放量占全市总排放量的 66.4%，含化学需氧量废水年排放量占全市总排放量的 41.8%。城关区、七里河区、安宁区是兰州市主要的商业区和居住区，人口密度大，生活污水年排放量占全市废水总排放量的 54.7%，且有不断上升的趋势，但全市城市污水处理厂仅有 3 座（雁儿湾、七里河和安宁），远远不能满足需要。由于工业排污量加大、人口剧增导致生活污水排放量加大，2007 年黄河兰州段扶河桥、湟水桥、新城桥、包兰桥、什川桥 5 个段面，粪大肠菌和总氮年平均值严重超标，分别超标 53.4 倍、3.36 倍。

目前，市区工业和生活废水年排放总量为 18 286×10^4 t，而工业废水排放达标率、处理率都不及一半，因而城市生活用水主要靠开采地下水，但地下水储量有限。兰州城市水源的采水地主要有两处：一处是马滩、崔家大滩和迎门滩。但是三滩水质和开采初期相比，明显变差，硬度不断增高，pH 有升高的趋势。而且越远离河岸，地下水污染越严重。另一处是西固上游的永登、红古大通河、庄浪河部分地区，但多年的持续开发使水源地受到了严重的威胁。显然，如果再不重视这个问题，兰州市将面临水质性缺水的局面，出现有黄河水（污染重）而不能用的窘境。同时，兰州各郊县如皋兰、榆中等地也面临因大规模开发而导致水资源短缺的局面。因此，必须合理利用水资源并加快环保工程的发展，改善黄河水质污染状况，这是确保兰州市水资源得以持续利用、保证城市可持续发展的关键所在。

此外，兰州还是一个环境灾害类型较多、灾害发生频繁的城市。首先，兰州是中国乃至世界上滑坡、泥石流最严重的地区之一，崩塌、滑坡、泥石流、地震时有发生，是国内少有的受地质自然灾害困扰的省会城市。其次，城市雨洪、冰雹、大风、干旱、沙尘暴等灾害，对仓库、交通、城市居民生活具有严重影响。暴雨一旦出现，即可造成局地或大面积的积水，企业停产，市内交通受阻，经济损失很大。对于 1981 年的水灾，人们至今记忆犹新。

二、促进城市可持续发展的对策

21 世纪是人类历史上的第一个城市世纪，预计到 2050 年，全球三分之二的人口将在城市生活。城市可持续发展是一个全新的城市发展观，它是指城市社会、经济与环境相协调、持久的发展。

（一）适度拓展城市建设用地，发展新型城镇和公共交通

1. 实施空间拓展战略，推动兰州新区建设

研究表明，在中国城市竞争力的影响因素中，土地已成为关键因素。兰州建设用地紧张程度为全国各大城市所少见。城市建设长期以来沿黄河呈带状组团发展，主要建设活动集中在城关区。近年来，随着城市发展速度不断加快，城市建设强度已超出其合理规模，各类后备资源严重不足，并出现了交通拥挤、环境污染、绿化率低等一系列城市问题，突破河谷盆地的空间限制，进一步拓展城市发展空间，优化城市空间结构，提升城市地位，已经成为当务之急。为解决兰州市建设用地矛盾，在总结近年低丘缓坡沟壑综合开发利用试点整地项目成功经验的基础上，可适度向黄河北、榆中等郊区拓展城市发展空间。

2. 确定城市合理规模，发展集约型卫星城镇

城市发展受地理区位、交通条件、资源条件、城镇现状规模、经济发展水平、基础设施状况等多种因素影响，这些因素对城市的影响程度不尽相同，它们对各城市影响作用的叠加，共同决定了不同城市发展条件的优劣差异。兰州地理环境比较特殊，城市化的推进速度、规模和路径选择必须考虑资源环境的承载能力。在干旱、半干旱地区，水资源条件是一个城市发展过程中各种自然资源承载力的重要组成部分，是限制作用最强的城市发展制约因素。只有科学掌握了城市水资源承载力，才能制定合理的城市空间发展战略，确定人口与社会经济发展速度，从而更好地解决资源、环境、人口与发展问题，实现环境与生态系统的良性循环以及人与自然协调、社会和经济可持续发展。鉴于水资源是兰州市新城区发展的主导限制性因素、在城镇体系上中等城市具有承“大”启“小”的地位与作用、在产业结构上新型中等城市是信息社会的国际新趋势等，建议以集约型卫星城镇（$20\times10^4\sim30\times10^4$ 人口为宜）作为城市和区域规划的临界指标。同时，以切实有效的措施，严格控制中心城区人口规模，以疏导过于集中的工业和人口，使区域经济逐渐趋于均衡协调。

3. 大力加强公共交通，倡导以自行车为标志的“绿色交通”

缓解交通拥堵，唯一可行之路就是“人民大众优先”。因此，应积极推进

多层次公共交通运输体系，全力抓好城市轨道交通、南山路、北环路、南绕城高速、黄河大桥等项目的实施，不断提高交通服务质量。同时，控制私家车使用量，征收“交通拥堵费”，投资修建公交车和有轨电车网络。鉴于自行车是健康、环保的绿色交通工具，政府应逐年加大发展自行车交通的投资，在市区建立自行车专用道，并以“环青海湖自行车比赛”为契机，建立自行车王国，形成兰州的城市特色。

（二）调整产业和能源结构，改善城市工业布局

1. 加强规划，合理布局工业

工业布局应正确处理集中与分散的关系，贯彻大分散、小集中的方针，避免局部地区承受过重的污染负担。同时，将生活居住区安排在环境质量好且交通便利的地方，并对目前夹杂在居住区内严重污染环境的企业，按照城市规划的要求逐步迁出居住区。近城区尽量避免新建大型污染企业，必须新建的，应布置在远郊区或小城镇中。

2. 优化能源结构，推广使用清洁能源

兰州市应把优化能源结构作为大气污染防治的重点来抓，进一步减少燃煤在能源结构中的比重，充分利用天然气、水电、太阳能等清洁能源和污染较小的煤气、液化石油气等二次能源，降低煤炭消耗量，从源头上减少大气污染物的排放。同时，推进区域集中供暖工作，不断提高集中供暖普及率，缓解城区热源污染和机动车尾气污染加剧的状况。

3. 调整工业结构，扶持高新技术和文化产业

长期以来，兰州市的工业结构以能源、石油化工等原材料工业为主，多数企业属于高耗能、高污染、资源型企业。因此，应充分利用西部大开发的各项优惠政策，加大扶持高新、环保产业发展，推动传统工业向先进制造业、高新技术产业转型，增强优势产业竞争力，丰富和拓展传统产业基地的内涵。同时，城市是以创造力和知识为基础的，文化活力是城市可持续发展中的重要组成部分。兰州市需要借鉴世界名城文化产业的成功经验，强化黄河文化等特色，突出文化引领，加快现代服务业发展，提高和加强兰州在区域的中心地位和对全省的中心带动作用。

（三）大力加强环境保护，促进生态文明建设

1. 深化城市大气污染综合治理

城市大气污染问题既与能源结构有关，也是人口、交通、工业、建筑高度集聚的结果。对于这样一个综合性的问题，兰州市必须结合地形、气象、能源结构、绿化、产业结构和布局、建筑布局、交通管理、人口密度等多种

自然因素和社会因素综合考虑，采用综合性的办法加以解决。彻底改善城市的空气质量，绝不仅仅是环保部门的责任，还需要各级政府的全面统筹、规划，将城市可持续发展的理念贯穿城市总体发展规划的始终，并且科学地、前瞻性地制定各种城市发展、城市环境管理的方针政策。唯有如此，才能将城市空气质量的改善纳入可持续发展轨道。“城市污染的治理工作，或许需要一两代人的时间”。当务之急，首先要控制人口数量，加强立法提高监测标准，加快产业转型升级，大力发展公共交通并鼓励、提倡自行车交通。

2. 加强黄河兰州段水污染治理

根据水源保护和综合防治要求，对黄河的主要污染物的排放量要逐步实行总量控制。将需要削减的污染物总量分配到各排污单位进行控制。对处理达标的重点污水排放源，要改变在岸边自然排放的现状，选择具有良好水文、水利条件和稀释扩散好的河段，科学地设计排放口和排放方式，防止形成岸边污染物带对生态环境带来的不良影响。将原来固有的“末端治污”的观念改变为“源头治污”，以此加强城市生态系统平衡，从而改善缺水和污水成患的矛盾。同时，大力发展一水多用和废水回收再利用等技术，提高工业用水的重复利用率，实现工业用水合理化，最大限度地削减用水，减少废水排放量。重点保护城市饮用水源，严格监控沿岸污染源，并辅之以截污、治污、南河道定期清淤、控制地下水开采、河滩湿地保护等措施。

3. 科学地建设城市绿化带

与国内大中城市相比，兰州市绿化覆盖率和人均绿地面积均偏小，如2000年，兰州市建成区绿化覆盖率仅为11.77%，人均拥有公共绿地7.99 m^2，同期北京分别为42.26%和27.39 m^2，南京为40.96%和36.57 m^2，西安为34.98%和10.46 m^2，均比兰州高出许多。因此，大力开展植树种草、扩大绿色植被面积、提高城区植被覆盖率和绿化率在兰州市今后的城市规划建设中显得尤为重要。兰州市应在综合考虑水资源的基础上，进行城市园林绿地建设，加快南北两山的绿化进程，并通过防护林体系建设，在兰州的周边地区种起多道绿化屏障，以改善生态环境，降低大气中总悬浮颗粒物污染，不断提高空气质量。

思考题

1. 简述甘肃省地理位置的重要性。
2. 为什么说甘肃省是中国自然地理的缩影?
3. 甘肃省的地理位置和地域对自然地理基本特征的形成有何作用?
4. 阐述地理位置对甘肃省社会经济发展的影响。
5. 举例说明甘肃省在全国经济发展中的地位与作用。
6. 评价甘肃文化在我国西北地区的地位与作用。
7. 简述甘肃省行政区发展演变的历史过程。
8. 从行政区经济的角度，分析行政区划与区域发展的关系。
9. 本书提出的甘肃省自然地理特征是否具有唯一性？你有什么修正意见?
10. 自然发展史为什么成为甘肃省自然地理特征的重要因素?
11. 分析甘肃省的地貌格局及形成这种地貌格局的主要原因。
12. 简述甘肃省的岩石地貌类型。
13. 为什么甘肃省灾害地貌过程频繁?
14. 甘肃省气候形成的因素有哪些?
15. 简述甘肃省气候的主要特征与气候带。
16. 甘肃省地表水系的特征是什么?
17. 分析甘肃省植被和土壤的分布特点。
18. 简述甘肃省主要的矿产资源及其分布。
19. 试析甘肃省土地资源的特征及其利用中存在的问题。
20. 简述影响甘肃省风能开发的主要因素。
21. 简述甘肃省水资源特征、时空分布以及存在的问题。
22. 甘肃省的主要生物资源有哪些?
23. 简述甘肃省旅游资源的特色与类型，评价其开发的有利与不利因素。
24. 分析甘肃省的生态环境特征及其存在的问题。
25. 甘肃省有哪些主要自然灾害？谈谈其防灾减灾措施。
26. 甘肃省作为全国的重要生态屏障，应采取哪些保护措施?
27. 简述中华人民共和国成立后甘肃省经济发展特点及发展历程。
28. 分析甘肃省经济发展与区域自然资源的关系。

29. 阐述甘肃省现代农业生产的地位及其主要特点。
30. 甘肃省工业发展的优势和劣势主要体现在哪些方面?
31. 简述甘肃省人口分布特点及发展趋势，提出新型城镇化建设的对策和建议。
32. 论述甘肃省自然地理的地域分异规律。
33. 论述甘肃省人文地理的区域差异其形成原因。
34. 试析甘肃省各区域农业经济发展的差异。
35. 试析地带性因素和非地带性因素对甘肃省地理区划的影响。
36. 简述综合地理区划的基本原则和主要依据。
37. 简述陇中地区的基本特征与优势资源。
38. 分析兰州在全国及甘肃省的区位优势与战略地位。
39. 如何解决陇中地区经济发展不平衡的现状?
40. 简述陇中地区水土流失的特点及防治方法。
41. 陇东地区具有丰富的能源资源，但该区经济发展仍较为落后，试分析其原因。
42. 陇东二市的能源基地建设应如何协调和统筹规划?
43. 陇东地区的水土流失有什么特点，与陇中地区的差异性表现在哪些方面?
44. 陇东地区的旅游资源开发应解决哪些关键问题?
45. 陇南地区的气候在甘肃省具有什么特点?
46. 陇南地区的经济发展主要受哪些方面的条件限制?
47. 简述陇南地区的地质灾害形成原因及分布情况。
48. 论述交通运输在陇南地区经济发展中的作用。
49. 说明甘南地区的地貌特点。
50. 分析甘南地区湖泊和湿地众多的形成原因。
51. 如何合理利用甘南地区的草场资源?
52. 甘南地区的旅游资源有哪些优势，应如何进行合理开发?
53. 从全球视野分析河西地区的自然地理特点。
54. 说明绿洲在河西地区社会经济发展中的重要作用。
55. 分析全球变暖背景下祁连山冰川变化对河西绿洲的可能影响。
56. 应如何针对内陆河流域上中下游水资源分配进行流域管理?
57. 试析河西地区面临的主要生态环境问题及形成原因。
58. 河西地区有哪些文化地理特点?
59. 河流源头划分的原则和依据有哪些?
60. 河源海拔对正确划分源头有何影响?
61. 简述甘肃省旧石器地点的分布状况。
62. 甘肃省新石器时代早期考古发现主要有哪些?
63. 评价甘肃省在中华文明起源中的地位与作用。
64. 简述秦安大地湾遗址的主要遗存和重大意义，大地湾一期文化的前身可能是什么?

65. 针对秦安大地湾地画有多种观点，你的看法是什么？
66. 简述马家窑、半山、马厂类型的特征，它们是先后发展的继承关系还是可以再另立别的文化系统？
67. 通过分析齐家文化的特征，探讨齐家文化的产生和发展去向问题。
68. 通过分析史前文化的特征，说明甘肃省与西域、中亚地区的文化交流。
69. 如何研究史前时期人地关系演变？举例说明气候变化对甘肃省史前文化发展的影响。
70. 试析丝绸之路地位变化与甘肃省经济社会发展的关系。
71. 为什么说甘肃省是“长城之省”？
72. 说明甘肃省成为“石窟艺术之乡”的地理因素。
73. 简述花儿的类型、分布及其与自然环境的关系。
74. 试举典型移民事例分析移民对区域文化发展的影响。
75. 城市历史地理研究有哪些方法？
76. 以武威为例，分析区域性古都的形成原因。
77. 黄河赋予兰州市哪些特点？
78. 分析兰州大气污染的形成原因。
79. 如何认识兰州市建设用地的空间拓展方向问题？
80. 论述兰州新区和榆中副中心城市的高质量发展问题。
81. 评价甘肃省在新丝绸之路经济带的地位与作用。

参考文献

[1] 安鑫，张天任，王嘉翔．甘肃省陇东能源化工基地水资源保障对策［J］．水利规划与设计，2011（6）：23-26.
[2] 安志敏．中国西部的新石器时代［J］．考古，1987（2）：133-151.
[3] 边强．甘肃关隘史［M］．北京：科学出版社，2011.
[4] 陈隆亨，曲耀光．河西地区水土资源及其合理开发利用［M］．北京：科学出版社，1992.
[5] 陈娜．浅谈甘肃省草原生物多样性及其保护对策［J］．甘肃科技，2012，28（21）：1-2.
[6] 陈曦．中国干旱区自然地理［M］．北京：科学出版社，2010.
[7] 陈寅恪．隋唐制度渊源略论稿［M］．上海：上海古籍出版社，1982.
[8] 程弘毅，王乃昂．西秦岭地质地貌野外实习教程［M］．北京：科学出版社，2011.
[9] 丁一汇．中国气候［M］．北京：科学出版社，2013.
[10] 范继东．陇东黄土高原沟壑区小流域生态建设综合效益分析［J］．现代农业科技，2010（1）：299-302.
[11] 方修琦，葛全胜，郑景云．环境演变对中华文明影响研究的进展与展望［J］．古地理学报，2004，6（1）：85-94.
[12] 冯绳武．从大地湾的遗存试论我国农业的源流［J］．地理学报，1985，40（3）：207-214.
[13] 冯绳武．甘肃地理概论［M］．兰州：甘肃教育出版社，1989.
[14] 冯绳武．民勤绿洲的水系演变［J］．地理学报，1963，29（3）：241-249.
[15] 冯绳武．区域地理论文集［C］．兰州：甘肃教育出版社，1992.
[16] 甘南藏族自治州地方史编纂委员会．甘南州志［M］．北京：民族出版社，1999.
[17] 甘肃年鉴编委会．甘肃年鉴——2007［M］．北京：中国统计出版社，2007.
[18] 甘肃省博物馆．武威雷台汉墓［J］．考古学报，1974（2）：87-109.
[19] 甘肃省地方史志办公室．甘肃年鉴——2012［M］．兰州：甘肃文化出版社，2012.
[20] 甘肃省地图集编纂办公室．中华人民共和国甘肃省地图集［M］．上海：上海中华印刷厂，1977.
[21] 甘肃省地质矿产局．甘肃省区域地质志［M］．北京：地质出版社，1989.

[22] 甘肃省计划委员会．甘肃省河西经济区国土综合开发整治研究［M］．兰州：兰州大学出版社，1996.

[23] 甘肃省文物考古研究所，北京大学考古文博学院．河西走廊史前考古调查报告［M］. 北京：文物出版社，2011.

[24] 高翔．水资源约束下的西陇海兰新经济带甘肃段城市化过程研究［D］．兰州：兰州大学，2009.

[25] 国家环境保护总局．全国生态现状调查与评估（西北卷）［M］．北京：中国环境科学出版社，2006.

[26] 胡松梅．渭河上游 8～5kaBP 古环境及演变初探［J］．环境考古研究（第四辑）．北京：北京大学出版社，2007：192-201.

[27] 黄春长．甘肃秦安大地湾遗址植被与气候变迁［J］．地理科学，1991，11（4）：328-335.

[28] 姜伯勤．敦煌吐鲁番文书与丝绸之路［M］．北京：文物出版社，1994.

[29] 李并成．河西走廊历史地理［M］．兰州：甘肃人民出版社，1995.

[30] 李栋梁，刘德祥．甘肃气候［M］．北京：气象出版社，2000.

[31] 李非，李水城，水涛．葫芦河流域的古文化与古环境［J］．考古，1993（9）：822-842.

[32] 李吉均．青藏高原隆升与亚洲环境演变［M］．北京：科学出版社，2006.

[33] 李建豹，白永平，罗君，等．甘肃省县域经济差异变动的空间分析［J］．经济地理，2011（3）：390-395.

[34] 李明启，杨晓燕，王辉，等．甘肃临潭陈旗磨沟遗址人牙结石中淀粉粒反映的古人类植物性食物［J］．中国科学（D 辑：地球科学），2010，40（4）：486-492.

[35] 李明伟．丝绸之路与西北经济社会研究［M］．兰州：甘肃人民出版社，1992.

[36] 李水城，莫多闻．东灰山遗址炭化小麦年代考［J］．考古与文物，2004（6）：51-60.

[37] 李铁松，张桥英．嘉陵江的起源及流域自然环境研究［J］．四川师范学院学报（自然科学版），1999，20（2）：105-108.

[38] 李小强，周新郢，周杰，等．甘肃西山坪遗址生物指标记录的中国最早的农业多样化［J］．中国科学（D 辑：地球科学），2007，37（7）：934-940.

[39] 李旭旦．白龙江中游人生地理观察［M］//李旭旦．李旭旦地理文选．杭州：浙江教育出版社，1991：44-65.

[40] 梁新民．姑臧城的若干问题及其他［J］．西北史地，1991（3）：79-84.

[41] 林少雄．洪荒燧影——甘肃彩陶的文化意蕴［M］．兰州：甘肃教育出版社，1999.

[42] 刘东生，等．黄土与环境［M］．北京：科学出版社，1985.

[43] 刘汉东．五凉东、西苑杂考［J］．史学月刊，1987（2）：18-20.

[44] 刘丽娟．河西走廊旅游资源及其旅游空间结构的优化研究［J］．河西学院学报，2008，24（6）：56-59.

[45] 刘胤汉．秦岭水文地理［M］．西安：陕西人民出版社，1983.
[46] 柳江，霍治方．甘肃县域经济发展差异与空间特征研究［J］．兰州文理学院学报（社会科学版）2019，35（1）：43-51.
[47] 马大晋．甘肃省交通运输业发展研究［J］．北方经济，2014（1）：72-74.
[48] 马建华，张力华．长城（遥望星宿——甘肃考古文化丛书）［M］．兰州：敦煌文艺出版社，2004.
[49] 马正林．中国城市历史地理［M］．济南：山东教育出版社，1999.
[50] 莫多闻，李非，李水成，等．甘肃葫芦河流域中全新世环境演化及其对人类活动的影响［J］．地理学报，1996，51（1）：59-69.
[51] 宁可．河西怀古［M］//丝绸之路考察队．丝路访古．兰州：甘肃人民出版社，1983：255-274.
[52] 牛叔文，郭晓东，刘正广，等．甘肃省近百年来人口分布的时空变化分析［J］．中国人口科学，2006（6）：49-57.
[53] 牛文元．持续发展导论［M］．北京：科学出版社，1994.
[54] 欧阳正宇．非物质文化遗产旅游开发研究——以莲花山“花儿”为例［D］．兰州：兰州大学，2012.
[55] 祁国琴，林钟雨，安家瑗．大地湾遗址动物遗存鉴定报告［M］//甘肃省文物考古研究所．秦安大地湾．北京：文物出版社，2006：861-910.
[56] 钱莉，杨永龙，杨晓玲，等．河西走廊东部风能资源分布特征及开发利用［J］．气象科技，2009，37（2）：198-204.
[57] 丘光明，邱隆，杨平．中国科学技术史（度量衡卷） ［M］．北京：科学出版社，2001.
[58] 屈文焜．花儿美论（增订本）［M］．银川：宁夏出版社，2009.
[59] 任美锷．任美锷地理论文选［C］．北京：商务印书馆，1991.
[60] 任美锷．中国自然地理纲要（修订第3版）［M］．北京：商务印书馆，2004.
[61] 施坚雅．中华帝国晚期的城市［M］．叶光庭，徐自立，王嗣均，等译．北京：中华书局，2000.
[62] 施雅风．中国全新世大暖期气候与环境［M］．北京：海洋出版社，1992.
[63] 施雅风．简明中国冰川目录［M］．上海：上海科学普及出版社，2005.
[64] 水涛．论甘青地区青铜时代文化和经济形态转变与环境变迁的关系［C］//周昆叔，宋豫秦．环境考古研究（第二辑）．北京：科学出版社，2000：65-71.
[65] 宿白．凉州石窟遗迹和“凉州模式”［J］．考古学报，1986（4）：435-446.
[66] 孙鸿烈．中国生态问题与对策［M］．北京：科学出版社，2011.
[67] 孙鸿烈．中国自然资源综合科学考察与研究［M］．北京：商务印书馆，2007.
[68] 孙修身．敦煌与中西交通研究［M］．兰州：甘肃教育出版社，2002.
[69] 孙永清，郑宝喜．甘肃省地理［M］．兰州：甘肃教育出版社，1990.

[70] 王宝元．凉城沧桑 [M]．兰州：甘肃人民出版社，1992.
[71] 王斌，高航，郜军武．陇南市旅游业的发展现状与对策研究 [J]．城市旅游规划，2014 (1)，下半月刊：164-166.
[72] 王乃昂，李卓仑，程弘毅，等．阿拉善高原晚第四纪高湖面与大湖期的再探讨 [J]．科学通报，2011，56 (17)：1367-1377.
[73] 王乃昂，李卓仑，李育，等．河西走廊花海剖面晚冰期以来年代学及沉积特征研究 [J]．沉积学报，2011，29 (3)：552-560.
[74] 王乃昂，王涛，史正涛，等．河西走廊末次冰期砂楔的发现及其古气候意义 [J]．冰川冻土，2001，23 (1)：46-50.
[75] 王乃昂，张天俊．地学华章 [M]．兰州：甘肃人民出版社，2006.
[76] 王乃昂，赵强，胡刚，等．近 2ka 河西走廊及毗邻地区沙漠化过程的气候与人文背景 [J]．中国沙漠，2003，23 (1)：95-100.
[77] 王乃昂．历史时期甘肃黄土高原的环境变迁 [C] //中国地理学会历史地理专业委员会，《历史地理》编辑委员会．历史地理（第八辑）．上海：上海人民出版社，1990：16-32.
[78] 王乃昂．山川锦绣（人文甘肃·地理卷）[M]．兰州：敦煌文艺出版社，2010.
[79] 王蓬．中国蜀道 [M]．北京：中国旅游出版社，2008.
[80] 王绍武．全新世气候变化 [M]．北京：气象出版社，2011.
[81] 王文瑞，伍光和，曹忠祥．甘肃省旅游业区域差异性分析及发展建议 [J]．干旱区资源与环境，2006，20 (3)：122-126.
[82] 王晓鸿，朱丹丹，慕一君．甘肃省区域经济发展差异性分析 [J]．中国发展，2013，13 (3)：24-28.
[83] 王震中．中国文明起源的比较研究 [M]．北京：中国社会科学出版社，2013.
[84] 魏汉文．甘肃地县概况 [M]．兰州：甘肃人民出版社，1988.
[85] 伍光和，江存远．甘肃省综合自然区划 [M]．兰州：甘肃科学技术出版社，1998.
[86] 伍光和．甘南高原的自然条件与生态保护 [M]．兰州：甘肃人民出版社，2010.
[87] 谢端琚．甘青地区史前考古 [M]．北京：文物出版社，2002.
[88] 许娟，张百平，朱运海，等．阿尔金山-祁连山山地植被垂直带谱分布及地学分析 [J]．地理研究，2006，25 (6)：977-984.
[89] 许开录．甘肃省农业区域差异分析及经济欠发达地区发展对策 [J]．农业现代化研究，2009，30 (2)：159-163.
[90] 薛凤旋．中国城市及其文明的演变 [M]．北京：世界图书出版公司，2010.
[91] 闫婷婷．甘肃石窟寺时空分布特征述论 [J]．和田师范专科学校学报（汉文综合版），2007，27 (2)：224-225.
[92] 杨平林．历史时期河西地区城市地理初探 [C] //中国地理学会历史地理专业委员会，《历史地理》编委会．历史地理（第八辑）．上海：上海人民出版社，1990：

133-144.
[93] 杨晓玲，丁文魁，董安祥，等．河西走廊气候资源的分布特点及其开发利用［J］．中国农业气象，2009，30（增1）：1-5.
[94] 杨永春，赵鹏军．绿洲城镇体系研究——以甘肃省河西走廊为例［J］．人文地理，2001，16（3）：6-10.
[95] 易瑜，易哲文．嘉陵江源流在何处［J］．人民长江，2001，32（4）：32-33.
[96] 尹泽生，徐叔鹰．祁连山区域地貌与制图研究［M］．北京：科学出版社，1992.
[97] 尤联元，杨景春．中国地貌［M］．北京：科学出版社，2013.
[98] 俞伟超．关于“卡约文化”与“唐汪文化”的新认识［C］//俞伟超．先秦两汉考古学论集．北京：文物出版社，1985：193-210.
[99] 袁媛，陈兴鹏，善孝玺．甘肃省县域经济发展差异的时空演变分析［J］．测绘科学，2014，39（1）：52-58.
[100] 张宏彦．中国史前考古学导论［M］．北京：科学出版社，2011.
[101] 张黎敏，周晓雷，李萍．甘肃省自然保护区管理现状及社区共管研究［J］．甘肃林业科技，2012，37（4）：51-55.
[102] 张力仁．文化交流与空间整合——河西走廊文化地理研究［M］．北京：科学出版社，2006.
[103] 张丕远．中国历史气候变化［M］．济南：山东科学技术出版社，1996.
[104] 张之恒．中国考古通论［M］．南京：南京大学出版社，2009.
[105] 赵洪涛，李霞，王得楷，等．甘肃省主要自然灾害危险性评价研究［J］．甘肃科学学报，2009，21（1）：85-87.
[106] 赵军，林灵生．基于GIS的旅游资源空间结构特征定量研究——以甘肃省A级景区为例［J］．资源环境与发展，2012（1）：20-26.
[107] 赵松乔．河西走廊综合自然区划［C］//中国地理学会自然地理专业委员会．中国地理学会一九六二年自然区划讨论会论文集．北京：科学出版社，1964：193-205.
[108] 中国科学院黄土高原综合科学考察队编．黄土高原地区综合治理开发研究（宁甘青部分）［M］．北京：科学出版社，1988.
[109] 中国社会科学院考古研究所．殷墟的发现与研究［M］．北京：科学出版社，1994.
[110] 朱震达，吴正，刘恕，等．中国沙漠概论［M］．北京：科学出版社，1980.
[111] ZHANG，B. P.，WU，H. Z.，XIAO，F.，et al.. Integration of data on Chinese mountains into a digital altitudinal belts system［J］. Mountain Research and Development，2006，26（2）：163-171.